par

et pour vous

de mon premier lecteur

Paris le 21 octobre 1994

Claude Filteau

COLLECTION ESSAIS LITTÉRAIRES

Poétiques de la modernité
de Claude Filteau
est le vingtième titre de cette collection
dirigée par Marie-Andrée Beaudet.

DU MÊME AUTEUR

L'homme rapaillé de Gaston Miron, Paris, Bordas et Montréal, Éditions du Trécarré, 1984.

Le statut de la transgression. Essais sur Hamilton et Beckford, Sherbrooke, Naaman, 1981.

CLAUDE FILTEAU

Poétiques de la modernité

1895-1948

Essais

l'HEXAGONE

Éditions de l'HEXAGONE
Une division du groupe Ville-Marie Littérature
1010, rue de la Gauchetière Est
Montréal, Québec H2L 2N5
Tél.: (514) 523-1182
Télécopieur: (514) 282-7530

Maquette de la couverture: Nicole Morin
Mise en pages: Édiscript enr.

DISTRIBUTEURS EXCLUSIFS:

• Pour le Québec, le Canada et les États-Unis:
LES MESSAGERIES ADP*
955, rue Amherst, Montréal, Québec H2L 3K4
Tél.: (514) 523-1182
Télécopieur: (514) 939-0406
* Filiale de Sogides ltée

• Pour la Belgique et le Luxembourg:
PRESSES DE BELGIQUE S.A.
Boulevard de l'Europe, 117, B-1301 Wavre
Tél.: (10) 41-59-66
(10) 41-78-50
Télécopieur: (10) 41-20-24

• Pour la Suisse:
TRANSAT S.A.
Route des Jeunes, 4 Ter, C.P. 125, 1211 Genève 26
Tél.: (41-22) 342-77-40
Télécopieur: (41-22) 343-46-46

• Pour la France et les autres pays:
INTER FORUM
Immeuble ORSUD, 3-5, avenue Galliéni, 94251, Gentilly Cédex
Tél.: (1) 47.40.66.07
Télécopieur: (1) 47.40.63.66
Commandes: Tél.: (16) 38.32.71.00
Télécopieur: (16) 38.32.71.28
Télex: 780372

Dépôt légal — 3e trimestre 1994
Bibliothèque nationale du Québec
Bibliothèque nationale du Canada

ISBN 2-89006-523-5

qu'y a-t-il à savoir
de Nelligan à Aquin
qu'y a-t-il à changer
le long de vos mémoires

Claude Beausoleil

Avant- propos

Il y eut une époque où l'on demandait aux Québécois de faire valoir de «grands textes», comparables à ceux que consacrait en France la tradition scolaire. Et je me souviendrai d'Auguste Viatte défendant avec acharnement les œuvres de certains écrivains québécois qui lui paraissaient dignes d'intérêt. Mais on sait que la question est piégée. On se rappelle, en effet, que le marquis de Custine doutait qu'il suffise d'un certain Pouchkine, dont on lui avait dit grand bien, pour que les Russes puissent prétendre avoir une littérature. Pourtant, c'est un fait, la littérature russe existe.

Puis vint l'époque où il s'est agi de répondre à la question «Comment y a-t-il de la littérarité?» Sous l'impulsion de la linguistique, entre autres, les méthodes sont devenues plus précises pour rendre compte de la théorie du texte. On mit de côté le problème de la valeur littéraire des œuvres; en contrepartie, l'éventail des textes dits littéraires s'élargit aux récits de voyage en Nouvelle-France, aux œuvres polémiques d'un Filiatrault, d'un Asselin, aux romans radiophoniques, prouvant la diversité du champ littéraire québécois.

Aujourd'hui on tente de répondre à la question «Quand y a-t-il de la littérature?» Certains étudient ce qui constitue la «convention» littéraire. Qu'est-ce qui fait le poème, le lyrisme, l'épopée? Comment s'élabore le contrat de lecture? Quelle part accorder au contexte? Les études récentes sur la métrique, sur le rythme, sur les traits définitionnels de la poésie nous révèlent la richesse cachée des intuitions d'un Loranger, d'un Garneau, d'un Lapointe sur le discours du poème. Le sociologue reformule la question autrement en réfléchissant sur les diverses façons qu'a le discours social de produire des textes susceptibles d'être reçus comme objets esthétiques dans une société donnée. Cette approche évite de confondre l'émergence de la littérature québécoise avec le projet d'une littérature nationale, même si ce projet n'est pas dénué d'intérêt. On ne peut dès lors s'empêcher de faire un parallèle entre la situation du français au Québec sur un continent où l'anglais est la langue dominante et celle de la France au XVIIe siècle comme l'expose Marc Fumaroli dans l'introduction à *La peinture française du XVIIe siècle dans les collections américaines*:

> Dans la première moitié du XVIIe siècle, parler et lire couramment l'espagnol était de règle à la cour d'Angleterre et dans les cours italiennes, mais aussi à la cour de France. [...] Dans cette situation, le rang de la langue française restait relativement modeste et son rôle dans la culture européenne n'était pas plus que le rôle politique et militaire de la France dans les affaires internationales, à la mesure du poids réel du pays [...] c'est essentiellement du côté de la médiation entre les diverses cultures en présence que s'oriente le français. La France est alors un pays de traducteurs[1].

Ce rôle de médiateurs entre les cultures joué par les écrivains français d'alors était loin d'être banal. Par ailleurs, l'on sait aujourd'hui que la traduction permet de mieux comprendre le passage du sens, le passage du rythme d'un discours à l'autre. Toute œuvre est d'un certain point de vue la réécriture d'une autre et suppose le passage du sens entre sujets. La traduction est tout sauf une théorie de l'imitation. Elle montre que le sens est de l'ordre du faire et non de l'être.

J'en viens plus directement à mon propos. Il n'y a pas si longtemps encore, les jeunes écrivains québécois ne voulaient rien considérer d'autre que la *modernité*, en croyant volontiers qu'elle commençait avec eux. Et puis le temps a passé. Sommes-nous pour autant sortis de la modernité? Je ne sais. Mais ce que la génération des années soixante-dix pensait inaugurer se situait, comme elle le reconnaît aujourd'hui, dans le droit fil des poétiques qui virent le jour au Québec à la fin du XIXe siècle. C'est ce que je voudrais montrer et discuter, en prenant le parti du rythme du poème d'un chapitre à l'autre. Le rythme est intimement lié à cette «transduction» du sens dont nous parlions; il se situe précisément en ce point où le langage s'ordonne au discours comme un faire, le faire du poème, plutôt que de procéder de la langue, comme mesure du «poids réel du pays».

Or les poètes de la modernité que nous admirons tant, de Nicole Brossard à Claude Beausoleil, sans pourtant négliger le rythme ont eu du mal à le concevoir hors de sa problématique philosophique. Ils ont d'abord lié le sort du rythme à l'obscurité de la Parole en son «apparaître», en faisant ainsi du rythme l'effet d'un «trou de sens» qui se situe pour la langue dans l'en-deçà radical de tout sens. La modernité à ce titre n'est que la réponse des poètes aux philosophes quand ceux-ci, pour se libérer de l'*objectivité* de la vérité, interrogent ce «vide latent» qui suture toute vérité à l'être de l'«imprésentable». En ce sens, la modernité appartient à ce qu'Alain Badiou, en France, appelle l'âge des poètes. Mais si plutôt que de lier le rythme à l'en-deçà du sens, nous l'associons intimement au devenir sens d'un discours et à la voix du poème comme organisation du sens en discours, l'enjeu du rythme devient tout autre. En déplaçant ainsi le lieu de la question, l'on met fin, en quelque sorte, à l'âge des poètes qui eurent le *souci* de la modernité en interrogeant le rythme en tant que «soustraction ontologique du sens». Les poètes eux-mêmes ont donné le signal de la rupture. Je pense à Claude Beausoleil et à son recueil *Une certaine fin de siècle*, mais il y en a bien d'autres. Je montrerai que la voix du poème précède le «texte de la langue».

Paris, novembre 1992

Introduction

Penser la modernité et son ancrage dans la poésie québécoise

Il y a peu de temps encore, on concevait la modernité dans la perspective de ruptures épistémologiques afin de conjuguer ensemble «avant-gardisme des savoirs» et «avant-gardisme des pratiques artistiques[1]». La modernité inaugure une époque où le «change des formes», comme on disait naguère, compte tout autant que le renouveau de la théorie spéculative de l'art. Mais ainsi que le faisait remarquer encore récemment Marc Angenot, «l'émergence tout armée dans la tête de quelqu'un d'un langage neuf est chose plus qu'improbable». Angenot poursuit ainsi:

> Il n'y a pas, à y regarder de près, de rupture esthétique, pas plus que de rupture épistémologique, bien localisées, franches et irréversibles. Par la nature des choses, de l'entropie des cultures, tout travail de ruptures produit d'abord des glissements de sens mal perceptibles, des érosions de paradigmes, des effets mal balisés. [...] Les changements de langage et de forme ne s'opèrent pas ponctuellement. Ils résultent le plus souvent d'une crise, d'une désorganisation d'un pan du système discursif[2]...

Donc, non pas des ruptures franches, mais des glissements, des érosions, si l'on veut filer cette métaphore tectonique.

Le principe du «change des formes» a néanmoins la vie dure quand il s'agit de penser la modernité, et Angenot ne peut manquer d'y faire allusion, bon gré mal gré. Ce principe s'est imposé avec les poétiques nées dans la foulée du romantisme allemand. Ces poétiques impliquent que toute forme comprenne la théorie de son genre ou la forme de son engendrement. L'idée de forme suppose, en outre, que la forme ne corresponde jamais adéquatement à la réalisation de l'idée et que la forme en tant que genre comporte une critique de l'idée même de littérature. Angenot s'inscrit encore dans cette optique, et on ne saurait lui en tenir rigueur, quand il affirme qu'«il y a une raison littéraire-fictionnelle qui vient ironiquement occuper le trône de la Pensée après la défaite de la raison civique et savante[3]», dès lors qu'on pense l'histoire, et plus particulièrement la modernité, comme l'échec de la rationalité et le désenchantement du monde. Une telle conception de la «raison» littéraire, pour la période qui nous occupe, c'est-à-dire celle qui s'étend de la fondation de l'École littéraire de Montréal au mouvement automatiste de Borduas, attaquait de plein fouet le principe de raison naturelle que défendait le clergé enseignant dans nos collèges, au nom de la philosophie scolastique de saint Thomas d'Aquin.

Definitio non sit metaphorica: que la définition ne soit pas métaphorique, disaient les philosophes thomistes pour écarter le spectre des théories spéculatives nées en Allemagne avec Kant. Nos philosophes vont ainsi s'efforcer de maintenir la poétique dans les bornes du définitionnel, en s'appuyant sur des principes de clarté dans l'expression que l'on pourrait également faire remonter aux arts poétiques de la Renaissance: «Ait donc le Poète le premier soin de donner lumière à son ouvrage: et pense que le temps n'est plus de ceux qui se délectent ès choses obscures, pour prendre occasion de se glorifier de les avoir comprises. [...] Il faut sur toutes choses qu'un Écrit soit louable envers les doctes: et cependant qu'aux moins savants il donne de prime face quelque appréhension de beauté[4].» Ces lignes de Jacques Peletier du Mans, écrites en 1555, n'était le style particulier de l'époque, auraient pu être écrites par l'abbé Camille Roy, qui régentera la critique québécoise dès le tout début du XXe siècle.

Aussi devrons-nous dans notre travail faire la part des œuvres qui se veulent modernes sans déroger au principe de clarté de la pensée, indissociable de la beauté formelle du vers et d'un imaginaire non pas spéculatif mais rhétoricien, si l'on peut dire. Ces œuvres proches du courant parnassien s'inscrivent dans un idéal de perfection grammaticale liée au développement de la grammaire nouvelle en France entre 1850 et 1914. Cette grammaire nouvelle, qui prend le relais de la rhétorique classique, impose dans les poèmes courts une poétique de la phrase et une diction de «prose», comme nous le verrons dans un chapitre sur la poésie d'Arthur de Bussières. En revanche, la musicalité du vers que cultive Nelligan, l'hermétisme que professe Guy Delahaye, en prenant appui sur les correspondances baudelairiennes, paraissent rompre avec ce principe de clarté, sans pour autant que la modernité se pense comme une rupture avec le passé. Les modernes veulent revenir à une certaine liberté de la langue, occultée par Malherbe et Vaugelas, et se heurtent ainsi aux grammairiens. Ils sont à la recherche d'une synthèse entre l'histoire et les sciences, et leur ésotérisme se voit condamné par le rationalisme de la scolastique. Aussi, avant de penser la modernité au Québec, il nous faudra réfléchir à la place importante que prend la défense de la langue française dans la constitution du champ littéraire québécois, face aux mouvements modernistes.

L'abbé Camille Roy se montrera sévère à l'égard de tout poète qui lui semblera par son «obscurité» porter atteinte au génie de la langue française et à son idéal de clarté; il y voit l'influence néfaste de ce nihilisme et de ce cosmopolitisme qui sont synonymes, pour lui, des esthétiques modernes. L'abbé Roy prétend défendre une tradition littéraire canadienne-française dont il s'agit de créer la fiction, si par fiction on entend un savoir de la littérature qui légitime l'institution littéraire en étant source de débats. L'abbé Roy part du principe qu'il existe un rapport — un rapport à construire — entre l'histoire du parler et l'histoire de la littérature[5]. Bien que la littérature québécoise soit encore dans l'enfance, elle comporte suffisamment d'œuvres pour témoigner d'une généalogie du français parlé au Canada qui rappelle la langue du «grand siècle» et ennoblit le régionalisme canadien dont on ne pourra pas négliger l'importance. Et si les grandes œuvres manquent encore au Canada, il suffit qu'elles fassent du français l'idiome national particulier aux Canadiens français, en Amérique du Nord. Cette fiction fondée sur l'histoire et la philologie en tant que sciences modernes montre le paradoxe d'une littérature canadienne-francaise qui avance dans le siècle tout en misant sur son avenir, pour démontrer qu'elle possède une histoire ou encore qu'elle est «historiquement engendrée». Elle sert surtout une politique des langues qu'adoptent l'abbé Roy et, avec lui, la Société du parler français au Canada, fondée en 1902. Cette politique consiste à maintenir, grâce à la littérature, la position dominante du français académique incarnant le «génie de la langue», avec, mais aussi contre les parlers régionaux. Il y a là un ferment de discorde que doit justement résoudre au Québec le lien entre l'histoire du parler et la littérature. En revanche, cette conception de la littérature se prête mal au «change des formes» que prônent les poétiques de la modernité.

Les écrivains modernes proclameront, quant à eux, l'autonomie de la littérature à l'égard d'une politique de la langue qui ferait fi de la «liberté de l'artiste». Cette fiction «autre» qui justifie certaines audaces d'écriture, ce droit à la fantaisie, que réclame pour ses amis poètes l'essayiste Marcel Dugas, ne se conçoivent pas sans cette liberté individuelle qu'implique l'idée de modernité et que tente de théoriser la notion de «sujet», comme nous le verrons.

Cependant, la liberté de l'artiste, dans le domaine de l'esthétique, ne sera franchement admise, au cours des années trente, que lorsque le personnalisme chrétien en aura fait la manifestation de la spiritualité du poète, en tant qu'expression de l'individualité la plus haute. Comme l'écrit le philosophe italien Luigi Pareyson, nourri comme Robert Élie et Saint-Denys Garneau par le personnalisme chrétien:

> Sur le plan des principes, toutes les poétiques se valent, mais ce qui les rend opératoires, c'est leur correspondance à la spiritualité de l'artiste: quand cette correspondance manque, la poétique est un élément extrinsèque et l'art ne naît pas. Voilà en quel sens, les normes, les préceptes et les programmes d'une poétique déterminée peuvent être, en fait, conditions essentielles de l'art, sans que, *en droit*, elles puissent jamais l'être[6].

Par ailleurs, quand, en 1942, le peintre québécois Jacques de Tonnancour définit le tableau comme une forme signifiante, il fait faire un pas important à l'idée de cohérence interne, suiréférentielle qui détermine l'œuvre moderne:

> La peinture, forme de poésie plastique (Clive Bell dirait expressivement *significant form*) doit s'inspirer et respirer dans l'ordre de cette constitution plastique: ce qu'elle peut exprimer doit seul l'inspirer. La peinture de Cézanne et de ses descendants chante ainsi par ses vertus plastiques uniquement [...]. L'important pour un dessin comme pour une plante

> est d'avoir un ordre intime, un principe de composition qui lui forme de l'intérieur vers l'extérieur un organisme vivant intrinsèquement beau[7].

Cette conception de l'œuvre d'art, notons-le, n'est pas incompatible avec le principe d'organicité qui définit la forme selon les esthétiques néoaristotéliciennes. Elle prépare la voie aux analyses de type structuraliste qui caractériseront les théories de la poéticité s'inspirant du formalisme russe à la fin des années soixante, théories auxquelles nous sommes encore redevables pour définir la notion de poétique et les méthodes de lecture d'un poème. Il nous faut donc en dire un mot, pour situer notre travail.

Le principe du «change des formes», comme on l'entend encore aujourd'hui, est largement tributaire de la science des textes que voulait fonder la sémiologie héritée de Saussure et du formalisme russe. Cet héritage formaliste est maintenant fortement contesté, mais on ne peut complètement en faire l'économie. Rappelons-nous comment T. Todorov, au moment du structuralisme militant, expliquait les ambitions de la poétique nouvelle. Cette poétique devait, selon lui, définir la littérarité des œuvres hors de toute considération esthétique, hors de toute forme d'intentionnalité ou de réduction phénoménologique censée aboutir à l'essence de l'art, cette essence de l'art que recherchaient autrefois des poétiques préoccupées par une ontologie de la forme. Todorov écrivait:

> La poétique [...] se propose d'élaborer des catégories qui permettent de saisir à la fois l'unité et la variété de toutes les œuvres littéraires. L'œuvre individuelle sera l'illustration de ces catégories, elle aura un statut d'exemple, non de terme ultime [...] l'objet d'une science n'est pas le fait particulier mais les lois qui permettent d'en rendre compte [...]. Son objet n'est pas l'ensemble des œuvres littéraires existantes, mais le discours littéraire en tant que *principe d'engendrement* d'une infinitude de textes[8].

Selon ce principe, le discours est d'abord entendu comme un ensemble d'œuvres ou de textes apparents dont on extrait des catégories fonctionnelles qui, d'une part, expliquent la cohérence interne de l'ensemble, son unité et sa variété, et qui, d'autre part, se vérifient elles-mêmes dans leur capacité d'engendrer une infinité de textes, comme le dit Todorov. Cependant, en parlant de

Jakobson et de ses tentatives pour définir la poésie à partir de «la fonction poétique» du langage, Jean-Marie Schaeffer constate la difficulté que l'on rencontre à trouver les bonnes catégories fonctionnelles:

> Pour autant que la définition du «langage poétique» se veut linguistique, il semble légitime de la confronter aux exigences de base qui sont posées à toute théorie linguistique.
>
> Si on se place dans le cadre d'une linguistique structuraliste, le problème essentiel est sans doute celui de la détermination des éléments de base du système. [...] Il n'existe pas de procédure permettant de construire cette série d'éléments de base, ceci pour la simple raison qu'on n'a pas trouvé de critères pertinents permettant d'instituer une discrimination entre la quasi-infinité des éléments possibles qui s'offre au niveau purement empirique[9].

Quant à la grammaire générative, l'idée d'un langage poétique n'est pas pertinente pour elle, nous dit Schaeffer:

> L'extension de la grammaire afin qu'elle soit capable de générer aussi des syntagmes poétiques s'est révélée très vite problématique, en ce qu'elle ne génère pas alors uniquement des propositions réputées poétiquement acceptables (?), mais encore des propositions jugées totalement inacceptables. [...] L'analyse linguistique en termes de *phrases déviantes* se révèle inopérante[10].

Les poéticiens générativistes ont alors cherché à mesurer les écarts des énoncés poétiques non plus par rapport à la grammaire mais par rapport à la performance: «Dire que du point de vue linguistique, le texte poétique fait partie de la performance, équivaut à dire qu'il est du domaine du *discours* et non de la langue», remarque encore Schaeffer, qui opte pour «une poétique qui considère la linguistique comme un moyen d'investigation partiel et non plus comme un organon, comme modèle». Aussi propose-t-il d'adopter un «point de vue transtextuel» permettant «une multiplicité non close des rapports dans lesquels se trouve engagé tout texte isolé». L'idée de structure ouverte se trouve associée ici à l'œuvre singulière.

L'œuvre est un fait singulier de discours dans un processus de contextualisation particulier. Elle est soumise aux conditions subjectives-historiques de sa production et de son interprétation. La situation singulière de l'œuvre est tributaire de son contexte. Celui-ci ne donne pas l'explication de l'œuvre; il précise la stratégie d'écriture d'un écrivain dans un champ discursif donné. Il caractérise les interprétations possibles qui actualisent sans les fixer les modes de signifier de l'œuvre.

L'œuvre relève également des conventions génériques dont elle subit les contraintes et dont elle informe le lecteur, mais en les transformant. La notion de genre est compliquée dès lors que l'on ne l'associe plus seulement à un modèle, mais aux ajustements énonciatifs d'un discours. Nous aurons à faire la différence entre les genres qui peuvent se définir par certaines propriétés formelles (la forme-vers, pour une certaine poésie), ou par certaines conventions (le sonnet constitué de deux quatrains et de deux tercets), ou par des modalités d'énonciation associées à un certain type de référentialité (le lyrisme) et de représentation (l'épopée représentant des actions fictives), ou par des modalités d'interprétation liées ultimement à l'insertion d'un genre dans la sphère publique ou dans la sphère privée (l'épopée en regard du journal intime). Mais le genre est toujours poly-aspectuel dans la mesure où l'œuvre, ou le poème puisque c'est lui qui nous intéresse, fait varier les genres selon les contextes. L'œuvre est une traduction, une interprétation d'autres discours. L'œuvre est ainsi une structure ouverte sur des valeurs multiples et complexes. Comme nous le verrons d'entrée de jeu dans le premier chapitre, c'est la voix du poème qui fait advenir les conventions dont le texte est le produit au rythme du discours et à son contexte d'énonciation.

Sémantique, le rythme est tensionnel et critique. Nous aurons à revenir sur ce point dans le premier chapitre. Cela signifie que le rythme résiste à la métaphysique du signe, dans le meilleur des cas. Cette métaphysique du signe est comme le serpent de mer. On la retrouve surtout dans les débats autour des constituants du poème: la grammaire de phrase comme analogon de la syntaxe du poème, la musicalité du vers comme mode de signifier propre au poème, le rythme conçu comme de la matière-pensée figeant la mobilité du sens dans une mystique ou encore dans une alchimie du verbe. Ainsi, Delahaye, au Québec, Vitrac et Breton, en France, prétendent-ils «remonter à la matière originelle du monde et du langage, dans l'opération qui consiste à transformer les substances de l'univers et du verbe», comme l'explique Marc Eigeldinger[11]. Bien des avant-gardes sont proches encore de la métaphysique du signe et c'est pour cela qu'elles obèrent de ce lourd héritage conceptuel la modernité qu'elles instituent. Il fallait le préciser pour qu'on ne confonde pas nécessairement modernité et avant-garde et pour qu'on sache que s'il y a confusion possible, car le surréalisme est aussi pour beaucoup synonyme de modernité, cette confusion dépend du contexte de réception des œuvres.

Revenons à notre point de départ. Nous ne ferons pas du «change des formes» le seul critère de la modernité. Dans un pays comme le Québec où le romantisme, le Parnasse et le symbolisme coexistent jusqu'à la veille de la Deuxième Guerre mondiale, un tel principe risquerait d'écarter de la modernité des œuvres modernes par leur «contenu», mais classiques ou conventionnelles par leur «forme». Paul Bénichou a écrit à ce propos, en donnant cette fois à la pensée son sens plein:

> On en conclut trop vite que la pensée est secondaire en poésie, qu'elle n'est pour le poète qu'un support indifférent [...]. La force particulière de la parole poétique tient à ce qu'elle transmet une pensée inusuelle, différente de celle qu'on échange dans la communication courante, dans les sciences de la nature ou de l'homme, dans la philosophie. [...] Elle se distingue aussi et surtout par les libertés qu'elle prend avec les contraintes logiques qui dominent plus étroitement toute autre forme du langage. Libérée de l'utile et de l'objectif, elle l'est aussi de la rigoureuse raison, et même de la stricte précision du sens[12].

Il y a donc place dans une étude sur la modernité pour ces poèmes épiques ou didactiques qui perpétuent dans le meilleur des cas «l'esprit des lumières», chose rare dans un Québec dominé par l'intégrisme religieux. C'est pourquoi la lecture de l'œuvre de Jean Charbonneau, l'un des fondateurs, en 1895, de l'École littéraire de Montréal, occupe une place importante dans notre travail. De même, nous ne serons pas complètement hostile aux idées critiques de Louis Dantin (pseudonyme d'Eugène Seers), qui, bien qu'il soit fermé à toute théorie spéculative de l'art développée selon la tradition néokantienne, défend toute la part de rationalité de l'esprit critique contre les préjugés vulgaires de son temps. Charbonneau et Dantin étudient la place du poète dans la cité et le rôle de la culture dans une société où cette fois la modernité se confond avec la notion de progrès. Ces chapitres apparaîtront à certains plus proches de l'histoire des idées. Mais c'est la poétique ou la rhétorique comme expression de la rationalité communicationnelle qu'ils analysent à partir de leur relation avec le politique. Ils nous obligent à faire reculer la notion de modernité au-delà de la modernité baudelairienne et à en faire remonter l'origine dans les débats d'idées qui prennent leur source au XVIIIe siècle. Ce sont les grands récits d'émancipation qui jalonnent l'idée d'humanité ou d'identité culturelle (spirituelle) et qui légitiment l'exercice de la poésie que ces philosophies questionnent, quand, aux environs des années 1900, le principe s'affirme que l'homme est historiquement et politiquement engendré. Ce questionnement se fait plus aigu encore pendant l'entre-deux-guerres, quand il appert que l'humanisme européen est en crise, au moment où les Québécois essaient de construire sur ses fondements la fiction d'une tradition littéraire.

C'est également le moment d'une «crise du vers» (le vers comme représentation d'un univers géocentrique) qui va non seulement permettre au vers libre de recevoir une certaine consécration avec Saint-Denys Garneau, mais qui va également permettre aux théories spéculatives de l'art nées du néokantisme européen de se frayer un chemin au Québec, en substituant à la rhétorique la notion de poétique dont nous avons montré dans quel sens elle devait évoluer.

Notre plan répond à une sorte de schéma cyclique.

Nous chercherons moins à démontrer une évolution historique de la poésie de la modernité, qui irait du Parnasse de Bussières au «constructivisme» de Paul-Marie Lapointe, avec le passage obligé par le vers libre de Loranger et de Garneau, qu'à confronter d'un chapitre à l'autre des poètes et des critiques sur des questions de rythme, de langage, de genre pour saisir l'enjeu stratégique des débats qui entourent la question de la modernité au Québec de 1895, lors de la fondation de l'École littéraire de Montréal, jusqu'à la publication du manifeste de Borduas, *Refus global*, en 1948. Ce plan moins conventionnel nous permettra de multiplier au besoin les approches transverses d'une œuvre.

Deux chapitres ont paru d'abord sous forme d'articles dans la revue *Voix et images*: il s'agit des chapitres II et VII. Le premier chapitre reprend en partie un article paru dans le numéro de la revue *Protée* consacré à l'archéologie de la modernité au Québec.

CHAPITRE I

La voix du poème

Renouveler le vers et l'émotion. Ce programme, qui définit toute l'ambition des poètes lyriques, les écrivains des années 1970 s'en sont écartés résolument pour créer l'écriture de la modernité. Pourtant, ce même programme fut a l'origine des premières manifestations d'une poésie moderne chez nous, quand en 1895 naît l'École littéraire de Montréal. Les nouvelles formes du lyrisme rompaient avec le régionalisme et la grandiloquence romantique. Elles eurent leurs adversaires. Déjà, Joseph Marmette critiquait les *Premières poésies* d'Eudore Évanturel, parues en 1878, poésies d'un lyrisme et d'une facture prosodique résolument modernes. Marmette ne les trouve pas suffisamment canadiennes. Et dès lors, par une stratégie qu'il nous faudra analyser, l'idée d'une poésie canadienne s'opposera à celle d'une poésie moderne trop à l'écoute de l'étranger, de la France notamment. Marmette écrit: «À ne traiter que des sujets appartenant au fonds de poésie commun à tous les pays — l'amour et les scènes de mœurs — il [Évanturel] s'expose à des comparaisons avec les maîtres français qui auront toujours sur nous l'immense avantage de manier la langue avec la plus habile facilité.»

Et Marmette exposait alors au poète sa propre conception de la modernité: «Nous avons dans l'histoire de notre passé des traits, des récits et des motifs de tableaux admirables, qui sont une mine inépuisable d'un métal aussi riche que nouveau[1].»

Ces propos définissent tout l'enjeu du débat entre exotistes et régionalistes qui prendra de plus en plus d'ampleur au début du

XXe siècle. Les régionalistes souhaitent l'émergence d'une littérature nationale, mais il suffit de lire Marmette pour voir que ce sont les termes et les valeurs de la rhétorique traditionnelle qu'on cherche à sauvegarder. Marmette oppose ainsi l'épopée au lyrisme; l'histoire fait corps avec une représentation par tableaux. Ces tableaux ont partie liée avec la morale édifiante, car la rhétorique est d'abord une méthode pour déceler les parties morales qui conviennent à la représentation d'un sujet.

En revanche, Édouard Montpetit, professeur de droit à l'Université Laval de Montréal depuis 1910 et dont l'esprit éclairé marquera toute son époque, tente de concilier le respect de la tradition et l'idée de progrès dans tous les domaines de la connaissance. Aussi ne craindra-t-il pas d'associer son nom à celui de Jean Charbonneau en rédigeant, en 1916, la préface au livre de Charbonneau intitulé *Les influences françaises au Canada*. Il s'agit d'un ouvrage important, notons-le au passage, inspiré par les recherches de Lanson, dans lequel l'auteur se propose d'appliquer la méthode de l'histoire aux œuvres littéraires et à considérer la culture, voire la religion, comme un phénomène social. Jean Charbonneau est depuis 1895 l'un des piliers de l'École littéraire de Montréal. Cette préface donne l'occasion à Édouard Montpetit de saluer la nouvelle génération de poètes née au sein de l'École littéraire et de souligner l'intérêt de ce lyrisme moderne qui se développe au Québec dans la foulée du symbolisme et du Parnasse. Cette poésie se caractérise par l'invention de rythmes neufs:

> Nos premiers poètes n'avaient eu que le souci d'exprimer la majesté de nos résistances et de montrer notre âme victorieuse. Les derniers venus ont sans doute plus négligé de telles sources d'inspiration; mais ils sont partis à la recherche d'une poésie qui fut plus expressive en elle-même, plus parfaite par ses procédés, la richesse de la rime, le rythme abondant, le nombre de la phrase, par plus de précision et de nervosité, d'exactitude dans la description, de sûreté dans l'exécution. Avec cela, qu'elle soit devenue, chez certains, une préoccupation purement littéraire, une simple virtuosité, une écriture artiste, il se peut; mais nous n'en avons pas moins acquis, grâce aux efforts de toute la génération nouvelle, un instrument nécessaire qui va nous permettre désormais, retournant au passé, de traduire avec les mots qu'il faut, l'humble et forte poésie du terroir, la volonté créatrice que

manifeste la nature, à peine domptée, où Chateaubriand promenait naguère son rêve immortel[2].

Puisque la question est lancée, jusqu'où peut-on libérer le rythme?

Libérer le rythme

Reformulons d'abord la question ainsi: Jusqu'où peut-on libérer le rythme par rapport à la métrique du vers classique?

Dans le manifeste du symbolisme qu'il publie en 1886, Moréas déclare en substance que le rythme et le style dans la poésie nouvelle exploiteront les tensions qui existent entre le mètre et le rythme, entre le mètre et le discours:

> Il faut au Symbolisme un style archétype et complexe, d'impollués vocables, la période qui s'arc-boute alternant avec la période aux défaillances ondulées, les pléonasmes significatifs, les mystérieuses ellipses, l'anacoluthe en suspens, tout trope hardi et multipforme: enfin la bonne langue — restaurée et modernisée —, la bonne et luxuriante et fringante langue française d'avant les Vaugelas et les Boileau-Despréaux[3]...

C'est pour une nouvelle conscience rhétorique que plaide Moréas, une rhétorique de l'équivoque ou de la tension. Moréas joue le vers contre le mètre, lorsque le vers se sert de la césure indécise ou de l'enjambement pour brouiller le compte syllabique ou pour outrepasser les frontières métriques. Il joue le vers contre la phrase pour «arc-bouter» le vers contre la phrase, mais aussi la période contre le vers, pour délinéariser le vers, pour autant que le vers soit l'équivalent d'une phrase. En privilégiant certaines figures de style (le pléonasme, l'ellipse, l'anacoluthe), il favorise le style libre de la conversation ou du discours. Moréas parle de la période aux «défaillances ondulées» en se souvenant sans doute de Baudelaire qui recherchait, au-delà du rythme métrique et des effets de rimes, un rythme prosodique «assez souple et assez heurté» pour s'adapter aux mouvements lyriques de l'âme.

Cette nouvelle rhétorique, qui s'appuie essentiellement sur ce qu'on appellerait aujourd'hui des «ajustements énonciatifs», suppose que «les phénomènes de cohérence ne sont pas dans le texte mais lisibles dans le texte[4]». Il s'agit, dès lors, d'envisager le poème comme ce qui organise la lisibilité textuelle à partir des effets d'ajustements énonciatifs qui donnent d'abord au texte la forme d'un discours faisant l'objet d'une activité de co-énonciation entre l'énonciateur et le lecteur. Nous allons le montrer à partir d'un poème de Nelligan.

Lectures de *Salons allemands* de Nelligan: de la langue au discours

Nelligan est sans doute parmi les poètes canadiens celui qui se rapproche le plus de ce style moderne voulu par Moréas. On le constatera en lisant *Salons allemands* qu'il écrit pour l'album-souvenir de mariage offert à Louis-Joseph Béliveau, en 1897. Nous disposons de la version manuscrite du poème. Elle nous permet de restituer pour le 12e vers, entre autres, la ponctuation voulue par l'auteur et qui manque dans les éditions subséquentes de ce texte. La ponctuation est partie prenante de l'organisation rythmique-sémantique du poème. La ponctuation va nous permettre de vérifier comment le poème organise les effets de sens produits par certaines figures de grammaire qui construisent l'oralité du texte:

Je me figure encor ces grands salons muets
Pleins de velours usés et d'aïeules pensives,
De lustres vacillants éblouis de convives
Qui tournaient dans la valse et les vieux menuets.

Je repense aux portraits d'autrefois suspendus
Sur le haut des foyers et qui semblaient nous dire
Dans leur langue de mort: Vivants, pourquoi tant rire?
Et les beaux vers de Goethe aux soirs d'or entendus.

J'évoque les tableaux flamands, et les artistes
Qui songeaient en fumant dans leur chaise tout tristes
Et dont l'œil se portait vers l'âtre hospitalier.

Mais surtout et je pleure et ne sais que résoudre…
Car voici que j'entends chanter sur l'escalier
Le vieux ténor hongrois aux longs cheveux en poudre[5].

Des détails apparemment sans importance sont souvent lourds de signification, en poésie. Nelligan a placé au 12e vers des points de suspension que les éditeurs n'ont pas reproduits par la suite. Selon la grammaire du temps: «Les points de suspension s'emploient pour indiquer qu'on n'achève pas d'exprimer la pensée, soit parce qu'on ne veut pas, soit parce qu'on ne le doit pas, soit pour marquer une émotion[6]». Tandis que le point indique que la phrase est finie, qu'elle est un tout complet de sens, les trois points de suspension représentent au contraire la marque de l'inachèvement. L'expression de l'inachèvement, dans un premier temps, semble donc codée à la fois par la grammaire de phrase et la ponctuation. Si l'on s'en tient à une rhétorique de l'expression, on dira que les points de suspension nous ramènent à la pensée inachevée du *je* qui parle et s'émeut, ils nous y ramènent comme à cela même que veut signifier le poème, qui se donne ainsi les moyens d'illustrer l'intention voulue par l'auteur. Ce type de lecture correspond *grosso modo* à celui que proposent les grammairiens au début du siècle, quand ils expliquent comment en poésie l'émotion peut bouleverser l'ordre et l'achèvement de la pensée.

Les poéticiens structuralistes, en privilégiant dans le poème court le principe d'équivalence entre la forme du contenu et la forme de l'expression pour faire du poème un système sémantique et syntaxique clos sur lui-même, ne sont pas aussi loin de la lecture grammairienne qu'ils le prétendent. On aura remarqué comment le vers 12 interrompt la suite de parallélismes (Je me figure… Je repense… J'évoque…) qui structurent le poème sur le plan formel. Ces parallélismes constituent pour certains linguistes structuralistes l'élément fondamental d'une lecture paradigmatique de la poésie qui contrecarre l'effet d'inachèvement de tel ou tel énoncé. C'est le point de vue qu'adopte Dominique Maingueneau dans un article sur «Le langage en suspens». Pour lui, le poème «récupère» toujours par des effets de parallélisme ou de répétition l'inachèvement de l'énoncé marqué par des points de suspension:

> […] On ne peut que rapprocher l'efficace des points de suspension de celle du blanc dans la versification. Tous deux possèdent, en effet, la propriété remarquable de pouvoir découper la chaîne de l'énoncé en inscrivant des blancs *indépendants des frontières morphosyntaxiques naturelles*. Le vers se définit précisément de répartir selon sa mesure propre

> complétude et incomplétude. Répartition réglée de lacunes qui ne viole les formes de complétude de la langue que pour dessiner une nouvelle unité, celle du poème lui-même. Il existe cependant une différence fondamentale entre poème versifié et un texte criblé de points de suspension: alors que le vers implique un système d'équivalences paradigmatiques, que ses blancs délimitent des schèmes répétitifs, les points de suspension ne font pas sortir l'énoncé de la dimension syntagmatique[7].

Le vers, pour Maingueneau, en fixant arbitrairement une limite dans l'énoncé par le retour à la ligne, ou par ce qu'il appelle un «blanc», ouvre le poème sur des séries d'équivalences paradigmatiques et syntagmatiques qui enferment, cependant, le poème dans la «complétude de la langue», en expliquant sa cohérence interne. Une autre lecture du poème est possible si l'on dit que l'arbitraire du retour à la ligne, ou de ce que Maingueneau appelle le «blanc» métrique, relance la dynamique de l'énoncé et procède d'un discours indéfiniment ouvert sur son devenir-sens dans la situation d'énonciation ou de co-énonciation. Cela suppose que l'activité d'interprétation soit partie prenante de la signification de l'énoncé-énonciation. L'arbitraire de la coupe métrique ne fixe une limite que pour signifier l'incomplétude d'une énonciation prise dans un réseau d'ajustements énonciatifs, pour peu que le poète soit attentif à l'oralité du discours, comme c'est le cas de Nelligan. Cette volonté d'ouvrir le poème sur la mobilité du sens et sur l'inachèvement de l'énonciation en discours, plusieurs constructions syntaxiques viennent la signifier. Ainsi le 12e vers porte-t-il la trace des reprises énonciatives qui sous-tendent l'argumentation du poème, tandis que le 8e vers, construit comme une hyperbate (alors que la phrase paraît finie, on y ajoute un syntagme), reprend le fil du discours, dans le second quatrain, après une ponctuation forte. L'hyperbate rappelle que le sens de l'énoncé ne s'achève pas avec la phrase, mais avec le poème qui est du discours. Les points de suspension marquent à leur tour l'inachèvement, non pas de la phrase, mais de la visée de sens comprise dans les énoncés. La question des rapports entre, d'une part, texte et discours, et entre, d'autre part, structure de sens fermée et situation d'énonciation ouverte, semble constituer le sujet même du sonnet de Nelligan. Nelligan se situe au cœur des préoccupations des poètes de son temps.

Les formalistes russes approfondiront les rapports qui peuvent exister entre la forme fixe du poème et une énonciation ouverte par les tensions d'un rythme sémantique.

L'un des grands formalistes russes, Iouri Tynianov, soulève ainsi la question de l'achèvement du poème à propos, entre autres, de l'œuvre du poète symboliste Alexandre Blok. Cet achèvement, Tynianov va l'interpréter non seulement à partir des structures métriques, mais également à partir du devenir-sens du poème dans son rythme. C'est l'organisation des effets rythmiques-sémantiques qui définit le poème, ouvrant ainsi la poésie de Blok à sa propre histoire. Tynianov écrit:

> Dans ses œuvres de jeunesse, la fin reprend le début, se referme sur lui: l'émotion oscille: la clef émotionnelle est donnée, l'émotion croît et au point de tension culminant tombe à nouveau vers le début; de cette façon, l'ensemble est refermé par le début et se prolonge en quelque sorte après la fin dans le lointain.
>
> Mais pour l'œuvre tardive de Blok, c'est l'achèvement au point le plus élevé vers lequel sembla tendre tout le poème qui est caractéristique. Ainsi le poème *Déjà s'est obscurcie la netteté du regard* se termine ainsi:
>
> Quand dans la divination, à peine visible,
> S'est dressé devant moi, comme une mince fumée,
> Ce fantôme, cet invincible...
> Même les harpes ont chanté: envolons-nous
>
> Ici, le point de tension le plus élevé est non seulement dans la dernière strophe, mais son degré le plus haut est dans le dernier vers, même, dans le dernier mot[8].

On aura remarqué, au passage, le rôle important des points de suspension dans l'extrait cité. Or cette organisation rythmique-sémantique du poème a été par la suite négligée par la poétique structurale trop soucieuse d'exploiter la systématicité de l'organisation paradigmatique-syntagmatique d'un texte.

La signifiance d'un poème de Nelligan ou de Blok se construit dans la tension qu'Henri Meschonnic a bien décrite, tension entre le mètre (le vers), qui mesure le nombre de syllabes d'un vers ou crée des équivalences paradigmatiques (*cf.* Maingueneau), et le rythme, que Meschonnic associe à la mobilité du sens dans la périodicité du discours: «Le mètre est discontinu, chiffrable, binaire ou ternaire. Le rythme est continu-discontinu. Il est un passage du sujet dans le langage, le passage du sens ou plutôt de la signifiance, du faire sens dans chaque élément du discours, jusqu'à chaque consonne, chaque voyelle[9].»

Nous approfondirons cette question du «passage du sujet dans le langage» dans les chapitres qui vont suivre. Notons, pour l'instant, que l'oralité ne préexiste pas au poème; elle est chaque fois à construire dans la signifiance du poème.

Le rythme possède aussi son histoire qui le mène à s'émanciper du mètre.

Citons une nouvelle fois Moréas qui veut créer une rythmique plus fine, mais dans le cadre métrique du vers classique: «Le *rythme*: l'ancienne métrique avivée; un désordre savamment ordonné; la rime illuscescente et martelée comme un bouclier d'or et d'airain, auprès de la rime aux fluidités absconses; l'alexandrin à arrêts multiples et mobiles[10]...»

Moréas propose de dissoudre le mètre dans le rythme. Nos poètes-artistes ont cherché de même à susciter des tensions entre le mètre et le rythme. C'est ce que nous allons maintenant voir, en examinant le sort que nos poètes parnassiens et symbolistes ont fait subir aux contraintes de la versification classique, pour inventer des rythmes nouveaux. Mais avant, il nous faut revenir sur la définition du vers en français.

Le vers sous l'éclairage de la linguistique

Risquons d'abord des considérations techniques sur les rapports du mètre et de l'énoncé dans trois cas précis: l'enjambement, la fin d'une phrase au milieu d'un vers et la césure, pour comprendre comment le vers classique répercute ces effets de coupe imprévus, cette mobilité du phrasé souhaités par Moréas.

Rappelons tout d'abord que le vers est le produit d'une fiction linguistique: le vers interprète à sa façon les règles phonologiques qui régissent dans le discours courant l'épineuse question du *e* muet. J.-C. Milner les formule ainsi: *règle 1*: «le *e* tombe à la fin du mot phonologique quelle que soit la nature de l'élément suivant»; *règle 2*: «le *e* tombe à l'intérieur du mot phonologique s'il est suivi d'une voyelle[11].» (Une troisième règle, dite «des trois consonnes», n'affecte pas la morphologie du vers.) À partir des deux règles précédentes, Milner constate que la fin d'un vers doit être envisagée comme la fin d'un mot phonologique et que l'intérieur du vers se comporte à l'égard du *e* muet comme un mot phonologique d'un seul tenant. Il en tire le principe de réajustement suivant, qui constitue ce que nous appelons la fiction linguistique du vers: «Le vers est traité comme une unité phonologique unique et ses bornes extrêmes comme des limites de mots[12]». On ne peut donc imaginer, au plan métrique, une fin phonologique de mot et *a fortiori* une fin phonologique de phrase à l'intérieur du vers qui ne fassent aussitôt l'objet du principe de réajustement. Ainsi dans ce vers d'Arthur de Bussières:

> Ismaël dort. La fièvre agite son sein blanc;

La fin d'une phrase au milieu du vers, loin d'infirmer le principe de réajustement, en expose en quelque sorte le mécanisme, en soulignant qu'une fin de phrase, du point de vue de la phonologie du vers, c'est-à-dire du point de vue de sa resyllabation, ne vaut guère plus que la limite d'une unité lexicale (nous y reviendrons dans le dernier chapitre à propos du vers libre chez Paul-Marie Lapointe). Dès lors, on doit comprendre que la tension entre l'énoncé et le mètre que suscite une ponctuation forte au milieu du vers procède d'une double feinte. Le discours nous fait croire qu'il soumet la phonologie du vers à ses règles qui sont celles du parlé, en imposant une limite phonologique majeure au milieu du vers, alors que sur le plan linguistique, défini par le principe de réajustement, il faut, pour que le vers conserve son autonomie (le vers comme unité phonologique de co-syllabation), que la limite de mot phonologique n'intervienne qu'à la fin du vers.

À la présence d'une limite de phrase à l'intérieur du vers en une position qui conteste le mètre comme unité phonologique correspond de manière analogue la présence de la limite de vers en une position où la syntaxe seule ne l'admettrait pas. C'est le cas précisément de l'enjambement. «L'enjambement, écrit Milner, repose donc sur une contradiction entre la nature de la limite de vers, introduite comme limite de mot par le réajustement, et la nature de la limite introduite par la syntaxe.» Pour que cela soit possible, les deux limites doivent être de nature homogène, sinon, note Milner, elles ne pourraient entretenir aucune relation. «Il faut donc que la limite de vers soit exprimée dans le même formalisme que la limite syntaxique, et en même temps qu'elle ne soit pas conforme à la syntaxe.» Ainsi convient-il d'imaginer la limite phonologique du vers non plus seulement comme une limite phonologique de mot, mais comme une limite phonologique de phrase. Le réajustement qui s'opère alors ressemble au cas déjà étudié, sauf que, cette fois, il faut fixer à la fin d'un vers une limite phonologique de phrase là où parfois une limite de mot phonologique ne serait pas même pensable dans le discours courant. Comme ici chez Nelligan:

> Dans la nuit tiède où tintait une
> Voix de la petite chapelle…

L'enjambement intervient au milieu d'un groupe phonologique de mots («tintait une//Voix») après le clitique «une». On peut encore citer les derniers vers de *La musique* de Baudelaire, qui combinent un enjambement non seulement d'un vers sur l'autre, mais d'une strophe sur l'autre, avec une fin de phrase au milieu de l'avant-dernier vers:

> Le bon vent, la tempête et ses convulsions
>
> Sur l'immense gouffre
> Me bercent. D'autres fois, calme plat, grand miroir
> De mon désespoir!

Ces vers de Baudelaire vont nous permettre d'aborder la notion de césure pour les métriciens classiques. La ponctuation forte au milieu de l'avant-dernier vers crée un effet de discontinuité qui justifie selon eux la présence d'une césure lyrique après «bercent», même si la césure métrique demeure plausible après «fois». Ils font de la discontinuité du discours une règle métrique, mais, comme l'a montré Benoît de Cornulier, les effets de continuité peuvent être dans le cas des coupes enjambantes tout aussi frappants que les effets de discontinuité. Le segment métrique est avant tout une unité de resyllabation régie par les lois de la liaison et de l'élision. C'est pourquoi, selon Cornulier, la césure crée une équivalence métrique (et non rythmique) entre deux segments composés d'unités syllabiques symétriques ou non (4-6 ou 6-6). Pour sentir cette équivalence, il ne s'agit pas d'additionner des syllabes les unes après les autres. La saisie du compte syllabique est globale pour l'oreille, indépendamment, par ailleurs, des questions d'accentuation ou de ponctuation. Cette équivalence est renforcée par la pression métrique, c'est-à-dire par des équivalences de même nature entre segments métriques d'un poème. Dans ce contexte, la césure ne correspond pas nécessairement à une pause dans la diction du vers, non plus qu'à une frontière accentuelle, ni davantage à un blanc entre les mots, si on la définit encore une fois comme un phénomène d'équivalence entre segments métriques[13] (4 = 6 ou 6 = 6).

Cependant, quand on examine un vers isolé, c'est-à-dire quand on touche à l'organisation syntaxique, sémantique et rythmique d'un vers par rapport à son entourage, la césure peut être marquée ou par une pause (du discontinu dans la chaîne parlée), ou par un phénomène de resyllabation (une élision du *e* muet à la césure qui entraîne une recomposition des attaques consonantiques de la syllabe subséquente), ou par un enjambement syntaxique et rythmique quand la césure tombe après un clitique, ou par un accent, etc.

La métrique mesure des événements complexes liés au continu-discontinu du discours. C'est ainsi que l'enjambement, la ponctuation forte au milieu d'un vers et, en particulier, la césure sont des phénomènes «ubiquistes» situés dans des espaces sémantiques concurrents: le mètre mais aussi l'énoncé, le vers comme unité métrique mais aussi comme fragment de discours. La phonologie doit en tenir compte. Ce sont des phénomènes relativement stables, mais qui varient selon la configuration de chaque poème. Comme nous l'avons vu à propos de *Salons allemands* de Nelligan, le poème fait varier le substrat sémantique qui demande chaque fois à être réinterprété en fonction de tel ou tel accident morphologique qui affecte le mètre. Ces accidents, et cela est vrai jusque dans la ponctuation du poème, sont autant de *singularités critiques* qui concentrent en un point «une forme globale que l'on peut reconstruire par déploiement ou désingularisation», comme l'écrit René Thom[14].

Rythme et accentuation

Dans ces conditions, que peut l'accentuation du vers? Sujet délicat que nous reprendrons dans un chapitre consacré à Nelligan.

Car il appert que chaque poème a sa grammaire. Le livre a la sienne, résultante des conflits poétiques qui ne sont qu'à lui. Il est cet effet de sens, ce vaste actualisateur des «"fictions linguistiques" dans des mots — et correspondance (ou sinon il n'y a rien qu'un langage fragmentaire, indéfini, ambigu) des grandes aux petites unités», comme le rappelle Meschonnic[15]. Nous allons vérifier à l'instant ces phénomènes de «fictions linguistiques» à propos de l'accentuation. D'abord quelques règles. Selon Milner et Regnault, on trouve un accent sur la dernière syllabe accentuable d'un mot phonologique, qui peut contenir un ou plusieurs mots lexicaux; cet accent, on l'appelle «accent tonique[16]». De même, on trouve «un accent sur la première syllabe accentuable (d'un mot phonologique), qu'on appelle «contre-accent». Dès lors, la «syllabe accentuable (d'un mot lexical) est désaccentuée, si elle est à l'intérieur d'un mot phonologique». Par ailleurs, grâce au principe de réajustement proposé par Milner, les frontières métriques sont équivalentes à des frontières de mots phonologiques, quelle que soit la nature du mot placé à la fin du vers. Mais il se peut que la césure ou la fin de vers ne rencontrent pas une fin de mot phonologique. Il faut donc adopter, selon les deux auteurs, une stratégie fondée sur le principe de coïncidence maximale. Cela ne soulève apparemment aucun problème pour le vers classique, qui tend à faire coïncider une frontière métrique avec une frontière de mot phonologique. Il en va autrement de la poésie symboliste qui cultive les effets causés par l'absence de coïncidence entre les accents de mots phonologiques (ou accents de langue) et les accents de vers (ou accents métriques). Il paraîtrait illogique de considérer le vers comme une unité phonologique sans pour autant marquer la fin de vers par un accent de mot phonologique (ou accent tonique). Et pourtant, peut-on imaginer un renforcement de l'intensité vocale sur la dernière syllabe masculine de vers, quand celui-ci se termine par un clitique, mot par définition inaccentuable dans le langage courant? Citons encore une fois les vers de Nelligan:

> Dans la nuit tiède où tintait une
> Voix de la petite chapelle…

Un accent sur «une» ne ferait que souligner la fâcheuse tendance du vers français à venir buter sur sa dernière syllabe, comme le remarquait Claudel, alors que la désaccentuation de «une» s'impose dans le discours parlé tant du point de vue de la syntaxe que du point de vue de la phonologie des groupes de mots. La question se complique lorsqu'on sait que les Québécois allongent souvent la syllabe prétonique dans un groupe de mots. Cette particularité accentuelle, DesRochers tentera de l'exploiter pour rappeler dans ses poèmes le parler québécois. Il semble donc nécessaire de distinguer le vers et l'accentuation: le vers, unité phonologique autonome relevant d'une fiction linguistique; l'accentuation, phénomène discursif autant que prosodique. L'accentuation englobe l'accentuation effective ou la désaccentuation de certaines syllabes, selon l'organisation tant syntaxique que sémantique et sémiologique du poème.

À ce stade, il nous faut distinguer impérativement entre le mètre, l'accent et le rythme du poème.

Du mètre, parce qu'il se définit d'abord par rapport au rythme comme un effet de segmentation de l'énoncé quand surgit une limite métrique, nous dirons qu'il manifeste une équivoque primaire et originaire, en suscitant «un conflit irréductible et critique entre identité sémantique et identité de colocalisation syntaxique» dans le vers, pour reprendre les termes de Jean Petitot-Cocorda dans un travail sur la peinture[17]. Tout vers résout à sa manière le conflit critique entre identité sémantique et identité de colocalisation syntaxique des fonctions de l'énoncé, conflit engendré par la segmentation métrique et que mettent en évidence la césure ou l'enjambement. Cela reste vrai du poème en vers libres dont les unités prosodiques semblent libérées de la pression métrique et qui peut apparemment multiplier les coupes mobiles ou jouer à sa guise des blancs typographiques. Même alors, le problème de la segmentation du vers par rapport à la construction des énoncés reste entier. Et pas plus que dans le poème en vers mesurés, nous ne pourrons le résoudre hors de la signification du poème, hors de la sémantique.

Le rythme du poème ne se confond pas avec l'accentuation. Benveniste opposait le rythme en tant que forme improvisée, momentanée, modifiable, résultant d'un arrangement toujours sujet à changer, bref, un rythme de discours, à la forme métricienne du rythme, rythme d'une diction mesurée et cadencée. Or cette distinction, c'est celle que faisait déjà Antoine Fabre d'Olivet en 1813, en inversant cependant les termes, c'est-à-dire en plaçant le rythme dans la scansion et l'accent dans le parlé. (Remarque: On distinguera le *parlé*, qui est l'un des modes de manifestation de l'oralité dans le poème, du *parler*, manière courante de s'exprimer.)

> Le principe du rhythme [*sic*], selon tous les anciens qui en ont traité, est dans le mouvement; celui de la prosodie dans l'accent: le premier est le résultat de l'action; le second, celui de la passion. L'un est soumis à des lois fixes, invariables; l'autre fluctue et se modifie sans cesse, non seulement dans l'ensemble d'un idiome, par une suite des révolutions qu'éprouve le peuple en général, mais dans ses moindres détails par un effet instantané des divers sentiments qui agitent chaque individu. Le rhythme, dit Bacchius, est une mesure de temps faite par le mouvement; il consiste, dit Aristide-Quintilien, en des temps ordonnés selon des règles fixes, et produit, par l'élévation et l'abaissement, le levé et le frappé de la mesure. La prosodie, moins déterminée que le rhythme à cause de son essence même, donnait moins d'accès à une définition aussi franche; c'est pourquoi Cicéron jugeait qu'il était plus difficile de prononcer un discours qu'une pièce de vers[18].

Le «rhythme», pour parler comme Fabre d'Olivet, c'est-à-dire la scansion rythmique, relevait en latin ou en grec de lois qui fixaient la longueur des pieds, c'est-à-dire «le levé et le frappé de la mesure». En français, il n'y a pas de pieds ou de «mesure des temps» qui soient fixés par des contraintes strictes; en revanche, on peut considérer qu'il y a un accent obligatoire pour marquer une limite métrique (césure ou fin de vers) et qu'en ce sens cet accent est régi par des lois. Ne quittons pas encore Fabre d'Olivet, car cet auteur a très bien remarqué de quelle «fiction» se construisait, en grec du moins, le rapport entre le rythme de scansion et l'accent prosodique. Cette «fiction», il revient en réalité à Boyer de l'avoir formulée, comme le reconnaît Fabre d'Olivet:

> [...] le siècle dernier un savant français réfugié à Londres, écrivant sur la prosodie de notre langue pour l'enseigner aux Anglais, toucha par occasion ce qui concernait celle des Grecs, et fit voir que les accents prosodiques troublent et dérangent tout à fait la plus belle poésie grecque de quelque espèce qu'elle soit. [...] Cela est certain. Le premier vers de l'*Iliade*, sans aller plus loin, nous fournit de ces contradictions un exemple qu'il est inutile de multiplier[19].

Ces «contradictions», comme les appelle Fabre d'Olivet, les métriciens modernes essaieront de les formaliser. Ce sera le cas de Paul Verluyten, qui examine le comportement de l'accent à la césure chez Verlaine. Il constate certaines anomalies, comme, notamment, la césure au milieu d'un mot. On ne peut, en ce cas, concevoir un accent à la césure qu'en formulant une règle de réajustement. Cette règle hypothétique suppose la transformation de l'accent primaire (accent prosodique) en un accent secondaire soumis à des contraintes métriques qui révèlent la présence d'un rythme sous-jacent secondaire dérivé de la prosodie du français. Nous reviendrons sur cette importante question dans le chapitre sur Nelligan. Mais notons déjà que le symbolisme cherchera de toutes les manières, par exemple en affaiblissant l'accent sur la sixième position syllabique jusqu'à le faire disparaître, à susciter des tensions entre la scansion rythmique et l'accent prosodique dans le vers, de façon un peu artificielle, il est vrai, comme nous allons le voir chez les poètes québécois dans un moment.

Or il est une dernière observation de Fabre d'Olivet qui nous paraît très importante. L'auteur souligne, en effet, le rapport complexe qui existe entre l'accent prosodique et la voix, qu'il se garde bien de confondre avec une «diction» scandée ou avec la «déclamation» du vers, en s'appuyant sur l'exemple du discours (oratoire):

> Cicéron jugeait qu'il était plus difficile de prononcer un discours qu'une pièce de vers; par la raison, disait-il, que les vers étant construits d'après une loi certaine et définie, on ne pouvait se dispenser de la suivre; tandis que l'accent duquel dépendait toute la prosodie n'était, selon le même orateur, qu'une sorte de chant attaché à la parole, beaucoup plus obscur, et par conséquent moins déterminé, tenait plus à la sensibilité de l'organisation, et peignait plus expressément la manière dont celui qui parlait était affecté[20].

On ne saurait mieux dire que la voix est dans l'accent prosodique, c'est-à-dire dans les accents d'intensité, dans les courbes intonatoires trahissant jusqu'au corps de celui qui parle en situation de discours, bref qu'il s'agit de ce que nous avons appelé un rythme sémantique. Le poète doit résoudre à sa manière «les problèmes de mélodie, d'ajustement des mots sur le SON et finalement sur le sens des mots, sur le ton», toutes choses qui définissaient la prosodie pour Pound[21].

La voix pose que le sens est du continu-discontinu dans le discours, en d'autres mots, que le sens outrepasse la finitude de la phrase (le discontinu) dans le mouvement des ajustements énonciatifs (le continu).

Or la seconde moitié du XIXe siècle voit naître cette grammaire «nouvelle» qui accompagne la création du «français élémentaire» à l'école. Tout le sens sera régi par la phrase, c'est-à-dire par le principe de complémentation et de subordination, comme nous le verrons dans le chapitre suivant. La grammaire imposera une diction de prose pour le vers, une diction qui s'appuie sur les grandes divisions syntaxiques de la phrase et non plus sur ce que Pound appelle «les problèmes de mélodies, d'ajustement des mots sur le SON», une diction qui oublie le «chant attaché à la parole», pour parler, cette fois, comme Fabre d'Olivet. Pour réagir contre cette diction de prose, les symbolistes feront du vers «de la musique avant toute chose». Avant d'approfondir les rapports entre la grammaire nouvelle et le poème, nous allons tenter un premier sondage chez les poètes québécois, en examinant comment, dans la foulée des symbolistes français, ils ont cherché à replacer l'accent prosodique (le rythme du discours) dans le rythme de la scansion (fiction du pied) de manière à affranchir la scansion des contraintes métriques (accents métriques, en 6e et 12e position syllabique de l'alexandrin) pour créer cet alexandrin à arrêts multiples et mobiles dont parle Moréas.

Inventions rythmiques: l'espace des possibles

C'est parce qu'il s'applique à repérer phonétiquement, à l'oreille, une pause ou un accent marquant les frontières métriques qu'Auguste Dorchain, qui connaît les poètes québécois et dont les traités sont célèbres au début du siècle, se trouve embarrassé par la scansion de ce vers d'Henri de Régnier:

> Secoua des roses prises parmi la soie

Contrairement aux règles, on trouve un *e* féminin numéraire à la césure, ce qui fera dire au métricien:

> Aucune division ne s'impose ici à première vue. Alors on cherche. Serait-ce un vers à césure médiane? Le sens lui-

> même nous tend un piège pour nous le faire croire, car la césure psychique la plus naturelle est après le mot «roses», mais notre oreille nous empêche d'y tomber, car la sixième syllabe est muette et nous ne pourrions prononcer «secoua des roseu»[22].

Il s'agit là d'un véritable casse-tête que seule peut résoudre la distinction entre la frontière métrique (qui suppose une limite phonologique après «roses», sans qu'il y ait de contraintes phonétiques imposant l'allongement de la syllabe féminine) et la frontière accentuelle que les symbolistes ne renforcent plus à la césure, comme le fait remarquer Auguste Dorchain. Les poètes parnasso-symbolistes québécois suivront l'exemple et n'indiqueront plus, par l'accentuation ou la syntaxe, les frontières métriques; on parlera de césures mobiles, dans un ultime effort pour concilier le compte syllabique et les pauses de la voix.

Paul Morin, l'auteur du *Paon d'émail* et de *Poèmes de cendre et d'or,* le maître de l'écriture-artiste, va, dans certains de ses poèmes, multiplier les césures après les syllabes féminines, comme son modèle Henri de Régnier. Relisons le sonnet intitulé *Palerme*, pour comprendre les intentions de l'écrivain:

> Trop de musique, trop de livres, trop d'encens!
> J'ouvris ma fenêtre sur la nuit finissante,
> Une brise, varech et fleurs, tiède et puissante,
> Alanguissait la rue étroite et sans passant;
>
> Sveltes et bleus comme des minarets persans
> Des cyprès s'argentaient dans l'ombre décroissante,
> On entendait une fontaine bruissante...
> Et soudain, derrière les dômes pâlissants,
>
> Je vis, plus douce que la molle transparence
> De ces matins de perle où tremble un ciel de France,
> Surgir, sur les jardins de jade et les toits d'or,
>
> Comme une vague parfumée et purpurine
> L'aube de flamme rose où sommeillait encor
> L'émail sicilien de Palerme marine[23].

Sur les quatorze vers que compte ce sonnet, sept ont des césures irrégulières. Encore une fois, il faut faire la différence entre les frontières métriques et les coupes accentuelles, car celles-ci, de prime abord, ne dépendent plus chez les symbolistes des règles métriques. Que la présence d'un accent obligatoire à la césure pour marquer la limite de l'hémistiche soit désormais plus ou moins aléatoire contraindra les métriciens modernes à expliquer la césure autrement que comme une frontière accentuelle. Pour Benoît de Cornulier, la césure n'est pas une frontière rythmique ou syntaxique, ni une pause dans la diction; elle crée une équivalence métrique (non rythmique) entre des segments (vers ou sous-vers) calculée en fonction de leur nombre syllabique, sans que cette équivalence soit réductible à un décompte mathématique. La règle de l'équivalence explique entre autres qu'on ne puisse isoler un vers de son ensemble. Comme l'a montré Benoît de Cornulier, les vers exercent les uns sur les autres une pression métrique[24], qui justifie ici la perception d'une césure (6 + 6) après le clitique «que»:

Je vis, plus douce que//la molle transparence

La césure survient après une conjonction monosyllabique, non accentuée, mais renfermant une syllabe où *e* est masculin[25]. (La distinction entre *e* masculin et féminin, notons-le, sera utile pour décrire ailleurs la présence après une syllabe féminine d'une césure qui va à l'encontre des règles de la prosodie classique, tandis que la césure après une syllabe masculine, quand la césure ne tombe pas au milieu d'un mot, apparaît comme une contrainte minimale encore valide dans le vers symboliste.) Morin conjure ici l'arbitraire apparent de la frontière métrique par une coupe rythmique ternaire:

Je vis, plus dou/ce que la mol/le transparence

Cette coupe ternaire est également présente au premier vers, bien qu'un accent sur «trop» reste plausible pour marquer rythmiquement la césure:

Trop de musi/que, trop//de li/vres, trop d'encens

Le rythme ternaire semble être le seul moyen d'éviter au début du second tercet une césure (6 + 6) survenant au milieu d'un mot:

Comme une va/gue parfumé/e et purpurine

Peut-on parler de césure, en ce cas, c'est-à-dire d'une équivalence entre les trois segments? Aucune règle métrique (règle historique du compte syllabique) ou phonologique ne l'impose: seule la justifie cette régularité accentuelle hiérarchisant les valeurs vocaliques marquées par l'accent, au détriment d'autres composantes rythmiques. Mais selon les normes de l'époque, cette division rythmique dut paraître plus conforme aux règles que la césure après une syllabe féminine non élidée, en sixième position syllabique. Or celle-ci est devenue un symbole du modernisme, et Morin sait en tirer parti. Soit après une conjonction inaccentuée:

> Sveltes et bleus comme//des minarets persans

ou accentuée (accent sur la cinquième position syllabique du vers):

> Et soudain, derrière//les dômes pâlissants

soit après un nom:

> J'ouvris ma fenêtre//sur la nuit finissante

(le poète exploite la tension entre la frontière rythmique [accent sur la cinquième syllabe] et la frontière syntaxique nettement sensible entre les hémistiches); soit encore après un clitique féminin:

> On entendait une// fontaine jaillissante

Mais Morin préfère, en ce cas, marquer le rythme ternaire qu'il amplifie par un jeu d'assonances (son «ai»). On peut penser dès lors que seuls les trois vers précédemment cités présentent pour lui une discordance métrique affichée, bien qu'il ait dû sans doute envisager comme régulière la césure dite lyrique du deuxième vers («J'ouvris ma fenêtre//sur la nuit finissante») et du huitième vers («Et soudain, derrière//les dômes pâlissants»); dans ce vers-ci comme dans bien d'autres, Morin souligne par la ponctuation une coupe syntaxique majeure qualifiée souvent de «césure mobile». Ainsi, en procédant par élimination, seul le cinquième vers («Sveltes et bleus comme des minarets persans»), où un accent sur «comme» entraînerait une succession de deux accents («bleus» est déjà accentué) peu plausible, semble a-césuré. Il peut donc passer pour un «alexandrin libéré», comme on disait à l'époque.

Par ailleurs, un rapide coup d'œil sur la facture de l'œuvre révèle comment Morin oppose le schéma rimique du sonnet (abbaabbaccdede) au schéma strophique (4/4/3/3). Il traite, en effet, comme des assonances toutes les rimes des dix premiers vers, sans pour autant leur faire perdre leur qualité de rimes distinctes d'une strophe à l'autre. Cela signifie entre autres que, pour Morin, la rime est dans la musique et la musique, dans les timbres. Cependant, le poète isole les quatre derniers vers en leur conférant un timbre original. Morin fait preuve ainsi de son extrême virtuosité. Mais ce poème date des années vingt, c'est-à-dire d'une époque où, pour les plus modernes de nos poètes, le Parnasse est mort. Mort à demi, puisque Paul Morin, dont le prestige croît justement à mesure que la référence au Parnasse s'estompe en France, semble en perpétuer les exigences formelles. Morin cultive un atticisme aristocratique pour lequel on disait les Québécois peu doués. Par ses libertés métriques, il tente d'évoquer le ton de la conversation des gens de goût, qui constitue pour lui un âge d'or de la civilisation auquel aurait mis fin la barbarie moderne. Paul Veyne fait remarquer que «la révolution de l'intensité nous a rendu insipides des valeurs — le goût, la mollesse, la délectation, la délicatesse — et des œuvres — le Tasse, Télémaque[26]... Ce serait quelque part la faute de Rousseau qui écrit «l'or des genêts et la pourpre des bruyères», alors qu'avant lui les «poètes n'avaient pas osé brutaliser l'épithète de nature correspondante et disaient «les bruyères empourprées[27]». L'atticisme de Morin relève donc d'une histoire de la langue concentrée sur une unique catégorie du discours, l'épithète, dans le poème que nous avons lu, ce poème qui est, à lui seul, un condensé des libertés qu'autorise une poésie «fin de siècle» qui se survit à elle-même.

Si l'on remonte de quelques années en arrière, on trouve dans la poésie de Nelligan les premiers exemples de ces césures après clitiques qui estompent les frontières métriques. La césure après clitique provoque un enjambement fortement marqué dans ce vers du jeune poète:

Où se donnait dans la//salle de l'Empyrée

Nous obtiendrons, par ailleurs, une notation rythmique beaucoup plus riche si, à partir de l'exemple suivant, où l'on rencontre une césure après clitique:

Qui me troubla jusqu'en//ma plus ancienne année

l'on fait la part des accents prosodiques tels que les définit Henri Meschonnic. Il s'agit non plus d'accents d'intensité relevant dans bien des cas de l'illusion de la tonique, mais d'accents portant sur des valeurs sémantiques, «sur le devenir sens, sur le devenir SON» du vers dont parle Pound, également. Accents d'interprétation donc, et non pas d'expressivité oratoire. On notera ainsi dans ce vers une succession d'accents prosodiques sur les timbres vocaliques «an» et consonantiques «n», sur le possessif «ma», sur l'intensif «plus», associés aux accents rythmiques ou de groupes de mots. De la scansion traditionnelle, on passe à une surscansion qui sature le rythme de tous ses effets de sens possibles[28].

Qui me troubla jusqu'en//ma plus ancienne année

Dans cet autre exemple:

Qui lui-même, comme un//grand mort gît étendu

on remarque trois accents successifs de durée et d'intensité rythmant ce vers où la césure suit un proclitique. L'effet d'enjambement syntaxique se trouve donc renforcé par la dynamique accentuelle.

L'enjambement syntaxique à la césure, après un mot vide, soulève néanmoins de multiples problèmes pour les métriciens qui souhaitent une coupe ou un accent de mot marqués en sixième position syllabique. Cornulier, néanmoins, le trouve aussi plausible qu'un enjambement du même type à l'entrevers, en affirmant que «qui peut le plus, peut le moins[29]». Nelligan semble vérifier cet axiome dans *Je veux m'éluder*, où plusieurs vers se terminent par une conjonction provoquant l'enjambement. Dans ces vers-ci, il suscite même une liaison normalement interdite à l'entrevers pour élider le *e* de « jusque»:

Oui, je voudrais me tromper jusque
En des ouragans de délire[30]

Dans le même poème, Nelligan fait rimer des *e* masculins et féminins, ce qui modifie le compte syllabique. En effet, dans «fût-c(e) que» (rimant avec «s'offusque»), le *e* du clitique «que» est phonologiquement ambigu: féminin[31], on considérera qu'il fait partie du syntagme «ne fût-ce que»; masculin, il portera, en tant que négation restrictive, sur la finalité de la proposition qui suit:

> Vous suçant mon cœur qui s'offusque!
> Ô je veux être fou ne fût-ce que
> Pour narguer mes Détresses pires!

La découpe du vers, en tranchant pour le *e* féminin, interprète la phrase grammaticalement parlant.

Je veux m'éluder ne figurera pas dans la première édition des œuvres de Nelligan, publiée en 1904. Louis Dantin, l'éditeur, ignorait peut-être l'existence du poème. L'eût-il connu, il ne l'aurait sans doute pas publié. Le poème lui aurait paru trop excentrique. Il aurait apporté une preuve supplémentaire de ces négligences grammaticales qu'on ne cessera de reprocher à ce jeune poète élevé dans les deux langues: l'anglaise et la française. Cette poésie jette le trouble dans l'oreille.

Trente ans ou presque séparent Nelligan de DesRochers. Les règles de la poésie n'ont apparemment pas varié depuis les Parnassiens. Voyons comment l'auteur d'*À l'ombre de l'Orford* commet des entorses calculées aux règles de la métrique. Il lui arrive parfois de placer la césure au milieu d'un mot (sans qu'on puisse évoquer, en contrepartie, une coupe 4-4-4):

> Subis sous un ciel tou//jours même, pour qu'on voie

La césure *a priori* semble occultée, mais ne nous fions pas aux apparences. DesRochers provoque un enjambement rythmique, en accentuant non seulement la syllabe «jours», mais en renforcant cet accent par un contre-accent sur «tou», si l'on s'en reporte aux règles de Regnault et de Milner pour l'accentuation du vers. Ce redoublement accentuel s'appuie sur un redoublement vocalique («ou»). Ailleurs, la formule est inversée. On retrouve la tension dynamique non pas dans le second, mais dans le premier hémistiche, avec l'opposition accent/contre-accent sur les quatrième et cinquième positions syllabiques, la césure survenant après un clitique:

> Et le regret prend la//figure du remords

Nous pourrions imaginer une coupe rythmique 4-4-4, mais nous négligerions la dynamique accentuelle qui caractérise ce vers au profit d'une scansion classique, sans relief.

En outre, DesRochers avait appris, en lisant Hugo, à superposer les rythmes binaires et les rythmes ternaires dans un même vers, comme nous allons le voir à l'instant. Benoît de Cornulier, citant ce vers de Hugo

> D'où part la stro/phe ouvrant//ses ai/les dans les cieux

s'interroge:

> Que choisir? [...] [Ce] vers est-il ternaire, conformément à l'apparence syntaxique générale, ou binaire, conformément à la pression métrique, c'est-à-dire au besoin de projeter la mesure du contexte (en l'occurrence 6 + 6) sur le vers particulier pour sentir ce par quoi il est vers? Dans la polémique toujours ouverte à ce sujet, on omet généralement de prendre en considération l'hypothèse selon laquelle un vers serait non pas ou bien 6 + 6, ou bien 4-4-4, mais les deux à la fois[32].

Dans *Élégies pour l'épouse en-allée*, que DesRochers publiera plus tard, soit en 1967, les vers à coupe binaire alternent avec les vers à coupe ternaire; ce vers-ci possède l'ambivalence rythmique décrite par Cornulier:

> C'était novem/bre et dès//longtemps/ sol et ramure

Or on trouve déjà ce type d'ambivalence métrico-ryhtmique, en 1935, dans *Ma patrie*:

> Avoir dormi/ d'un œil//ouvert,/avec l'effroi

Mais cette scansion ne rend pas vraiment justice à l'art du poète, sans doute parce qu'en s'appuyant exagérément sur la matrice accentuelle, on néglige la valeur sémantique du rythme qui ne respecte pas nécessairement les hiérarchies accentuelles binaires ou ternaires qu'apprécient les métriciens classiques. Dans les vers qui suivent, on notera d'abord que les accents opposent sémantiquement «injure» et «bruit», que «brusquement» contient des consonances et des assonances empruntées aux deux mots précédents, ce que nous marquerons par des accents prosodiques:

> L'injure se confond//avec le bruit que fait
> Le lièvre brusquement//levé dans la forêt

Le phrasé qui introduit le parlé dans le poème prend appui sur l'enjambement: il n'est plus guère possible de distinguer entre les accents et l'intonation, comme le veulent les métriciens classiques, parce qu'en français le rythme est essentiellement sémantique, faut-il le rappeler.

L'on serait tenté de dire de DesRochers ce qu'Henri Meschonnic écrit de Victor Hugo:

> Ce n'est pas du parlé en vers, ce sont des vers parlés. Pourtant Hugo, qu'on a tant identifié à ce qu'on appelle la «cadence nationale», desserre à sa façon le «mécanisme rigide», le «canon hiératique du vers». Il lui enlève tout le bel canto [...]. Il introduit dans le vers des expressions des modulations de prose, un dialogue et désacralise son vers religieux[33].

C'est contre les modulations intimistes d'un Nérée Beauchemin, dont la poésie régionaliste finit par adopter la musicalité symboliste, que DesRochers revendique pour sa poésie le parler québécois. C'est contre aussi le ton sentimental, «vieux Coppée», de Blanche Lamontagne-Beauregard, qui célèbre les ancêtres et les valeurs domestiques, que DesRochers oppose son langage d'homme. Ce poète, qui restera fidèle, néanmoins, à une rhétorique de l'imitation (*ut pictura poesis*), prétendait exprimer, conformément aux idées de Taine et de Barrès, l'influence nécessaire du milieu sur le style d'un écrivain. DesRochers défendra contre l'écriture-artiste, lui, le poète-artisan, un style national qui soude les membres d'un groupe ethnique avec la force des liens patriotiques[34]. L'individualisme des poètes vers-libristes apparaît à cet égard comme une atteinte aux valeurs de la communauté et contraire à la mission de l'artiste.

Mesurant l'entreprise des poètes symbolistes, le poète Saint-Denys Garneau écrira:

La mélodie a chassé la césure au bout du vers
Où elle tombe en l'espace du papier blanc[35]

La dissolution du rythme de la prosodie classique par des effets de style qui repoussent, comme le dit Garneau, la césure au bout du vers traduit parfaitement l'art d'Albert Lozeau, qui publie en 1907 *L'âme solitaire*, en se souvenant des *Vies encloses* de Rodenbach:

Ma vitre, ce matin, est tout en feuilles blanches,
En fleurs de givre, en fruits de frimas fin, en branches
D'argent, sur qui des frissons blancs se sont glacés.
Des arbres de vermeil l'un à l'autre enlacés,
Immobiles, ont l'air d'attendre qu'un vent passe
Tranquille, mol et blanc. Calme petit espace
Où tout a le repos profond de l'eau qui dort,
Parce que tout cela gît insensible et mort,
Vision qui fondra dès la première flamme,
Comme le rêve pur des jeunes ans de l'âme;
Espoirs, illusions qu'on regrette tout bas:
Sur la vitre du cœur, frêles fleurs de frimas[36]...

Lozeau dissimule le rythme de scansion en suscitant d'autres accents, pour parler comme Fabre d'Olivet, que les accents métriques: accents de coupes mobiles qui gomment l'accent à la césure, enjambements multiples qui affaiblissent l'accent en fin de vers, toujours repérable, mais soumis à la voix, ce chant intime attaché à la parole. L'enjambement crée ainsi des effets de *legato* entre les vers:

En fleurs de givre, en fruits de frimas fins, en branches
D'argent, [...]
Des arbres de vermeil l'un à l'autre enlacés,
Immobiles, ont l'air d'attendre qu'un vent passe
Tranquille, mol et blanc.

Ces enjambements sont liés à des énumérations déportées d'un vers sur l'autre pour renforcer l'incipit du vers plutôt que sa clausule. Le poète associe des effets de rimes internes à des effets d'allitérations (sons «f» et «fr» et «fl», particulièrement insistants) pour soutenir la césure métrique et atténuer la rime comme indice virtuel de la fin d'un vers. Après avoir joué des métaphores anthropomorphes (vitre du cœur, frissons blancs, arbres enlacés) qui inscrivent les images dans le tableau de l'«espace intime», il neutralise le paysage par des effets de prosaïsme qui servent également à dissimuler la frontière métrique. On le constatera dans le vers suivant: Lozeau a placé un déictique à la césure, provoquant ainsi un enjambement rythmique et syntaxique qui affecte tout le phrasé du vers

> Parce que tout cela//gît insensible et mort

Par une «euphonie fragmentée selon l'assentiment du lecteur intuitif», Lozeau parvient à cette «ingénue et précieuse justesse» de l'oreille dont parlait Mallarmé, dans *Crise de vers.*

Plus que Nelligan, Lozeau paraît exprimer ce lyrisme raffiné, synthèse du romantisme et du symbolisme, qui s'oppose à cette poésie épique que défend DesRochers. Il appartient tout à fait à cette génération de poètes qui, écrit Marcel Raymond, s'efforçait moins «de s'imposer par quelque originalité frappante, ou simplement par l'expression forte d'un tempérament, que de cultiver en soi une conscience linguistique scrupuleusement française, et de se couler dans des formes déjà éprouvées de l'esprit national[37]». Marcel Raymond parle d'un air de «déjà vu» qui ne serait pas sans charme. Lozeau apporte un formidable démenti à Joseph Marmette qui ne considérait pas les Québécois capables de rivaliser avec les Français sur le terrain de la langue. Mais Marcel Raymond conforterait les régionalistes dans leur opposition à ce genre de poésie, dans la mesure où elle semble émaner tout droit de l'esprit national français. Mais pourquoi ne pas laisser à Marcel Raymond la responsabilité d'une telle expression, tout de même étonnante sous la plume du critique suisse? Après tout, le symbolisme est aussi le fruit de Jammes, de Moréas, de Rodenbach, d'Anna de Noailles qui ne sont pas français d'origine. Disons, dès lors, que la littérature s'écrit désormais dans un français international auquel certains écrivains canadiens-français aspirent plus qu'à l'esprit national français lui-même. C'est une chose que les animateurs du *Nigog*, notre première revue d'avant-garde, s'évertueront à faire comprendre aux Québécois, en 1918, mais sans succès. L'heure est aux nationalismes.

Résumons-nous. À côté du rythme prosodique qui relève du continu-discontinu du sens dans le poème existe le rythme métrique que Fabre d'Olivet place dans la langue, en disant que «toute langue est capable de recevoir son rythme», rythme intouchable, en quelque sorte, car attaché à la perfection de la langue. Le rythme prosodique qui fluctue sans cesse va donc départager les styles, en mettant justement les rythmes sémantiques en dehors des rythmes de langue, alors que plus subtilement la voix comprise dans la situation d'énonciation montre qu'ils procèdent les uns et les autres du devenir rythme de tous les éléments du langage. Mais les romantiques fabriquent une fiction de la voix. La voix atteste que la langue est advenue à son rythme ou bien «surnaturellement» chez les Anciens (Fabre d'Olivet dit que c'est par le chant des dieux) ou par l'histoire, à la suite de grands bouleversement historiques. Fabre d'Olivet pense à la Révolution française, sans doute. Mais réexaminons notre définition de la voix. Elle dit que c'est le discours et non la langue qui advient à son rythme dans le parler d'un sujet par la situation d'énonciation. Nous suivons sur ce terrain les hypothèses d'Henri Meschonnic. Le langage advient à son rythme dans une activité de co-énonciation et de co-interprétation du sens d'un énoncé en discours: le poème. Il y a là un déplacement à opérer tant du côté des écrivains, compte tenu du contexte dans lequel ils écrivent, que du côté du lecteur, qui doit, comme nous l'avons souligné d'entrée de jeu, mettre en place des dispositifs d'interprétation qui privilégient le discours, ce que nous appelons la voix, plutôt que le système figé de la langue.

«Crise de vers»

Pour beaucoup de métriciens du XIXe et du XXe siècle, la langue doit advenir par la poésie à la perfection de son rythme; le rythme de la langue leur apparaît donc comme quelque chose de fixé dans le vers une fois pour toutes. Jean Mazaleyrat écrit: «Le sentiment du vers survit vigoureusement, s'il est réel, à la mise en lignes suivies: les coquetteries graphiques de Paul Fort, la prose métrique de maints textes surréalistes ou le verset facile à découper de Saint-John Perse nous le montrent assez[38]». «Facile à découper», c'est-à-dire facile à mettre en hémistiches, comme si le rythme mesuré du mètre classique contenait tous les rythmes. Le métricien réagit ainsi comme s'il n'avait rien à apprendre ni des écrivains ni de la poésie dans son histoire.

Pour le théoricien Jacques Roubaud aussi, la langue est advenue à son rythme, en se réalisant dans la forme-vers, dont la manifestation majeure reste l'alexandrin: «*Rythme*, dit-il, n'est pas séparable de *versification*. Je soulignerai encore, tant cela me paraît aujourd'hui *neuf*, que le vers est "forme". [...] "Accentue[z] la diction" et le vers émerge, intrinsèquement responsable du rythme[39].» La modernité ne «casse» l'alexandrin que pour mettre en relief telle ou telle propriété du vers:

> La poésie (la littérature, donc nécessairement la poésie) fait dans le vers la menuiserie ou la forge de la langue: la métrique dit le vivant de la langue, extrait de ses «coupes», rythme. Cela était. La poésie mesurait la langue, donc la maîtrisait en la forgeant. Le vers se «rompt», la langue s'«évade» en ces «éléments simples» qui sont les éléments fondamentaux découverts par la métrique façonnante, au temps (les «temps incubatoires») où elle construisait, du matériau de la langue, le vers[40].

Roubaud vient ainsi de résumer la thèse de Mallarmé dans *Crise de vers*, thèse qu'il soutient: «La crise du vers ne conduit pas à la mort du vers, à son abolition; au contraire, se dirige plutôt vers une extension radicale de ses pouvoirs[41]». Si nous voulions une définition de la modernité, nous l'avons. La modernité, c'est le vers en crise. Envisagée ainsi, la modernité n'est jamais que l'histoire de la forme-vers survenant après sa «mise en forme» dans la langue. La modernité, en «rompant» le vers, fait de celui-ci une forme «qui se sait». La modernité, de la sorte, se confond avec l'histoire des avant-gardes dont le surréalisme est l'un des sommets. Mais tout commence avec Rimbaud. Roubaud évoque le Rimbaud de la Commune, qui, le premier, se serait rendu compte qu'il n'y a pas moyen de fuir le vers, puisque là, nous dit le métricien, se forge la langue, à moins de choisir de faire du non-vers. L'histoire de la forme-vers est close, mais non pas son destin.

Rappelons la phrase de Hegel: «On peut bien espérer que l'art va toujours davantage s'élever et s'achever, mais sa forme a cessé d'être l'exigence suprême de l'esprit[42].» Cette phrase peut s'appliquer au vers, au poème, à la langue. Philippe Lacoue-Labarthe écrit, en guise de commentaire: «Il n'y a rien là d'autre, au fond, que la reconnaissance d'une clôture. Si, comme tout porte à le croire, l'*Esthétique* de Hegel reprend, redresse et relève la théorie et la pratique romantique de l'art (de la littérature), cela fait donc bientôt deux cents ans que cette situation nous a été créée[43].»

Ce qui est bien mort depuis Hegel, c'est la forme comme présentation de l'Idée dans une représentation sensible réglée par les lois de l'esthétique, celles-ci trouvant leur fin dans le supra-sensible, dans le méta-physique. Parallèlement, ce qui est bien mort pour la linguistique romantique, c'est l'affirmation de la nature motivée du langage. Les romantiques, grâce aux travaux de la linguistique comparée, prennent conscience du caractère arbitraire du langage, mais ils tenteront de retrouver dans la poésie le caractère motivé de la langue[44]. En généralisant le principe de l'analogie, en le formalisant dans le principe des équivalences, les héritiers du romantisme montreront comment dans le poème le langage est de part en part structuré (motivé) par des équivalences paradigmatiques-syntagmatiques. Par le biais du poème et de sa cohérence interne, le langage poétique trouve, comme l'a dit Maingueneau, son «achèvement» dans la langue. Tout organisé de sens, le poème devient le signe privilégié de la cohérence qui règne dans le système qu'est la langue. Mais le romantisme ne s'achève dans la modernité qu'en effectuant la critique de l'idée de cohérence interne de l'œuvre et de la forme-vers, ce qu'il accomplit en plaçant la poésie dans le vers et le vers dans la langue, pour faire de la crise du vers une crise de la langue elle-même. Mallarmé n'y serait pas étranger. Crise de la langue qui interdirait désormais à la poésie d'incarner le destin d'un peuple, avec sa langue et ses dieux. Crise de la langue ou langue en crise qui, plus tard, conduira le poète Claude Gauvreau à placer la pulsion sexuelle dans le son et, replaçant le son dans le fragment-mot-phrase (mot-valise), à produire un anagrammatisme généralisé. La lettre du texte, la lettre des mots du texte, lettre ou fragment sonore, se prête au jeu de la construction-déconstruction des mots pour les saisir comme fragments de pulsion sonores. «Toute la beauté de l'histoire est dans le rapport entre l'objet qui cogne et le patient qui absorbe» (*L'asile de la pureté*). Nous n'aborderons pas Gauvreau, mais nous montrerons comment le destin pulsionnel du mot se fait jour dans la poésie d'un Guy Delahaye, aux alentours de 1910.

Mobilité du rythme et mobilité du sens

Une autre stratégie est-elle possible qui ne situerait pas la modernité dans la crise de vers et qui ne reconduirait pas le discours poétique à la langue, soit par le biais de la forme-vers ou du poème-signe, soit par le biais de la déconstruction du langage par sa «substance» même, substance pulsionnelle des sons, des mots?

Tout peut changer, en effet, si l'on inverse le point de vue, si, au lieu de définir la modernité comme la «crise de vers», en plaçant la poésie dans la forme-vers et celle-ci dans la langue comme système transcendant tout discours singulier, on étudie, au contraire, comment le poème relève d'un rythme singulier inséparable de l'organisation sémantique du discours, dès lors que celui-ci n'existe pas hors d'une situation d'énonciation. C'est la piste qu'ouvre Fabre d'Olivet en montrant de quelle fiction linguistique procède le rythme métrique du vers classique par rapport à la prosodie du *parlé*, en montrant également comment le rythme singulier d'un discours suspend la fiction métrique en l'intégrant à la voix d'un énoncé, prose ou poème. L'accent prosodique comme le définit Fabre d'Olivet atteste qu'il n'y a pas de langue, c'est-à-dire de rythme échappant à la sémantique du discours, ni de rythme achevé dans la perfection de la mesure métrique, mais une historicité des *parlés* qui constituent le sujet dans l'oralité de son discours. Du fait de l'interaction des discours, la langue ne se pense plus comme substance, elle se pense dans la mobilité rythmique, là où celle-ci rejoint la mobilité des situations de discours dans leur histoire et dans leur singularité. C'est par rapport à cette mobilité des situations de discours que le verset de Saint-John Perse, que les «coquetteries graphiques» de Paul Fort, décriés par Mazaleyrat, sont à concevoir: ils montrent que dans le poème tout participe du sens. À commencer par la ponctuation, dont nous soulignerons l'importance chez Bussières, chez Loranger, chez Lapointe.

Certes, au lendemain de la Révolution française, Fabre d'Olivet n'avait pas renoncé à inventer (au sens étymologique du terme) ce rythme de la langue française qui, dans l'état «actuel», disait-il, lui fait défaut et la prive de son destin: «La langue française n'est pas rythmique, sans doute, si on la considère dans son état actuel et relativement au rythme grec ou latin, auquel elle est absolument étrangère. Mais cette langue est rythmique si on la considère dans son état éventuel et relativement à un rythme propre et inhérent[45].»

Ainsi Fabre d'Olivet rêve-t-il de voir le français advenir à la perfection du rythme, en accédant du même coup à un rythme qui lui soit tout à fait propre. Contrairement au grec qui a reçu dès son origine le don divin d'un rythme parfait, le français serait encore étranger à son rythme. Mais il est de son destin historique de recevoir son rythme: «Toute langue est rythmique lorsque son moment est venu de recevoir son rythme. [...] Une langue ne peut même être que cela par sa destination originelle[46].» Fabre d'Olivet ruine les fondements de la pensée classique en installant ainsi le rythme dans l'inaccompli actuel ou dans l'inaccompli éventuel par rapport à son destin historique, destin concrétisant cette perfection propre que la langue porte déjà en elle, mais qu'elle méconnaît encore. Cette vision du destin de la langue nous intéresse, nous, Québécois, au premier chef. Car de même, c'est en mettant le rythme québécois hors du rythme de la langue française que des poètes comme DesRochers prétendront faire advenir par la poésie la langue québécoise à son rythme. Ainsi se constitue cette fiction littéraire selon laquelle l'histoire du parler et l'histoire de la littérature auraient de «secrètes liaisons» (Camille Roy), fiction nécessaire à la constitution chez nous d'une poésie nationale.

Mais il existe bien aussi chez Fabre d'Olivet l'idée que, dans l'état actuel de la langue, une forme accomplie du rythme n'est pas l'exigence suprême de celui qui élabore son discours dans la mobilité des rythmes sémantiques, ce qui lui permet de prouver, comme nous l'avons vu, qu'il n'y a pas de discours ou d'énonciation possibles sans le rythme, car le rythme est synonyme de la mobilité du sens dans le discours parlé. Cette thèse abolit l'opposition entre vers et prose, puisque la question du rythme se signale ailleurs, dans le discours, dans l'oralité de la voix. Tout énoncé se comprend donc dans la singularité de son rythme, faute de quoi il serait vide de sens.

Comme nous le montrerons dans le chapitre suivant, le Parnasse, dans son culte de la forme, tout en s'associant à la grammaire nouvelle, donnera à penser qu'il réalise la perfection du rythme français en faisant retour à la langue des classiques. Appelons cela la fiction historienne de l'art pour l'art. À l'opposé, l'oralité du poème, qu'on ne confondra pas avec le *parlé*, atteste, insistons à nouveau sur ce point, que le rythme du vers mesuré et scandé n'est pas tout le rythme, pas plus que le *parlé* ne contient tous les rythmes, quand il s'agit de faire advenir le poème à son rythme. L'oralité instaure ainsi le rythme dans une dimension critique par rapport au mètre et à la forme-vers.

Ce n'est pas le moindre mérite de Saint-Denys Garneau que d'avoir su prendre le parti d'un rythme de discours, contre un rythme de langue, en soulignant que la perfection du rythme, que l'on place volontiers dans la langue, dans le génie de la langue comme son achèvement, est en réalité une affaire de culture qui ne saurait rendre compte de toutes les ressources rythmiques du langage:

> Est-ce que par une discipline personnelle j'arriverai à rejoindre les formes classiques dont vous dites qu'elles sont seules conformes au génie de la langue? Sans doute, si j'arrive à reconnaître ce génie, à le comprendre, à le vivre. Mais ceci est affaire de culture et non plus de création. Et je ne crois pas qu'il me serait salutaire d'attendre, pour créer, de posséder assez l'instrument classique pour le pouvoir employer sincèrement d'une façon vivante, et sans être entraîné par la solidité de sa structure, le remplissant inadéquatement. C'est là que je sens le danger. [...]
>
> Est-ce que toutes les ressources naturelles de la langue sont définies dans les formes classiques et ne reste-t-il rien à inventer? Et quand Claudel parle, n'est-ce pas qu'il nous révèle quelque chose qui était là inclus et raciné, et qui surgit avec lui qu'on n'avait pas entendu avant lui? N'a-t-il pas un poids aux mots qui est loin de celui de Racine, mais poids français quand même? Le poids des pas paysans et des syllabes paysannes?
>
> Le problème consiste à établir jusqu'à quel point ce rapport est nécessaire et dans quelle hiérarchie on peut envisager les deux facteurs, le subjectif qui consiste en la rigueur, la pleine possession poétique, et l'objectif ou forme extérieure, œuvre faisant partie d'un ensemble dont est le génie de la langue.
>
> [...]
>
> Le classicisme: affaire de culture et non de création. Affaire d'être et non de faire[47].

Saint-Denys Garneau prend le parti du poème contre le classicisme, du rythme contre une politique de la langue contenue dans les formes classiques. Il dit bien qu'un certain territoire de la culture qui prétend s'annexer la langue en même temps que la poésie sous prétexte de classicisme lui demeure étranger. À travers Claudel, il lui apparaît qu'il y a de multiples façons pour que le français arrive à son rythme en même temps qu'à son histoire, mais que le poème, affaire de création, déplace nécessairement le lieu de la question par le problème du rythme. L'oralité du poème, c'est-à-dire son *parlé*, sa voix, est chaque fois à réinventer comme quelque chose qui n'existait pas avant lui dans d'autres discours et qui fait advenir la langue au rythme d'un discours singulier qui ne se pose plus dans l'«être» de la langue. Ce rythme a un nom selon qu'il est de Claudel ou de Ramuz ou de Tchekhov, etc., pour dire que le poème advient à son rythme dans la subjectivité créatrice du sujet qui l'«invente». Meschonnic de même a défini le rythme comme passage du sujet, c'est-à-dire du faire sens dans chaque élément du discours.

Le passage au vers libre ne pourra se faire bien tant qu'on le pensera par rapport à la fiction linguistique et politique qui régit le vers classique. Cela ne veut pas dire pour autant qu'il s'effectue contre le vers, en mettant à l'écart des règles encombrantes. Déjà le vers classique peut se penser en discours, comme le fait d'une certaine façon Moréas. Il ne peut se penser tel qu'en se voulant critique par rapport à un certain état de la langue ou du langage. Nous avons pu voir que le rythme, même quand il se conforme à la mesure métrique, est déjà critique par rapport à l'ensemble de tous les rythmes possibles, quand on le saisit comme du faire et non de l'être, pour reprendre le point de vue de Garneau. Nous allons pouvoir le vérifier dans les chapitres qui suivent où nous allons nous interroger d'abord sur l'élaboration d'une grammaire qui prétendait conformer le poème au génie de la langue.

CHAPITRE II

Arthur de Bussières et la grammaire des parnassiens

Entre 1850 et 1914, la grammaire traditionnelle, celle de Port-Royal, celle surtout des encyclopédistes du XVIIIe siècle et des idéologues du début du XIXe siècle, cède la place à la grammaire nouvelle. Grâce à des rappels historiques, certains ouvrages scolaires évoqueront au début du XXe siècle le chemin parcouru. C'est le cas en particulier de la grammaire publiée par les éditions Mame et Gigord[1], grammaire agréée par l'enseignement catholique et qui sera en usage à l'École normale Laval de Québec. La grammaire nouvelle englobe dans l'analyse des fonctions grammaticales de la phrase, à laquelle se soumettra bientôt tout l'enseignement, la logique prédicative qui surdéterminait dans la grammaire traditionnelle l'analyse des parties du discours. Parallèlement, elle réduit, au profit de la syntaxe, le rôle que jouait la rhétorique ou les figures de style pour expliquer la construction de la phrase ou de la période. En raison des changements qui affectent l'enseignement primaire et secondaire, la grammaire devient normative. Mais elle nous intéresse dans la mesure où elle peut constituer un instrument d'interprétation des textes poétiques de l'époque, ceux de l'École parnassienne, entre autres, qui naissent au milieu du XIXe siècle, en même temps que la grammaire nouvelle. Or le courant parnassien trouve un large écho au Québec, en particulier chez certains poètes de l'École littéraire de Montréal. Arthur de Bussières se montre extrêmement sensible à l'éxotisme de Théophile Gautier et de Heredia. Le fantasme d'une langue classique dont on veut préserver l'héritage soude la poétique parnassienne et la grammaire de la seconde moitié du XIXe siècle autour de certaines constantes et de certaines ruptures.

Fait de parole et fait de pensée

Nous supposerons, sous bénéfice d'inventaire, qu'il existe un rapport de concomitance entre l'école parnassienne et la grammaire nouvelle. L'une adopte ce qu'on pourrait appeler une poétique de la phrase au regard de la période romantique, tandis que l'autre prend le relais de la grammaire classique, en substituant à la sémantique du discours une analyse morpho-syntaxique de la phrase. Cela ne va pas sans hésitation de la part des grammairiens, sans fluctuation. Aussi prendrons-nous le parti de n'aborder aucune grammaire comme une entité fermée ayant son économie propre. Nous suivrons ainsi l'exemple des historiens de la grammaire eux-mêmes[2]. Ce parti pris doit changer la situation du texte poétique: sous l'éclairage de la grammaire, le poème ne peut se réduire à un système clos, comme le voudrait la linguistique textuelle qui, pour élaborer sa nomenclature, contraint tout énoncé à s'insérer dans un cadre intellectuel relativement constant. Cet esprit de système exclut la relation de la linguistique et de l'extra-linguistique. La grammaire reconsidérée dans son histoire a, au contraire, ceci de particulier: elle constitue l'intertexte à la fois linguistique (une théorie du langage) et extra-linguistique (un choix historique quant aux relations entre la parole et la pensée) qu'il faut articuler dans le texte.

Nous examinerons d'abord comment la grammaire du XIXe et du XXe siècle, se fondant sur ses propres postulats, a constitué le texte en objet de grammaire.

Pour comprendre la méthode des grammairiens, nous partirons du principe qui fut le leur, grosso modo, de Du Marsais à Dauzat, selon lequel il existe «une convenance entre un fait de parole et un fait de pensée». Ce principe explique les opérations d'identité, de détermination et de ligature constitutives des rapports de sens entre les fonctions du discours. À l'ordre des mots correspond l'ordre des idées. Tout ce qui risque de troubler la belle ordonnance de la phrase française, et Dauzat cite au passage l'ellipse, l'anacoluthe, la suppression des mots-outils, ne peut se justifier que par «l'émotion qui rompt, disloque l'organisme de la phrase[3].» Le poème est défini par son dysfonctionnement stylistique. On mesure ainsi comment le grammairien le constitue en objet, en le mettant à l'écart du langage commun.

En défendant l'anacoluthe ou l'hyperbate comme des figures susceptibles de renouveler le style, les symbolistes attireront sur eux l'ire des grammairiens, car ils menacent le modèle organiciste de la phrase qui prévaut désormais: «Comment eût-on fait profession d'aimer ces libertés de la phrase quand pour l'amour de l'ordre on demandait partout des chaînes? L'anacoluthe restait une "figure", mais en fait toutes les façons usuelles de rompre le lien syntaxique furent condamnées une à une[4].»

Ces chaînes dont parle Brunot semblent convenir aux poètes parnassiens. Réagissant, comme nous l'avons dit, contre l'emphase romantique en 1850, condamnant le vers libre en 1890, ils prétendent respecter l'expression juste et sobre de la pensée. S'ils aiment les mots exotiques, ils ont surtout le goût du mot propre plutôt que celui du mot imagé. Parlant de la poésie parnassienne, Adolphe Racot, dans ses *Mémoires*, dit: «Ces aspirations et ces tendances peuvent se résumer en peu de mots: réagir contre la forme vague et lâchée [...] Substituer l'emploi du terme exact, du mot précis, à la phraséologie nébuleuse et vulgaire[5].»

Un tel programme «nécessite tout un travail conduisant à la fixité et à la permanence de la référence, à la pureté et à la justesse», comme le souligne Claudine Haroche[6]. Ce travail sera facilité par une définition formelle de la phrase qui, s'étant dégagée de la période oratoire, privilégie un rythme syntaxique, plutôt qu'un rythme de discours.

À propos d'un passage de Racine, Condillac, qui voulait sentir autant que définir la notion de phrase, écrivait: «Quoiqu'il [le discours] soit composé de deux propositions, il n'y a presque point de repos de l'une à l'autre, et la pensée est développée dans un seul membre, dont le sens est fini. Voilà ce qu'on nomme phrase[7].»

Condillac fait intervenir dans son analyse aussi bien le rythme oratoire que la structuration du sens. Mais en homme du XVIIIe siècle, il imagine fort bien que le rythme, les «repos», comme il le dit lui-même, puissent se prolonger et déborder le cadre de la phrase, l'ouvrant ainsi sur la période. Renonçant aux critères esthétiques, Du Marsais conçoit le sens fini de la phrase à partir du principe de la complémentation: «Un mot doit être suivi d'un ou de plusieurs autres mots déterminants toutes les fois que par lui-même il ne fait qu'une partie de l'analyse d'un sens particulier[8].» Le critère est sémantique. Du Marsais tient compte, en outre, des modalités de l'énonciation. L'élaboration du sens, contrainte par la linéarité discursive, se soumet à des ajustements progressifs dans le cours de la phrase, qui constitueront encore pour Mallarmé le rythme du poème. Mais rebelle à tout ce qui peut briser le lien syntaxique, la grammaire, à partir de 1850, soumet le principe (sémantique) de complémentation au principe (syntaxique) de rection: une phrase est faite d'une ou de plusieurs propositions exprimant un sens complet.

La ponctuation marquera le sens fini de la phrase. Celle-ci sera redéfinie comme un segment compris entre deux points. En tant que segment de phrase, le vers n'ouvre pas sur le rythme du discours, mais se ferme sur la ponctuation, dont les règles se plient au mécanisme de la syntaxe. On le constate avec la césure strophique; elle est constituée d'une coupe syntaxique marquée par une ponctuation forte. Il en va de même de la frontière strophique qui équivaut à une fin de proposition. Parallèlement, la césure métrique véritable, celle qui doit dans le vers établir une équivalence entre deux segments métriques, s'efface au profit de coupes syntaxiques dites aussi «césures mobiles». Celles-ci découpent le vers en groupes syntaxiques de mots; elles sont comprises comme des pauses de la voix qu'indiquent les signes de ponctuation. Dans son étude sur la diction du vers selon les manuels scolaires, J.-F. Massol écrit que les effets d'enjambement et de rejet finissent par disparaître quand n'existent aucune frontière syntaxique, aucune ponctuation montrant la limite entre deux vers. Massol cite ce passage des *Exercices de mémoire* de Delapierre et de Lamarche publiés en 1885: «Ne vous arrêtez pas à la fin d'un vers lorsqu'il n'y a aucun signe de ponctuation. Dites: Elle avait tour à tour noué / puis dénoué la robe et les cheveux[9].»

Ce type de diction convient à la prosodie de Bussières. Nous ne l'analyserons pas systématiquement. Nous nous contenterons d'un exemple significatif. Citons ce passage d'*Agar et Ismaël*[10] où la ponctuation indique manifestement une diction du vers conforme à l'usage scolaire:

> Ismaël dort. La fièvre agite son sein blanc;
> La main d'Agar ne soutient plus sa tête brune:
> Il la voit fuir, ainsi qu'un mutin fuit la lune,
> Dans son rêve… Il a peur; il s'éveille, appelant.

La ponctuation forte marquant la fin de phrase au milieu du premier vers entraîne une pause plus marquée qu'à la césure. Il s'agit donc d'une pause syntaxique et de diction, non plus d'une pause métrique. Au vers 3, la pause syntaxique est, cette fois, indiquée par la virgule. L'accent à la césure sur «ainsi» est dès lors à peine sensible, et l'est d'autant moins que ce mot constitue un mot-outil. Le vers 3 enchaîne sur le vers 4, grâce à un enjambement: la phrase ne s'arrête qu'aux points de suspension. La fin du vers 3 ne sera donc pas signifiée par une pause, pour éviter un éventuel contresens car, autrement, faute de marquer une pause majeure après les points de suspension, «Dans son rêve» aurait tout l'air d'appartenir à la phrase suivante qui commence par «Il a peur». Cette phrase est elle-même ponctuée par un point-virgule qui marque l'emplacement de la césure dans la diction du vers.

Du Marsais associait la phrase à l'expansion du mot, à la complémentation. Au vers segment de phrase, auquel nous venons de faire allusion, va correspondre le vers segment de mot, c'est-à-dire le vers syllabique. Catulle Mendès, après avoir rappelé qu'il n'y a pas dans la langue française de longues et de brèves, en d'autres mots, de rythme mesurable par la quantité syllabique, se porte à la défense de l'alexandrin et de la césure qui «donnent le mouvement, forcent le lecteur à suivre syllabe par syllabe à l'aide de temps forts, des temps faibles et des muettes des mots, l'eurythmie du vers[11]». Mendès sauvegarde la vieille définition de la cadence en vertu de laquelle l'harmonie du vers tient à une répartition à peu près symétrique de quatre accents sur les mots, comme ici chez Bussières

> Dans son rêve/... Il a peur//; il s'éveille/, appelant.

C'est apparemment l'occasion d'une tension entre les pauses marquées par la ponctuation et la métrique qui exige l'élision du *e* muet et la co-syllabation des mots («Dans son rê-v(e)Il a peur // il s'évei-ll(e)appelant.»). Mais cette tension n'existe que sur le plan de la lecture à haute voix. Il s'agit en métrique de savoir quelles sont les syllabes comptées ou non quand on applique les règles de l'élision et de la liaison enchaînée. Ces règles protègent l'ossature phonologique de la phrase écrite. Elles permettent d'assimiler une fin de vers à une fin de mot phonologique ou à une frontière syntaxique. Par ailleurs, la métrique syntactico-syllabique exige qu'on reconnaisse les mots qui doivent être accentués ou désaccentués, en vertu de la segmentation syntaxique des groupes de mots dans le vers et de leur répartition de part et d'autre de la césure. Les mots monosyllabiques ou disyllabiques peuvent ainsi être accentués ou désaccentués selon leur position dans un groupe phonologique de mots (grosso modo, un segment de phrase) ou encore selon leur fonction syntaxique qu'il convient dès lors de définir conformément à la grammaire. Par exemple, la coupe ternaire, dans le vers de Bussières:

> La main d'Agar / ne soutient plus / sa tête brune

s'impose au détriment d'une coupe métrique qui ferait surgir la césure au milieu d'un mot:

> La main d'Agar ne sou // tient plus sa tête brune

La coupe ternaire détache l'un de l'autre trois groupes phonologiques correspondant au groupe-sujet, au groupe-verbe, au groupe-complément. En français, l'accent porte sur la dernière syllabe accentuable d'un groupe phonologique de mots. Bussières nous en apporte la preuve. C'est pourquoi, à l'intérieur du groupe verbal, le verbe «soutient», mot disyllabique qui, virtuellement, pourrait être accentué, est au contraire désaccentué au profit de l'outil syntaxique «plus», qui porte l'accent de groupe:

> La main d'Agár / ne soutient plús / sa tête brúne

La syntaxe aidée de la phonologie décide de l'accentuation ou de la désaccentuation des mots. Cela semble une évidence. En réalité, à l'époque de Bussières, cela *devient* une évidence, une évidence qui s'élabore à l'encontre de l'idée encore profondément ancrée qu'il y a, en français, des accents de mots. Et c'est pour dépasser cette évidence trop prosaïque que Verlaine, selon l'hypothèse du métricien S. Paul Verluyten, crée dans ses vers l'action d'un rythme sous-jacent secondaire qui permet d'imaginer un accent à la césure, sur la première syllabe d'un mot, quand la césure tombe, comme ici, au milieu d'un mot. Ce rythme sous-jacent secondaire, il est possible d'en voir la trace dans la poésie de Nelligan, comme nous le constaterons dans le chapitre suivant. Mais nous n'en ferons pas usage pour la poésie de Bussières. Du moins pas dans le sonnet que nous venons de lire. La manière qu'a choisie Bussières de ponctuer son poème nous en dissuade. Il a voulu des pauses, des enjambements qui fassent oublier les frontières métriques usuelles du vers (césure en sixième position syllabique, fin marquée du vers en douzième position syllabique). C'est cette «diction» qui lui paraissait moderne; elle se conformait à un rythme de prose que l'on se gardera bien de confondre avec un rythme parlé, même si, comme dans le parlé, ce rythme de prose privilégie les accents de groupe. La prose, ici, est un effet de style ou de diction. Grâce à elle, le poème devient l'objet de la grammaire de phrases. À cela s'ajoute le goût des parnassiens pour la description. Elle renforce la cohérence référentielle de la phrase ou de la strophe qu'elle plie au principe de complémentation des mots et de subordination des propositions.

Avant d'examiner le rapport de la description à la grammaire de phrases, voyons d'abord le rapport que le sonnet, dans son organisation interne, entretient avec la grammaire de phrases, puisque nous venons de montrer les effets qu'avait produits sur le vers ce type de grammaire.

Le sonnet et la grammaire de phrases

Dans un sonnet, on doit distinguer le schéma rimique *abbaabbaccdeed* du schéma strophique: deux quatrains suivis de deux tercets. Or la plupart des traités de métrique assujettissent le schéma rimique au schéma strophique par la notation suivante: abba, abba, ccd, eed. Cette notation soumet la rime au mètre et à l'unité supérieure au mètre, c'est-à-dire à la strophe. Cette façon de faire est conforme aux règles de la grammaire de phrases qu'appliquent les parnassiens. On avait dit que la phrase était comprise entre deux éléments de ponctuation forte (point, deux-points, point-virgule), on dira, de même, que la strophe se termine par une ponctuation forte. On trouvera, par ailleurs, au cœur de la strophe une ponctuation forte, à la fin du deuxième vers le plus souvent, et cette ponctuation marquant une fin de phrase sera considérée comme une césure strophique. La strophe devient ainsi un espace qui règle la disposition des phrases qui la composent. La strophe comporte au moins deux phrases (ce n'est pas une règle, mais une convention qui prend l'aspect d'une loi) qui forment un ensemble sémantique cohérent, ou, si l'on veut, un tout de sens tel un paragraphe dans un texte en prose. La grammaire de phrase soumet ainsi la structure strophique — et partant le schéma rimique — au principe de complémentation et de subordination qui régit la phrase. La lecture scolaire qui recommande de calquer la diction du poème sur la ponctuation entérine ce «coup de force» de la grammaire. Mais rien ne nous oblige *a priori* à y souscrire. Le schéma rimique des tercets *ccdeed* tend plutôt à suggérer qu'il existe des tensions entre le schéma rimique et le schéma strophique, car au lieu de la division en tercets, on trouve un distique *cc* suivi d'un groupe de vers à rimes embrassées *deed* comme dans les quatrains *abba*. Les meilleurs poètes exploitent ces tensions. C'est le cas de Baudelaire dans son sonnet *La musique*. Les poètes québécois s'y risquent peu, de peur d'encourir le blâme des «connaisseurs» qui y verraient une faute de versification.

Les sémioticiens contemporains n'ont fait que renforcer la mainmise de la grammaire de phrases sur l'organisation strophique et rimique du sonnet. La «grille taxique» que propose Pierre Géninasca en est la preuve[12]. Chaque strophe, selon Géninasca, est régie par des contenus redondants permettant de dégager le sens fondamental commun aux énoncés de la strophe; ce sens fondamental détermine une isotopie de lecture (l'isotopie se dégage des contenus homologues à partir des énoncés). C'est une approche plus fine pour démontrer que chaque strophe forme une unité de sens, que chaque énoncé compris dans la strophe participe de cette unité du sens. Ainsi chaque strophe propose une lecture isotopique, relativement autonome, de son contenu; cela dit, on accouplera ou l'on dissociera les strophes en fonction des homologies et des corrélations possibles entre les contenus isotopiques, en fonction aussi de la répartition hiérarchisée de ces contenus isotopiques dans la topographie strophique du poème, en recherchant systématiquement les équivalences syntagmatiques et paradigmatiques. Ne revenons pas sur cette méthode compliquée dans son application, mais simple dans son besoin de symétrie généralisée. La grille taxique confond le message du texte réduit à son isotopie fondamentale avec ses variations dans la disposition strophique. La strophe ou le vers, chacun à son niveau, servent à intégrer tout ou partie du message (contenu isotopique de la strophe, du poème) dans le texte. Mais comme ce type de lecture vérifie par d'autres voies les contraintes que la grammaire de phrases prétend exercer sur la construction des énoncés dans la strophe, on ne sera pas surpris que le sémioticien constate au terme de son analyse que, d'une part, il y a une «coïncidence des pauses syntaxiques et métriques», ce qui «confère une grande autonomie aux strophes et aux groupes de strophes» et que, d'autre part, la non-coïncidence de la pause strophique et de la pause phrastique fonctionne comme transgression d'une norme qui amplifie un élément du message. Amplification rhétorique, dirons-nous.

Prenons le sémioticien au mot pour comparer deux versions d'un même sonnet chez Bussières ponctué différemment et voir en quoi consiste le dysfonctionnement de la norme. Précisons d'abord le rôle de la ponctuation.

La ponctuation organise les niveaux syntaxiques, sémantiques, mais également rythmiques des énoncés de manière non seulement à découper la phrase en segments plus ou moins syntaxiquement hiérarchisés, mais aussi à indiquer une courbe intonative, à rapporter l'énoncé aux modalités de l'énonciation et à l'intentionnalité du locuteur, parfois jusque dans ses ambiguïtés et ses sous-entendus. Elle oppose du discontinu (les segments analytiques qui composent la syntaxe de la phrase) à du continu (l'organisation sémantique de l'énonciation qui dispose du matériau syntaxique, phonétique, intonatoire, rythmique) pour provoquer des effets de sens. La ponctuation sert à réduire l'ambiguïté du sens ou du moins à la donner à interpréter. Elle indique que le sens n'est pas dans le texte (contenu isotopique) mais lisible dans le texte, qu'il a rapport avec les modes de signifier, au nombre desquels nous compterons la ponctuation.

Revenons à Bussières et comparons deux versions d'un même sonnet du point de vue de la ponctuation. La première version reproduit celle qui figure dans l'édition posthume des *Bengalis* publiée par Casimir Hébert, en 1931; la seconde reconstitue la version manuscrite du même poème figurant dans l'album-souvenir de mariage offert, en 1897, à Louis-Joseph Béliveau par les membres de l'École littéraire de Montréal dont Bussières faisait partie.

Comparaison

Ainsi, quand le doigt de l'aurore
Dévoile le sein nu des fleurs,
Pétales aux fraîches couleurs
Qu'un chaud rayon de soleil dore,

Colibris et merles siffleurs,
Désertent la plage sonore
Et vont, pour revenir encore,
Y boire la rosée en pleurs.

Ainsi, dans ton cœur, ô mignonne,
Source où l'amour toujours frissonne,
Je bois sans pouvoir l'épuiser,

Et plein d'une amoureuse flamme,
Radieux, je berce mon âme
Dans l'ivresse de ton baiser.

Comparaison

Ainsi: — Quand le doigt de l'aurore
Dévoile le sein nu des fleurs,
Pétales aux fraîches couleurs
Qu'un chaud rayon de soleil dore;

Colibris et merles siffleurs
Désertent la plage sonore,
Et vont, pour revenir encore,
Y boire la rosée en pleurs.

Ainsi:— Dans ton cœur, ô mignonne,
Source où l'amour toujours frissonne,
Je bois sans pouvoir l'épuiser!

Et plein d'une amoureuse flamme
Radieux, je berce mon âme
Dans l'ivresse de ton baiser.

La première version oppose nettement les quatrains aux tercets. En effet, on ne rencontre de ponctuation forte qu'au 8e et au 14e vers. Dans la seconde version, au contraire, chaque strophe se termine par une ponctuation forte et l'on trouve un point d'exclamation à la fin de la troisième strophe, élément d'expressivité lyrique qui reste absent de la première version. Néanmoins, on constate que dans l'une et l'autre version, le découpage strophique correspond aux grandes divisions syntaxiques, à condition qu'on consente à rabattre le schéma strophique sur la syntaxe. Nous nous trouvons, cependant, avec un sonnet qui comprend deux phrases dans la première version et quatre dans la seconde, si nous faisons de la ponctuation forte l'indice d'une fin de phrase. Les structuralistes postulent que la non-coïncidence de la pause strophique et de la pause phrastique fonctionne comme indice de changement de sens, à condition, cette fois, de rabattre le sens sur l'organisation topographique du poème. Il est difficile de vérifier une variation de contenu au niveau du message du poème, c'est-à-dire au niveau du découpage syntaxique et sémantique (isotopique) du poème. Il s'agit plutôt d'une variation rythmique qui, par le biais de la ponctuation, affecte plusieurs plans de l'acte discursif, ainsi que ses niveaux d'interprétation.

Relisons le poème, en tenant pour acquis, désormais, que les phénomènes de cohérence ne sont pas dans le texte, mais lisibles dans le texte. La ponctuation de la seconde version déconstruit grâce à une ponctuation forte le lien de subordination entre la proposition circonstancielle temporelle et la principale. De même, elle isole dans les tercets les deux propositions subordonnées qui s'y trouvent, comme si elles étaient plutôt juxtaposées. Par ailleurs, la seconde version retranche de la strophe l'adverbe «ainsi» en le faisant suivre d'une ponctuation forte: un deux-points suivi d'un tiret. Elle fait ni plus ni moins de ce seul mot une phrase en soi. D'une part, l'adverbe «ainsi» nous renvoie directement à l'organisation rhétorique-analogique du poème. D'autre part, il est suivi d'une pause «scripturale» là où, dans la première version, la virgule marque une simple pause vocale. Bref, sur le plan de l'acte de discours tel qu'il s'écrit dans le poème, Bussières conteste par la ponctuation le schéma phrastique et syntaxique de l'énoncé comme le conçoit la grammaire nouvelle dans son état définitif.

En disloquant la grammaire de la phrase, la ponctuation nous suggère deux choses: ou bien Bussières adhère à une conception de la grammaire où, par exemple, la notion de subordination entre deux propositions liées par une conjonction ne s'est pas encore imposée aux grammairiens, ou bien il entend que la grammaire se fonde à l'organisation métrique-symbolique du poème dont elle n'est plus qu'un élément. En somme, la construction interne du discours (du poème) l'emporte sur le découpage fonctionnel de la phrase. C'est une vieille question que nous allons réexaminer de plus près: celle que soulèvent les rapports entre la construction du discours et la syntaxe de la langue.

Construction et syntaxe

Ce poème est un acte discursif. Parce qu'il est du discours et non pas de la langue, il maintient la grammaire dans le présent de ses choix, c'est-à-dire dans le parti pris de la langue (syntaxe) contre le discours (la construction). Ce parti pris, comme nous allons le voir, prend toute son importance dans le traitement des figures de grammaire.

Les figures de grammaire témoignent encore de cette vieille opposition qui subsiste entre la construction de la phrase française ou l'ordre des mots dans celle-ci (par rapport à la construction latine) et la syntaxe, qui s'intéresse surtout aux fonctions que les mots remplissent dans la phrase indépendamment de leur agencement. «Je crois, disait Du Marsais, qu'on ne doit pas confondre construction et syntaxe. Construction ne présente que l'idée de combinaison et d'arrangement.» En revanche, dit Du Marsais, «il n'y a qu'une syntaxe»; c'est pourquoi on peut faire varier jusqu'à un certain point l'ordre des mots en français, «les signes des rapports que les mots ont entre eux» resteront les mêmes. Et c'est ce qui intéresse avant tout le grammairien. Du Marsais distinguait donc entre la construction «naturelle», qui respecte l'ordre sujet-verbe-complément, et la construction figurée, qui engendre certains effets de sens: ellipse, pléonasme, syllepse, hyperbate, hellénisme, attraction, etc.[13]. Il serait plus juste de parler à ce propos de «figures de construction» plutôt que de «figures de grammaire». Cependant, la grammaire Mame-Gigord emploie l'expression «figures de syntaxe», d'une part pour se débarrasser des figures de construction, dans la mesure où elles constituent pour elle des figures de style, d'autre part pour ne considérer que la problématique de l'ordre des mots ou de la présence implicite de certains mots dans la proposition, de façon que l'on puisse retrouver dans toute proposition l'ordre naturel sous-jacent permettant d'assigner aux mots leurs fonctions correspondantes dans la syntaxe. Les figures de construction se réduisent dès lors à quelques figures de syntaxe: «On appelle proposition directe celle où chaque mot est placé dans l'ordre naturel, et inverse, celle où l'ordre naturel des mots est renversé. On appelle pleine une proposition où il n'y a aucun mot sous-entendu; elliptique, celle où quelques mots sont sous-entendus; explétive, celle qui renferme des mots superflus[14].»

La poésie d'Arthur de Bussières entérine à sa manière l'opposition entre figures de construction (ou de style) et figures de syntaxe (ou de grammaire) avec tout ce que cela implique de distance prise ou non, selon le cas, avec la rhétorique. On peut remarquer que le poète concentre les figures de construction dans ses petits poèmes amoureux ou élégiaques ayant des airs de conversation un peu précieuse, tandis que les sonnets plus proprement descriptifs d'un ton plus soutenu, plus oratoire, reprennent avec parcimonie certaines figures de syntaxe. Voici quelques exemples de figures de construction comme les répertoriait l'ancienne rhétorique. Le *pléonasme* ou reprise redondante de certains mots qu'on peut aussi qualifier d'*anaphore*:

> Ce n'est plus le printemps, ce n'est plus l'autrefois,
> [...]
> Avec tout ce qui passe, avec tout ce qui fuit[15]!

La *métabole* ou changement de tour syntaxique que souligne ici la ponctuation:

> Femme, muse, aimons-nous...vous et vos embroisies[16]

L'*antimétabole* où il s'agit, cette fois, de répéter des mots déjà employés mais dans un ordre différent:

> J'ai rêvé d'espoirs, d'amours et de rêves
> Rêve, amour, espoir tout était pour vous[17];

> Mais je crois qu'elle doit être tendre et bien douce:
> Douce, comme un soupçon de brise, sur la mousse,
> Et tendre comme un chant de source sous les bois[18].

> Fais mon cœur sans amour ou mes amours sans trêves[19]:

L'*épanadiplose*, lorsque, selon Du Marsais, de deux propositions l'une commence et l'autre finit par le même mot ou, encore, lorsqu'on reprend en fin de vers le mot qui se trouvait au début:

> Chante pour moi ce soir, puisque ton âme chante,
> [...]
> Rêve de moi ce soir, puisque ton âme rêve,
> [...]
> Pleure avec moi ce soir, puisque ton âme pleure[20]

L'*épanalepse*, soit la répétition d'un mot ou d'un groupe de mots séparés par des mots étrangers:

> [...] Vivons, nous qui sommes
> Les rêveurs d'hier et de l'aujourd'hui;
> Vivons, nous, la haine ou l'espoir des hommes;
> Bientôt nous saurons où l'œuvre conduit...
>
> Chantons les climats où la plume mène,
> Chantons la candeur, l'astre, l'univers[21];

On pourrait sans doute étendre la liste, mais toutes ces figures de construction ne sont au bout du compte que des figures de répétition. Bussières néglige l'*hyperbate*, cette figure par laquelle on ajoute à la phrase qui paraissait terminée un complément ou une proposition, sauf peut-être ici, si l'on en juge par la ponctuation et si l'on donne à l'idée de complémentation son sens discursif plutôt que phrastique:

> Car il est des départs comme il est des adieux.
> — Parfois fleurs sans parfums et parfois ciels sans flamme[22].

Mais, par le jeu des parallélismes, cette hyperbate nous reconduit une fois de plus aux figures de répétition. Il est possible, par ailleurs, d'intégrer à la syntaxe de la phrase précédente le segment ajouté.

Quant aux figures de syntaxe, elles sont faites pour nous ramener d'une manière ou d'une autre à l'ordre naturel de la phrase. Bussières les a utilisées toutes à la fois dans *Journée d'automne*[23]. Si, dans la première strophe, les constituants majeurs de la phrase (sujet, verbe, complément) sont redistribués de manière à n'occuper chacun qu'un vers de la strophe, selon l'ordre naturel, au contraire, dans la deuxième strophe, il y a inversion: le verbe précède les sujets de la phrase et ceux-ci constituent ce que la grammaire nouvelle appelle des sujets composés (plusieurs sujets particuliers pour le même verbe). L'ordre naturel de la phrase reste lisible, néanmoins:

> Dans le lointain [...]
> Dorment vieux troncs, rameaux, ponts croulants et guimauves;

Une phrase elliptique (ellipse de «il y a») forme le premier vers de la troisième strophe:

> Dans les sillons plus rien, rien sur la plaine nue;

On peut aussi l'interpréter comme une proposition explétive, si l'on juge que «rien» est explétif sinon syntaxiquement, du moins formellement. Certaines tournures de phrase du poème n'appartiennent pas aux figures de grammaire, à proprement parler. C'est le genre descriptif qui donne ici à la phrase construite autour du verbe «voir» un relief particulier:

> Et l'homme frissonnant en sa triste demeure,
> Voit le ciel automnal ouvrir son flanc blessé

La grammaire Mame-Gigord hésite à faire de l'infinitif soit un simple complément du verbe principal, soit une proposition infinitive, puisque le sujet de l'infinitif n'est pas en même temps sujet du verbe principal. L'infinitif, comme le participe, est un objet de litige pour la grammaire nouvelle: on les rencontre ensemble, ici, dans la même phrase.

Puisque la grammaire nouvelle, qui se concentre sur les figures de syntaxe, renonce à interpréter la phrase comme un fait de discours, c'est le genre, en l'occurrence la description, qui assure dans le poème de Bussières la circulation entre la construction syntaxique, le plan de référence et les modalités de l'énonciation. Réinsérée dans son cadre descriptif, la proposition elliptique («Dans les sillons plus rien, rien sur la plaine nue») fait entendre le spectateur, signale son point de vue. Les questions d'aspects et de focalisation liées aux modalités de l'énonciation appartiennent désormais à la définition du genre: «Un même spectacle, un même objet, fourniront autant de descriptions différentes que de spectateurs; la description varie encore pour le même spectateur selon les impressions du moment: "Tout paysage est un état d'âme"[24].»

Quoique de beaucoup postérieure aux poèmes de Bussières, cette définition empruntée à un manuel scolaire québécois inspire, dirait-on, la composition strophique de *Journée d'automne*. Les quatrains contiennent la description du paysage. Les phrases à sujets composés dénombrent les objets vus. Les tercets expriment un état d'âme («L'âme ressent...», «L'homme voit...»). *Voir* est aussitôt suivi d'une infinitive déclenchant un processus allégorique («Voit le ciel ouvrir son flanc blessé»).

La description ne fait que régler l'expansion et la décomposition de l'objet décrit auquel on adjoint des prédicats qualificatifs et fonctionnels, tout en faisant varier les points de vue. Au XVIIIe siècle, la description appartient encore aux figures du discours. Avec le temps, l'idée statique de cadre ou de configuration descriptive s'est substituée à celle plus dynamique de figure ou de déplacement du sens, perdant de vue le texte comme fait de communication.

Détermination et thématisation du titre

Il existe, cependant, une tension dans le processus de détermination qui structure la description. Celle-ci, rappelons-le, exige la fixité et la permanence de la référence: on a pu dire de la description qu'elle était l'expansion d'un mot-titre. Le réalisme parnassien conçoit que le référent soit appréhendé à la fois comme partie du discours et comme fragment de la réalité visée par l'énonciation. Or cette question fait resurgir le conflit qui oppose la construction de la phrase ou du poème à la syntaxe. La construction prend appui sur une expansion du sens dans la phrase qui met en opposition l'adjectif et le substantif, le sujet et le verbe, la principale et la complétive, l'apostrophe et la notion même de proposition, les uns et les autres étant, en effet, susceptibles d'une expansion autonome. Les parties du discours peuvent ainsi orienter dans des directions tantôt convergentes tantôt divergentes la détermination du référent en fonction du déroulement de la phrase au fil de la lecture. Ces directions témoigneront au passage de la représentation que Bussières peut se faire de la grammaire.

Dans un sonnet de Bussières, le sujet thématique ou référentiel coïncide la plupart du temps avec le sujet de la phrase qui ouvre le poème. Ce sujet, nom ou pronom, renvoie au titre du poème. Par exemple, dans *Le forgeron*[25], le sujet de la phrase répète textuellement le titre:

> Rouge, parmi les feux ardents des clairs de forge
> Sous le tricot de laine ou le noir bourgeron
> Frappant le fer à bras tendus, le forgeron
> Ahane dans l'ardeur qui vient brûler sa gorge.

Certains qualificatifs ont un contenu voisin (rouge, ardents, clairs); aucun, toutefois, n'exprime la même qualité sensible. Par le jeu de l'inversion, «rouge» constitue le thème de la strophe, quoique syntaxiquement il se rapporte au sujet de la phrase: le forgeron. Cette opposition entre thème secondaire («rouge») et thème principal («le forgeron») confirmerait plutôt ce qu'écrit Leibniz dans sa grammaire: «Les idées des choses substantielles et des qualités sensibles sont plus fixes[26].» À la fixité de la référence correspond donc une permanence dans la substance, dont le qualificatif et le substantif, comme leur nom l'indique, sont parties prenantes. Cela montre d'une certaine manière la fidélité du poète parnassien à la nomenclature ancienne de la grammaire.

Dans *Le vieux de Mortagne*[27], le titre formule une nouvelle fois le thème repris, dès le début du premier quatrain, sous la forme d'un pronom à la troisième personne:

Il allait par le monde, il allait par la vie
Foulant tous les sentiers, marquant tous les chemins,
En offrant au premier venu ses pauvres mains
Et l'on sentait pleurer son âme inassouvie.

Le processus de détermination dépend cependant de la distinction que Bussières établit ici entre le participe présent et le gérondif. Celle-ci va marquer toute la lecture de la strophe. «Si l'on voulait établir une distinction entre le participe présent et le gérondif, on pourrait dire que le participe se rapporte à un nom, tandis que le gérondif se rapporte au verbe», lit-on dans la grammaire Mame-Gigord[28]. Ainsi, le deuxième vers contient des participes qui se rapportent au sujet «il», tandis que le gérondif du vers 3 se rapporte au verbe «allait». Non seulement cette distinction permet d'éviter les faux parallélismes, mais elle oriente le processus de complémentation dans deux voies différentes qui, autrement, nous échapperaient. Néanmoins, cette distinction grammaticale semble encombrante pour la grammaire Mame-Gigord qui voit dans le gérondif un reste de grammaire latine, inutile en français. Bussières se conforme, encore une fois, à l'état ancien de la grammaire nouvelle.

Dans *Le rêve du Dayak*[29], le rêve justifie une série de prédicats fonctionnels centrés sur la privation de perception sensorielle dont fait l'objet le Dayak: le titre n'est pas repris tel quel, il est interprété par le poème:

Il n'entend plus vibrer, au chant des gitanas,
La grève où vit et rôde un parfum de scithase,
Ni les brios charmants du jour qui luit et jase,
Vers le haut faîte aigu des graves quinquinas

Comme le participe, l'infinitif est un mode; il représente une image-temps. Ici Bussières utilise «vibrer» pour signifier le duratif.

L'infinitif peut avoir pour sujets «la grève» et «les brios» (il n'entend plus vibrer la grève... ni les brios), obéissant ainsi à une construction symétrique, Mais, compte tenu que le verbe principal est un verbe de perception, «brios», dont le sens est d'abord lié au monde de la musique, peut aussi être considéré comme un complément d'objet direct de «entend», au même titre que l'infinitif (il n'entend plus vibrer la grève, ni [n'entend] les brios...). Cette construction asymétrique est, cependant, plus difficilement admise par la grammaire nouvelle. L'asymétrie ne permet plus au grammairien de reconnaître sans erreur les parties du discours. Elle l'empêche également de fixer la fonction grammaticale des mots. Par ailleurs, l'asymétrie règle la détermination du sens sur la construction et le rythme des figures de syntaxe. Faut-il choisir entre les deux constructions? La symétrie pivote, en quelque sorte, autour du verbe «vibrer», en entraînant dans son mouvement sinon le personnage qui n'entend rien, du moins le tableau qui concrétise ainsi la synthèse des sensations exotiques entre le chant des «gitanas» et les brios solaires. L'asymétrie, en revanche, renforce le verbe principal et la négation qui régissent les compléments («il n'entend plus»). Elle fait paraître le rêve comme un isolement mortifère.

Le titre du sonnet intitulé *Harpe*[30] désigne à nouveau le thème de la description qui va suivre. Mais au lieu de rester à l'extérieur du poème, du moins discursivement (car syntaxiquement, c'est une autre affaire), il prend l'aspect d'une apostrophe aussitôt suivie de deux appositions:

Frêle et tendre langueur dont le rythme agonise
Souffle d'amour chantant sur les divers parvis
Langoureuse et plaintive incessamment tu vis
Comme les chœurs du ciel où ta voix s'éternise.

La grammaire Mame-Gigord indique que l'apostrophe n'appartient à aucune proposition. Il arrive ainsi, dans certains poèmes, que l'apostrophe suivie de ses compléments appositifs occupe, dans son expansion, des strophes entières qui échappent à la rection propositionnelle, comme ici dans *Glaces polaires*[31]:

> Septentrion! désert plein d'ombre, vastitudes,
> Où sous les cieux brumeux, abîme de clameurs,
> Les gigantesques pics cachent leurs fronts dormeurs
> Comme vieillards honteux de leurs décrépitudes;

Le second quatrain est bâti selon le même schème et se termine au début du premier tercet par une apostrophe lyrique. Il n'y aura pas de principale comme les points de suspension le montrent. Le procédé est à peu près le même dans *Cœurs humains*[32] où, cette fois, la proposition principale figure sous la forme d'une interrogation au début du premier tercet:

> Ô cœurs [...]
> [...]
> [...]
> Qui chantez vos fiertés dans l'air des gémonies;
>
> Ô vous tous les grands cœurs sublimes, ô génies
> Pauvres cœurs qui pleurez aux longs délaissements
> [...]
> [...]
>
> Qu'êtes-vous? [...]

Dans tous ces poèmes, les quatrains contiennent ce que Jakobson appelle une proposition équationnelle (tel mot a pour équivalent tel mot ou tel sens). Le mot-thème, souvent repris, est défini, comme ici, par des relatives déterminatives ou explicatives. Mais on ne trouve pas de subordonnée complétive ou circonstancielle dépendant d'un verbe, car il n'y a pas de verbe principal sauf dans les tercets. Cette remarque nous ramène à des considérations d'ordre historique. Entre 1850 et 1870, la grammaire faisait encore la distinction entre les relatives (incidentes) et les subordonnées[33]. Le sonnet semble exploiter et corroborer cette distinction, en réservant l'emploi des relatives pour l'expansion sémantique du mot hors de toute idée de relation propositionnelle, alors qu'on trouve, par contraste, les subordonnées (complétives et circonstancielles) dans une configuration syntaxique qui circonscrit les phénomènes de rection autour du verbe principal.

À l'analyse, la grammaire de Bussières se rapproche du premier état de la grammaire nouvelle, encore marquée par la nomenclature de la grammaire classique. Par ailleurs, contrairement à ce que nous avons cru, elle ne renonce pas à la valeur rhétorique des parties du discours dans l'élaboration des rapports sémantiques entre les mots. L'apostrophe relève encore de l'art de l'amplification et commande à la fois la disposition et l'élocution du poème. En revanche, le poème court impose le mot et non plus la période comme unité de la signification.

La référence compellative

Nous avons montré le rôle majeur joué par l'apostrophe dans l'organisation à la fois sémantique et discursive des poèmes de Bussières. L'apostrophe est un reliquat de la vieille rhétorique. Mais elle n'est pas sans vertu. Elle structure la situation d'énonciation. Silvestre de Sacy replace l'apostrophe, qu'il appelle le compellatif, à l'horizon du discours: «Tout discours suppose un compellatif, mais il arrive souvent que le compellatif est sous-entendu[34].» Signifié ou non dans le discours, le compellatif n'appartient pas nommément à la structure de la phrase. Il dépend davantage de l'élaboration du sens (de la référence) dans le discours. «Le sens littéral, disait Du Marsais, n'est pas celui qu'on a eu dessein d'exciter dans notre esprit», si c'est «le sens figuré qu'on a voulu nous faire entendre[35]». On parlera de référence compellative pour expliquer la détermination du sens dans certains sonnets de Bussières.

La référence compellative situe la détermination du sens dans un schéma «vocatif» qui, dans un premier temps, convoque nettement le référent (confondu avec le mot-thème). On le constatera en examinant le premier tercet de *Lunaire*[36] d'Arthur de Bussières:

> Lune très blanche, espoir de mes songes lassés,
> Toi, le flambeau veillant des soleils trépassés
> Astre, nocturne fleur au jardin symbolique,

Mais la construction du sens suppose, dans un second temps, une séquence nominale ou thématique en expansion dans un discours où s'entend non plus le sens littéral, mais le sens figuré. Le discours fait alors surgir le compellatif sous-entendu sans provoquer pour autant une ambiguïté du sens. Ainsi, dans le second tercet de *Lunaire*, lisons-nous:

> Quand vient sourire en moi la volupté des soirs,
> Ô veille dans mon cœur, douce, mélancolique,
> Comme un parfum qui dort au fond des encensoirs.

Ici, de toute évidence, c'est à la femme que le poète s'adresse sous le visage de la Lune.

Mais il ne suffit pas de nommer la femme, il faut la nommer avec ses déterminations. Dans le premier tercet de *Lunaire*, le participe présent peut être interprété comme un verbe suivi d'un complément; on le constate en lui substituant une relative (Toi, le flambeau qui veille des soleils trépassés). On peut également le considérer comme un adjectif verbal et donner à «des soleils trépassés» la valeur d'un génitif (des soleils trépassés, le flambeau veillant). Dans la seconde hypothèse, la Lune apparaît comme le dernier survivant d'un monde défunt[37]. La Lune ou la femme a donc, selon l'interprétation retenue, un rôle actif et un rôle passif qui sont tour à tour signifiés et précisés dans les tercets. (Rôle actif: Toi, le flambeau [qui veille] des soleils trépassés... Ô veille dans mon cœur [en étant] douce et mélancolique». Rôle passif: Toi, le flambeau veillant [issu] des soleils trépassés... Ô veille dans mon cœur [...] comme un parfum qui dort au fond des encensoirs.) Cette Lune, on l'associera d'abord à la mère qui veille; mais elle est plus subtilement la femme-souvenir dont un parfum peut aussitôt éveiller l'image comme il ravive cette «volupté des soirs» qu'elle a déjà fait naître. Le compellatif nous renvoie finalement à une idéalité présente-absente. Il prend valeur de symbole. Mais l'inverse est aussi vrai: le symbole a la valeur en discours d'un compellatif.

La référence compellative explicite ou implicite permet, d'une part, d'intégrer un mode de discours, le sous-entendu, à un travail d'interprétation (conjonction et disjonction des déterminés et des déterminants, du sens propre et du sens figuré); elle permet, d'autre part, d'intégrer à une situation de discours une relation illocutoire, quand dire c'est faire ou faire faire: *compellare*, en latin, veut dire apostropher parfois violemment. On peut attribuer au compellatif ce que la grammaire de Port-Royal associait à toute manière de penser et d'agir: «On y doit [...] rapporter les conjonctions, disjonctions, et autres semblables opérations de notre esprit et tous les mouvements de notre âme comme les désirs, le commandement, l'interrogation[38].»

Conjoindre, disjoindre appartiennent à la figuration du sens dans la syntaxe avant de constituer un acte de jugement; désirer, commander, interroger appartiennent aux formes d'un discours illocutoire avant qu'on doive les définir comme des mouvements de la pensée ayant leur siège dans l'âme. Si cette économie du compellatif s'applique bien au poème de Bussières (interpellation dans le premier tercet, désir et commandement dans le second), c'est parce que la grammaire classique comporte une théorie de la volonté et de l'agir héroïque (désirer, commander, interroger tiennent du dialogisme dramatique) qui s'appuie sur une théorie de l'imitation. Certains parnassiens adoptent l'une et l'autre par amour du beau, sans doute, par amour, surtout, d'un formalisme grammatical qui naît avec la nouvelle grammaire. Le sonnet se présente ainsi comme un fragment de discours épique quand il ravive une poétique du compellatif. Le sonnet, qui n'est qu'un petit genre à l'origine, reçoit une grandeur nouvelle pour redire sans grandiloquence les grands combats de l'âme et cette néantisation de toute chose, chère aux romantiques.

La conjonction aspectuelle

Dans l'ancienne grammaire, nous l'avons dit, l'apostrophe n'appartenait pas à la proposition. Il en allait de même de l'interjection et de la conjonction, pour des raisons différentes. L'apostrophe est du registre de la rhétorique et de l'élocution ou encore de la référentialité. L'interjection est, pour la grammaire Mame-Gigord, un mot «que l'on jette subitement dans le discours [...] elle équivaut à une phrase entière; elle forme une proposition implicite[39]». La conjonction est un mot hors proposition, chargé de rattacher entre elles deux propositions. La conjonction appartient à la logique du jugement dans la grammaire ancienne où chaque proposition jouit de son entière autonomie. (La grammaire ancienne préférait l'idée de proposition composée à l'idée de propositions subordonnées l'une à l'autre, car pour elle le prédicat fondamental reste le verbe «être» qui ne peut avoir de complément à la différence du sujet ou de l'attribut.) Tout en constituant des parties du discours, l'apostrophe, l'interjection et la conjonction ne se rattachaient aux autres mots par aucun lien grammatical. Il n'en ira plus de même de la conjonction, quand le lien de subordination, c'est-à-dire l'aptitude d'une proposition à modifier un verbe, se précise entraînant bientôt une distinction entre propositions corrélatives et subordonnées. Nous allons montrer comment la poésie parnassienne, sans revenir à la théorie ancienne, détache toutefois certaines conjonctions du rapport de subordination logique.

La notion de subordination s'accompagne, chez les parnassiens, d'une réflexion sur le déterminisme qui peut changer la qualité de certaines conjonctions, leur conférer, entre autres, une valeur aspectuelle que néglige la nouvelle grammaire. C'est le cas en particulier de *cependant que*, conjonction rare que les grammairiens réservent à la poésie. La grammaire nouvelle assimile *cependant que* à *pendant que*. Elle en fait l'équivalent d'une conjonction temporelle signifiant à l'origine «et en ce temps pendant[40]». Cette conjonction temporelle exprime en réalité la coexistence de deux procès concomitants n'ayant pas la même visée aspectuelle. Entre les deux propositions que l'on met ainsi en perspective l'une par rapport à l'autre, le lien de subordination syntaxique ne s'impose pas vraiment, comme l'indique ici la ponctuation forte qui sépare de la première la seconde proposition introduite par *cependant que*:

> Et la fraîcheur des mers qui gonflent sa poitrine
> Fait palpiter son cœur et frémir sa narine;
> Cependant qu'au ciel bleu sont des aigles pensifs[41].

Ce sentiment d'un «temps pendant», des expressions comme *cependant*, *pendant*, *pendant que* le manifesteront à leur tour. L'indétermination du lien de subordination temporelle contrastera donc avec l'objectivité de la description, comme le montre ici l'emploi de *pendant que* introduisant dans ces strophes un changement de focalisation:

> Et pendant qu'elle songe en comptant doucement
> Chacun des longs baisers que lui doit son amant,
> Le calife repense à la mahométane[42],

> Et pendant que tout flambe aux baisers des couleurs
> Et que les muses font vibrer leurs lyres douces,
> Messidor, vaguement, s'épanche sur les mousses[43].

L'Académie hésite entre faire de *cependant* un adverbe ou une conjonction. Ce serait une conjonction quand il signifie *toutefois*. Mais compte tenu du contexte thématique des strophes suivantes, on sentira la valeur aspectuelle de *cependant* quand il s'agit, encore une fois, de replacer dans une perspective temporelle deux propositions indépendantes:

> Comme ce météore, ô vénérables races,
> Sous l'éternité de l'âge, hydre aux gueules voraces,
> Vous mourez en hurlant vos rêves indomptés!
>
> Cependant, l'Être passe en balafrant les ombres,
> Mais son âme reflète auprès de ses clartés,
> L'irrévocable horreur des immensités sombres[44].

On insistera donc autant sur la valeur sémantique que sur le rôle syntaxique des conjonctions. Elles instaurent un régime de relations aspectuelles entres des séquences discursives qui dépassent les frontières phrastiques, dans la mesure où elles nous renvoient au point de vue de l'énonciateur. La notion de subordination est donc beaucoup plus fine dans le poème parnassien qu'il n'y paraît. Elle engage les modalités de l'énonciation, alors même que le schéma descriptif semble neutraliser la présence de l'énonciateur.

Les conjonctions «aspectuelles» introduisent dans le poème, sur le plan du contenu, ce que nous appellerons le temps de la «co-ïncidence», c'est-à-dire ces temps pendants qui se côtoient, pèsent l'un sur l'autre, sans qu'il y ait rencontre. La poésie de Bussières s'inspire ainsi d'une thématique du temps présent d'où le divin se retire peu à peu, faisant place au temps inexorable de la nature qui mine âmes et choses.

L'épithétisme

Le poète exotique aime sous la sensation évoquer l'invisible, c'est-à-dire une réalité qui, perdant de sa consistance sensible, va jusqu'à s'abolir en dévoilant la présence abstraite de l'Être et du Temps. Dieu ou l'Idéal n'a de vérité, chez Bussières, qu'en image; Dieu devient de la sorte le double mimétique de la Nature et du Temps, avant-coureurs de la Mort. L'image (l'*eidôlon* des Grecs) habite le *no man's land* des ruines et des déserts. La grammaire de l'adjectif joue un rôle important dans la structuration de la visibilité essentielle aux objets, avant qu'on pense à leur dématérialisation.

Bussières se conforme encore à l'usage ancien dans le traitement de l'adjectif et de l'épithète. La grammaire de 1850 distinguait comme au XVIIIe siècle l'épithète de l'adjectif. «Tous les traités de style, note André Chervel, avaient défini l'épithète comme un adjectif dont la présence n'est pas nécessaire au sens de l'énoncé et qui exprime quelques qualités particulières des objets que ces noms nous rappellent[45].» Selon Bettinger: «L'adjectif appartient à la grammaire et l'épithète à la poésie, à l'éloquence[46].» L'épithète apparaît donc comme un ajout rhétorique, relevant plus du goût que de la grammaire. Conformément à la philosophie aristotélicienne, elle décrit une qualité appartenant à la substance (le substantif auquel elle se rapporte).

L'épithète ne fait pas image, au sens post-symboliste du terme. Par exemple, dans le premier vers de *Kita-no-tendji*[47], l'usage de l'épithète «énormes» («structures énormes») ne sert qu'à décrire l'étendue de la matière. Une inversion aurait été nécessaire pour mettre l'épithète en valeur. Pourtant, c'est le véritable thème du premier quatrain comme en témoigne la redondance de l'idée de pesanteur dans la description:

C'est un temple de pierre aux structures énormes,
Dont les contours pesants estompent l'horizon;
Granits, marbres en blocs, pylônes à foison,
Flanqués d'ombres. Autour, des cèdres ou des ormes.

Toute la transformation sémantique du poème repose sur ces images de matière inerte qui risquent d'entraîner le temple dans l'abîme. Dans *Khirma la Turque*[48], l'épithète «vermeille» apparaît à son tour comme un ajout descriptif assez plat dans ce vers:

Et la clarté qui fuit, éperdument vermeille

«Vermeille» répond à «pourpre» qui, au vers 6, décrit le vêtement de Khirma:

Ceinte d'un voile pourpre aux plis fins et légers

L'analogie va plus loin: à partir de la couleur «rouge» et de ses deux synonymes («pourpre», «vermeille») s'engage tout un processus d'identification entre le vêtement pourpre, la peau blanche de la jeune odalisque et la clarté du soleil qui, tout en se mêlant aux blancheurs du col, fuit «éperdument vermeille», comme si un interdit avait été violé. Dans cette scène érotique, l'adverbe «éperdument» occupe une position clé. Il faut savoir que la première grammaire scolaire assimile l'adverbe à un circonstanciel. On doit, dès lors, lui substituer une expression faite d'une préposition suivie d'un substantif. «Éperdument» est un équivalent grammatical d'«avec égarement». Si on tient que la «clarté» est la métonymie (l'effet pour la cause) du soleil, qui constitue une sorte de personnage héroïque, c'est lui qui fuit «rouge dans son égarement».

Il semble normal que l'épithète, qui sert à décrire des qualités ou des perceptions sensibles, exprime finalement un bonheur hédoniste (le mot apparaît en 1877) que réprouvent les bien-pensants. Bussières leur avait répondu dans *Bohémiens en halte*[49], en donnant en quelque sorte le secret d'un exotisme qui retrouve la vie dans les marges d'un monde trop civilisé:

> Bohèmes, paladins traîneurs de vétustés,
> Coureurs des pics du nord aux landes cisalpines,
> Vivez sous vos haillons de lins ou de crépines
> Sans avoir senti Dieu s'abattre à vos côtés.
>
> Ô frères, émanés des primes équilibres,
> Seuls sous notre destin vous portez vos fronts libres
> Comme le flot qui passe et ne craint point l'écueil.

Au-delà des clichés qui prennent valeur de mythes en célébrant la figure du bohémien et de l'errant, il faut entendre le poète évoquer sa bohème «sédentaire» et la justifier.

Bussières et ses contemporains

La grammaire de Bussières n'est déjà plus celle de ses contemporains. Les premiers vers de Paul Morin, quoique marqués par l'esthétique parnassienne, semblent «libérer» l'épithète, en dégageant la qualité sensible des différences entre adjectifs et substantifs dans l'expression de la couleur. La version initiale du poème intitulé *La villa d'Este*[50], publiée en 1907 dans *Le Nationaliste*, est l'exemple-type de la sensibilité impressionniste à la mode.

C'était un grand jardin lumineux et fleuri
Ceint de murs vermoulus tout empourprés de vignes
    Lourdes de fruits moirés;
Sous le vert chatoyant du feuillage assombri,
L'or d'un étang dormait et l'ivoire des cygnes
    Glissait entre des joncs ambrés.

La merveilleuse paix dont rêvait Suétone,
Tombant des cieux saphir, caressait les cœurs las
    Et les âmes troublées;
Un peu de printemps blond riait dans cet automne
Et des pétales morts fleuraient bon le lilas
    Aux sables roses des allées...

Sur les gazons dorés par septembre, des paons
Solennels promenaient mystiquement leurs queues
    Aux ocelles d'azur.
Près des marbres verdis des Vénus et des Pans
De frêles nénuphars mouraient dans les eaux bleues
    D'un bassin venu de Tibur...

Mon âme frissonnait de ce frisson qui rôde
Au crépuscule, dans les jardins et les champs,
    Quand le soleil est comme
Une magnifique fleur de pourpre et d'émeraude.

Puis soudain, dans la gloire ardente des couchants
    Je vis flamber les toits de Rome...

À côté des substantifs pris comme adjectifs («des cieux saphir») ou des adjectifs pris comme substantifs («le vert chatoyant»), on trouve des substantifs créés à partir d'un déterminant adjectival et matérialisant une couleur («l'ivoire des cygnes»), sans compter des participes assimilables à des adjectifs («dorés par septembre»). Il faudrait également parler des effets sonores, des timbres qui se détachent en quelque sorte des mots pour créer des résonances fugaces. Mais Morin évite encore le lyrisme pur. Dans ce poème, la description prend le dessus sur l'expression du moi. Il n'ose pas aborder ces «drames de la conscience» qui englobent le descriptif et dont Lozeau fait désormais le sujet de sa poésie.

On mesurera la distance qui se creuse par rapport à la poésie parnassienne en lisant le sonnet *L'ennui*[51] que Lozeau publie dans *Le Nationaliste*, comme Morin, mais précédant celui-ci d'une semaine. En voici la première strophe:

Dans le cœur avoir tant de richesse amassée!
Prendre la plume et ne pas écrire un seul mot!
Ah! ne pouvoir forcer la porte du cerveau
Et, voleur de soi-même, y piller sa pensée!

Le titre indique le thème du poème, mais non plus l'objet de la description. Les premiers vers, d'ailleurs, ne s'appliquent pas tant à «l'ennui» qu'à «l'impuissance», que Mallarmé appelait «la muse moderne». Le sujet de l'énonciation est partout présent grâce entre autres aux interjections lyriques et aux points d'exclamation. Néanmoins, le sujet grammatical est omis et la fonction de verbe principal est confiée à un infinitif, dont la grammaire n'arrive pas à décider s'il s'agit d'un substantif ou d'un mode verbal. C'est en somme la notion traditionnelle de phrase qui cède la place à la notion d'énonciation. Certes, Lozeau emploie l'infinitif dans des tournures encore bien rhétoriques par le jeu des parallélismes et des oppositions stichomythiques. Mais il veut, du moins, suggérer un désordre intérieur par la déconstruction de la phrase canonique. Il n'a pas inventé un tel procédé. Il imite dans cet usage particulier de l'infinitif Albert Samain et Anna de Noailles. La critique québécoise ne lui fera donc pas de remarque à ce propos. Elle lui reprochera ses fautes d'accord («richesse» au singulier après «tant») et ses entorses à la métrique (le deuxième vers est apparemment a-césuré[52]). L'absence d'accent dans le voisinage de la sixième syllabe au vers 2 («Prendre la plume et ne pas écrire un seul mot») ne pouvait que renforcer l'effet de prosaïsme voulu par le poète. Avec Lozeau, l'impressionnisme déborde la seule question de l'adjectif où le contenait encore Morin. Il impose une nouvelle grammaire: «L'impressionnisme, saisissant les faits sans les rattacher à une cause ni à une conséquence, utilisera volontiers l'impersonnel [...] ou certain pronominal qui élimine l'agent[53].» Ajoutons-y les phrases infinitives. La critique traitera Lozeau d'obscur. Cette obscurité-là est avant tout un fait grammatical.

La grammaire des parnassiens et les écritures d'avant-garde

Bussières a publié quarante-neuf poèmes différents entre 1896 et 1901, dans *Le Monde illustré* et *Le Passe-Temps*, essentiellement. En 1902 et 1903, rien. En 1904, un seul poème. Il publie à nouveau un poème en 1908, deux en 1909, un en 1910. L'année 1911 laisse croire à une reprise: il publie six poèmes. Mais de 1912 à 1914, quatre poèmes seulement. Il y a un trou dans sa production de 1902 à 1908 et on ne note pas d'évolution sensible dans sa manière, après cette date. Bussières est plus que Nelligan un poète du XIXe siècle, même si son goût de la forme ciselée le rapproche de la poésie moderne d'un Morin ou d'un Lozeau. En 1908, il publie *Impression d'un soir*[54]. Il s'y montre encore fidèle à la description parnassienne; cette vision panthéiste de l'univers qu'on reproche aux impressionnistes lui vient de Baudelaire et surtout de Leconte de Lisle:

> Dites-moi si, vraiment, brise, parfums, percés,
> Bois, lac bleu, mettent plus d'âmes à la pensée
> Que la voix des pastours qui passent dans les loins,
>
> Si l'on croit qu'à cette heure, immuable mystère,
> S'unissent, dans la nuit qui plane sur les foins,
> Les chants du pâtre aux chants qui montent de la terre?

La grammaire et la langue des écrivains évoluent. En France, les vieux parnassiens se font les champions de la bonne langue afin de dénoncer l'écriture symboliste: «Et cette langue! Tenez, prenez un chapeau, mettez-y des adverbes, des conjonctions, des prépositions, des substantifs, des adjectifs, tirez au hasard et écrivez: vous aurez du symbolisme, du décadentisme, de l'instrumentalisme et de tous les galimatias qui en dérivent[55]», déclare Leconte de Lisle, en 1891. Le poète parle bel et bien de grammaire, ici, c'est-à-dire de construction, de syntaxe et des catégories grammaticales (adverbes, conjonctions, prépositions) qui acquièrent un état définitif à partir de 1870. Bréal, le célèbre grammairien, déplore que les écrivains modernes se livrent à des innovations qui pervertissent la syntaxe et les ressources d'expression dont la langue dispose: «Ceux qui sous prétexte de progrès, ou par imitation des littératures étrangères, veulent aujourd'hui s'affranchir de ces anciennes règles (celles de la langue classique) devraient d'abord donner à notre langue les moyens de s'en passer[56].»

Voilà qui, institutionnellement, conforte la position des parnassiens à la fin du siècle. Mais, par un effet «boomerang», voilà qui les renvoie aussi à leur pratique de la grammaire, celle des années 1850 qu'adopte Bussières par fidélité à ses modèles français. On peut mettre en perspective l'évolution de la grammaire scolaire elle-même, comme le fait André Chervel:

> [...] À une grammaire générale qui était en mesure de prendre en charge, grâce à sa théorie des figures, la totalité de la langue française, s'est substituée, à l'école, une grammaire de l'usage écrit, qui reste d'ailleurs bien démunie face aux trois quarts des phrases écrites, et qui s'avère de plus absolument inapte face à la langue parlée usuelle[57].

André Chervel expose là une contradiction théorique. À partir du moment où l'on se fixe pour tâche de décrire la grammaire du français, il paraît difficilement acceptable que cette grammaire ne rende compte que de l'usage écrit. Sur ce point, la rhétorique pouvait encore penser la phrase en la définissant en situation d'énonciation.

Le jugement que porte Chervel sur la grammaire nouvelle nous importe dans la mesure où bien des écrivains qui se rangeront bientôt sous la bannière du régionalisme veulent faire entendre le parler canadien dans leur poésie. Comment y parvenir sans enfreindre la norme grammaticale, puisqu'elle incarne le génie de la langue?

On pourrait croire les poètes avant-gardistes moins scrupuleux à l'égard de la norme grammaticale, à en juger par les récriminations de Leconte de Lisle contre les chapelles qui pullulent dans la mouvance du symbolisme. Dans son manifeste, Moréas ouvrait d'une certaine manière la poésie aux rythmes du discours. Mais Moréas ne faisait, en réalité, que commenter les audaces de la poésie baudelairienne. Et c'est Baudelaire et Verlaine qui influenceront les recherches de Nelligan sur la musicalité du vers. Mais alors qu'en France tout pouvait opposer Bussières, le parnassien, à Nelligan, le symboliste, au Québec, où le champ littéraire se structure différemment, tout les rapproche dans leur culte de la forme. Les deux poètes seront amis et partageront la même vie de bohème.

CHAPITRE III

Nelligan et la musicalité symboliste

Nous avons vu dans le chapitre précédent que la grammaire nouvelle constituait désormais un instrument d'interprétation du texte. Elle est liée d'une part à ce que nous pourrions appeler le «savoir générique» du texte, du fait qu'elle indique, par exemple, les rapports qui existent entre la grammaire de la phrase et l'organisation à la fois métrique et sémantique du sonnet. Elle est liée d'autre part aux procédures de lecture qui sont plus ou moins ouvertes, mais que l'institution cherche à fixer, ne serait-ce qu'au simple niveau de la ponctuation, en déterminant ce qui est acceptable ou non. Il s'ensuit des débats qui, nous l'avons vu, opposent les parnassiens aux symbolistes sur des questions de normes grammaticales.

On ne saurait penser la grammaire du poème hors le rythme. Néanmoins, les combats d'école contribuent chaque fois à isoler un élément signifiant du texte pour en faire un objet polémique. Le rythme contre la grammaire. L'image contre le rythme, etc. Ainsi procède apparemment l'histoire de la poésie, comme nous l'avons vu dans le premier chapitre. Avec Verlaine, c'est-à-dire Verlaine relu par ses émules, la musicalité devient un trait définitionnel du vers. Elle sera au centre de nouvelles polémiques. Les querelles auxquelles se livrent parnassiens et symbolistes en France connaissent au Québec un certain retentissement, quand René Doumic, le directeur de la *Revue des Deux-Mondes*, dénonce, dans une conférence qu'il prononce à Montréal en 1898, le «vide d'idées et de sentiments», la «musique indéchiffrable» des poèmes de Verlaine et de Mallarmé:

> Si je vous ai parlé de Verlaine, dit-il, c'est pour vous dire que nous ne l'acceptons pas comme représentant de la poésie française de ces dernières années, et que nous protestons énergiquement contre les tentatives qui ont été faites, hors de chez nous, pour représenter en lui l'art de chez nous. La poésie décadente est aujourd'hui une tentative finie[1].

À l'École littéraire de Montréal, on reprochera à Nelligan de sacrifier la grammaire à la musicalité du vers. Ce reproche est en partie fondé hors de toute considération normative de notre part. Non pas que Nelligan ait eu tort de «musiquer» son vers, mais, ce faisant, il avait à répondre de son choix, choix délibéré pour la modernité. La musicalité signe en quelque sorte la poésie de Nelligan plus sûrement encore que la folie, en faisant du rythme plus que le rythme, un «savoir» du texte cherchant à supplanter, si l'on en croit la critique, la grammaire et la métrique. L'enjeu est là et on peut dire que Nelligan contribue, dans le débat, à «libérer» le rythme, si le rythme repose sur la musicalité du vers.

Le rythme, chez les symbolistes, se pense comme un rythme de tensions. Ces tensions ne sont pas que des effets de dissonance qui reconduiraient plus sûrement le vers à la musicalité. Elles affectent l'organisation rythmique-sémantique du poème. Qu'en est-il de Nelligan? On sait tout le parti que l'on peut tirer aujourd'hui, pour l'analyse du rythme, des études de métricité qui connaissent actuellement un regain de faveur grâce à l'apport des théories linguistiques. Elles nous aideront à formuler quelques hypothèses sur le rythme d'un poème de Nelligan.

Nelligan lisait de façon boulimique tous les poètes de son époque; il était à l'écoute de tous les rythmes. Lucien Rainier, qui fut l'ami de Nelligan, nous donne dans sa correspondance des indications sur les lectures du jeune poète: «[...] C'est ainsi, par exemple, qu'il écrit *Le jardin d'antan* après avoir lu *La maison de l'enfance* de Fernand Gregh — *Le talisman*, après avoir lu *Le coffret* de Rodenbach, et *L'homme aux cercueils*, après avoir lu *Nocturne* de Jean Moréas[2].»

Il lit également Maurice Rollinat, Catulle Mendès, Heredia, sans parler de Baudelaire et de Verlaine. Choix extrêmement éclectique. Nelligan apprécie tout autant l'art des parnassiens que celui des symbolistes. Dans ces conditions, il paraît presque nécessaire d'étudier ses inventions rythmiques poème après poème, chaque poème ayant une coloration différente selon que Nelligan s'enthousiasme pour un poète ou pour un autre.

Un retour au *Jardin d'antan*

En 1948, le critique et romancier Gérard Bessette consacre à l'un des poèmes les plus célèbres d'Émile Nelligan, intitulé *Le jardin d'antan*, une étude portant essentiellement sur l'élaboration du rythme dans ce texte[3]. Gérard Bessette tentait de provoquer un renouveau de la critique en proposant, comme il le disait lui-même, une «critique formelle» de la poésie pour contrer ce qu'il percevait comme un art de propagande chez les jeunes poètes de sa génération: «Leur propagande n'est plus collective (patriotique, religieuse, politique, etc.) comme autrefois, mais individuelle ou individualiste. [...] Le résultat, qui est l'oubli de la forme de l'art, reste le même.» Cet intérêt pour la forme fait de Bessette un critique préformaliste, en quelque sorte. L'article de Bessette, que nous citerons à plusieurs reprises, compte donc à plus d'un titre dans les lettres québécoises. Il précède ces travaux de sémiologie, nombreux dans les universités américaines à partir de 1970.

En écrivant *Le jardin d'antan*, Nelligan avait sans doute en tête le célèbre précepte verlainien: «De la musique avant toute chose». Peut-être avait-il pris connaissance du manifeste symboliste de Moréas, qui tentait de promouvoir une métrique sensible qui saurait se substituer à la métrique légitime (comme on dit la perspective légitime) des classiques: «Le rythme: l'ancienne métrique avivée; un désordre savamment ordonné [...] l'alexandrin à arrêts multiples et mobiles; l'emploi de certains nombres impairs.» Le vers impair joue un rôle clé dans *Le jardin d'antan*. Chacune des strophes comporte six vers répartis selon le schéma syllabique suivant: 12, 8, 6, 8, 7, 6 syllabes. Le vers de sept syllabes crée des effets de «brouillage métrique». Il apparaît comme un quasi-octosyllabe et devient par la suite un vers de huit syllabes dans la cinquième strophe. De même, à la quatrième strophe, on le comptera comme un vers de sept ou de huit syllabes, selon que l'on considère «persienne» à la rime comme un mot de deux (synérèse) ou de trois syllabes (diérèse). Dans la même strophe, le dernier vers de six syllabes peut devenir à son tour un vers impair de cinq syllabes si l'on réduit la diérèse comprise à la rime dans le mot «musicienne» à une synérèse. Ce «désordre» métrique est lié à un «désordre» syntaxique savamment orchestré par un jeu de reprises énonciatives où le parlé entre en intéraction avec la musicalité des timbres. Ce rapport entre le parlé et le rythme, Gérard Bessette a su le mettre en évidence en proposant dans son article deux définitions du rythme dont les métriciens d'aujourd'hui diraient que l'une appartient à la métrique (règles poétiques dérivées de la langue) et l'autre à la prosodie (phonologie de la langue parlée appliquée à la phrase française et que l'on perçoit d'abord intuitivement). En effet, après avoir rappelé que la scansion qu'il propose du poème de Nelligan ne sera fondée «ni sur l'accent tonique intrinsèque de chaque mot (comme en anglais), ni sur la longueur fixe des syllabes (comme en latin et en grec), mais sur la position des mots dans la phrase, sur l'accent phrastique[4]», Bessette laisse entendre que toutes les syllabes en français seraient tantôt plus tantôt moins accentuées (accents d'intensité) selon une dynamique accentuelle complexe répartie sur tous les éléments de la phrase. Cette scansion dynamique proche de la phonologie du discours parlé se distinguerait d'une scansion métrique opposant des creux et des pleins accentuels mesurés par le nombre syllabique, conformément aux règles de la métrique classique. Néanmoins, Bessette semble finalement privilégier la scansion métrique dans sa définition de l'alexandrin qu'il emprunte à Thibaudet: «L'alexandrin [...] est fait non de douze ou treize syllabes [...] mais de quatre accents espacés, un dont la place à la rime est fixe, un dont elle l'est à la césure à peu près, deux dont elle est, dans le corps des hémistiches, facultatives.» Dans la mesure où l'accent, en français parlé, repose sur la dynamique accentuelle des groupes de mots (accent d'intensité, d'intonation), un rythme mesuré par des creux et des pleins accentuels ne peut réellement faire système. Il se crée plutôt des tensions entre accents dynamiques (sémantiques et intonatoires) et mesures rythmiques, comme le montrent certaines scansions proposées par Bessette.

C'est le cas du premier vers du *Jardin d'antan*. Bessette le scande, en accentuant le premier mot, pour lui sémantiquement marqué. Il y voit d'ailleurs la marque d'un rythme parlé, rythme sémantique dont parlait Fabre d'Olivet:

> ´ ˘ ˘ ´ ˘ ´ ˘ ˘ ˘ ˘ ˘ ´
> Rien n'est plus doux aussi que de s'en revenir

Le second hémistiche ne contient qu'un accent; Bessette le trouve «extrêmement plat». Ce défaut de rythme s'explique, selon Bessette, par le mouvement lent de la mémoire renouant avec le passé. Le métricien n'envisage pas la possibilité d'un accent secondaire sur le préfixe «re-» (revenir) qui satisferait un besoin d'équilibre rythmique. Sans doute, à première vue, n'a-t-il pas tort de privilégier ainsi le phrasé aux dépens d'une diction artificielle supposée plus harmonieuse. Il montre, au passage, comment les poètes symbolistes peuvent ou suraccentuer ou désaccentuer leurs hémistiches. En revanche, Bessette, qui se montre sensible au rythme du parlé, ne conçoit pas la présence d'accents affectifs sur la première syllabe des deux premiers mots dans le vers suivant qu'il scande en marquant les accents toniques (accents situés à la fin d'un groupe de mots ou groupe phonologique de mots).

> ˘ ´ ˘ ˘ ´ ˘ ˘ ´
> Froissés, maltraités et sans armes

Des accents d'intensité affective, proches du parlé, sur «froi-» et sur «mal-» auraient changé la physionomie rythmique du vers, que Bessette juge maladroit tel qu'il l'envisage lui-même. Sa scansion fait en effet ressortir de façon désagréable les timbres en *é*. Bessette n'ose donc pas aller jusqu'au bout des possibilités que lui offre la dynamique accentuelle du *parlé*. C'est que le rythme de scansion demeure le plus fort, pour lui.

Mais des accents secondaires et des accents affectifs sont-ils pensables dans la métrique du vers français, plus précisément dans la fiction linguistique du mètre français que nous avons déjà examinée dans le premier chapitre? En somme, nous reformulons la question des rapports entre le vers et le rythme parlé, en partant cette fois du mètre pour comprendre ce qu'il retient du rythme parlé; il y aurait entre ce que Fabre d'Olivet appelait le rythme (rythme de scansion fait de pleins et de creux accentuels) et l'accent (accent d'intensité lié aux variations du sens en discours), accent qu'on qualifiera d'accent prosodique, un rapport dérivé. Il en donnait pour preuve le premier vers de *l'Iliade* où le rythme du vers ne peut pas, pour conserver son euphonie, être dit selon la prosodie du parlé courant. Fabre d'Olivet parlait d'un «défaut de concordance prosodique», qui n'était pas un défaut en soi mais un effet structural. Ce rajustement, à nous de le formaliser. Fabre d'Olivet, lui, voyait dans ce «défaut de concordance» la condition nécessaire pour préserver l'essence musicale du rythme poétique, du moins dans la poésie grecque. Pour certains métriciens, de tels rajustements seraient commandés en français par les règles particulières qui régissent l'élision du *e* muet et qui ne laissent totalement prévaloir ni les accents de discours (ou accents prosodiques) ni les accents de mesure syllabique dans le vers (ce que Fabre d'Olivet appelle le rythme). D'où ces tensions que chaque époque tente de résoudre à sa manière sans véritablement y parvenir, car il faudrait d'abord abandonner l'hypothèse que le rythme du vers est d'essence musicale. Mais cette hypothèse a fécondé tant de poétiques du rythme qu'il convient de lui accorder une valeur empirique.

Le mètre et la mesure rythmique

En partant d'une définition de l'alexandrin proche de celle que propose Gérard Bessette, Vladimir Volkoff émet l'hypothèse que «chacun des hémistiches d'un alexandrin est composé soit de deux anapestes, soit de trois ïambes[5]». Le poète reste libre de faire des vers homogènes (entièrement ïambiques ou anapestiques) ou hétérogènes (ïambo-anapestiques ou anapesto-ïambiques). Cependant, il est de règle, selon Volkoff, que jamais un ïambe ne puisse faire partie du même hémistiche qu'un anapeste, la réciproque étant également vraie. En revanche, le poète peut choisir les pieds de remplacement qu'il souhaite dans un hémistiche à dominante ïambique ou anapestique, comme nous allons le voir à l'instant dans les six alexandrins que compte *Le jardin d'antan*[6]. Nous allons les scander d'abord en fonction des seuls accents de groupe (accents dits toniques) qu'ils comportent:

´ ˘ ˘ ´ ˘ ´ ˘ ˘ ˘ ˘ ˘ ´
Rien n'est plus doux aussi que de s'en revenir
˘ ˘ ´ ´ ˘ ´ ˘ ˘ ˘ ´ ˘´
Au jardin clos, scellé, dans le jardin muet
˘ ˘ ˘ ´ ˘ ´ ˘ ´ ˘ ´ ˘ ´
Aux soirs d'Avril anciens jetant des cris joyeux
˘ ˘ ´ ˘ ˘ ´ ˘ ´ ˘ ˘ ˘ ´
Cependant que venaient, du fond de la villa
˘ ´ ˘ ´ ˘ ´ ˘ ˘ ˘ ´ ˘ ´
Mais rien n'est plus amer que de penser aussi
´ ˘ ˘ ˘ ˘ ´ ˘ ˘ ´ ˘ ˘ ´
Lorsque nous nous sentons névrosés et vieillis

Si l'on s'en reporte aux hypothèses de Volkoff, le premier hémistiche du premier vers est à dominante ïambique avec d'entrée de jeu un trochée remplacant le premier ïambe. Le second hémistiche est monotonique et constitue, comme nous l'avons vu, un cas particulier. Le premier hémistiche du deuxième vers est construit comme une suite pyrrhique-spondée-ïambe; le second hémistiche, comme une suite pyrrhique-ïambe-ïambe. C'est cette même suite que l'on retrouve dans le premier hémistiche du troisième alexandrin, tandis que le second hémistiche de ce vers-ci est formé d'une série d'ïambes. Le premier hémistiche du quatrième vers est anapestique, tandis que le second est à dominante ïambique: un pyrrhique vient remplacer l'ïambe central. C'est encore un pyrrhique qui prend la place de l'ïambe qui doit ouvrir le second hémistiche du cinquième vers à dominante ïambique. Enfin, au sixième vers, après l'hémistiche composé de la suite trochée-pyrrhique-ïambe, nous trouvons un hémistiche fait d'anapestes. L'hypothèse de Volkoff est donc vérifiable chez Nelligan: aucun des hémistiches n'est à la fois ïambique et anapestique. Quant à l'hémistiche monotonique du premier vers, il échappe à toute règle. Ce serait la marque d'une poétique nouvelle.

Ailleurs dans son œuvre, Nelligan semble obéir avec beaucoup de constance aux lois formulées par Volkoff, en préservant l'homogénéité rythmique des hémistiches. Voici un exemple où avec les mêmes mots ou presque, on passe d'un hémistiche ïambique à un hémistiche anapestique, dans un poème intitulé *Le Robin des bois*:

˘ ˘ ˘ ´ ˘ ´ // ˘ ˘ ´ ˘ ˘ ´
Et j'ai saisi vos mains, j'ai saisi vos mains blanches[7]

Nelligan enfreint très rarement les règles de la césure après la sixième syllabe et, lorsque cela se produit, le poète choisit une division rythmique ternaire où prévaut, comme ici, un rythme à dominante ïambique:

˘ ˘ ˘ ´ ˘ ˘ // ˘ ´ ˘ ˘ ˘ ´
Elle a vécu dans les soirs doux dans les odeurs[8]

Seul à peu près de son espèce chez Nelligan, le vers suivant comporte une césure après clitique qui provoque un enjambement rythmique, l'accent tombant sur la septième position syllabique:

˘ ˘ ˘ ´ ˘ ˘// ´ ˘ ˘ ˘ ˘ ´
Où se donnait dans la salle de l'Empyrée[9]

Cet enjambement crée une équivoque: la césure semble survenir soit après un pyrrhique, soit au milieu d'un anapeste. Ailleurs, Nelligan paraît faire une entorse aux règles introduites par Volkoff quand il regroupe deux accents à la fin d'un hémistiche, comme dans les exemples suivants:

˘ ˘ ˘ ´ ´
pour mystérieux hôtes[10]

˘ ˘ ˘ ˘ ´ ´
et mystiquement tendre[11]

´ ˘ ˘ ˘ ´ ´
qui ne brilleront plus[12]

˘ ˘ ˘ ˘ ´ ´
des affections franches[13]

ou quand il construit ces hémistiches monotoniques:

˘ ˘ ˘ ˘ ˘ ´
à de la mousseline[14]

˘ ˘ ˘ ˘ ˘ ´
que de s'en revenir[15]

Par ailleurs, on peut retrouver dans un même hémistiche une succession de trois accents toniques (accents de groupes de mots) dans le seul alexandrin de Nelligan illustrant une césure dite lyrique:

˘ ˘ ´ ´ ´ ˘ ˘ ˘ ´ ˘ ˘ ´
Tout petits, frais, roses, tapageurs et joufflus[16]

Le vers se présente comme une suite anapeste-antibachée-anapeste-anapeste, si l'on veut conserver la notation de Volkoff; le rythme oscille entre les divisions 6-6 ou 4-4-4. Quoique rares chez Nelligan, de tels vers provoquent des écarts dans une scansion qui s'appuie sur la mesure des pieds rythmiques.

La concentration d'accents à la fin d'un vers ou dans le corps d'un vers nous rappelle que l'accentuation dépend d'abord des accents de groupe et que la dynamique accentuelle du français peut provoquer ainsi des heurts accentuels. «Rythmiquement toutes les positions sont équivalentes. Les figures de position résultent du jeu des limites de mots, de groupes, de leurs variables, avec les règles d'élision et celle de la césure, dans l'espace d'un dix ou d'un douze[17]», écrit Henri Meschonnic qui parle pour le français de simili-ïambes et de simili-anapestes.

Comment les métriciens ou les poètes du temps de Nelligan concevaient-ils la question? À propos de ce vers de Victor Hugo, dont le premier hémistiche est monotonique:

˘ ˘ ˘ ˘ ˘ ´ // ˘ ´ ˘ ˘ ˘ ´
Épanouissement de l'homme sous le ciel

Auguste Dorchain reconnaissait l'existence de trois pieds: un de six, un de deux et un de quatre syllabes[18]. Dorchain tient encore à la notion de pied, tout en montrant qu'en français l'hémistiche à lui seul peut constituer une mesure ne comportant qu'un seul accent: l'accent métrique à la césure. Dorchain, par ailleurs, tend à corriger le défaut d'accentuation dans le premier hémistiche non pas par des accents secondaires, mais par des accents consonantiques, qu'il illustre, entre autres, par un redoublement du *p* dans «épanouissement». Cet accent dépend dans une large mesure d'une diction emphatique, symbole d'une époque. Catulle Mendès ne contredit pas Dorchain sur la notion de mesure, en français, quand il déclare: «Qu'on change, qu'on transforme à l'infini la mesure du vers, soit! Mais qu'on la conserve si l'on ne veut pas tuer le vers français! [...] L'alexandrin et sa césure vous donnent le mouvement, forcent le lecteur à suivre, syllabe par syllabe, à l'aide de temps forts, des temps faibles et des muettes des mots, l'eurythmie du vers: c'est ce qui remplace dans notre poésie ce que les longues et les brèves étaient dans le vers latin et dans le vers grec[19].»

Le débat dépasse le cadre théorique. La diction mesurée se veut «aristocratique» par rapport à une diction parlée du vers adoptée par Talma et qui se généralise dans les écoles à la fin du siècle[20]. C'est à cette diction parlée ou de prose que s'opposent les symbolistes en cherchant à introduire des rythmes liés aux timbres, à la quantité syllabique, aux variations de tempo provoquées par des strophes hétérométriques et en créant, pourquoi pas, des accents secondaires. D'où l'intérêt de prendre en compte la notion de mesure.

Le jardin d'antan est une bonne illustration de la musicalité symboliste. Le poète construit, en effet, des strophes hétérométriques de 12, 8, 6, 8, 7, 6 syllabes. Le premier hexasyllabe répète peu ou prou le second hémistiche du premier vers, accentuant ainsi la présence de l'alexandrin ou des vers de six syllabes. Le vers impair joue alors un rôle ambigu. Il peut entrer en sympathie avec les vers de six syllabes, mais typographiquement il fait corps avec l'octosyllabe qui le précède, tandis que le premier octosyllabe est isolé sur la page au même titre que l'alexandrin initial. Les vers et les sous-vers de six syllabes respectent les règles de Volkoff: anapestes et ïambes ne peuvent y coexister. À l'opposé, les vers de huit et de sept syllabes ont la possiblité de marier l'ïambe et l'anapeste.

Le premier octosyllabe présente une succession de deux anapestes suivis d'un ïambe:

˘ ˘ ´ ˘ ˘ ´ ˘ ´
Comme après de longs ans d'absence

ou plus subtilement une suite anapeste-ïambe-anapeste.

˘ ˘ ´ ˘ ´ ˘ ˘ ´
Comme après de longs ans d'absence

Le vers de sept syllabes est construit comme une suite ïambe-ïambe-anapeste.

˘ ´ ˘ ´ ˘ ˘ ´
Fleuri de lys d'innocence

En regard, l'hémistiche monotonique:

˘ ˘ ˘ ˘ ˘ ´
Que de s'en revenir

de même que l'octosyllabe construit avec deux accents toniques se succédant à la fin du vers:

˘ ˘ ´ ˘ ˘ ˘ ´ ´
D'où s'enfuirent les gaietés franches

ne nous permettent plus de reconnaître les pieds binaires et les pieds ternaires. Tout semblerait rentrer dans l'ordre (mais s'agit-il vraiment d'ordre?) si l'on convenait de l'existence d'un accent secondaire sur la syllabe antépénultième précédant l'accent de groupe. On placerait ainsi un accent secondaire sur la syllabe «re» dans «revenir» et sur la syllabe «gaie», par rétraction d'accent, dans le groupe formé des mots «gaietés franches». Nous dirons que de tels accents secondaires apparaissent concevables *a priori*, à condition que dans le cas des hémistiches ou des vers de six syllabes les règles de Volkoff soient respectées. Mais comment justifier autrement que par un effet d'eurythmie le retour à l'ordre ïambique ou anapestique et cette reconstruction du rythme ou du phrasé à partir des accents secondaires? Il s'agit de montrer en ce cas que l'existence d'un rythme sous-jacent secondaire obéit dans la poétique symboliste à des contraintes métriques dont dérivent ensuite les applications que nous proposons pour tel ou tel vers de Nelligan. C'est ici que la méthode comparatiste peut se révéler utile. Elle va nous permettre de situer Nelligan par rapport aux ressources que lui offrent les poètes symbolistes qu'il considère comme des maîtres, Verlaine entre autres, pour interpréter métriquement la prosodie du français parlé.

L'existence d'un accent secondaire en français semble de moins en moins contestée chez les métriciens. C'est la manière de l'intégrer à l'accentuation du vers qui divise les métriciens. Nous allons examiner ici deux définitions de l'accent secondaire, l'une proposée par S. Paul Verluyten, l'autre par Jean-Claude Milner et François Regnault.

Le rythme sous-jacent secondaire

Le poéticien belge S. Paul Verluyten établit une distinction entre le rythme métrique et le rythme prosodique. Le premier est soumis à des contraintes apprises et explicites. Le second, au contraire, est intuitif et ses contraintes sont implicites; elles dépendent de la compétence linguistique de l'utilisateur. Le rythme métrique dérive, cependant, de la composante prosodique du français parlé. «Toute catégorie métrique a son équivalent dans une catégorie prosodique de la langue», écrit Verluyten[21]. Il s'agit dès lors pour lui de formuler des règles de réécriture permettant d'élaborer les contraintes métriques à partir des contraintes prosodiques du français. Ces contraintes portent entre autres sur l'accent comme marque des frontières métriques. Ainsi, «la sixième position métrique de l'alexandrin, écrit Verluyten, doit être remplie par une syllabe accentuée ou S; la césure doit coïncider avec une coupe syntactico-prosodique, selon les modalités qui demandent à être établies pour chaque poète». C'est en examinant la position de la césure à l'intérieur d'un mot chez Verlaine que Verluyten est amené à énoncer l'hypothèse d'un rythme sous-jacent secondaire: «L'accent secondaire se porte sur la syllabe *antépénultième* manifestant l'existence d'un rythme alternant de type WSWS(W)» où S désigne une syllabe prosodiquement proéminente et W, une syllabe relativement non proéminente. Le rythme sous-jacent secondaire permet de repérer une syllabe proéminente en sixième position métrique dans ce vers de Verlaine césuré au milieu d'un mot lexical:

Avec, rares, des bou/quets d'arbres et de l'eau

L'existence d'un accent secondaire engendre une rétraction d'accent dans le groupe phonologique de mots «bouquets d'arbres», de telle sorte que de la notation prosodique suivante:

W S S W
bouquets d'arbres

on passe à la notation métrique:

S W S W
bouquets d'arbres

On peut alors démontrer que la césure survient après une syllabe proéminente, sans qu'on puisse affirmer pour autant que la syllabe en sixième position métrique est effectivement accentuée. Néanmoins, Verluyten peut déduire que «dans la grande majorité des alexandrins de Verlaine où la césure enjambe le mot, la sixième position métrique est remplie par une syllabe qui est prosodiquement S d'après notre modèle[22]». Quant à nous, nous en conclurons que ce qui est concevable à la césure devient *a fortiori* concevable dans le corps d'un hémistiche, d'une part, parce que le rythme sous-jacent secondaire dérive des lois phonologiques du français, d'autre part, parce qu'à leur tour, les règles rythmiques doivent émaner des règles applicables pour la métrique, sinon celles-ci seraient purement formelles. On ne peut procéder au hasard pour n'importe quel type de vers. Il faudra le préciser. Mais on peut déjà établir des lignes directrices. Il sera possible de marquer un accent secondaire, à condition que l'on applique des conventions *ad hoc* comme celles que formule Volkoff à propos de l'hémistiche à dominante ïambique ou anapestique. Ces conventions, notons-le, n'obéirons pas à des contraintes (comme celles qui régissent l'accent à la césure); elles offriront plutôt la possibilité d'un choix stylistique.

L'hypothèse d'un accent secondaire dans le vers, à la césure, est déduite chez Verluyten des contraintes métriques qui imposent des règles de réécriture qui constituent l'assise de la théorie. Verluyten se désintéresse de prime abord des problèmes de rythme ou d'accentuation, plus exactement des accents mobiles qui, à la différence des accents métriques, relèvent, pour lui, de la prosodie de la phrase. Pour Jean-Claude Milner et François Regnault, au contraire, ces accents secondaires, quand il leur arrive de jouer un rôle à la césure, par exemple, sont toujours prévus par l'accentuation des groupes phonologiques de mots — ce que Verluyten appelle le rythme prosodique — sans que n'intervienne aucune règle de réécriture du moins en ce cas-ci. Les deux auteurs supposent, en effet, qu'il existe pour tout groupe phonologique de mots un accent fermant sur la dernière syllabe accentuable d'un mot phonologique qu'ils notent (┘); de même, il existe un accent secondaire ouvrant sur la première syllabe accentuable du mot phonologique, quand celle-ci est différente de la dernière syllabe accentuable du mot. Cet accent est noté (└). Cet accent secondaire, Milner et Regnault l'appellent «contre-accent[23]». Ainsi, pour reprendre l'exemple «des bouquets d'arbres» de Verlaine, l'accent tombe sur la syllabe «ar» et le contre-accent sur «bou», le clitique «des» et la syllabe féminine finale de mot n'étant pas accentuable. La syllabe «quets», comprise entre le contre-accent et l'accent de groupe, est alors désaccentuée. Cette syllabe «désaccentuée» conserve un accent résiduel qui peut à nouveau devenir effectif, par exemple en 6e et 12e position métrique, c'est-à-dire sous l'effet de contraintes métriques. En résumé, le contre-accent sur «bou» est prosodique, pour Milner et Regnault; il n'est pas produit par rétraction d'accent, comme le suggère Verluyten, rétraction obtenue à la suite de règles de réécriture.

Les deux méthodes n'arrivent pas toujours aux mêmes résultats. Prenons cette fois comme exemple

> les gaietés franches.

Regnault et Milner verraient d'abord dans cette expression deux groupes phonologiques, «les gaietés» et «franches», d'où l'accentuation «les gaietés franches». La syllabe «gaie» comporte un contre-accent et les trois accents se suivent en fonction de la dynamique accentuelle du français parlé. On peut penser à la désaccentuation de «tés», parce que, d'une part, le mot «franches» est un monosyllabe (la dernière syllabe du mot est muette) et qu'il peut ne former avec les mots précédents qu'un seul mot phonologique, et que, d'autre part, la diction du vers français répugne à la succession de deux accents à la fin du vers. Milner et Regnault font ainsi l'économie d'une règle de réécriture. En revanche, pour Verluyten, une telle expression constitue d'entrée un seul mot phonologique comportant deux accents consécutifs:

> les gaietés franches,

et Verluyten procéderait comme dans l'exemple précédent par rétraction d'accent pour obtenir, après réécriture,

> les gaietés franches.

Donnons encore un exemple où, cette fois, les divergences sont encore plus sensibles. Dans ce vers de Verlaine où la césure tombe au milieu du mot «impératrice» («À vêtir en impé/ratrice la déesse»), Verluyten met un accent secondaire sur la syllabe «pé»: l'accent secondaire survient sur la syllabe antépénultième du mot accentué. Pour Milner et Regnault, l'accent se trouve sur la syllabe «tri» et le contre-accent sur la syllabe «im», de sorte que la syllabe «pé» est forcément désaccentuée.

En résumé, selon Verluyten, l'accent secondaire obéit à des contraintes métriques. Cet accent peut, par un jeu de réécritures, correspondre à un accent intérieur d'un mot lexical calculé à partir de la position de l'accent final de mot. Les règles de réécriture font alterner les positions accentuelles (SWS dans «bouquets d'arbres») selon des suites de creux et de pleins accentuels recréant des mesures binaires. Verluyten va, par la suite, examiner comment les modules rythmiques chevauchent ou non des frontières syntaxiques ou de groupes phonologiques[24]. Pour Milner et Regnault, l'accent correspond toujours à une frontière de mot ou, mieux, de mot phonologique, en tant qu'accent dit tonique et parfois en tant que contre-accent. Le contre-accent ou accent secondaire, en marquant la première syllabe accentuable du mot phonologique, ne peut jamais être un accent placé sur la syllabe intérieure d'un mot lexical plurisyllabique. Cet accent secondaire peut parfois correspondre à un accent métrique en sixième position syllabique. Par ailleurs, les deux auteurs constatent qu'à l'intérieur du vers, le *e* muet ne peut tomber que par élision, qu'il soit ou non à la fin d'un groupe phonologique, tandis qu'à la fin du vers, le *e* muet tombe sans élision, comme à la fin d'un groupe phonologique courant en français. Le vers entier forme donc l'équivalent d'un mot phonologique d'un seul tenant, même si dans les faits la frontière du vers ne correspond pas à une frontière syntaxique ou de mot phonologique. Insistons sur ce point: avec Verluyten, l'accent secondaire survenant ailleurs qu'à la césure devient un choix stylistique ou prosodique, alors que pour Milner et Regnault cet accent répond à une contrainte prosodique. À la limite, le rythme sous-jacent secondaire, chez Verluyten, est une création poétique liée à la forme-vers, qu'il s'agisse du français ou de l'anglais: c'est le vers qui fait de l'accent secondaire un accent métrique à la césure. Pour Milner et Regnault, l'accent secondaire n'est pas une création du vers car il est du même registre que l'accent primaire. Comment choisir?

Nelligan, nous l'avons dit, enfreint très rarement les règles de la métrique classique à la césure. Peu ou pas de césure au milieu d'un mot lexical, sauf:

> Que ces vieux corbeaux dé/voreront en entier[25]

La contrainte métrique posée par Verluyten est invérifiable ici, à première vue. L'accent secondaire, en se portant sur l'antépénultième, coïncide avec la syllabe «vo» qui suit immédiatement la césure. Ou bien nous envisageons une coupe après la cinquième syllabe qui coïncide avec la fin d'un mot phonologique (coupe 5-7) et, comme le veulent Milner et Regnault, un contre-accent sur la syllabe «dé» en sixième position syllabique. Ou bien nous imaginons un enjambement rythmique à la césure, en plaçant un accent secondaire sur la syllabe «vo», ce qui s'accorde avec les hypothèses de Verluyten, sinon à la lettre, du moins en esprit. En ce cas, nous aurons un effet d'enjambement rythmique (coupe 7-5). C'est à deux dictions du vers que l'une et l'autre théorie font appel. Celle de Verluyten, en nous reconduisant à un rythme sous-jacent binaire (creux et pleins accentuels) génère des ïambes dans les mots; ces ïambes peuvent éventuellement se combiner à des anapestes selon les règles de Volkoff, règles stylistiques, rappelons-le, dont procède une diction cadencée, chantée, artificielle. À l'opposé, celle de Milner et Regnault est plus proche du parler. Une chose paraît certaine: en multipliant, dans *Le jardin d'antan*, les vers en apparence monotoniques, Nelligan semble avoir recours à un accent secondaire pour marquer l'emplacement de l'accent mobile dans l'hémistiche ou dans le vers de six syllabes. Cet accent secondaire s'impose d'emblée pour Milner et Regnault lorsque le vers comprend un mot de trois syllabes précédé de clitiques inaccentués[26]. L'accent secondaire sera mis sur la première syllabe du mot. En plaçant avec Verluyten l'accent sur l'antépénultième, nous arrivons à une accentuation semblable (mais pas équivalente). Comparons:

> ˘ ˘ ˘ ´ ˘ ´
> que de s'en revenir
>
> └ ┘
> que de s'en revenir

et encore:

> ˘ ˘ ˘ ´ ˘ ´
> comme en les villanelles
>
> └ ┘
> comme en les villanelles

mais,

> ˘ ˘ ˘ ´ ˘ ´
> Quelque musicienne
>
> └ ┘
> Quelque musicienne

La notation «Verluyten» fait mieux ressortir la diérèse et crée pour le vers un schéma à dominante ïambique. Quant à ce vers de huit syllabes, nous avons vu comment l'on pouvait retrouver un accent secondaire dans le groupe «les gaietés franches»:

> ˘ ˘ ´ ˘ ˘ ´ ˘ ´
> D'où s'enfuirent les gaietés franches
>
> └ ┘ └ ┘
> D'où s'enfuirent les gaietés franches

De même, dans les deux octosyllabes suivants,

Et la danse du menuet
Lorsque nous revenons ainsi

l'on trouve un accent secondaire, selon Regnault et Milner, sur la première syllabe des mots «menuet» et «revenons». Mais pour peu qu'ils soient chantés, nous retrouvons des suites d'anapestes et d'ïambes:

˘ ˘ ´ ˘ ˘ ´ ˘´
Et la danse du menuet
˘ ˘ ˘ ´ ˘ ´ ˘ ´
Lorsque nous revenons ainsi

Reste le vers 32, vers de huit syllabes, pour lequel nous proposons de mettre des accents d'intensité affective sur la première syllabe des mots ou groupe de mots:

´ ´ ´
Froissés, maltraités et sans armes

L'accumulation des adjectifs, exprimant une forte émotion ou un sentiment de dépossession dans la dernière strophe où figure ce vers, justifie une telle accentuation, autre variante du rythme sous-jacent secondaire.

Si le choix semble si difficile entre les théories qui nous sont proposées, c'est que chacune prétend épuiser la notion de rythme dans son application au vers. Pour Volkoff, le vers classique (alexandrin) est ïambique-anapestique et les hémistiches situent le jeu des substitutions possibles. Pour Milner et Regnault, le rythme se mesure par rapport aux frontières du mot phonologique et syntaxique qui remplacent la barre de mesure. La mise en valeur de l'accent secondaire est affaire de diction. Pour Verluyten, le rythme du vers est un rythme dérivé du rythme prosodique. Le vers change la nature du rythme, jusqu'à un certain point qu'il faut établir. L'accent secondaire tient de cet artifice, en devenant une contrainte métrique à la césure dans certains cas. Ailleurs dans le vers, nous avons montré que l'accent secondaire se pense sur fond de «vide» rythmique. Verluyten n'exclut pas une approche historique de la notion d'accent secondaire, en montrant comment elle est liée à la pratique de tel ou tel poète. Ainsi, la notation de Volkoff peut encore s'appliquer dans certains poèmes symbolistes, comme ici *Le jardin d'antan*, à condition de prendre en charge les accents secondaires. Nous avons là une poésie qui se veut musique avant toute chose. Voici la scansion que nous proposons du *Jardin d'antan* de Nelligan:

´ ˘ ˘ ´ ˘ ´ ˘ ˘ ˘ ´ ˘ ´
Rien n'est plus doux aussi que de s'en revenir
˘ ˘ ´ ˘ ˘ ´ ˘ ´
Comme après de longs ans d'absence,
˘ ˘ ˘ ´ ˘ ´
Que de s'en revenir
˘ ˘ ˘ ´ ˘ ˘ ˘ ´
Par le chemin du souvenir
˘ ´ ˘ ´ ˘ ˘ ´
Fleuri de lys d'innocence
˘ ˘ ´ ˘ ˘ ´
Au jardin de l'Enfance

˘ ˘ ´ ´ ˘ ´ ˘ ˘ ˘ ´ ˘´
Au jardin clos, scellé, dans le jardin muet
˘ ˘ ´ ˘ ˘ ´ ˘ ´
D'où s'enfuirent les gaietés franches,
˘ ˘ ˘ ´ ˘´
Notre jardin muet
˘ ˘ ´ ˘ ˘ ´ ˘´
Et la danse du menuet
˘ ˘ ´ ˘ ´ ˘ ´
Qu'autrefois menaient sous branches
˘ ´ ˘ ´ ˘ ´
Nos sœurs en robes blanches.

˘ ˘ ˘ ´ ˘ ´ ˘ ´ ˘ ´ ˘ ´
Aux soirs d'avril anciens jetant des cris joyeux
˘ ˘ ˘ ´ ˘ ˘ ˘ ´
Entremêlés de ritournelles,
˘ ˘ ˘ ´ ˘ ´
Avec des lieds joyeux
˘ ˘ ˘ ´ ˘ ´ ˘ ´
Elles passaient, la gloire aux yeux,
˘ ˘ ˘ ´ ˘ ˘ ´
Sous le frisson des tonnelles
˘ ˘ ˘ ´ ˘ ´
Comme en les villanelles

˘ ˘ ´ ˘ ˘ ´ ˘ ´ ˘ ˘ ˘ ´
Cependant que venaient, du fond de la villa,
˘ ˘ ´ ˘ ˘ ´ ˘ ´
Des accords de guitare ancienne,
˘ ˘ ´ ˘ ˘ ´
De la vieille villa,
˘ ˘ ˘ ´ ˘ ˘ ˘ ´
Et qui faisaient deviner là

    Près d'une obscure persienne,
        Quelque musicienne.

Mais rien n'est plus amer que de penser aussi
    À tant de choses ruinées!
        Ah! de penser aussi,
    Lorsque nous revenons ainsi
    Par des sentes de fleurs fanées,
        À nos jeunes années.

Lorsque nous nous sentons névrosés et vieillis,
    Froissés, maltraités et sans armes,
        Moroses et vieillis,
    Et que, surnageant aux oublis,
    S'éternise avec ses charmes
        Notre jeunesse en larmes!

Remarques sur les schèmes rythmiques du poème

Première remarque. — Cette scansion nous renseigne surtout sur les théories métriques qui servent à échafauder à partir du rythme une «ontologie» du vers, en se situant à un niveau ou à un autre de la langue dans ses rapports avec la diction, la convention culturelle ou les contraintes métriques dérivées de la phonologie. Telle quelle, elle demeure une abstraction à moins que d'autres paramètres ne viennent sinon la valider dans son entier, du moins en souligner la pertinence ponctuelle dans le contexte du poème. Ce qui va nous contraindre à examiner d'autres figures du rythme qui puissent relier cette scansion aux processus d'une lecture empirique du poème. Revenons à notre point de départ, c'est-à-dire à la question de la configuration rythmique des hémistiches ou des hexasyllabes monotoniques, puisque déjà cette question posait des problèmes à Bessette.

Deuxième remarque. — Dans la scansion que nous proposons, l'ïambe est un élément constitutif du rythme sous-jacent secondaire présent, selon notre hypothèse, dans les hémistiches ou les hexasyllabes monotoniques du poème. On peut imaginer une lecture «phénoméniste» du rythme où, cette fois, l'hémistiche monotonique du premier vers («... que de s'en revenir») se présente comme une sorte de matrice vide du rythme ïambique à venir. Il est d'abord isolé dans la strophe quand il forme le vers 3 («Que de s'en revenir»). Puis, il connaît une forme de réécriture au vers 25; ce vers («Mais rien n'est plus amer que de penser aussi») transpose le vers initial du poème («Rien n'est plus doux aussi que de s'en revenir») en donnant au second hémistiche ce rythme ïambique qui semblait lui faire défaut, mais dont le rythme sous-jacent annonçait la présence. Que l'hémistiche monotonique du premier vers finisse par rencontrer un rythme régulier nous importe moins que le temps du possible soudainement ouvert dans le poème.

Troisième remarque. — Les hémistiches ou les hexasyllabes monotoniques du poème, si l'on écarte l'hypothèse d'un rythme sous-jacent, paraissent privés de rythme, un défaut que corrigera le tempo de la diction. La comédienne Ghislaine Paradis (sur disque Analekta) accélère le débit afin de dissimuler le long intervalle qui sépare entre elles deux impulsions accentuelles dans un hémistiche ou un hexasyllabe monotoniques, allant même jusqu'à élider le *e* muet interne dans «revenir». Elle réduit l'alexandrin à un vers de onze syllabes, en sacrifiant le nombre syllabique au tempo du vers. En disant l'hexasyllabe monotonique du vers 24, elle détache, au contraire, les syllabes, afin de rendre la diérèse audible (mu-si-ci-enne). Mais elle considère la syllabe pénultième (musi*ci*enne) comme une syllabe courte qui réduit légèrement l'intervalle accentuel trop long de l'hémistiche; ce qu'elle souligne en augmentant légèrement le tempo. En revanche, au vers 28 («Lorsque nous revenons ainsi»), l'on pourrait s'attendre à ce que Ghislaine Paradis élide comme précédemment le *e* muet interne dans le mot «revenons». Cette fois elle respecte la mesure syllabique et la fait bien entendre, en revenant à un tempo «égal» (isochronique), degré zéro du tempo. Fait intéressant pour nous, elle accentue manifestement (accent de hauteur) la première syllabe du mot «revenons», en reconstituant pour ce mot un rythme sous-jacent secondaire.

Ailleurs, dans l'hexasyllabe du vers 18, elle place également un accent de hauteur sur la première syllabe de «villanelles», en accélérant légèrement la cadence sur le mot. Elle agit encore de même, quand elle dit l'hexasyllabe du vers 10, en accentuant la syllabe antépénultième du mot «menuet», puis en augmentant la cadence sur ce mot.

Cette diction d'acteur diffère bien peu de la scansion que nous avons proposée. Toutefois, elle ne dit rien sur le bien-fondé des hypothèses de S. Paul Verluyten sur le rythme métrique là où ces hypothèses se justifient par des règles de réécriture. Elle dit, et c'est déjà beaucoup, qu'un rythme sous-jacent secondaire peut reconstituer un rythme ïambique par rétraction d'accent sur l'antépénultième, quand il s'agit de combler des intervalles jugés trop longs. Dans cette diction, le tempo imprime ses allures à la mesure (psychologique) des intervalles rythmiques.

Quatrième remarque. — Parallèlement à ce rythme de diction, il existe un rythme de réécriture qui s'appuie sur la mémoire du texte. Dans la première strophe, l'hémistiche monotonique («... que de s'en revenir») est repris tel quel au vers 3. Ailleurs dans le poème, il n'en ira plus de même pour les hémistiches pluriaccentuels. Prenons l'exemple de la troisième strophe où les changements sont relativement importants entre l'hémistiche de l'alexandrin initial (vers 13) et sa reprise (vers 15):

> Aux soirs d'Avril anciens jetant des cris joyeux (vers 13)
> Avec des lieds joyeux (vers 15)

Ce rythme de réécriture est fondé sur la mémoire que le lecteur conserve de ce qui vient avant et de ce qui vient après. Des changements de plus ou moins grande amplitude entre le thème et sa variation déterminent en quelque sorte un phénomène de dilatation (changements marqués) ou de contraction (changements peu sensibles) dans la mémoire du texte. Néanmoins, ce rythme mnésique prend appui sur la relative permanence d'une structure reconnaissable dans les deux occurrences. Dans notre exemple, «lieds» appartient au même champ lexical que «cris»; il est précédé du même article indéfini et suivi du même qualificatif. La préposition «avec», en changeant la nature du complément, semble introduire une différence majeure. Mais elle est déjà annoncée dans la chaîne signifiante. Les premières lettres du mot «Avril» (vers 13) sont aussi les premières de la préposition «avec», tandis que les dernières lettres du mot «Avril» contiennent les premières lettres du mot «lieds». «Avril» anticipe sur les transformations à venir, en renforçant la stabilité de la structure de base.

Cinquième remarque. — Le parallélisme des structures récurrentes facilite l'intégration des éléments redondants dans des schèmes où toutes les récurrences (à commencer par les récurrences des intervalles accentuels) se conçoivent dans une sorte de simultanéité. Ce schématisme peut, cependant, paraître gênant pour ceux qui veulent introduire la dimension du temps dans le rythme du poème.

Pour la poétique structurale, le signifiant était d'abord de nature auditive: il assumait tout le déroulement du temps lié à la linéarité du flux vocal. Celui-ci était aussitôt amalgamé à la linéarité des énoncés qui s'enchaînent de manière contiguë dans un texte. On pouvait ensuite découper la chaîne signifiante en unités phonémiques (les sons), en assimilant celles-ci aux signifiants graphiques du texte. On pouvait de cette manière envisager une «rhétorique» du temps, en mettant en rapport les éléments de la chaîne signifiante et les thèmes illustrant dans le texte la métaphore du temps. De ce point de vue, il existe une rhétorique du temps dans *Le jardin d'antan* que signale la chaîne des lettres-sons par association avec certains contenus thématiques: le printemps, l'enfance, la musique. Les lettres-sons du mot «Av*ril*» (vers 13) se recomposent dans le mot «c*ri*s» (vers 13) et plus bas dans «*lieds*» (vers 15). Les «lieds joyeux» (vers 15) transposent à leur tour les lettres-sons contenues à la première strophe dans «*lys d'*innocence» (vers 5), dont on perçoit l'écho dans le mot «oub*lis*» (vers 36), à la fin du poème. Le poème montre à sa manière comment les lettres-sons sauvent de l'oubli la mémoire des «cris», des «lieds joyeux» et des «lys d'innocence».

Dans ce type d'analyse, le schéma d'une lecture tabulaire, régi lui aussi par le principe de la perception simultanée des rapports entre l'axe des signifiants et l'axe des contenus, prend le pas sur la lecture linéaire des signifiants. Celle-ci, en revanche, devient le trait dominant de la perception des énoncés dans la communication orale. C'est une évaluation lourde de conséquence car elle privilégie la langue aux dépens du discours. La perception d'une redisposition tabulaire des paradigmes de l'énoncé est également concevable dans le discours oral: elle se manifeste en particulier dans les ajustements énonciatifs qui caractérisent un énoncé en discours où le locuteur essaie puis évalue les paradigmes qu'il emplois. Ces ajustements signalent la présence du sujet dans son discours. C'est cette présence qui soulève la question du temps qui correspond non plus seulement à la linéarité du flux sonore mais à des facteurs plus complexes. Le fait de l'énonciation se reflète dans l'énoncé (*token reflexive*). Le sujet d'énonciation est lui-même inclus dans un travail de coénonciation et de cointerprétation de son énoncé, dans la situation de discours, qui implique une énonciation à la fois réflexive et communicationnelle. Le locuteur se constitue comme sujet dans la mobilité du sens en discours. Le temps du sujet inséparable du temps de la situation d'énonciation fait advenir le discours à son rythme singulier et le sujet à son présent.

Sixième remarque. — Pour s'affranchir des mirages d'une ontologie du vers qui analyse, par exemple, le rythme ou le mètre, en les détachant des effets de sens qu'ils produisent dans la situation d'énonciation, il faut envisager le poème comme un acte singulier de discours. Il s'agit pour cela d'organiser la signifiance du poème à partir des modalités de l'énonciation en relation avec les modes de signifier du texte, comme le dit Henri Meschonnic (*Cf.* Chapitre I). Le devenir-sens et le devenir-son du poème mettent en évidence le travail de l'infrasémantique dans le sémantique qui assure le passage du sujet dans son discours. Par exemple, dans la cinquième strophe du poème de Nelligan, le son «a» produit ses effets de sens, en traversant tous les registres d'expression de la strophe. Citons le poète :

Mais rien n'est plus *a*mer que de penser aussi
À tant de choses ruinées
Ah! de penser aussi
(...)
À nos jeunes années

La mobilité du son associe dans un même devenir-sens l'adjectif («amer» opposé ici à «doux» qui figure au vers 1), la préposition («à») et l'interjection («ah»). Celle-ci rompt le mouvement syntaxique des deux premiers vers. L'interjection isole le troisième vers pour marquer un autre registre de voix, par une intensité affective particulière, car le rythme prosodique tient autant de l'accentuation que de la voix qui assure le passage du sujet dans tous les éléments du poème. Le temps du poème se construit dans le rythme prosodique, dans la manifestation non descriptive de la temporalité, qui suppose, insistons sur ce point, qu'on conçoive ensemble son et sens dans leur devenir.

Ce passage dont nous venons de parler à l'instant représente d'abord une sortie hors des rythmes donnés dans la régularité d'une scansion, dans la simultanéité d'un avant et d'un après. Ce passage, en contrepartie, suppose l'entrée dans le temps ouvert du poème, temps projectif du devenir-sens et du devenir-son. Fabre d'Olivet concevait déjà comment la mobilité du rythme médiatisait ce passage de l'accompli de la langue dans l'inaccompli du discours. À côté d'un rythme qu'il définissait comme mouvement — mouvement de retour d'un levé et d'un frappé — il distinguait un rythme dans l'accent — accent d'intensité lié à la mobilité du sens quand le sujet se projette dans le temps du discours ouvert sur son devenir-sens. Mais Nelligan demeure dans une large mesure prisonnier du mythe attaché à la perfection du rythme de scansion, comme si ce rythme conservait le souvenir des musiques anciennes associées à l'enfance dont la «musicienne» de *Jardin d'antan* garde le secret. D'où le goût du poète pour ces musiques surannées que concrétise dans notre lecture du poème le rythme sous-jacent secondaire dans certains hémistiches monotoniques; rythme harmonieux, parce que trop artificiel, rythme régulier, parce que survenant à contretemps.

Septième et dernière remarque. — La voix de Nelligan porte la trace de ce deuil impossible qu'il doit faire d'un rythme de scansion donné par la musique. Les hémistiches monotoniques de *Jardin d'antan* n'ont de valeur que par rapport à la monotonie de la voix de Nelligan, une monotonie savamment construite comme une anti-déclamation qui s'oppose à la diction emphatique de certains poètes de l'époque. La voix de Nelligan est donc indissociable du rythme et de la poétique qu'elle sous-tend.

La diction de Nelligan et la voix du poème

L'un des fondateurs de l'École littéraire de Montréal à laquelle appartenait Nelligan, le poète Jean Charbonneau, nous a laissé un témoignage essentiel sur la diction de Nelligan:

> Sa voix captivante, murmurant comme une mélopée [...] avec des intonations qui vibraient comme des bruits de gong funéraires, il nous déclamait *Le corbeau*. Ce qui l'exaltait notamment, à la lecture de cette pièce étrange, c'étaient ces répétitions voulues de verbes choisis et de substantifs sonores revenant à chaque strophe, rythmes obsesseurs et tragiques que l'oreille reçoit comme des coups de dague[27].

La mélopée, au XIXe siècle, évoquait une diction chantée[28] favorable au jeu des timbres et aux intonations qui font entendre, comme le dit Charbonneau, «des bruits de gong funéraires». Cette scansion rythmique que nous proposons pour *Le jardin d'antan* avec ses accents secondaires multiples qui favorisent un rythme ïambique-anapestique, il faut la comprendre comme le passage dans la musicalité du vers de rythmes étrangers, inspirés de l'anglais, c'est-à-dire d'une langue à accents de mots. Ainsi le vers que nous avons appelé «monotonique» devient dans ce contexte l'enjeu d'une dynamique rythmique «transculturelle». (Rappelons que, comme Nelligan, Verlaine et Mallarmé parlaient l'anglais.) Ce bilinguisme peut expliquer également les libertés que prend Nelligan avec la syntaxe des grammairiens. Dans *Le jardin d'antan*, on trouve en effet des répétions nombreuses de mots et de tournures de phrase, non pas cependant à la manière de refrains, mais comme ces ajustements énonciatifs d'un discours parlé qui rendent la syntaxe équivoque, au sens étymologique du terme. À propos de la composition grammaticale de la cinquième strophe, Gérard Bessette écrivait: «Le trait le plus remarquable de la strophe, c'est la résolution par un seul complément de la double attente créée par deux verbes (penser et revenir) appartenant à deux propositions différentes (une comparative et une temporelle) [...] Pareille construction est rare en français[29].» Bessette passe sous silence la structure tout aussi complexe de la deuxième strophe. Cette strophe s'ouvre par la reprise du complément qui clôturait la phrase comprise dans la strophe précédente («Que de s'en revenir [...] Au jardin de l'Enfance / / Au jardin clos, scellé» etc.). Cette reprise se prête elle-même à une nouvelle répétition, avec cette fois un changement de préposition («Au jardin clos, scellé, dans le jardin muet»). Ce complément prépositionnel, quant à lui, fait l'objet d'une expansion nominale particulière: il est suivi d'une relative aussitôt interrompue par une nouvelle reprise de l'expression «notre jardin muet», comme si on faisait retour à l'énoncé précédent, alors que l'énoncé en cours n'est pas encore achevé. Par ailleurs, la relative («D'où s'enfuirent les gaietés franches») semble avoir également pour sujet «et la danse du menuet». Mais cette évocation, isolée dans la strophe, ne paraît plus se rattacher à un noyau verbal. Dans de tels contextes, les vers se présentent alors comme des segments de discours et non plus comme des segments métriques lisibles séparément, que ce soit d'un point de vue rythmique ou d'un point de vue sémantique. C'est ainsi que d'une reprise à l'autre («Au jardin de l'Enfance [...] Au jardin clos, scellé, dans le jardin muet [...] Notre jardin muet»), le référent se déplace peu à peu. «Notre jardin muet» désigne un jardin singulier d'où émane une voix funèbre, tandis que «le jardin de l'Enfance» renvoie à un monde de souvenirs d'où surgit encore la poésie-chant. «Notre» est ainsi porteur d'une signification particulière que nous marquerons par un accent d'insistance:

> ´ ˘ ˘ ´ ˘´
> Notre jardin muet
> ´ ˘ ˘ ´ ˘ ´
> Notre jeunesse en larmes!

Le rythme interprète autant le devenir-son que le devenir-sens du poème.

En poésie, nous l'avons dit, la structure phonologique n'appartient plus au plan de l'expression: elle est désormais inséparable des contenus qui dépendent de l'organisation sémantique du poème en son entier. La succession des accents prosodiques définit la position des sons dans les mots, des mots dans les segments du discours qui prennent le relais du vers dans l'organisation sémantique du poème. C'est pourquoi les accents prosodiques indiquent comment le rythme déborde les frontières segmentales fermées (vers, phrases, etc.) marquées par les accents métriques (ïambes) ou de fin de vers (l'accent placé sur la deuxième syllabe accentuable du vers). Les segments du discours sont, au contraire, des segments ouverts sur le devenir-sens, sur le devenir-son, du discours en acte. Ici, dans les deux vers cités, les accents prosodiques signalent le retour du sens dans les mots en opposant les timbres vocaliques aux timbres consonantiques (1er vers: jar-m; 2e vers: j-arm) et en soulignant la position des deux contresens (jardin «muet» et jeunesse «en larmes») dans le texte, par un effet d'équivalence rythmique-sémantique, dans une poésie caractérisée par la répétition musicale.

L'accent secondaire sur la syllabe «si» de «musicienne», dans le vers

˘ ˘ ˘ ´ ˘ ´
Quelque musicienne

fait entendre la diérèse du mot «musicienne». Cette diérèse rime avec la synérèse comprise dans le mot «persienne» figurant à la fin du vers impair précédent:

´ ˘ ˘ ´ ˘ ˘ ´
Près d'une obscure persienne

Ce genre de rimes n'était plus guère pratiqué depuis Marot. L'accent secondaire favorise, en outre, le jeu des timbres au détriment de l'accent tonique ou plutôt il les fait se répondre par des correspondances musicales ainsi que le montrent les variations accentuelles sur les mots «villanelles», «vieille villa», «deviner là» ou «muet», «menuet», «menaient». Ce sont des mots qui impriment leur propre forme cadencée au poème. Ce sont des mots-rythmes qui remplacent dans le discours les pieds métriques (ïambes, anapestes).

En atténuant la position de la tonique, le rythme ïambique ou anapestique sert finalement à dissimuler les frontières métriques. On le voit plus clairement encore dans d'autres poèmes, par exemple dans cette strophe où l'avant-dernier vers se termine par un clitique dont la syllabe muette est métriquement non comptée mais rythmiquement audible dans l'anapeste qui enjambe les deux derniers vers:

´ ˘ ˘ ´ ˘ ˘ ˘ ´
Puis nous partions… Je me rappelle
˘ ´ ˘ ´ ˘ ´ ˘ ´
Les bois dormaient au clair de lune,
˘ ˘ ´ ´ ˘ ˘ ´ ˘ ˘
Dans la nuit tiède où tintait une ↵
´ ˘ ˘ ˘ ´˘ ˘ ´
Voix de la petite chapelle[30]…

Cette petite chapelle, qui surgit dans bien des tableaux symbolistes, sert ici à composer un paysage sonore: elle prolonge dans un autre registre la métaphore du «gong funéraire». Comme bien des symbolistes, Nelligan fait de la musique une langue d'affects capable d'entretenir un climat d'inquiétante étrangeté.

La musique devient cette «humeur mythisée» ou encore ce «mood» qui interroge autrement le rapport du poème à la référence coutumière.

Musicalité, humeur «mythisée», «mood»

On peut donc envisager la musicalité de poèmes comme *Le jardin d'antan* ou encore *Le vaisseau d'or* que nous relirons plus loin à la lumière de ce «mood» qui nous donnerait la clé du langage poétique. Paul Ricœur définit le «mood» en s'inspirant de Northrop Frye:

> Suivant le critique, le langage poétique tourné «vers le dedans» et non vers «le dehors», structure un *mood*, un état d'âme qui n'est rien hors du poème lui-même. [...] Il désigne seulement le décrochage de la référence coutumière, l'élévation du sentiment à l'hypothétique [*par opposition au thétique*], la création d'une fiction affective[31].

Le «mood» élève le poème au-dessus du langage de l'entendement ou de l'expression d'une intentionnalité qui relève davantage de la position thétique du sujet. Paul Ricœur suggère ainsi que le poème obéit à d'autres modes de signification que ceux qui tiennent de la référence associée à la communication courante. Le «mood» dépasse donc le rythme phonétique, accentuel du poème, encore trop lié à l'expressivité du langage poétique. Ricœur caractérise également le «mood» en le qualifiant d'humeur mythisée.

Sans doute est-ce plus encore que *Le jardin d'antan* le célèbre sonnet de Nelligan, *Le vaisseau d'or*, qui, pour de nombreux lecteurs, exprime la tension entre la référence tournée vers le dehors et l'humeur mythisée tournée vers le dedans qui dit le «ne plus» et le «pas encore» d'une subjectivité se définissant négativement dans une allégorie de soi dont le poème devient le signe.

Ce poème est caractéristique d'une certaine conception de la poésie moderne qui hésite, quand elle choisit des formes fixes comme le sonnet, entre une référentialité ouverte et une référentialité fermée, comme nous allons le montrer à l'instant.

Le montage anaphorique-déictique du poème sert à donner l'image d'une référentialité qui passe d'une réalité fictive à une réalité affective dans le cours du texte: «C'était un grand Vaisseau

[...] Ce fut un Vaisseau d'or [...] Que reste-t-il de lui [...] Qu'est devenu mon cœur, navire déserté [...] Il a sombré...»:

> C'était un grand Vaisseau taillé dans l'or massif:
> Ses mâts touchaient l'azur, sur des mers inconnues;
> La Cyprine d'amour, cheveux épars, chairs nues,
> S'étalait à sa proue, au soleil excessif.
>
> Mais il vint une nuit frapper le grand écueil
> Dans l'Océan trompeur où chantait la Sirène,
> Et le naufrage horrible inclina sa carène
> Aux profondeurs du Gouffre, immuable cercueil.
>
> Ce fut un Vaisseau d'Or, dont les flancs diaphanes
> Révélaient des trésors que les marins profanes,
> Dégoût, Haine et Névrose, entre eux ont disputés.
>
> Que reste-t-il de lui dans la tempête brève?
> Qu'est devenu mon cœur, navire déserté?
> Hélas! Il a sombré dans l'abîme du Rêve[32]!

Dans un premier temps, le poème s'appuie sur des déictiques («c'était», par exemple) qu'on peut saturer en localisant le référent textuel, d'abord le vaisseau, référent *in praesentia*, puis le moi, référent *in absentia*. À la fin, le vaisseau et le moi servent de coréférents pour l'expression anaphorique «lui». Dans ce montage qui donne au poème sa cohésion, les dysfonctionnements viennent des expressions précédées d'un article défini: «La Cyprine d'amour», «le grand écueil», «l'Océan trompeur», «la Sirène», «du Gouffre», «les marins profanes», «l'abîme du Rêve». L'article défini présente normalement les êtres ou les choses qu'il détermine comme des éléments «saillants» du discours, c'est-à-dire déjà manifestes, de même qu'il marque la «continuité» de la saillance. Or tous ces noms précédés de l'article définis apparaissent au lecteur comme s'ils lui avaient été déjà présentés dans un contexte qui, néanmoins, ne lui est pas accessible. L'article défini est une expression anaphorique qui fonctionne, dès lors, comme un déictique, élément qui focalise le lecteur sur un référent non encore manifeste. Il existe ainsi deux «mémoires» du texte, l'une où la différence entre déictique (c'était) et anaphores (il, lui) fonctionne bien, même si la description du contenu du référent se modifie en cours de route, l'autre où le système déictique-anaphorique fonctionne mal, puisqu'il introduit du «non-manifeste» comme du déjà «saillant». Le texte gère ainsi son rapport à son contexte comme un rapport à un co-texte qui transcende le texte en renvoyant la référence à un réservoir de sens inépuisable. Tout se passe comme si le poème livrait aux regards profanes ce co-texte sacré, mais indéchiffrable.

Le contresens et la sémantique du discours

Le sonnet de Nelligan, dans l'élaboration de sa fiction interne, s'appuie sur un magnifique contresens qui apparaît dès le premier vers: «C'était un grand Vaisseau taillé dans l'or massif». Il s'agit d'abord d'un contresens empirique, puisqu'un tel vaisseau ne saurait tenir sur l'eau. Il s'agit également d'un contresens fonctionnel, puisqu'il transgresse les règles de la sélection lexicale: le mot «taillé» convient au verre mais non au métal. À ce premier contresens s'en ajoutent d'autres: «Ses mâts touchaient l'azur», «un Vaisseau d'or dont les flancs diaphanes». Le poème va s'employer à donner une existence fictionnelle à tous ces contresens. Ces contresens avaient sans doute frappé Jean Charbonneau qui en parle, en 1935, comme de figures imaginaires: «Il prend son bien où il le trouve, c'est-à-dire qu'il force son imagination à transfigurer les mots et les images, les revêt de formes exceptionnelles, les dénature, si l'on peut dire pour leur prêter une nouvelle signification[33].»

Charbonneau s'efforce de montrer là comment Nelligan savait transposer ses lectures en poèmes originaux ; il souligne le rôle majeur que joue depuis Baudelaire ce qu'on appelle l'imagination transcendantale en poésie. Charbonneau nous donne alors une définition de ce qu'il appelle le poème symbolique et non plus le poème symboliste: «Le poème symbolique contient un élément à la fois métaphysique et concret, il doit transporter le réel pour le remettre à son plan véritable; où il doit ramener la réalité supérieure dans un plan concret et humain[34].» Le poème symbolique transposerait donc dans une référentialité transcendantale ce qui appartient d'abord à la rhétorique du contresens. Examinons de plus près ce que cela signifie.

La philosophie des formes symboliques trouve son ancrage ou sa légitimité dans ce que Michele Prandi appelle la «légalité immanente de la langue»; tenons-nous-en à ce premier niveau des choses plutôt que de passer tout de suite au niveau transcendant de la référentialité, comme le fait Charbonneau. Ici un choix s'impose, capital pour saisir dans le *texte* le passage qui s'opère de la rhétorique traditionnelle à la rhétorique moderne par le biais du contresens. Michele Prandi écrit:

> La pertinence du contresens, pour une théorie des figures, se situe au niveau de son interprétation dans un texte ou un contexte énonciatif qui, s'il n'est pas toujours explicitement donné est présupposé ou latent. La position de la *contradiction*, qui constitue l'objet de notre étude, se situe, au contraire, au niveau de la construction du contenu des phrases, dans des conditions largement indépendantes des contingences du discours[35].

Qu'est-ce à dire? La rhétorique traditionnelle étudiait les figures et leur mode d'interprétation, en tenant compte encore du contexte énonciatif et de la dimension discursive du langage pour évaluer les écarts de sens, en jauger l'efficacité. Cette intégration de l'acte discursif dans l'étude des figures est un préalable à la mesure des écarts de sens, sur l'axe paradigmatique, selon Prandi:

> La rhétorique classique (cf. par ex. Fontanier) privilégie le rapport paradigmatique qui s'établit lors de l'interprétation: c'est seulement à ce niveau, en effet, que l'on peut justifier la notion de figure de mot — d'un mot utilisé à la place d'un autre ou dans un sens qui n'est pas le sien. Cette définition devient par contre inutilisable si l'on focalise les conditions de formation du contresens[36].

Par exemple, selon la rhétorique ancienne, dans le contresens formé par les mots «vaisseau taillé dans l'or massif», «taillé» serait entendu comme un substitut de «ciselé», sur l'axe paradigmatique; cette substitution produirait la figure d'une métonymie puisqu'elle porte sur le contenant qui est fait d'une matière «noble»: l'or ou le verre. Mais, si on met en relation, après les avoir distinguées, les conditions de construction (systématique) et les conditions d'interprétation (contextuelle) qui s'imposent dans l'étude du contresens, pour rendre compte des possibilités d'existence formelle ou distributionnelle du contresens dans la phrase, on ouvre alors le sens aux signifiés contradictoires. Par exemple, «taillé» admet un complément comme le «bois» ou le «verre», mais non pas l'«or»; du point de vue de la solidarité entre contenus, «taillé» impose des contraintes de sélection. Celles-ci sont exigées par le type d'inférence autorisée par l'emploi de «taillé». Mais la préposition «dans» présente suffisamment de solidarité avec le participe «taillé» marquant l'action sur une matière (l'or ou le verre), et suffisamment d'autonomie pour introduire un complément, l'«or», compatible avec le mot «vaisseau» qui admet ainsi un élargissement de son contenu «ontologique»; le mot «vaisseau» suffit ici à donner une cohésion relative à l'expansion qu'il commande sur le plan de la définition des contenus compatibles. Les conditions d'interprétation des propriétés formelles du contresens ne permettent pas de réduire le contresens à sa «figure». En d'autres mots, cela signifie que le poème-signe de Nelligan, héritier comme la poésie de Bussières d'une poétique de la phrase, fait de la contradiction interne à la phrase, interne au poème, une propriété irréductible à son interprétation rhétorique traditionnelle.

On peut penser que Nelligan adopte intuitivement ce changement d'attitude à l'égard du contresens qui s'amorce avec Baudelaire. Aussi hésite-t-il entre la rhétorique des figures et celles des formes symboliques. Dans un premier temps, le contresens est l'œuvre d'une relation de contenu intégralement due à la construction linguistique. Dans un second temps, le poème-signe réduit le contresens initial contenu dans le premier vers en l'associant à une figure métaphorique ou métonymique qui ne présente qu'une contradiction partielle entre le sens propre et le sens figuré ou encore, en l'associant à une allégorie dont le sens propre autosuffisant ne présente aucune contradiction interne.

On ne peut dépasser la contradiction formelle interne du contresens autrement qu'au moyen de l'imagination transcendantale. Toutefois le système de projection exigé par ce type d'imagination apparaît relativement complexe: il allie au moins trois plans de signification qui peuvent être hétérogènes l'un par rapport à l'autre: un plan mythologique qui conduit le Vaisseau à son fatum; un plan ironique engendré par l'irréductibilité du contresens sur le chapitre strictement formel; enfin, un plan ontologique de l'être-comme «puisque moi et le vaisseau sommes une même chose». Chacun des trois plans se relaie pour réinventer la cohérence du texte. Or cette cohérence «macrostructurelle» s'oppose d'une certaine manière à la cohérence toute relative des «microstructures» qui se construit dans la mobilité de l'énoncé, comme nous l'avons vu à propos de la référence déictique-anaphorique et à propos du contresens.

Notons, à ce stade de notre analyse, que le contresens, dont on fera remonter l'origine à la poésie de Baudelaire ou de Poe, constitue plus encore que la métaphore issue de l'intuition bergsonnienne le véritable fondement du lyrisme moderne. Mais il est susceptible de plusieurs interprétations. Dans *Le vaisseau d'or*, on peut le traiter tantôt comme une microstructure sémantique ouverte, tantôt comme un fragment allégorique détaché d'un référent caché qui, néanmoins, lui donne valeur de «promesse de sens».

Mais le contresens, quand on le confond avec l'ambiguïté du discours ou l'obscurité de la métaphore, possède une tout autre portée, en regard du principe de non-contradiction qui régit la philosophie aristotélicienne. Il démarque la frontière entre philosophie et rhétorique; il accomplit ce que nous appelons le «partage des savoirs».

Le partage des savoirs

Definitio non sit metaphorica, «Que la définition ne doive rien à la métaphore», disent les scolastiques, car la définition doit être «propre et non métaphorique». C'est ici que se situe la frontière entre philosophie et rhétorique: «Chaque art, chaque science a son langage. L'orateur, il est vrai, parle le langage vulgaire et use de figures; mais le philosophe, le savant doivent avoir un langage rigoureusement exact et nettement défini[37].»

De son côté, la rhétorique classique entend expliquer par la métaphore ou d'autres figures semblables les apparents contresens du langage, en les justifiant par l'écart entre le sens propre et le sens figuré d'un énoncé dont le sens dépend de l'intention de la personne qui parle. Le contresens auquel on attribue la valeur d'une métaphore ne peut être ambigu ou confondu avec une contradiction dans les termes, fruit d'une erreur de jugement. Ainsi, résorbé soit par la définition claire et non métaphorique, soit, au contraire, par la métaphore, qui dans son ordre appartient à la «raison» de la langue, le contresens départage les compétences du philosophe et du rhétoricien. Que disent les linguistes modernes sur cette question? «Le contresens, selon Schlick, est le résultat d'un décalage entre les définitions de nos termes et la façon dont nous les utilisons[38]» pour construire nos énoncés, ajouterons-nous. Ce décalage est lié à la mobilité du sens dans le discours. Et même si, par le jeu des ajustements énonciatifs, le locuteur tend à réduire les contresens de son discours, le décalage demeure. Sans lui, on ne voit guère d'interaction possible entre la production du sens et son interprétation dans l'énoncé. Le contresens, répétons-le, confirme qu'il n'y a de sens qu'en discours et que la vérité du discours est le fruit des effets de sens d'un discours en situation. Ainsi compris, le contresens atteste que la vérité du discours est antérieure à la division entre la philosophie et la rhétorique institutionnalisée par Platon et que perpétue la scolastique enseignée dans nos collèges. Mais cette division est nécessaire aux philosophes pour établir la séparation entre le monde sensible et le monde supra-sensible et, partant, la coupure entre les études littéraires et les études philosophiques.

> Les études philosophiques, venant après [les études littéraires], arrachent le jeune homme au monde sensible où il se meut. Elles le transportent dans le domaine de l'abstraction; elles le mettent en face de la vérité pure, en contact avec les réalités spirituelles qui, comme un reflet d'aurore, émergent des sombres contours de la matière[39].

Une poétique des «climats» et du «contresens» comme l'envisagent les symbolistes ne pouvait que heurter les défenseurs d'un langage clair dont faisait partie Jean Charbonneau à l'époque où, bon parnassien, il n'avait pas encore compris le génie de Nelligan.

Or, justement, la poésie symboliste incite les philosophes modernes qui se penchent sur les rapports entre les formes discursives et leur vérité à réduire l'écart entre le sensible et le supra-sensible. Nous avons vu comment Paul Ricœur, en réfléchissant sur le «mood» ou l'humeur du poème lyrique, situe cette fiction affective en deçà de la prédication et du contresens et au-delà de l'intentionnalité du discours, pour découvrir dans la fiction affective que sous-tend le poème une vérité qui lui soit propre. Il n'en reste pas moins que, pour Henri Meschonnic, cette esthétique fondée sur «l'humeur» et ses manifestations dans la musicalité du poème instaure un nouveau partage des savoirs, certes plus subtil que le précédent puisqu'il tente tout d'abord de ne pas situer le supra-sensible hors du sensible. Néanmoins, Henri Meschonnic, pour qui «musiquer la poésie, c'est signer le signe», s'inscrit en faux contre une poétique du signe qui, par le biais du «mood», place la musicalité du poème hors du langage et du discours, hors de la mobilité du sens et du rythme et, ce faisant, perpétue encore la politique du signe. Meschonnic écrit à ce sujet:

> Cet *air* qui passe entre les mots et qui n'est dans aucun mot pris séparément, cette métaphore musicale dont il semble qu'on ne puisse pas se défaire, et pas seulement par routine, est en effet significative de ce qui dans le langage échappe au sens, c'est-à-dire au modèle du signe. Tout l'empirique. Par quoi la poésie, loin de s'écarter du langage ordinaire, en est la figure même. C'est le signe qui s'en écarte. La métaphore musicale est l'accompagnement solidaire du signe [...].
>
> Mais la *musique* de la poésie est une métaphore du hors-signe dans le règne du signe, cette métaphore est une tautologie. Car la poésie est déjà ce que le signe ne comprend pas. D'où le maintien des malentendus les plus archaïques. [...] Le maintien du signe tel qu'il est, de sa politique à sa poétique[40].

En musiquant son vers, Nelligan signe la poétique du signe, mais, de la sorte, il contrarie la politique du signe prônée par l'institution scolaire, politique à laquelle fait écho l'École littéraire, du moins au début du siècle.

En revanche, c'est à l'esthétique qui se construit en marge de la rhétorique défunte et de la philosophie du signe que s'en prend Meschonnic, à l'esthétique, voire à la linguistique, quand celle-ci juge le discours et son rythme à l'aune du signe ou des dichotomies de la langue.

Musicalité du poème et folie du poète

Quittons le territoire de l'esthétique afin de comprendre comment la musicalité des poètes symbolistes soulève, à l'époque où Dantin édite Nelligan, toute la question de l'irrationnel dans son rapport à la modernité et dans son rapport à la folie. Interrogeons-nous sur les méthodes dont dispose un critique comme Dantin pour expliquer l'œuvre et la folie de Nelligan lorsque la modernité, d'une part, l'histoire littéraire, d'autre part, constituent chacune des «lieux» du discours, au début du siècle.

En 1902, Dantin publie, dans *Les débats*, un article sur Nelligan qui fera date et qui deviendra, en 1904, la préface à son édition de l'œuvre du poète. Cette édition soulève énormément de questions, car elle ne respecte pas le plan initialement prévu par Nelligan, plan dont on a retrouvé quelques fragments. Dans quel esprit Dantin, qui s'appelait encore à l'époque l'abbé Eugène Seers et qui devait bientôt quitter la vie sacerdotale, abordait-il l'œuvre de Nelligan? La critique de Dantin, en ce début du siècle, constitue un sujet idéal pour comprendre les changements qui surviennent dans les méthodes de lecture de ce que nous appellerons la critique mondaine par rapport à la critique scolaire. La critique mondaine est à l'image du microcosme artistique de Montréal. L'abbé Seers sert en quelque sorte d'intermédiaire entre le goût pour la rigueur parnassienne teinté d'esprit patriotique qui règne à l'École littéraire de Montréal, la morale du clergé forte de l'appareil conceptuel du thomisme et la critique féminine de l'époque dont on ne doit pas négliger l'importance pour comprendre la spécificité du champ littéraire québécois. Ces critiques qui signent «Madeleine» dans *La Patrie* ou «Françoise» dans *Le Journal de Françoise* projettent dans le débat le point de vue «maternel», en réclamant une lecture «édifiante» de la poésie du jeune auteur. Dantin aborde ainsi la modernité de Nelligan: «Sa fantaisie est son dogme, sa morale et son esthétique, ce qui revient à n'en avoir pas du tout. S'il parle, c'est pour exprimer, non des idées, dont il n'a cure, mais des émotions [...], tout ce qu'il y a [...] de moins réductible aux lois de la pensée[41].»

Dantin ne parle pas au hasard. Le droit à la fantaisie est un droit réclamé par les poètes modernes. Le jugement de Dantin est donc sévère, de prime abord. Il s'agit pour le critique de faire coup double: d'extraire, d'une part, le poète du symbolisme, sa musicalité, ses climats, pour en faire un poète extrêmement doué, mais qui, faute de temps, n'a pas mûri sa *pensée*; d'enterrer, d'autre part, avec Nelligan, les courants poétiques nés de la fantaisie moderne, puisque par définition ils mettent fin à toute valeur morale, à toute pensée, et mènent à la folie. Jean Charbonneau, à l'époque, les jugeait sans avenir pour la littérature. On cherche donc à exclure le symbolisme, non seulement du champ littéraire, mais également du champ de l'histoire littéraire. En France, Doumic, Brunetière, Lanson s'y appliquaient. Nos esprits les plus éclairés s'y appliqueront aussi, comme l'a montré Jacques Michon[42].

Dantin montre par la suite que l'émotivité conduit Nelligan à la folie. Le sort du fou n'intéresse pas Dantin. La folie seule provoque le discours littéraire, en ayant quelque chose à voir avec le «daïmon» du génie. Folie et modernité, modernité et morale, morale et pensée, pensée et folie: la boucle est bouclée. Par ailleurs, à la fin du XIXe siècle et au début du XXe, plusieurs se demandent quelle place il faut réserver au poète en tant qu'individu dans la société. Il faut le maudire, dirons-nous, pour confirmer son génie révolutionnaire. Plus concrètement, on s'intéresse aux marques de l'individualité dans une œuvre ou, encore, aux rapports de l'œuvre avec l'intelligence qui l'a produite.

La question de la folie de Nelligan est donc liée, au début du siècle, aux problèmes que pose l'invention poétique, en rapport avec le génie et l'individualité de l'auteur. Cette question occupera la critique jusqu'aux travaux de Gérard Bessette sur l'*œdipe* de Nelligan. Par ailleurs, nous avons insisté sur une représentation du signe qui retranche la musique et l'émotion de la pensée du signe. En ce sens, Dantin se croit autorisé à condamner dans le parti pris de Nelligan pour l'émotion ce qui lui apparaît à lui, critique, comme une folie, puisque l'émotion s'affranchit de la pensée. Mais ce faisant, Dantin montre que la folie de Nelligan est quelque chose comme la fiction du signe. Or cette fiction, Nelligan la redouble en l'intégrant dans son œuvre à ce qu'on pourrait appeler une névrose fictive, car, avant de témoigner de la souffrance d'un homme, la névrose est d'abord un symptôme littéraire que les symbolistes, Rodenbach, Rollinat et Nelligan, tout le premier, ont produit comme tel.

Insistons sur ce point: la «névrose» appartient encore au vocabulaire de la littérature, à l'époque. L'institution psychiatrique québécoise au début du siècle, ignorant Freud, ignore et la névrose et ses symptômes. Elle diagnostique chez Nelligan une «démence précoce». Par ailleurs, nous dirions que du point de vue de Freud, le cas de Nelligan aurait relevé davantage de la psychose que de la névrose. Il ne faut donc pas s'étonner, comme le fait ici Jean Larose, si Dantin néglige la description clinique de la maladie:

> Ainsi, jamais d'allusion, dans aucun article, à la maladie réelle du «patient». Pas plus chez Dantin que chez Gill, Barry, etc. le mal n'est abordé médicalement (à peu près réellement), fût-ce à mots couverts. Le diagnostic: la Névrose, comme l'écrit Dantin, avec le N mythique et majuscule, ce qui est une citation de Nelligan lui-même, dans *Le vaisseau d'or*. Ce repliement poétique de la maladie sur la poésie est le symptôme

ultime de l'interdit porté sur la pensée critique, fût-elle seulement médicale, par le règne de la Mère [...]. Le diagnostic est toujours tiré de l'œuvre même: du *Vaisseau d'or* surtout (l'immanquable rengaine glorieuse de l'endeuillement québécois), où chacun déclare une stupéfiante «prémonition[43]».

Il ne faudrait pas non plus négliger le rôle du père dans ce drame. C'est lui qui exerce la «police des familles». C'est lui qui choisit d'abord d'envoyer Nelligan à l'école de réforme, comme n'importe lequel délinquant, avant de consentir à ce qu'il soit placé dans une institution psychiatrique où il sera un fou parmi d'autres. En demandant à Dantin d'éditer son fils, la mère du poète cherche plutôt à «remembrer» le corps de son enfant. Ce qui nous amène à faire certaines remarques sur l'imaginaire de l'œuvre.

Tout un pan de la folie qu'on attribue à Nelligan relève, en effet, d'un artifice littéraire. Le mot névrose que l'on retrouve souvent sous la plume du poète associé aux mots «frissons», «spasme», traduit un «nervosisme» fin-de-siècle. Selon le plan initialement prévu par Nelligan, le recueil s'ouvrait sur des visions célestes où le personnage de l'héritier, personnage central du recueil, entendait la musique de sainte Cécile, mais comme s'il s'agissait de rêveries d'hôpital. Or la musique, si elle est d'abord liée à la foi des vingt ans pour le personnage, devient bientôt un poison nécessaire pour le moderne baudelairien, qui trouve dans sa sensibilité un substitut à l'exaltation religieuse:

C'est comme l'écho d'un sacré concert
Qu'on entend soudain sans rien y comprendre;
Où l'âme se noie en hachich amer
Que fait la douleur impossible à rendre[44].

Quant à la joie feinte de *La romance du vin*, mêlant à la fin le rire aux sanglots, elle se marie à l'ironie romantique qui prend dans *Le banquet macabre* un ton à la fois faustien et donjuanesque:

Que les bruits du cristal éveillent nos aïeux
Du grand sommeil de pierre où s'entasse leur groupe.

Ils nous viennent, claquant leurs vieux os: les voilà!
Qu'on les assoie en ronde au souper de gala.
À la santé du rire et des pères squelettes[45]!

La profanation comme économie «spirituelle» est un trait de cette fiction romantique:

> Versez le vin funèbre aux verres par longs flots
> Et buvons à la Mort dans leurs crânes, poètes,
> Pour étouffer en nous la rage des sanglots!

Le goût des antithèses paroxistiques («la rage des sanglots») chez Nelligan caractérise également tout poète symboliste qu'il soit belge ou français.

Les amours au parfum d'inceste, la rage narcissique font partie désormais de la mise en scène de l'amour chez les poètes décadents:

> C'est un vase d'Égypte à riche ciselure,
> Où sont peints des sphinx bleus et des lions ambrés:
> De profil on y voit, souple, les reins cambrés
> Une immobile Isis tordant sa chevelure
>
> [...]
> Mon âme est un potiche où pleurent, dédorés,
> De vieux espoirs mal peints sur sa fausse moulure[46];

Rappelons que, selon la légende, Isis épouse Osiris, son frère, dont elle cherche à rassembler les membres après qu'il eut été tué par Seth. Les symbolistes appréciaient le culte ésotérique qui entourait Isis, la déesse-mère de l'Égypte ancienne. Ces vers de Nelligan évoquant Isis sont extraits de *Potiche*, poème qui devait jouer un rôle clé dans le plan prévu par Nelligan, en ménageant la transition entre la femme angélique entrevue dans les rêveries d'hôpital et la femme-sphinx éveillant des désirs, pour ne pas dire des «cambrures» que Nelligan décrit souvent, comme dans ce poème intitulé *Frère Alfus*, portrait à peine voilé de l'abbé Seers lui-même:

> Parfois il se disait marchant sous les hauts saules,
> L'index contre la tempe et le missel au bras,
> Dieu peut-être est chimère et nous en vaines geôles.
>
> À quoi nous servirait ainsi jusqu'au trépas
> De cambrer nos désirs sous les cilices chastes
> Et vivre en pleine mort pour Cela qui n'est pas[47]?

Or Dantin relègue le sonnet titré *Potiche* dans une section qu'il intitule «Pastels et porcelaines», où il fait figure de bibelot parnassien. Il le met à la dernière place, après *Vieille armoire*. Mais selon le plan prévu par Nelligan, il ouvrait la section intitulée «Intermezzo», qui succédait à une section intitulée «Choses mystiques». Quant à *Frère Alfus*, Dantin ne le publiera pas. Mais avant de comprendre dans quel contexte Dantin a remanié le projet de Nelligan, disons quelques mots encore de ce projet lui-même.

Quand Gérard Bessette, après s'être penché sur la versification de Nelligan, en vient à faire la psychanalyse de l'œuvre, en s'appuyant sur l'édition de Dantin, il cherche à reconnaître dans deux poèmes *Le saxe* et *Le salon* un désir parricide refoulé par Nelligan. Ce désir inconscient se manifesterait dans ces deux poèmes par l'évocation des parents morts. Cependant, Bessette bute sur une fiction parentale que Nelligan n'assume pas d'abord comme sienne et que Bessette peut difficilement associer, dans *Le saxe*, à l'expression d'un désir personnel contre le père: «Le mot "parents", écrit-il, n'est pas précédé de l'adjectif possessif, [...] le texte ne précise pas le degré de parenté: rigoureusement parlant, il peut s'agir aussi bien des grands-parents ou de la parentèle en général que du père ou de la mère[48].» Bessette met le doigt sur quelque chose d'important. Il s'agit, en effet, pour Nelligan, de construire la fiction généalogique du personnage de l'héritier, figure centrale de son recueil. Bessette tient à reporter sur Nelligan un sentiment de culpabilité né d'un désir inavoué, sans envisager, par ailleurs, que le remords, qui constitue le sujet du poème, puisse être le fondement de l'éthique bourgeoise du personnage. *Le saxe* devait figurer de manière significative dans la deuxième section du recueil intitulé «Villa d'enfance», dont *Le jardin d'antan* devait sans doute constituer le poème liminaire. Or Dantin placera *Le saxe* dans la huitième section du recueil, qu'il appelle «Pastels et porcelaines», où il ira rejoindre *Potiche*. Nelligan écrit dans *Le saxe*:

Serait-ce qu'un chagrin qui tue
T'a harcelé comme un remords,
Ô grande horloge qui t'es tue
Depuis que les parents sont morts[49]?

La conscience du remords se conçoit dans le temps de la remémoration comme une appropriation d'un temps privé que scelle la figure des parents morts. Le remords, comme plaisir du deuil, permet au moi de se constituer en assumant l'éthos bourgeois. La musique contribue à ce plaisir:

> J'aime à m'innoculer de bizarres musiques
> Sous les lustres dont les étoiles vont versant
> Leur sympathie au deuil des rêves léthargiques
>
> J'ai toujours adoré, plein de silence, à vivre
> En des appartements solennellement clos[50].

Que, selon cette éthique bourgeoise, le suicide puisse représenter une valeur intégrant la mort dans la sphère privée, comme un choix personnel, cela devient concevable grâce à la musique:

> Parfois je prends mon front blêmi
> Sous des impulsions tragiques
> Quand le clavecin a frémi,
> Et que les lustres léthargiques
> Plaquent leurs rayons sur mon deuil
> Avec les sons noirs des musiques.
>
> Et les pleurs mal cachés dans l'œil
> Je cours affolé par les chambres
> Trouvant partout que triste accueil;
>
> Et de grands froids glacent mes membres:
> Je cherche à me suicider
> Par vos soirs affreux, ô Décembres!
>
> Anges maudits, veuillez m'aider[51]!

On ne sait ce qu'on doit admirer le plus dans ce poème: le cri final, provocation ou appel au secours; l'opposition entre l'impulsion et la passivité que suscitent tantôt la musique, tantôt la lumière; le goût des décors aristocratiques, des musiques d'Ancien Régime; un moi-monde fait d'ouvertures secrètes et de compartiments; le corps-piano, jouet des lustres léthargiques. Où ce poème, qui prend le contre-pied des concerts célestes, aurait-il figuré dans le projet de Nelligan? À la fin? Mais alors, le recueil se serait achevé dans un climat de désespoir anti-chrétien. Le poème aurait-il plutôt précédé un retour à la foi? De toute évidence, Nelligan avait prévu pour son personnage de l'héritier un moment de crise, sans qu'on puisse préciser sa nature, sans qu'on puisse définir clairement son évolution ou sa solution. Une chose est certaine: ce poème intitulé *Soirs hypocondriaques* ne figurera pas dans l'édition de Dantin.

En résumé, on notera que Nelligan avait choisi, pour construire son recueil, un plan qui relève du roman, centré sur un personnage, ses souvenirs, ses tendances, ses choix, ses états de crises morales ou nerveuses qui relativisent l'absolu. C'est en quelque sorte le roman poétique d'un individu fictif que les lecteurs auraient dû avoir sous les yeux et que Dantin masquera. Ce type de plan, qui s'oppose à la configuration des cycles épiques goûtés par les poètes régionalistes, ne sera pas repris avant Albert Lozeau, qui compose *L'âme solitaire* de 1902 à 1907 comme le «roman» poétique de l'intimité. Or Lozeau, qui ne pouvait connaître les projets de Nelligan, devait s'estimer le premier à avoir fait d'un recueil le roman d'une «âme».

Dantin et l'œuvre de Nelligan

La critique nelliganienne a du mal à s'expliquer les remaniements que Dantin a fait subir au plan voulu par Nelligan et dont il dut avoir connaissance. Dantin a placé au début du recueil les poèmes qui font de Nelligan un poète épris d'idéal, tout en le montrant jeune adolescent luttant victorieusement contre les tentations de la chair, fuyant la réalité par le rêve ou par la folie. Dantin place ainsi *Le vaisseau d'Or* après *Clair de lune intellectuel* et *Mon âme* comme le poème «prémonitoire» de la fatalité proche. Quitte à ce que toute une génération de lecteurs croient résolument que Nelligan avait prévu les cycles de sa maladie.

Tout concourt, en effet, à ce que les poèmes dévoilent l'âme de l'auteur et son drame psychologique, en fonction des critères de la critique de l'époque qui cherche à établir le rapport entre la vie et l'œuvre d'un écrivain, ce qu'Antoine Compagnon appelle la *vieuvre*[52]. Prenons-y garde: Dantin choisit de publier les poèmes de Nelligan sous le titre *Nelligan et son œuvre* où l'œuvre, à bien des égards, vient illustrer ce que Dantin explique de la vie de l'homme et du talent de l'écrivain, dans son importante préface. Si la formule qui ouvre cette préface en surprend encore plus d'un — «Emile Nelligan est mort» —, c'est parce que Dantin se propose non seulement de rendre hommage au génie du malheureux Nelligan, mais aussi de se conformer indirectement aux règles de la critique savante de son époque, celle d'un Brunetière, d'un Lanson, qui stipulent qu'on ne peut étudier que les écrivains dont l'œuvre est achevée. Dantin pouvait considérer que la vie intellectuelle de Nelligan avait pris fin au seuil de la folie.

Lanson dira qu'une bonne lecture d'une œuvre doit faire preuve de savoir et de sensibilité. Dantin l'entend bien ainsi. Il veut, à propos de Nelligan et de son œuvre, expliquer «les éléments divers dont se formait ce talent primesautier et inégal, rechercher ses sources d'inspiration, démêler dans cette œuvre la part de la création originale, le tour et le rythme de cette poésie souvent déconcertante», comme il le dit lui-même. Cet exposé de méthode est conforme aux intentions de la critique moderniste. Et Dantin fera preuve de cette érudition, sans laquelle il n'est pas de bon critique.

L'œuvre est analysée sous deux angles différents. D'une part, l'œuvre apparaît comme le produit de l'homme, de son talent, de ses lectures. D'autre part, Dantin montre que l'œuvre doit se plier aux préceptes du bon goût. Dantin note ce que Nelligan doit aux parnassiens et aux symbolistes. Il fait des remarques sur la langue et sur la versification du poète, en triant le bon grain de l'ivraie. L'œuvre lui paraît imparfaite dans le détail, mais sa qualité intrinsèque provient justement d'un tempérament mélancolique qui se vérifie en aval dans la folie de l'auteur, en amont dans ses années de jeunesse qui montrent déjà cette disposition pour la folie poétique dont Dantin lui-même fut le témoin. Dantin souhaite finalement du lecteur une sorte de contrat existentiel avec l'œuvre. En relatant le destin singulier du poète, il en fait un concentré de la Vie elle-même: «Ce n'est plus la poésie dont on s'amuse, c'est la poésie dont on vit… et dont on meurt[53].» Placide Gaboury a cru voir là le principe d'une critique d'identification[54]. Pour Dantin, c'est le seul moyen de pallier les insuffisances de l'œuvre et de justifier indirectement les retouches qu'il lui fait subir.

Dantin croit aux préceptes immuables du bon goût que l'histoire littéraire de son temps remet en cause justement en montrant qu'ils proviennent de choix historiques et relatifs qui s'expliquent dans un type de société. Mais Dantin est moderne en éditant non pas une œuvre, mais une «vieuvre».

Abordée cette fois dans le contexte québécois de l'époque, la stratégie de Dantin obéit à d'autres contraintes. Détourner sur l'auteur ce qui relèverait d'abord de la fiction de l'héritier constitue sans doute pour Dantin un «recentrage» que la nouvelle critique des œuvres mise en place par Lanson légitime, en quelque sorte. Ce faisant, il prive l'œuvre de ce que nous avons appelé sa cohérence romanesque. Sans doute celle-ci parut-elle trop individualiste. L'auteur et son individualité, oui, mais l'individualisme, non. Il fallait en outre détacher Nelligan des esthétiques modernes qu'il professait, trop «fantaisistes», trop contraires aux saines lois de la pensée, en concentrant le regard sur le combat d'une âme contre ses tendances néfastes, en associant la folie à l'idéalisme. Ainsi le drame personnel transcende toute querelle. Les bouleversements que Dantin fait subir à l'ordre des poèmes montre en Nelligan un fils aimant, un adolescent pieux, un patriote s'il le faut, mais également un poète sensible à la rigueur parnassienne, un poète humaniste inspiré par la poésie virgilienne, quand il parle des grillons et du dieu Pan. Et c'est un Nelligan offrant l'image même des valeurs privilégiées par l'institution littéraire et capable de réconcilier la critique sur son nom que Dantin nous donne à lire.

L'histoire littéraire sera longue à se mettre en place au Québec. Paul Wyczynski entreprendra plus tard l'étude des sources dans l'œuvre de Nelligan, étude que Dantin souhaitait, mais qu'il n'a pas faite systématiquement. Ce genre d'étude se heurte évidemment aux problèmes que rencontrait déjà Lanson. Car si l'on dit que l'œuvre n'existe qu'en vertu des sources et des influences qu'a connues l'auteur, qu'elle est également le produit d'un talent qui porte un nom, qui désigne un individu «historique», l'on doit également tenir compte de la «fiction» de l'œuvre, qui trouve une nouvelle confirmation dans les nombreux pseudonymes dont Nelligan a signé tel ou tel de ses poèmes: Paul Kovar, Émile Kovar, Emil Nélighan, Émile Voiture, Émile Hindelang. Dans ces noms d'emprunt qui remettent en cause le «nom du père», Jacques Michon voit poindre d'autres signatures: «C'est Nelligan traversé par mille voix (Millevoye); Émile Hindelang, c'est bien Émile "in the langue"[55].»

La fiction de l'héritier

Mais en soumettant le jeu des signatures à un anagrammatisme généralisé, c'est-à-dire aux effets d'une critique avantgardiste qui met la langue en «crise», on escamote une fois de plus cette fiction de l'héritier que Nelligan avait privilégiée dans l'organisation de ses poèmes qu'il destinait sans doute à un éditeur français.

Sartre a montré quelles relations établir entre les théories de l'art pour l'art et la fiction de l'héritier. Suivons-le brièvement.

Dans une longue étude sur Mallarmé écrite en 1952, Sartre relève certains mots clés de la poésie de la seconde moitié du XIXe siècle, pour en mesurer le contenu «critique» dans le contexte socio-historique de l'époque. Il s'arrête entre autres sur les mots «ciselure» et «création» que l'on retrouve abondamment sous la plume de Nelligan et de Dantin: Nelligan aime décrire des vases d'Égypte à «riche ciselure» et Dantin admire chez Nelligan l'art de «ciseler» les vers. Sartre écrit à ce propos:

> On déclare qu'on *cisèle*, qu'on «sculpte avec le ciseau des Pensées le bloc vierge du Beau» (Verlaine). Mais l'œuvre ainsi produite, qu'est-elle? Suffit-il, pour créer, de marquer une matière du sceau humain? Et ne faut-il pas produire dans une figuration unique matière et forme à la fois? La question demeure sans réponse[56].

Sartre fait également remarquer l'utilisation fréquente du mot «rêve» chez les poètes de cette génération, en analysant d'abord leurs prétentions aristocratiques telles qu'elles s'expriment, par exemple, dans la parodie de banquet qu'on trouve dans *La romance du vin* ou dans *Le banquet macabre* de Nelligan:

> Ils n'ignoraient certes pas que l'aristocratie est liée par essence aux sociétés de consommation et que le noble est un consommateur d'élite qui doit accomplir au nom de tous la distinction des biens de ce monde [...]. Mais comme les orgies aristocratiques étaient au-dessus de leurs moyens, ils remplacèrent la joyeuse dilapidation des richesses par la négation systématique de la réalité [...]. Au milieu d'une société industrielle et commerçante, ils refléteront aux membres défunts d'une communauté disparue leur long rêve funèbre et leur ancienne folie [...]. Ils ont donné un nom à ce négativisme universel: c'est le Rêve[57].

Sartre relève également le mot «spleen», à partir duquel il déchiffre la poésie décadente comme une réaction à la mort de Dieu:

«Non, Dieu n'est pas; mais si des hommes se sacrifient pour prouver par leur spleen qu'Il doit être, quelque chose a été sauvé du naufrage[58].» Ce jugement de Sartre, qui fait du spleen le signifiant pathétique d'une idéalité vide, convient au *Vaisseau d'or* jusque dans la métaphore du naufrage. Car les «contradictions» ne manquent pas chez Nelligan et nous avons vu, en lisant *Soirs hypocondriaques* ou *Frère Alfus*, l'esquisse d'un monde sans Dieu marqué par le désespoir.

Sartre retrouve finalement chez tous ces écrivains la position sociale des «héritiers», mais reproduite dans la conscience éthico-philosophique du «fils déchu»:

> Nécessairement l'écrivain est un raté de la famille, comme à d'autres époques, il sera un raté de la Cité (Dante) ou un raté de sa classe. Bref, il est le témoin d'une intégration qui ne peut se faire; en lui, la famille a voulu et n'a pas pu boucler la boucle [...]. Ces poètes, en l'époque tout entière, ce sont des fils. C'est-à-dire des gens qui, au plus profond de leur être, sont déterminés par la connaissance de ce qui a été avant eux[59].

Donc, les héritiers auraient une sorte de connaissance du temps historique que produit l'éthique bourgeoise. Entre la position de l'héritier et celle du fils, il y a un léger décalage. Sartre dit un «ratage». Sachant cela, il nous indique comment relire la fiction de l'héritier, en prenant pour soi la conscience du fils, l'exclu de la famille.

La bohème montréalaise

Un sociologue ne trouverait pas paradoxal que Nelligan «fils déchu» ait fini par fréquenter la bohème qui se rassemble autour d'Arthur de Bussières dans son appartement du boulevard Saint-Laurent. Bohème authentique qui réunit également Charles Gill, peintre sans grand talent, Louis-Joseph Paradis, Gaston de Montigny et Ernest Martel. Bussières partage avec Nelligan les mêmes prétentions aristocratiques mais vit dans la misère. Peintre en bâtiment, il gagne sa vie comme il peut, au jour le jour. Il mourra jeune et alcoolique. Le portrait qu'en a fait Jean Charbonneau est devenu célèbre[60]. C'est Bussières qui, en 1897, introduira Nelligan à l'École littéraire de Montréal. Les deux poètes, qui furent sans doute les meilleurs de cette génération, se distinguent de leurs confrères en poésie, avocats, étudiants en droit, journalistes, libraires. Ces jeunes bourgeois sont accueillants, certes, pour la «bohème»; Charles Gill finira par se tailler une place honorable comme poète. Mais la majorité d'entre eux voit dans l'École un embryon d'académie ou d'institut para-universitaire ouvert sur les arts, la philosophie, voire les sciences, à une époque où n'existe pas encore dans nos universités un enseignement des lettres. Cela explique parallèlement la liberté plus grande que semblent avoir les poètes, au tournant du siècle, par rapport aux poètes de l'entre-deux-guerres, quand le clergé consolide son emprise sur l'université, en écartant de toute évidence certains de nos hommes de lettres, comme Jean Charbonneau, Paul Morin, Marcel Dugas, des chaires universitaires auxquelles ils auraient pu prétendre, en raison de leurs études.

La configuration de ces cercles de poètes importe si l'on veut comprendre la modernité. Marcel Dugas et Guy Delahaye se retrouvent vers 1909 autour de Jean-Baptiste Lagacé pour former un cercle plus hermétique, «Le Soc», qui s'intéresse aux sciences ésotériques. Ces poètes sont complètement étrangers aux préoccupations patriotiques qui amènent l'École littéraire à fonder, en 1909, une éphémère revue appelée *Le Terroir*. Ils constitueront une sorte d'avant-garde, entre 1910, au moment où Delahaye publie son recueil intitulé *Les phases*, et 1918, lorsque paraît la revue *Le Nigog*, qui constitue la première revue québécoise entièrement consacrée aux idées esthétiques de la modernité.

Delahaye sera le premier poète à incorporer le mythe de Nelligan dans son œuvre et à faire du procès de l'institution littéraire la matière des œuvres d'avant-gardes.

CHAPITRE IV

Delahaye et les paradoxes du «beau double»

La folie de Nelligan suggère l'existence d'un lien secret entre le spirituel et l'irrationnel dans l'art, que Guy Delahaye (pseudonyme de Guillaume Lahaise), grand admirateur de Nelligan et féru d'occultisme, a voulu ériger en système. Guy Delahaye choisit, en effet, d'associer la poésie à une forme de connaissance mystique de l'univers.

La musicalité de Nelligan ne proposait, selon les critiques de l'époque, que des changements formels, que l'on croyait devoir dénoncer au nom des privilèges de la pensée, cette pensée que des lecteurs avertis, comme Louis Dantin ou Olivar Asselin, plaçaient au-dessus de toute recherche d'expressivité. Dès lors, la tendance à l'obscurité, quand ils en accusent des poètes comme Bussières ou Nelligan, leur apparaît encore comme un défaut grave de l'expression et contraire au génie de la langue française. En revanche, s'appuyer sur l'hermétisme, comme fondement d'une explication de l'univers, constitue une véritable provocation qui menace tout l'édifice de la rhétorique classique en même temps que le rationalisme hérité de la scolastique aristotélicienne.

L'hermétisme s'inspire des lois de l'universelle analogie, en privilégiant les correspondances symboliques qu'on attribue volontiers à la poétique baudelairienne. Il ne s'arrête pas là. L'hermétisme conçoit le mal comme l'un des principes générateurs d'un monde en décadence. L'hermétisme assigne ainsi à la modernité la tâche de surmonter un certain nihilisme afin de pouvoir produire un système d'explication du monde qui soit idéalement parfait. Il représente de ce point de vue l'écueil de tout rationalisme, à moins qu'il ne prétende en être la pointe avancée et contradictoire.

Le présent chapitre tiendra sans doute davantage de l'esthétique ou de l'histoire des idées. On constatera, toutefois, que Delahaye jette les bases d'une véritable sémiologie, car parallèlement à la réflexion sur la grammaire et sur le rythme que poursuivent des poètes comme Bussières et Nelligan, Delahaye prétend développer une théorie du signe qui serait scientifique à sa manière: système organisé de correspondances visibles et cachées qui expliqueraient les liens qui existent entre le règne de l'esprit et celui de la chair, entre l'idéal du bien, du beau et du vrai et sa corruption dans la vie. Delahaye s'est conformé à la directive de Péladan, qui enjoint au «sage» qui désire interpréter adéquatement le chiffre du monde de s'effacer derrière les signes et de cultiver dans tout texte cette impersonnalité qui défend l'emploi du *je* lyrique. Le *je* ne sera que l'élément d'un système qui l'oppose au *tu* et au *il*. Aussi les poèmes de Delahaye semblent-ils formaliser les lois souvent antagonistes qui régissent l'humanité dans son histoire. Ils constituent des micro-systèmes, reflets du système entier où prend place l'anagramme de l'univers. Peut-être ici convient-il de citer Foucault: «Le poète fait venir la similitude jusqu'aux signes qui la disent, le fou charge tous les signes d'une ressemblance qui finit par les effacer. Ainsi ont-ils tous les deux, au bord extérieur de notre culture et au plus proche de ses partages essentiels, cette situation "à la limite"[1].» Delahaye a voulu écrire une œuvre «limite» au seuil de tous les savoirs.

Delahaye et les avant-gardes symbolistes

Delahaye put paraître moderne en son temps, justement à cause des paradoxes de son œuvre qui oscille, comme nous allons le voir, entre la symbolique ésotérique chrétienne et le rire moderne pratiqué par les Incohérents en France, à la fin du XIXe siècle. Ce goût du paradoxe imprègne le premier recueil de Delahaye, *Les phases*, publié en 1910. Mais il est inséparable d'une recherche de synthèse que Delahaye imagine à partir de principes hermétiques dont voici le premier, emprunté à Marie l'Égyptienne, et qu'Hubert Aquin placera en exergue de *L'antiphonaire*: «L'un devient deux, le deux devient trois, et le trois retrouve l'unité dans le quatre.» Ce principe sibyllin, Delahaye va s'en servir pour expliquer aussi bien les lois qui régissent les rapports de l'âme aux mystères divins que les lois qui organisent l'architecture symbolique du monde qu'il tente de reproduire dans la construction de son recueil. Mais avant de procéder à une analyse plus détaillée de l'architecture des *Phases*, il faut citer quelques passages de *La littérature de tout à l'heure* que publie Charles Morice en 1889. C'est par Morice que Delahaye conçoit le sens de la synthèse entre l'art et la science que la poésie est censée réaliser.

Morice construit sa vision des phases qui scandent les déclins et les renouveaux en art sur des rapports hermétiques entre l'un, le duel, le trine et le quaternaire pour produire une synthèse finale de tous les arts. Morice se fait une haute idée de la mission du poète en cette époque où l'art et la science semblent emprunter des voies séparées. Il imagine ces phases qui alternent dans l'histoire, en produisant des cycles de mort et de renaissance de la spiritualité dans l'art, à partir des forces qui surgissent de l'affrontement de l'esprit et de la matière dans l'évolution du monde. Nous serions arrivés, selon lui, à une phase décisive où les forces antagonistes réaliseraient la synthèse idéale:

> Alors va naître une grande époque nouvelle et dernière, et, comme l'analyse en avait détourné les arts, la synthèse va rendre l'Art à la primitive et centrale Unité. Toujours faut-il compter, toutefois, avec les éléments d'éphémère qui constituent la vie, avec l'espace et le temps. L'espace et le temps scindent fatalement l'Art en deux groupes: le groupe arithmétique de la Poésie et de la Musique, le groupe géométrique de la Peinture, de l'Architecture et de la Sculpture. La fusion des deux groupes en l'unité parfaite, le son et la lumière retournent à l'unique et première vibration: conception surhumaine et sauf en Dieu, impossible. Mais les deux groupes constituent deux effets de la même idéale clarté. Ils ont une double unité, de cause et d'effet, d'origine et de fin, — une double unité, pourrais-je dire, centrale et périphérique, — dans la pensée commune du Poète et de ses témoins[2].

Le mot «témoins» est quasi du domaine religieux. Chez Delahaye, il fait référence aux différents dédicataires d'une section ou d'un poème qui composent *Les phases*. Ces dédicataires appartiennent au monde de l'Art, de la Science médicale (Delahaye sera médecin lui-même) et de la Théologie. On trouve entre autres les noms des poètes qui forment, avec Delahaye, Le Soc, puis L'Arche: Paul Morin, René Chopin, Marcel Dugas. Ils représentent la phalange à qui il échoit de faire renaître l'Art dans «sa primitive et centrale Unité». On remarque parmi les autres dédicataires le nom d'Albert Laberge, l'auteur du roman naturaliste *La Scouine*, l'ami de Delahaye mais qui fait état de son athéisme, et, par contraste, le nom du peintre Ozias Leduc qui, nourrissant un sentiment panthéiste de la nature, partage les idées mystiques de Delahaye. C'est Leduc qui illustrera le second livre de Delahaye, *Mignonne allons voir si la rose est sans épine* (1912). Leduc dessinera par ailleurs les illustrations de la revue d'avant-garde *Le Nigog* (1918) qui, sur sa page couverture, arborera un thyrse complété par une fourche à trois branches — le nigog est un trident — représentant l'architecture, la musique et la poésie réunies sous l'égide de Mercure. On sait que le thyrse conjoint la ligne droite et la ligne serpentine, le principe mâle et le principe femelle; il conjoint également l'un et le trine et constitue l'illustration parfaite de la synthèse des arts qui apparaît encore une fois comme le fondement de l'avant-garde à cette époque au Québec. *Les phases* forment donc le premier jalon d'une avant-garde fortement imbue de principes ésotériques.

Comme nous l'avons dit, l'œuvre dans son architecture interne est construite selon ce principe hermétique: «L'un devient deux, le deux devient trois et le trois retrouve l'unité dans le quatre.» Ce principe, on ne le comprend que si l'on se réfère à l'équerre d'un maître d'œuvre du Moyen Âge, d'un bâtisseur de cathédrale. Cette équerre permet de construire, à partir des proportions réglées par le nombre d'or, des triangles, des rectangles et des pentagones dorés. Quand le sommet aigu du triangle d'or touche l'un des côtés du rectangle d'or ayant pour base un côté du pentagone étoilé, le Un retrouve son unité dans le Quatre. Cette *géométrie*, Delahaye tente de l'incarner dans l'architecture du recueil ou du poème où elle va, par ailleurs, s'associer au nombre syllabique, c'est-à-dire à la *mathésis* du vers et de la strophe, pour composer ce que Delahaye appelle des triptyques. Ainsi Delahaye réalise la fusion de la géométrie et des mathématiques voulue par Morice.

Le recueil se divise en deux parties. La première partie, intitulée «Poèmes psychiques», comprend neuf sections (neuf est un multiple de trois) regroupant trente poèmes. La seconde partie, intitulée «Poèmes corps et âmes», comporte trois sections qui regroupent quinze poèmes. Dans l'excellente analyse qu'il a faite des *Phases* de Delahaye, Rénald Bérubé souligne le rôle de charnière que joue dans la première partie la cinquième section intitulée significativement «Quintessence». C'est en effet une section clé dans la disposition des neuf sections que comprend la première partie[3]. Entre les quatre premières sections et les quatre dernières, le chiffre cinq prend ainsi un relief particulier. Mais Rénald Bérubé, qui néglige l'interprétation hermétique, ne fait pas le rapprochement entre le chiffre quatre et le rectangle d'or, d'une part, entre le chiffre cinq et le pentagone étoilé, d'autre part. Or selon l'équerre réglant les proportions dorées, ce pentagone peut être incorporé à un décagone doré qui va engendrer les dix sections et sous-sections qui composent la première partie du recueil de Delahaye. Le chiffre cinq lié à la figure du pentagone explique de la même manière les cinq sous-sections qui composent la seconde partie. Ces sous-sections sont elles-mêmes dominées par trois sections figurant le triangle d'or. Enfin, le titre de cette seconde partie, « Poèmes corps et âmes», est fondé sur un principe duel, le corps et l'âme, à la recherche de son unité spirituelle.

Chacune des sous-sections comprend ce que Delahaye appelle des triptyques. En effet, chaque poème ou triptyque contient neuf vers. Chaque vers est fait de neuf syllabes. Le triptyque comprend trois strophes de trois vers. L'ensemble repose sur trois rimes. Celles-ci se conforment, par ailleurs, à l'opposition des rimes masculines et des rimes féminines. Opposition duelle, une nouvelle fois. Certains poèmes sont à dominante masculine, d'autres à dominante féminine. C'est la rime placée au centre de chaque tercet qui devient la rime «dominée» mais stable, si l'on s'en reporte au schéma suivant: a b a // a b c // c b c. Le cinquième vers, et cela ne doit pas nous surprendre, forme la clé de voûte de chacun des poèmes. L'affrontement du masculin et du féminin produit, au mieux, la synthèse intérieure qui ouvre sur le beau et le bien et, au pire, ces paradoxes qui résultent du conflit entre l'âme et le corps, conflit où s'affirme le principe du mal.

Le beau et l'abject

Parce qu'il est profondément chrétien, Delahaye s'interroge sur la part que le christianisme peut prendre dans la révélation de la beauté. Le poète imagine une sorte de panthéisme divin: la grâce combattant les forces du mal revêt la nature de son étincelante beauté. Elle dénude le néant (mot caractéristique de la modernité): le néant se dévoile dans la luminosité de la grâce, mais l'illusion éphémère de la beauté se révèle pour ce qu'elle est dans l'attrait de l'âme pour le néant du péché. C'est le paradoxe qui unit la beauté au mal dans le mouvement de chute vers l'abject qu'expriment bien ce poème intitulé *Neige de mai* et le commentaire que Delahaye place en exergue:

Neige de mai

Vision triste
Au R. P. Hermas Lalande s.j.
La neige tombe blanche
L'âme naît pure
Mais après…

Il a plu des Ave ce matin
Du ciel, il est tombé des étoiles
Et la terre a transformé son teint;

Chaque instant une âme nous atteint
Chaque instant le néant se dévoile
Et l'univers brille de beauté

Mais les jours sont faits de cruauté:
Demain souillera la blanche toile,
Qu'adviendra-t-il de la pureté[4]?

Quand la critique québécoise reproche à Delahaye une obscurité incompatible avec le génie de la langue française, Delahaye montre que cette obscurité est au cœur de la conscience chrétienne, dans le combat que mène l'âme pour atteindre la lumière; quand on l'accuse de pessimisme, il rappelle que ce pessimisme est lié à la fatalité du péché; et quand, enfin, on critique son décadentisme, il le revendique comme une quête de beauté dans la chute.

Neige de mai illustre bien ce que Julia Kristeva, en parlant de la dichotomie du pur et de l'impur dans le christianisme, appelle l'état d'abondance du péché:

> Loin de préconiser uniquement une doctrine de restriction et de conformité à la parole divine, la conception chrétienne du péché comporte également une reconnaissance du mal dont la

> puissance est proportionnelle à la sainteté qui le désigne comme tel et dans laquelle il peut se renverser. Ce renversement en jouissance et en beauté dépasse largement la tonalité rétributive et légaliste du péché-dette ou iniquité[5].

La modernité de Delahaye est là dans la fascination pour l'abjection que lui découvre le désir et qu'il ne peut ou ne veut dissocier de ce qu'il appelle quelque part «la recherche échevelée de l'excelsior».

Ouvrons ici une parenthèse. Nous nous sommes fixé pour tâche, au seuil de ce travail, de penser la modernité en montrant comment certains choix épistémologiques trouvaient des prolongements encore aujourd'hui dans les théories du texte et de son interprétation. Le rapprochement entre Delahaye et Kristeva ne nous paraît donc pas fortuit; les deux auteurs se situent chacun à sa manière aux pôles extrêmes de cette sémiosis hermétique qui devait jouer un rôle crucial dans la sémiologie contemporaine, dont Kristeva fut, avec Jacques Derrida, l'un des théoriciens les plus réputés en Amérique du Nord. Disons pourquoi, en quelques mots.

Bien des aspects de la théorie kristévienne du texte moderne, qui définissent les stratégies de l'écriture d'avant-garde, trouvent leur origine dans cette sémiosis hermétique qui se fait jour chez les poètes décadents. Une fois posé, comme le fait Delahaye, que le poème ne permet pas de réduire le langage à la communication d'un sens qui résulterait d'une intentionnalité manifeste, tout texte s'élabore à partir de la coïncidence de termes opposés dont on ne peut trouver l'unité, sinon par une révélation initiatique, car la signification profonde au cœur des choses et des signes est un vide ou un mystère en soi indicible. De là, on pourra établir les fondements de la signification, comme le fait Julia Kristeva, sur «la fonction *anaphorique* du texte sémiotique général[6]» et démontrer qu'«avant et derrière la *voix* et la *graphie*, il y a l'anaphore: le geste qui *indique*, instaure des *relations*, et élimine les entités». L'anaphore constitue «une *particularité générale du texte sémiotique*, en tant que praxis corrélationnelle, permutationnelle et annihilante, particularité que les théories communicatives de la langue laissent dans l'ombre». Antérieure à la signification, explique-t-elle, la fonction anaphorique du texte sémiotique introduit entre autres les concepts d'*intervalle* — articulation nécessaire à la permutation du texte dans une mathesis — et de *négativité* qui produit de la différence ou l'annihile. Selon Kristeva, l'avant-garde littéraire tirerait les conséquences ultimes de ce nihilisme en défiant le signe et la parole, c'est-à-dire la rhétorique et son lien avec la logique prédicative (vérité d'ordre syntaxique ou sémantique), en leur substituant le processus qui les précède, processus anaphorique qui, parce qu'il est anté-prédicatif, se situe au-delà de toute vérification. Les prémisses de Delahaye sont les mêmes, nous l'avons vu. Mais il tend à privilégier une rhétorique du paradoxe, à renforcer les effets de symétrie qui réactivent l'universelle analogie. Fermons la parenthèse.

Chef de file de l'avant-garde futuriste, Marinetti déclare dans son manifeste de 1909: «Sortons de la Sagesse comme d'une gangue hideuse et entrons, comme des fruits pimentés d'orgueil, dans la bouche immense et torse du vent[7]!...» Belle image de défi. Mais Delahaye ne peut consentir à un tel degré de satanisme. Il ne peut, non plus, se délivrer du péché par la débauche, comme le proposent certains occultistes. Il compose un poème qu'il intitule à son tour *Sagesse*, sorte de commentaire ironique de la vie de bohème menée par Nelligan qui constitue le dédicataire implicite du triptyque.

Le pauvre enfant veut s'abaisser
et n'ignore pas comment
Une voix chante:
«Qu'ils sont heureux les chiens!»
Chanson d'Étudiant

Sagesse

Le Rêve décalque un Idéal
Sur la vie où le Songe miroite;
L'âme blanche prend l'éclat fatal.

Mais il y pleut du réel brutal;
L'illusion s'éteint, la paix boite,
Tout se brouille en triste dénouement,

Et l'on donne notre cœur amant
Au lieu d'avoir la loi d'âme étroite:
Croupir bêtement, béâtement[8]?

Mais alors que Marinetti nous invite ni plus ni moins à pénétrer orgueilleusement dans l'abject qu'il élève au rang de métaphore, Delahaye maintient la fascination de l'abject dans les multiples clivages que suscite dans le moi le miroitement de l'idéal. L'idéalisme introduit dans l'âme le trouble de la beauté. Marinetti jouit de s'incorporer à l'autre comme à un corps d'abjection pour se délivrer de la «sagesse»; Delahaye, lui, prend l'idéal pour objet, objet d'illusion dont la possession impossible renvoie le moi à son abjection antérieure, comme à une fatalité qu'il appelle le péché. Il sait que cette fatalité fascine autant que le sublime, qui «nous fait être, ici, jetés, et là autres, éclatants[9]».

Cette division du sujet, confronté à l'abjection, partagé par une double attirance vers le haut et vers le bas, trouve son expression dans l'esthétique du «beau double» que les décadents attribuent à Baudelaire.

Delahaye et l'esthétique du «beau double»

C'est dans un triptyque qu'il a intitulé *Tout l'homme psychique* et sous-titré *Vision d'artiste* que Delahaye exprime le mieux cette esthétique du «beau double» que, comme Marinetti d'ailleurs, il emprunte aux symbolistes:

Tout l'homme psychique

Vision d'artiste

à Louis-Joseph Jodoin

L'homme est une lyre dont les cordes
sont les nerfs. L'inaltérable Cœur,
L'esprit faux sont la basse où s'accordent

Les vils désirs; les sens qui se tordent
Seront soprano, l'accent vainqueur
Chante une ode que les cieux répètent;

Puis la pensée est faite muette:
Voilà l'alto; l'instrument moqueur
Vibre d'aigu... Mais l'œuvre est complète[10]!

Dans ce poème, il est question de l'art, d'une part, tendu vers ce que Delahaye appelle l'«excelsior», et de la sensualité, d'autre part, soumise aux «vils désirs». Il s'agit moins de dissocier que d'accorder dans une harmonie forcément grinçante ces élans où les nerfs prennent le dessus sur le cœur et la pensée. Dans la torsion des nerfs on peut lire «l'agitation et le désir des âmes», selon l'expression de Baudelaire[11]. Le rire occupe également une place importante dans cette «dysphonie» qui imite, en la parodiant, la synthèse symphonique des voix. Entre la voix de basse masculine et la voix féminine de la soprano résonne la voix de l'alto, au timbre ambigu. C'est la voix androgyne — l'androgyne cher aux décadents — mêlant le plaisir paroxystique au rire paradoxal.

L'androgyne est un avatar de la beauté satanique chez les décadents. La critique québécoise y voyait l'expression d'une homosexualité latente.

On décèle dans le poème de Delahaye une intention satirique implicite. Delahaye réutilise certaines images qu'il a déjà employées contre l'un de ses censeurs, dans une lettre qu'il adresse au journal *La Patrie*, en 1907. En effet, après avoir défendu l'idée de synthèse chère aux décadents, «l'harmonie de tout, des idées, des sensations…», Delahaye s'en prenait aux critiques qui, incapables de suivre les poètes dans leur recherche du «divin», prétendaient «mettre l'âme aux notes de basse». Delahaye ajoutait: «Il est toujours plus facile de descendre que de monter.» Plus loin, dans sa lettre, la basse est assimilée à ce que Delahaye appelle le «tam-tam patriotique[12]», par opposition au clairon qui représente pour lui l'instrument emblématique de la poésie de Nelligan. Nelligan, condamné au mutisme, quand on relit le poème, par une critique imbécile dont la voix d'alto se situe entre le sublime et le vulgaire. Le double titre dit bien comment le poème superpose en réalité deux interprétations ou plutôt deux triangulations possibles, l'une portant sur l'organisation psychique, l'autre portant sur l'organisation artistique des voix humaines. Le titre s'étage sur quatre lignes formant, par ailleurs, un triangle dans l'espace; cette disposition suggère une sorte de compénétration, mais sans mélange des deux dimensions du poème. Le triangle tient sur sa pointe, comme s'il renversait le triangle gnostique. Delahaye associe par là l'ironie au mystère divin. Voyons-y une nouvelle fois une réponse de Delahaye aux avant-gardes. Marinetti prenait parti, à cette époque, pour le dynamisme de la conscience «entièrement réalisé» et pour «le moi intégral chanté, peint, sculpté dans son perpétuel devenir[13]». Marinetti est aussi celui qui proclame: «Nous renions nos maîtres les symbolistes, derniers amants de la lune.» Delahaye oppose à Marinetti une profession de foi en faveur de l'esthétique décadente (ésotérique) et son fondement platonicien, dans ce poème des *Phases* disposé également comme une pyramide renversée:

L'on s'est beaucoup moqué, l'on a tout souffert;
et si peu nous est resté de nous être moqués
des sourires de Princesses Lointaines ou
des rayons de Madame la Lune, que
l'on est ressaisi et maintenant
l'on aime intégralement
le Vrai, le Beau
le Bien[14]

Appelons cela l'«intégralisme» de Delahaye, par opposition au «futurisme» de Marinetti.

Une métaphysique du vouloir

La sémiologie de Delahaye, en se construisant sur des jeux de forces contradictoires dont la synthèse repose ultimement dans le mystère de la trinité divine, découle d'une (méta) physique du vouloir humain supra-rationnelle. Ce n'est plus, en effet, la pensée, mais le vouloir qui constitue le ressort de l'anthropologie de Delahaye; c'est le vouloir qui conduit aux aberrations du logos dont la folie et le rire sont des manifestations opposées et semblables, puisque, comme nous l'avons vu, dans la cosmogonie hermétique de Delahaye, les contraires se touchent. Du libre arbitre procède cette théophanie du bien et du mal qui ouvre le cosmos chrétien à la dimension du temps et à l'incertitude de l'avenir. La volonté constitue le *principium individuationis*. Elle définit le moi et sa relation au temps, en disposant entre le moi et le bien qu'il convoite un intervalle de temps que le moi s'efforce de posséder comme sa propre image. Le moi, c'est la volonté se prenant pour objet dans ce poème qui constitue une critique du nietzschéisme ambiant. Le poète y fait parler l'homme dans les termes mêmes qu'employa Dieu pour se définir devant Moïse: «Je suis celui qui suis»:

Orgueil

À qui?

Je suis celui qui suis, je suis moi,
Je suis sans avoir de père ou mère
Je suis mon vouloir, je suis ma loi.

Je suis le comment et le pourquoi,
Je sais delà le temps éphémère,
Je sais l'Idéal et je le prends,

Je me moque de qui va pleurant,
Je me moque de toute chimère
Je me moque du désespérant[15]

Ce poème dénonce les philosophies volontaristes des temps modernes; elles ne sont que des contrefaçons de l'orgueil adamique et s'opposent à la charité chrétienne. L'abbé Camille Roy ne pouvait trouver là rien à critiquer. De même, il ne pouvait qu'acquiescer à cette condamnation du doute comme avatar du volontarisme moderne dans d'autres poèmes de Delahaye. Néanmoins, Delahaye renvoie l'homme à son vouloir, et le vouloir à la volonté comme monde et comme représentation. Les idées de Schopenhauer circulaient à Montréal, à cette époque, nous le verrons dans un prochain chapitre. Mais comme cela se produit souvent au Québec, Schopenhauer paraît compatible avec Aristote, de sorte que la pensée moderne semble déjà contenue dans la tradition philosophique de la scolastique.

Aristote mieux que Schopenhauer sait conjuguer le beau avec la quête du bien qui relève de la volonté: «Tout art et toute recherche, de même que toute action et toute délibération réfléchie tendent, semble-t-il, vers quelque bien», écrivait Aristote dans l'*Éthique à Nicomaque*. Delahaye fait le rapprochement entre l'éthique aristotélicienne (qu'il connaît de source ou à travers saint Thomas qu'on enseigne, à son époque, directement en latin) et l'éthique nietzschéenne du surhomme dans un poème dont le titre rappelle les feuilletons romanesques: *L'intense tue*. Ce poème dédié «à la mort» porte en exergue cette phrase un peu blasée «Pourquoi vibrer aigûment ô notre âme, on en souffre tant toujours[16]». Il s'agit de cette âme-artiste qui chante la voix de soprano dans un précédent triptyque. Suit un dialogue entre un homme et une femme:

Un vouloir prit ma bien sage amie...
On meurt donc vraiment de vérité?...
Parfois, si l'esprit est surhumain.

Un désir prit ma bien belle amie...
On meurt donc encore de beauté?...
Parfois, si le rêve est surhumain.

Un espoir prit ma bien bonne amie...
On mourra donc toujours de bonté?...
Parfois, si le cœur est surhumain[17].

À la fois trop répétitif et trop «maniériste», le poème de Delahaye risque de banaliser la question philosophique qu'il soulève. Cette extension de soi qui rencontre sur son chemin la division du sujet en un vouloir-désir-espoir marqué au coin de la souffrance peut-elle atteindre jusqu'à la surhumanité par quoi l'homme se transcende ou se déporte dans la division trine de son objet: le Vrai, le Beau, le Bon? L'adverbe «parfois» revient sans cesse abolir la nécessité des grands principes éternels (vraiment, encore, toujours). Delahaye commente presque textuellement une phrase d'Aristote dans le *De Anima*: «Le Désir (animal) n'implique pas la force du Raisonnement (discursif); par contre, il est *parfois* capable de vaincre la Volonté et de l'entraîner avec soi. Mais par moment, la Volonté entraîne le Désir comme une sphère céleste[18].»

En ce cas l'*amor intellectualis dei* ne serait-il pas un leurre pour la volonté, la tentation suprême de l'intelligence cherchant Dieu et rencontrant le néant dans le mouvement de ses inclinations? Dans leur facture quasiment mathématique, les neuvains de Delahaye présentent un excès de cohésion qui laisse volontairement apparaître une triple faille. Une faille philosophique d'abord: il devient impossible d'exercer son libre arbitre à moins d'être un surhomme, dans la conception morale de la liberté qu'a élaborée le christianisme. Une faille que nous appellerons rhétorique: il est impossible de postuler le bien sans l'ironie du beau double. Une faille spirituelle, enfin, car il est impossible de tendre vers Dieu et d'en rencontrer le mystère sans aussi connaître le doute. Le christianisme apparaît dès lors comme une philosophie «nihiliste». C'est la part d'irrationalité que le poète catholique ne critique pas mais qu'il donne à méditer. En accordant trop d'importance au mal, la religion en fait le levier de sa philosophie de l'histoire.

Ève et la figure du mal

Si la philosophie de l'histoire dépend dès lors de l'histoire de la chute et de la rédemption, Ève conjugue sur son nom, sur son propre vouloir et sur sa propre soumission au mal, l'histoire des hommes.

Le triptyque *Neige de mai* commençait, on se le rappelle, par ce vers: «Il a plu des Ave ce matin». Delahaye va construire à partir du mot «ave», un triptyque latin intitulé *Angeli Salutatio Evæ nascenti* dont les tercets s'articulent autour de l'acrostiche «AVE EVA VÆ», formé à partir de l'anagramme du nom d'Eva. Ève est également le nom de la cousine de Delahaye. On ne saurait voir dans le poème une quelconque thématique incestueuse, tant Delahaye possède l'art de «normaliser» en quelque sorte toute la perversité du décadentisme. Mais en dédiant son poème à Baudelaire «Auctori "Franciscæ meæ laudes"», en faisant ainsi référence à l'un des poèmes les plus blasphématoires des *Fleurs du mal*, «un exemple de contre-mystique exprimée comme par défi dans la langue de la spiritualité médiévale», écrira Pierre Emmanuel[19], Delahaye s'installe une fois de plus dans le paradoxe et reprend à son compte l'ambiguïté qui signe la poésie décadente. Dans le poème, c'est l'ange, le fils et l'amant qui parle à cette Ève, femme, sœur et mère:

Angeli Salutatio Evæ nascenti

Auctori «Franciscae meæ laudes»

Ave, plena illecebrarum
Vere similitudo Dei
Et pax suorum oculorum,

Eva, o genitrix hominum,
Veniens ex principe mundi
Ad finem ut forma virtutis;

Væ tibi, væ filiis tuis,
Alma, si, indagatrix mali,
Eris causa perditionis[20]

La première strophe est la strophe du salut, au propre comme au figuré («Salut, pleine de beautés, véritable image de Dieu et repos de ses yeux»); la seconde nomme Ève, comme celle qui, à elle seule, résume toute l'histoire du monde («Ève, ô mère des hommes, venant à l'origine du monde, jusqu'à sa fin sous la forme de la vertu»); la troisième annonce le malheur qu'Ève par sa quête perverse du mal («indagatrix mali») fait tomber sur ses enfants («Malheur à toi, malheur à tes fils, nourricière, si, à la recherche du mal, tu es cause de leur perdition»). Insistons sur ce point: «indagatrix» signifie dans le poème non seulement le penchant au mal, mais également une volonté d'aboutir au mal. C'est sur cette «phase» que le poème se termine, comme si le mal restait le plus fort penchant de la psyché, c'est-à-dire de la part féminine de l'homme. Le poème vérifie ce raisonnement d'Edgar Poe que Baudelaire découvre dans «Le démon de la perversité» et qu'il traduit ainsi:

> La certitude du péché ou de l'erreur incluse dans un acte quelconque est souvent l'unique *force* invincible qui nous pousse, et seule nous pousse à son accomplissement. Et cette tendance accablante à faire le mal pour l'amour du mal n'admettra aucune analyse, aucune résolution en éléments ultérieurs. C'est un mouvement radical, primitif, élémentaire[21].

Pour Poe ce «principe primitif et inné de l'action humaine» possède «un je ne sais quoi paradoxal» qu'il nomme «perversion», dans la mesure où il s'agit d'un «mobile sans motif, un motif non motivé».

On peut aussi concevoir que Delahaye se soit donné pour mission de «racheter» Baudelaire. Si l'anagramme, par sa réversibilité, tient du paradoxe, en revanche l'acrostiche impose une lecture cruciforme qui fait de la croix le motif de la rédemption. Par ailleurs, l'anagramme est au signe ce que la synthèse est au symbole: elle multiplie les rapports d'analogies entre le vers et la lettre qui constitue à l'initiale du vers à la fois le signifiant idéogrammatique et le signifié idéomystique du vers ou de la strophe selon l'angle de lecture. Tout poème de Delahaye tend, d'une manière ou d'une autre, soit en répétant les mêmes schèmes syntaxiques (on trouve ordinairement une phrase par vers), soit par la reprise des mêmes mots ou des mêmes lettres à l'incipit, soit tout simplement par le jeu des rimes, à multiplier les rapports d'équivalence dont l'anagramme sur le nom d'Eva est l'exemple parfait. Le nom d'Eva est à lui seul un archétype. Le V, en son centre, est le symbole de la trinité divine et la représentation du triangle ésotérique qui signifie la synthèse sacrée des arts et des sciences, selon Péladan. Delahaye prend soin de le placer au début du cinquième vers de son triptyque, vers qui sert de clé de voûte à l'architecture de tous ses poèmes.

À la même époque, Saussure et Tzara s'intéressent aux anagrammes. Plus tard, les structuralistes des années soixante-dix préféreront au mot anagramme celui de paragramme, pour construire le rapport entre le géno-texte, qui condense ou déplace les signifiants en vertu des lois de l'inconscient, et le phéno-texte, qui organise les signes en fonction d'une poétique. Delahaye serait au carrefour de tous les courants modernes. Mais c'est occulter ce que Saussure et Tzara doivent aux avant-gardes symbolistes dont se réclame Delahaye explicitement. L'anagramme fait partie des procédés en usage dans la poésie latine du Moyen Âge pour «crypter» le poème. Rémy de Gourmont publie en 1892 un ouvrage sur ce sujet qu'il intitule *Le latin mystique*. Delahaye de toute évidence en avait pris connaissance. On peut également dire que Delahaye, comme tous les symbolistes, réalise dans sa poésie l'ambition qui fut celle de certains poètes du XVIIIe siècle qui rêvèrent bien avant Baudelaire d'une langue qui fût à la fois primitive et complexe pour expliquer les relations visibles et invisibles entre l'homme et le monde de manière qu'il n'y ait plus place pour le hasard. En cela, Delahaye est aux antipodes de Mallarmé et du surréalisme. Il parachève le projet des rhétoriciens qui voient dans la langue le moteur et la figure totalisante de l'homme comme produit de l'histoire. On aura compris que Delahaye est un moderne dans la mesure où il renverse littéralement tout l'appareil de la modernité, le fait tenir sur sa pointe. Fulcanelli, l'auteur des *Demeures philosophales*, rapporte ce propos de Tiphaigne de la Roche qui s'adonnait au XVIIIe siècle aux sciences ésotériques: «Il n'y a que les enfants de la lumière qui puissent m'entendre.» C'est aussi ce que dit Delahaye dans une lettre au critique Adrien Plouffe qu'il adresse au journal *La Patrie*, le 24 août 1907. «Quand donc comprendront-ils [les critiques canadiens-français] que le décadentisme est à la poésie ordinaire ce qu'est le mysticisme à la raison? La différence est si haute que l'on y vogue en plein soleil, que l'on est aveuglé — y verriez-vous clair, monsieur (etc.)? — Lisez Ruysbroek.»

«Mignonne...»

Les phases devaient laisser la critique perplexe. Albert Lozeau, qui, dans sa poésie, défend un lyrisme intimiste et sentimental inspiré par Louis Mercier, trouve le recueil de Delahaye «bizarre comme un début d'aliénation mentale[22]». Delahaye s'en offusquera, mais il est vrai que le «bizarre» fait partie de sa poétique. Albert Laberge, en revanche, devait se porter à la défense de l'œuvre; il se réjouit que, dans la polémique entre les régionalistes et les parisianistes qui fait rage, ce livre soit «irrécupérable»: «[...] Le livre ne contient pas une pièce sur la Saint-Jean-Baptiste, pas la plus petite ode à la France, même les héros de "37" avaient été oubliés, non seulement ceux-là, mais l'auteur avait osé être lui-même[23].» Ces critiques, Delahaye choisit de les incorporer à son second ouvrage qu'il intitule *«Mignonne allons voir si la rose...» est sans épine* et qu'il publie en 1912, avec une préface d'Olivar Asselin. Déjà le titre gigogne se veut polémique, non seulement parce qu'il ridiculise les «ronsardiens» et, à travers eux, les mignardises scolaires, mais parce qu'il contient une allusion à la tradition «Rose-Croix» que l'ouvrage revendique et parodie tout à la fois. C'est à l'enseigne du janusisme et de l'esprit funambulesque que Delahaye situe son œuvre:

> Sur Mignonne Bifaciès
>
> Nous avons adopté le janusisme; raisons occultes; la Kabbale enseigne que dans le Grand-Tout-Unité considéré sous son triple aspect à un double point de vue, il y a résolution en quaternaire; nous nous sommes occupés du trine, voici le duel, l'un viendra, l'autre[24]...?

On reconnaît dans cette note la reformulation du principe hermétique de Marie l'Égyptienne. Mais il ne trouvera dans la construction de l'ouvrage aucun usage. Il s'agit tout au plus d'une note intégrée avec d'autres au corps du livre, l'une de ces «notes sérieuses» qu'il ne faut justement pas prendre au sérieux. Delahaye nous prévient:

> NOTES sérieuses
>
> ---
>
> *Notes serious* croyait pouvoir traduire un humoriste homophoniste
>
> ---

Dies iræ, dies illa

> Sur les *notes*:
> Sur ces notes en autant qu'explicatives, les gens
> sans préjugés peuvent passer outre[25]

Après l'anagrammatisme des *Phases*, les calembours de *Mignonne...* Faut-il aussi voir dans l'emploi fautif de «en autant que» suivi d'un adjectif une intention ironique? Sans aucun doute. Delahaye met en scène ce que Gaston Miron, plus tard, appellera «le traduit de». Delahaye ne s'arrête pas là. Il parodie des sonnets d'Heredia, le parnassien, de Verlaine, le décadent, et d'Englebert Gallèze (Lionel Léveillé), le régionaliste le plus virulent de l'École littéraire de Montréal, en récrivant leurs poèmes dans des versions légèrement modifiées, copies «non conformes» des «bons» auteurs. Le livre ridiculise ainsi tous les travers de l'institution littéraire québécoise.

Maurice Lemire voit dans le traitement que Delahaye fait subir au texte l'invention d'un nouveau langage. À l'en croire, le surréalisme serait né au Québec grâce à Delahaye: «Delahaye s'avérait poète dans le sens moderne du mot, car, avec *Mignonne...*, il inventait un langage qui allait être celui des surréalistes[26]». Il paraît plus juste de dire que Delahaye puise à une source, celle des avant-gardes de la fin du XIXe siècle, où puiseront également les surréalistes.

Nous nous rapprochons du paradoxe de *Mignonne...*, quand nous confrontons l'œuvre de Delahaye à la modernité telle que la conçoit la génération des poètes de 1970, dont François Charron et Roger Des Roches exposent ici le programme:

> Lutte du matérialisme contre l'idéalisme... mimer la représentation poétique et la détruire en accordant la primauté à la matérialité des mots (production du signifiant). Nier à l'écriture sa véracité *a priori*, l'exposer comme lieu de «taxation» du sens. Écrire non plus pour un «lecteur», mais pour une «lecture» qui désaxe le phénomène habituel: l'identification du texte[27].

C'est bien, en effet, la lutte du matérialisme contre l'idéalisme que mime *Mignonne...* «bifaciès». Mais Delahaye est du parti de l'idéalisme. Avec Hello, avec Péladan, il partage une interprétation mystique du monde. Delahaye retourne l'idéalisme dans la matérialité du calembour, sans cesser d'indiquer le sens mystique des choses. Il ridiculise ainsi le matérialisme inconscient d'une institution qui n'a pas su comprendre *Les phases* parce que l'hermétisme la déconcerte. Delahaye peut alors s'amuser en proposant avec *Mignonne...* une œuvre «désaxée», en affichant l'envers de l'œuvre dans son écriture para-textuelle. Il n'a pas toutefois l'intention d'inventer un nouveau langage qui dépasse celui de la dérision. Delahaye sera par la suite un médecin rangé.

Au stade où nous en sommes, disons, sans jeux de mots, que le contre-texte de Delahaye se construit comme un vaste para-texte et conteste les règles de lecture qui fondent le processus littéraire et l'institutionnalisent, et qu'on pourrait appeler l'archi-texte. Delahaye met l'archi-texte (les types de discours, les modes d'énonciation) en procès, afin de montrer que l'art, comme l'écrit Jean-Marc Lemelin, «est la (non-)clôture de la littérature, le caractère (in)défini du corpus littéraire; corpus qui ne peut revendiquer une empirie que dans la dénégation des critères arbitraires (ou transcendantaux) qui le constituent et l'instituent[28]». Mais on peut dire aussi plus simplement avec le sociologue Pierre Bourdieu:

> L'évolution du champ de production culturelle vers une plus grande autonomie s'accompagne ainsi d'un mouvement vers une plus grande *réflexivité*, qui conduit chacun des «genres» à une sorte de retournement critique sur soi, sur son propre principe, ses propres présupposés: et il est de plus en plus fréquent que l'œuvre d'art, *vanitas* qui se dénonce comme telle, inclue une sorte de dérision d'elle-même[29].

Delahaye et le rire moderne

La préface de *Mignonne...* rédigée par Olivar Asselin nous éclaire davantage sur les contradictions qui font de cette œuvre une vaste blague, pour ne pas dire un «texte» moderne. Le préfacier qualifie l'auteur de «vrai poète qui joue au fumiste», jugement qu'il avait déjà porté à propos des *Phases*. Le terme «fumiste» n'est pas employé au hasard. Il fait référence à ces mouvements d'avant-garde français de la fin du XIXe siècle qui inspirent Delahaye pour la mise en pages de son livre. Les catalogues des expositions tenues à Paris par les Incohérents entre 1884 et 1886 multiplient les titres et les sous-titres de façon à provoquer cette «concomitance d'éléments incompatibles» qui constitue «le rire moderne», à la fin du XIXe siècle, selon Daniel Grojnowski[30]. Grojnowski montre également comment les Incohérents satirisent les parnassiens, les décadents, les symbolistes et tous les poètes épris de haut langage. «Rompant avec le mythe du Mage, du Phare ou du Maudit, l'artiste se grime en histrion[31].» Il s'agit pour Delahaye d'un phénomène d'autodérision, car dans *Les phases*, il a pris lui-même la posture du mage; il s'est montré solidaire des manifestes de Morice qui voit dans l'art décadent le moyen de réaliser la synthèse entre les arts et les sciences (sans parler de la religion), grâce à la valeur mystique du langage poétique inventé par les symbolistes[32].

Occultisme et «rire moderne» ne sont pas incompatibles. Nous l'avons pressenti en lisant *Les phases*. Les occultistes et les fumistes se recrutent en France dans la couche sociale, celle des médecins, entre autres, à laquelle appartient Delahaye. Cela dit, ce sont les dessins d'Ozias Leduc illustrant *Mignonne...*, qui vont souligner cette parenté entre l'occultisme et le rire moderne. Dans le catalogue des Incohérents de 1886, Alfred Ko-S'Inn-Hus (il s'agit d'un pseudonyme tenant du canular, évidemment) s'était amusé à rajouter une barbe à la Vénus de Milo pour en faire «Le Mari de la Vénus de Milo»; Ozias Leduc se plaira de même à dessiner une barbe à la Joconde qu'il baptise «Notre-Dame du perpétuel sourire». Le rire moderne s'associe à l'occultisme dans un second dessin de Leduc représentant un serpent hilare ayant la forme d'un cœur inscrit au-dessus du triangle hermétique; celui-ci porte en son centre l'œil gnostique. Un autre dessin de Leduc représente une sainte avec, en guise de halo, les lettres du mot «horror» disposées en cercle. Des serpents s'enroulent à son cou. Il s'agit de «sainte Méduse». Méduse incarne la figure de l'inceste, du péché, du beau double, l'activité et la passivité sexuelles dans l'iconographie de l'époque. Pensons à Félicien Rops. Delahaye la présente comme la mère de Pégase (Pégase est le cheval ailé du poète; Cheval, c'est aussi le nom de famille de la mère de Delahaye). C'est à sa mère que Delahaye avait dédicacé tout le recueil des *Phases*. L'autodérision est totale. «Il s'agit désormais, selon Daniel Grojnowski, de mettre en conflit le mot et l'image, de faire en sorte qu'ils entretiennent des relations perverties afin de troubler à jamais la transparence des simulacres[33].»

L'un des plus beaux dessins de Leduc représente deux clowns sur un fil de fer. Le premier est habillé en pierrot et se maintient difficilement en équilibre sur un pied, tandis que son compagnon, vêtu en arlequin, tient parfaitement, tête en bas, jambes en l'air, sur un ballon glissant sur le fil. On ne saurait illustrer mieux la thématique du monde renversé associée au rire moderne, ainsi que celle de la gémellité liée à l'hermétisme. Le motif de pierrot possède lui-même une longue histoire au XIXe siècle, comme l'a montré Louisa E. Jones[34]. Ce personnage est issu de la pantomime dont le maître demeure Jean-Gaspard Debureau. Il associe le naturel à l'artifice; il signifie l'union impossible de l'art et de la nature.

Ainsi, Delahaye et Leduc empruntent au XIXe siècle le «vocabulaire» de la dérision et du paradoxe. Leur avant-gardisme, en ce sens, reste de portée limitée, ce qui ne nous interdit pas d'en mesurer l'efficace. Soit que la dérision nous apparaisse comme une subversion du sacré. Mais avec Delahaye et Leduc, artistes profondément croyants, le rire semble plutôt participer du sacré dans sa dimension satanique. Soit que la dérision, comme nous l'avons montré, subvertisse les codes de lecture; ce qui paraît plus proche de la vérité. Faire de Delahaye un précurseur du surréalisme, ce qu'il n'est pas vraiment, c'est vouloir resacraliser l'œuvre, en lui donnant la valeur d'un texte prophétique dans l'histoire des avant-gardes.

La préface d'Olivar Asselin est remarquable en cela qu'elle ne tente pas de «récupérer» l'œuvre de Delahaye. Olivar Asselin se refuse d'entrée de jeu à considérer *Mignonne...* comme une œuvre au sens plein du terme. Alors que tout préfacier propose pour l'œuvre qu'il est chargé d'introduire un protocole de lecture qui légitime l'œuvre et le légitime lui-même en tant qu'«autorité», Olivar Asselin choisit de déroger à la règle. Tout en montrant qu'il connaît les bons auteurs français ou québécois, qu'il s'agisse d'ésotérisme chrétien (Asselin cite Hello, Péladan) ou du rire moderne (Asselin cite Alais, Ferny, David Lafortune), le préfacier, qui, à l'époque, a cessé de faire du journalisme pour vendre des assurances, se présente comme une «autorité» déclassée par le jeu dérisoire de la politique québécoise. Celle-ci se compare au monde funambulesque. Asselin substitue à celui de Delahaye son propre rire à lui, en prenant pour cible le juge Cimon (surnommé Timon dans la préface) qui l'a fait condamner à la prison pour avoir dénoncé les pratiques vénales de certains ministres. Asselin prend également pour cible le député Robillard, qui a remporté les élections fédérales contre lui, en 1911, dans la circonscription de Saint-

Jacques. Mais au passage, le préfacier affirme son autorité en matière de langage, en critiquant les journalistes qui ont parlé de lui comme d'un candidat «battu» plutôt que comme d'un candidat «défait». Ainsi confondus, le politicien et le mauvais journaliste s'agitent sur une scène où l'imbécillité triomphe. Par ce détour, Asselin justifie l'entreprise de «décervelage» que mènent Delahaye et Leduc dans *Mignonne...* Le monde politique québécois témoigne du non-sens dont l'écrivain fait sa pâture. Maître du rire polémique, Asselin retrouve son autorité en associant le littérateur à son propre combat contre la bêtise, combat qui ne connaît pas de frontières, comme bien l'on pense.

À aucun moment Asselin ne parle du texte de Delahaye comme d'un texte d'avant-garde. Asselin, d'ailleurs, n'aimait ni le mot ni la chose. Il croyait à la culture, aux valeurs critiques de la raison, au travail du style. Delahaye lui-même se tient à l'écart des avant-gardes futuristes qui prétendent aller beaucoup plus loin que les Incohérents, car elles veulent à la fois réinventer le langage poétique et déclencher une révolution culturelle. Les idées futuristes, nous les reconnaîtrons sous la plume de Paul Chamberland, de Raoul Duguay, de Claude Péloquin, dans les années soixante. *Mignonne...* n'est pas une avancée dans la modernité du XXe siècle. L'œuvre marque plutôt un temps d'arrêt. Les avant-gardes ne pouvaient qu'accompagner des bouleversements politiques et sociaux que le Québec ne devait pas connaître.

Delahaye et le vers libre

La publication, en 1988, des inédits de Delahaye[35] jette un jour nouveau sur l'œuvre du poète. Delahaye rédige à partir de 1913 des poèmes en vers libres, sans renoncer aux triptyques; mais certains triptyques parmi les plus réussis sont rédigés en anglais. C'est l'époque de la guerre et Delahaye, qui maîtrise bien l'anglais, découvre San Francisco, avant d'être incorporé dans l'armée. L'œuvre de Delahaye manifestera une nette coupure entre la production publique, la part réservée à l'édition, et la production privée, la part réservée aux carnets intimes.

Telle quelle, cette production privée nous renseigne sur les conditions d'émergence du vers libre au Québec, par rapport à celles qu'il a connues en France.

Tout se passe comme si Delahaye, en pratiquant le vers libre à sa manière, se sentait libéré non seulement des survivances métriques qu'il conserve encore chez ses confrères, mais également du lyrisme mélodique qui se confond souvent avec la notion de poésie. Par des effets de dialogisme ou de bilinguisme, certains poèmes écrits par Delahaye à cette époque s'inscrivent d'emblée dans un travail sur l'oralité que les poètes québécois poursuivent encore aujourd'hui. En voici un exemple:

FRISCO L'UNIQUE

— San Francisco est une ville unique
— Comme:
        1849, ou l'or,
        1905, ou le tremblement de terre,
        1915, ou l'Exposition,
        1915-17, ou Delahaye,
And all that, the best and the biggest in the world, In 3 d's,
and sticking, too: the booze, the boast,
et… la barbe.
— Imbécile!
— J'oubliais, la date de ton arrivée?
— Idiot! San Francisco est une ville unique, te dis-je.
Les jupes y sont courtes…
— Comme partout ailleurs.
— Les jupes y sont courtes, et ce qu'il vente[36]!

Ce texte écrit en 1917 ne pouvait pas être reçu au Québec comme un poème, compte tenu des règles édictées par Maurras et largement suivies[37]. On pourrait plus facilement en faire un objet surréaliste, quoiqu'on n'y trouve aucun contresens, aucun de ces automatismes liés à l'expression du surréalisme. Le texte paraît acceptable comme poème, dans la mesure où les modernes réévaluent la notion de texte elle-même.

L'enjeu est de taille. Aux poétiques génériques associées à la fictionalité et à la poéticité (par exemple, la forme du vers classique mesuré et compté en fonction de règles précises est un élément générique de poéticité) Gérard Genette opposait récemment ce qu'il appelle les poétiques conditionalistes qui accueillent dans le champ littéraire, au gré des circonstances, des textes n'appartenant pas à la liste canonique:

> [...] Si la poétique conditionaliste a par définition le pouvoir de rendre compte des littérarités conditionnelles, au nom d'un jugement esthétique, ce pouvoir, quoi qu'en pensent spontanément ses partisans, ne peut s'étendre au domaine des littérarités constitutives. Si une épopée, une tragédie, un sonnet ou un roman sont des œuvres littéraires, ce n'est pas en vertu d'une évaluation esthétique, fût-elle universelle, mais bien par un trait de nature, tel que la fictionalité ou la forme poétique[38].

Les poétiques anciennes se sont appliquées à relever et à classer ces «traits de nature» pour délimiter le champ des genres littéraires. La métrique classique s'ordonne sur ces traits de nature. Soumise à la poétique générique, la rhétorique relevait les écarts entre le sens propre et le sens figuré dans le discours, en intégrant les figures aux modes de la représentation soumis au principe d'imitation de la nature; ce principe ouvre un écart de sens dans l'expression que la rhétorique s'emploie à mesurer. La nature dont il est question ici tient d'abord de la poiêsis et secondairement de la praxis. La praxis est une activité qui trouve en soi sa propre fin, tandis que la poiêsis est une activité qui obéit à des normes extérieures.

Genette concède aux poétiques conditionalistes le champ de la diction. Il entend par diction les schèmes interprétatifs qui dépendent des modes de lecture et de l'exemplification d'un genre:

> Les capacités d'exemplification d'un mot, d'une phrase, d'un texte, débordent donc ses propriétés purement formelles. [...] Il est en effet devenu de plus en plus évident, depuis un siècle, que la distinction entre prose et poésie peut reposer sur d'autres critères moins catégoriques, que celui de la versification, et que ces critères, d'ailleurs hétérogènes et plus ou moins cumulatifs (par exemple: thèmes privilégiés, teneur en «images», disposition graphique) laissent place, sous le nom de «poème en prose», «prose poétique» ou quelque autre, à des états intermédiaires qui donnent à cette opposition un caractère non tranché, mais graduel et polaire[39].

Le texte que nous avons cité de Delahaye dépendrait de ces critères moins catégoriques qui définissent le poème moderne, parmi lesquels la disposition graphique: elle respecte grosso modo l'idée de vers comme «retour à la ligne» ou segment-ligne, comme l'indiquent les tirets qui précèdent ces segments-lignes. Cette disposition ne correspond manifestement pas à celle d'un paragraphe de prose. En revanche, le dialogisme avec un échange de répliques rapprocherait ce texte d'un extrait de théâtre; mais la disposition graphique adoptée par Delahaye n'est pas celle non plus qu'utilise le théâtre, ne serait-ce que parce que n'y figure aucun nom de personnage devant l'une ou l'autre des répliques. On peut également faire du changement de langue ou *code switching* un indice secondaire de poéticité. Reste surtout l'intention parodique du texte. Elle montre que Delahaye demeure fidèle à lui-même, car elle est présente dans toute son œuvre.

L'ironie, comme on la perçoit dans ce court poème à travers les répliques des deux interlocuteurs, fait appel à des schèmes de lecture qui renversent cependant le schéma rhétorique traditionnel. On trouve de l'ironie ou plutôt un jeu de mots dans le *code switching* accompagnant l'énumération «the booze, the boast et... la barbe». C'est un peu la barbe de la Joconde qui se promène ici; c'est aussi le chiffre 3, cher à Delahaye, qui se profile en arrière-plan. Mais c'est surtout l'intention parodique des répliques finales qui frappe le lecteur:

> [...]
> San Francisco est une ville unique, te dis-je,
> Les jupes y sont courtes...
> — Comme partout ailleurs.
> — Les jupes y sont courtes, et ce qu'il vente!

Les sous-entendus qui se dégagent de ces énoncés sont relativement explicites, mais leur glose linguistique n'est pas nécessairement évidente. Les deux premières répliques s'étalent sur un seul énoncé. Pourtant, le premier locuteur croyait bien avoir formulé un énoncé complet en disant: «Les jupes y sont courtes», complet car le sous-entendu grivois est parfaitement signifié. Mais le second locuteur reprend l'énoncé là où il s'arrête et le complète autrement afin de le détourner du sens voulu par le premier locuteur. Il est clair que le second locuteur conteste la pertinence de l'énoncé tel que le formule le premier locuteur. Ce dernier sera donc contraint de reprendre en écho son propre énoncé, afin de se le réapproprier et de le reformuler de telle sorte que le sous-entendu soit plus clair encore et que, cette fois, l'énoncé soit achevé de manière que le second locuteur soit contraint d'en recevoir le contenu sans pouvoir le détourner de son sens. C'est alors que l'énoncé, une fois liquidée l'équivoque et réaffirmé le sous-entendu, peut se dire achevé. Toutes ces questions concernant les énoncés achevés ou non relèvent de la pragmatique du discours. Comment, dans le cadre de cette pragmatique, le contexte parodique fonctionne-t-il? À propos du sous-entendu, la rhétorique traditionnelle avait sa propre explication; partant de la distinction entre sens propre et sens figuré, elle suppose que le premier locuteur dit «Les jupes sont courtes» pour dire autre chose. Mais alors, pourquoi ne dit-il pas ce qu'il veut dire directement? Pour répondre à cette question il faut changer de terrain. Le sous-entendu entre dans un processus dialogique où il fait l'objet d'un travail de co-énonciation parodique, ainsi que le suggèrent Sperber et Wilson:

> Nous soutenons que toutes les ironies typiques, mais aussi bon nombre d'ironies a-typiques du point de vue classique, peuvent être décrites comme des mentions (généralement implicites) de proposition; ces mentions sont interprétées comme l'écho d'un énoncé ou d'une pensée dont le locuteur entend souligner le manque de justesse ou de pertinence[40].

Sans faire abstraction des différences entre le texte écrit et la situation de discours courant, ce sont, dirons-nous, les convergences entre les procédés équivalents qui retiennent l'attention des poétiques conditionalistes. Ces procédés possèdent la mobilité et la plasticité des micro-structures qui se cristallisent, puis se diluent dans le discours sous l'impulsion de sa structure dialogique.

L'ironie, les changements de code, les citations de l'anglais («the best and the biggest in the world») enchâssées dans le texte déterminent une rythmique de l'intonation marquant, à partir de certains mots, les valeurs de sens qui importent dans le schéma conversationnel, de même que les ruptures dans les schémas de référenciation d'une réplique à l'autre. Ces répliques obéissent aux diverses stratégies des locuteurs: stratégie assertive de l'un, stratégie de «surdité» volontaire de l'autre qu'on prendra pour un «signal» non verbal de désapprobation ayant un effet comique.

Le poème fait état de son hybridation à plusieurs niveaux: *code switching* ou mélange des langues et de leurs registres; interpénétration de plusieurs codes signalétiques (tirets, chiffres, lettres, disposition sur la page) opposés à des codes signalétiques verbaux (intonation) et non verbaux (stratégies implicites des locuteurs). On est tenté d'y voir un montage-collage comme en faisait Cendrars à la même époque.

Cependant, pour Delahaye, il dut s'agir d'une contre-performance poétique, dans la mesure où la facture moderne du poème est associée à la trivialité de la sexualité commune, à la vulgarité de la société nord-américaine, comme le montre ce triptyque rédigé en anglais que Delahaye conservait dans ses papiers intimes.

C'est l'anglais parlé qui rythme le poème, en provoquant des enjambements strophiques qui opposent nettement la voix du poème, saisie dans la situation d'énonciation, à la métrique:

Cold feet

If many thousand times, he did'nt croack;
Well, it's certainly no fault of his;
And I feel chilly when I evoke

The days he went thru, with a friend Bloke,
Upper and underworlds of Paris,
Frisco, and few other uppercut

Nests. Believe me, kid, if you're no nut,
And never forget it, a lad like this,
May have cold feet, all right, but he's not[41].

Il s'agit manifestement du langage de l'armée canadienne. Delahaye se sert d'une insulte — «cold feet», qui veut dire «lâche» — pour construire une suite de jeux de mots. Ainsi, dira le poème, on peut être «pieds froids», on peut également avoir les «pieds froids»; on peut avoir les uns, mais ne pas être l'autre. On reconnaît l'ironie paradoxale qu'affectionne Delahaye. Elle semble conduire à cette «praxis corrélationnelle, permutationnelle et annihilante» du signifié par le signifiant, sous l'effet d'une sorte d'anagrammatisme généralisé typique de l'avant-garde, selon Julia Kristeva. Delahaye systématise ainsi la «fonction anaphorique» du texte. D'abord, il décompose le titre en ses éléments sonores, introduisant par là une sorte de commentaire phonologique du titre dans le poème: Cold — croack — evoke — Bloke — (Fris)co — other uppercut — no nut et feet — feel — chilly —Fris(co). «Frisco» apparaît alors comme le condensé des thèmes phonologiques du poème, en constituant un mot-valise composé de «freeze» et de «co(ld)» ou de «fri(end)», de «is» et de «co» reprenant la rime «ok» de «bloke» en la retournant sur elle-même. Ainsi la rime est amenée à se lire dans le mot-valise.

Dans l'esprit d'un poète comme Claude Gauvreau, qui développera sa théorie dans les années cinquante, les sons, en étant des fragments de pulsion libidinale, délient celle-ci de ses attaches avec telle ou telle représentation d'objet. C'est l'idée que reprendra Julia Kristeva plus tard, en analysant le rôle de l'anaphoricité. Delahaye entrevoit une poétique «pulsionnelle», mais il se raccroche, fût-ce par l'ironie, à l'opposition du haut et du bas, du pur et de l'impur, du visible et de l'invisible qui structure sa vision du monde et, sans doute pour lui, le rapport de la chair et de l'esprit. Delahaye reste fidèle à sa poétique du paradoxe et de l'ambiguïté comme il maintient le rapport conflictuel entre une sémiologie du langage (les paradoxes du discours) et une sémiologie religieuse (les paradoxes du signe ésotérique).

Sans doute, les deux poèmes que nous avons cités n'avaient-ils qu'un intérêt anecdotique aux yeux de leur auteur. Malheureusement, Delahaye n'aura pas accompli ouvertement ce qu'on pouvait attendre de lui: le difficile passage du vers classique au vers libre.

CHAPITRE V

Modernistes et régionalistes

À la fin du XIXe siècle, l'expérience du vers libre connaît d'abord en France une période de flottement. Mallarmé constate que ses amis vers-libristes se délivrent mal du moule de l'alexandrin qu'ils perpétuent par différents procédés. On relira à ce propos *Crise de vers*.

Avant d'être le maître à penser de toute une génération d'intellectuels opposés au prétendu déclin moral de la France, Charles Maurras fut d'abord un critique littéraire écouté. Maurras ne fait qu'exprimer le point de vue des premiers vers-libristes eux-mêmes quand il imagine le vers libre comme un mètre, mais disloqué, un mètre qui, même si le compte syllabique n'est plus fixé, produit encore des impressions d'ïambe ou d'anapeste. Maurras ne tolère le vers libre qu'à condition qu'il maintienne la scansion propre au vers traditionnel et qu'il sauvegarde encore la place du *e* muet non élidé dans le compte syllabique du vers; à ce prix, Maurras accepte que le vers-libriste sacrifie la rime. «Il reste certain que si l'on néglige le retour d'un son plein au bout d'un nombre déterminé de syllabes, si l'on renonce même à compter régulièrement les syllabes, il faut ou renoncer à toute impression de rythme, c'est-à-dire de poésie, ou accuser très fortement les autres éléments rythmiques[1].»

Parmi ces éléments, Maurras privilégie la scansion, les allitérations, les effets d'assonance, etc. Peu de vers-libristes trouvent grâce à ses yeux, sauf l'auteur d'*Agnès* et de *Galatée*, Jean Moréas:

> Les vers libres d'*Agnès* et ceux, non moins libres, mais tout différents, de *Galatée* portent des césures immenses. L'accent tonique y est marqué avec une extrême rigueur, au point que certains vers (je note ce détail pour les métriciens) semblent groupés, suivant une loi perceptible, des espèces d'ïambes et des espèces d'anapestes: enfin les retours syllabiques, consonances, assonances, ou rimes mêmes toujours sensibles à l'oreille, sinon à l'œil, sont utilisées avec plénitude [...] Il me suffira d'adjurer la critique de prendre garde que les vers libres d'*Agnès* et de *Galatée* ne peuvent jamais prêter au doute pour la façon de les scander, échappant ainsi au plus grave péril du vers libre, péril senti avec tant de clarté par le poète et par ses jeunes disciples de l'Ecole Romane qu'ils s'étaient fait une loi sévère de désigner par une apostrophe les *e* muets qu'il leur arrivait d'élider[2].

En voulant garder le vers libre dans le giron de la métrique — ce que souhaiteront également des poètes comme Chopin et Morin, au Québec—, Maurras donne implicitement raison à Mallarmé qui pratiquait le vers classique mesuré et compté justement pour s'affranchir de l'obligation de sur-mesurer ou de sur-scander que l'on impose volontiers aux vers-libristes. Mais Maurras a raison d'affirmer que le vers libre tel qu'il le conçoit et tel qu'il le voit pratiquer par Henri de Régnier ou Vielé-Griffin est issu de la poétique parnassienne: «Le vers dit libre, c'est-à-dire formé d'un nombre indéterminé de syllabes et affranchi de l'obligation de la rime, mais aussi semé d'allitérations, de consonances et terminé souvent par des assonances, ce vers-là procède du vers parnassien[3].»

Compte tenu du peu d'écho que trouvent les avant-gardes futuristes ou surréalistes au Québec, nous serons porté à dire que, de Loranger à Grandbois, l'expérience du vers libre doit passer par le processus parnassien décrit par Maurras et tout d'abord par la mise en procès du vers parnassien par la technique du vers libre. Loranger, quand il écrit *Ode*, est, du point de vue de Maurras, encore parnassien, par le jeu des assonances. Le Loranger des haïkus préserve encore l'idée d'une forme plastiquement sensible. *Les îles de la nuit* de Grandbois exploitent toutes les ressources de la musicalité du vers mise au point par les symbolistes et les parnassiens.

Avec les avant-gardes, la rupture est plus radicale. Marinetti passe du vers libre à la poétique des «mots en liberté». Laforgue, puis les surréalistes après lui cherchent dans l'inconscient des traces de «langage brut». Maurras associait déjà le vers libre de Laforgue au désordre politique et rhétorique, car pour lui, c'est tout un:

> Qu'ont fait, en somme, Jules Laforgue et ses amis, en matière d'invention, de langage, de style, de poésie? Simplement œuvre de désorganisation et qui ne produit son effet [...] «que par la violation de l'harmonie classique». Leur désordre ne nous intéresse que par allusions constantes et systématiques à l'ordre[4].

On comprend mieux, après avoir lu ces lignes, en quoi il était révolutionnaire, pour les rédacteurs du *Nigog*, en 1918, de défendre la poésie de Laforgue.

Le Nigog et la révolution vers-libriste

Écrivant sur Laforgue dans *Le Nigog*, Josée Angers aborde la poésie moderne par le biais de l'*ironie* et de l'invention verbale qu'elle valorise timidement: «Les admirateurs passionnés de la forme [...] voient en Laforgue un étonnant assembleur de mots[5].» L'éloge manque de conviction, car il est difficile de parler de la poésie moderne quand on ne dispose plus des repères de la poésie classique. Parlant des poètes modernes d'avant-guerre, Verhaeren, Charles-Louis Philippe et Claudel, Robert de Roquebrune souligne qu'ils ont le souci de la forme, sans être contraints par aucune loi: «Chacun, écrit-il, s'efforçait à une langue ou disciplinée selon une large tradition, ou individualisée selon un verbalisme personnel. Les poètes mêmes ne soulevaient plus la question périmée du vers libre; ils se contentaient de faire de la poésie[6].» On voit Roquebrune soucieux de désamorcer le conflit entre les tenants du vers classique et les adeptes du vers libre. Mais Roquebrune définit mal la poésie moderne en parlant de «verbalisme personnel». Dans son historique de la poésie française d'avant-guerre, Roquebrune fait en particulier l'éloge de l'unanimisme qu'il définit comme une expression de l'âme collective, «formule pleine d'ampleur puisque c'est de Whitman, de Zola et de Verhaeren qu'elle découle[7]». C'est dans cette voie sans doute qu'il voudrait voir s'orienter la poésie nouvelle. Mais beaucoup des collaborateurs du *Nigog* sont restés marqués par le panpsychisme symboliste et sa mystique du monde:

> L'artiste complet, écrit Rodolphe Mathieu, serait celui qui, doué d'une sensibilité extrême, peut le plus pénétrer dans le sens des choses. La force d'activité qui le pousse à extérioriser les sensations qui débordent de son cerveau, répand son rythme de vie dans l'élément spirituel où il s'universalise avec l'ensemble des phénomènes naturels[8].

C'est dans ce contexte que *Le Nigog* publie un poème de Rudhyar, qui fut le secrétaire de Rodin et qui professait des doctrines ésotériques. Celles-ci sont sensibles dans ce poème, intitulé *Atlas*. Dans ce texte, Rudhyar exprime des idées moins confuses qu'il n'y paraît: il voit dans les poètes ces mages prédestinés à régénérer le monde pour les générations futures:

> Oh! qui dira la tristesse des piliers souterrains des grands édifices!
> Ils sont dans la nuit, plongés dans des alvéoles profondes, creusées dans le roc, creusées parmi la souffrance et l'étouffement.
> En eux souffre l'élan irréalisé des colonnades, l'élan des flèches qui sont Lumière, — là-haut.
> Ils sont cet élan virtuel, inaccompli. Ce sont les grand Rêveurs d'un Ciel qu'ils ne verront pas.
> À eux — l'Obscur — aux autres la Lumière.
> Mais ils sont la source des grands dômes, où s'enclora la vie des humanités.
> Et comme Atlas ils portent le poids des mondes; — en silence pieusement.
> Nous sommes, nous les Pères de l'Avenir, les piliers souterrains du Temple de l'homme
> Nous sommes la raison de cet avenir
> Mais nous le verrons — jamais[9].

Il ne s'agit pas vraiment d'un poème en prose fait de versets, mais d'une sorte de message délivré dans un style poétique.

Ce feu mystérieux qui, selon Rudhyar, anime les grands rêveurs inspire à Paul Morin, dans le numéro suivant, un poème sur Scriabine, composé sans doute au sortir d'un concert, dans le feu de l'enthousiasme. Le poème se déploie selon une forme qui, comme dans la musique du compositeur russe, trouve sa raison dans une tension intérieure. Mais Morin, trop soucieux de beau langage, accumule les qualificatifs pompeux, tout en cherchant manifestement à fabriquer ou des alexandrins réguliers (6 + 6) ou des alexandrins élargis (5 + 3/5 + 3) entremêlés de vers plus courts comme le montre l'extrait suivant:

> Par les labyrinthes cruels de la sinueuse Musique
> il fut l'auguste exemple de l'inlassable effort
> vers l'idéal mystérieux
> de l'escalade magnifique
> vers le Feu!
> Il faut donc remercier la Mort
> et trouver des chants clairs des rythmes éclatants
> puisque un mortel enfin s'approche du Titan
> La tâche est accomplie au prix de quelle angoisse…
> Ah les fourbes et les sournoises
> vengeances
> et les silences
> concertées
> devant tant, trop de beauté[10]
> […]

Mieux que quiconque, Morin vérifie le point de vue de Maurras pour qui le vers libre procède du vers parnassien. Dans ses *Poèmes de cendre et d'or*, Morin, en 1922, fera clairement comprendre que l'attachement à la forme parnassienne reste le seul moyen de préserver la beauté contre la cacophonie moderne.

Jean-Aubert Loranger et le vers libre

L'héritage à la fois du Parnasse et du symbolisme pèse lourd sur la conception que se font les «modernes» de la poésie: les poètes obéissent plus ou moins à l'obligation que leur fait Maurras de marquer encore davantage la scansion, les effets d'allitération, pour compenser éventuellement l'absence de la rime et du compte syllabique dans le vers libre. Le poème en vers libres est alors contraint de garder la mémoire du vers mesuré par le rythme accentuel.

Dans la métrique classique, le vers se définit comme un segment comportant un nombre prédéterminé de syllabes parce qu'il est perçu dans son entourage, c'est-à-dire dans un réseau d'équivalences entre des segments métriques comprenant le même nombre de syllabes. Le compte syllabique ne signifie rien en soi hors de ce réseau d'équivalences. C'est ce que Benoît de Cornulier appelle la pression métrique[11].

Le vers libre s'affranchit de la pression métrique. En revanche, on lui substitue, comme le fait Maurras, des contraintes rythmiques qui font désormais du vers l'unité rythmique (et non plus métrique) du poème. Un vers libre est un vers, parce qu'il contient au moins un accent (tonique), c'est-à-dire un accent de groupe de mots comme indice de vers ou de limite de vers. S'il en était autrement, croit-on, le vers libre ne serait plus du vers mais de la prose. Le vers libre devient ainsi par crainte de la prose l'équivalent d'un pied rythmique, alors que le vers régulier classique nous était apparu d'abord, grâce à certaines règles de réécriture, comme l'équivalent d'un mot (phonologique). Déjà, Fabre d'Olivet ne voyait pas d'autre issue pour libérer le vers français des contraintes de la rime ou de la scansion métrique (accent à la césure ou à la limite de vers) que d'imaginer ce qu'il appelait un rythme eumolpique; le vers devait être composé selon lui d'une succession de syllabes féminines et de syllabes masculines de manière à obtenir une suite de glissés et de frappés dans le vers. Fabre d'Olivet voyait en ce type de rythme, fondé sur les particularités mêmes du français, un rythme émanant de l'essence de notre langue. Pourtant, c'est le même Fabre d'Olivet qui avait su montrer l'importance dans toutes les langues de l'accent prosodique (accent sémantique de discours) soutenu par la voix et décidé par la situation d'énonciation. On peut considérer comme un recul le fait qu'on en arrive à renforcer un rythme de langue dans le vers en croyant libérer celui-ci de la pression métrique (le compte syllabique), cela pour n'avoir pas suffisamment réfléchi à l'efficacité de la voix dans l'élaboration du rythme sémantique du poème. En se confondant avec l'accent prosodique, la voix, comme l'a vu Fabre d'Olivet, conteste par sa mobilité même le rythme de scansion. Mais la voix fait plus encore, en contestant jusqu'à la pression métrique dont parle Cornulier à propos du vers régulier; la voix remet en cause la syllabe et accessoirement le compte syllabique comme support du vers. Parmi les poètes de son temps, Jean-Aubert Loranger est l'un des rares à l'avoir compris, comme le montrent les deux recueils de poèmes qu'il publie, l'un en 1920, l'autre en 1922. Et disons, pour faire bonne mesure, que ce n'est pas un mince mérite du critique Alfred Beauregard que d'avoir saisi l'originalité de Loranger.

> Pas d'alexandrins dans ce volume. Tous les vers sont courts, souvent irréguliers et quoique plusieurs possèdent la grâce de s'incruster seul dans la mémoire, l'*art* de Loranger consiste principalement à frapper la sensibilité du lecteur par des effets de masse, de stances complètes, plutôt que par la tonalité des vers individuels. Pour cela, il a supprimé la rime qui nuirait à la fluidité et à l'élasticité de cette poésie, par les nœuds qu'elle fait entre les lignes[12].

Loranger pratique en effet le poème en prose ou le poème en vers comptés plus ou moins homométriques (sept ou huit syllabes) non rimés. Il compose également de courts poèmes qu'il appelle haïkas ou outas. En elles-mêmes, ces différentes formes pratiquées par Loranger indiquent à quelles recherches de rythme et d'expression le poète soumet sa poésie.

Nous allons chercher à comprendre les aspects de cette recherche «formaliste» (on le lui reprochera comme un signe de futurisme, de cubisme) dans une œuvre au demeurant peu abondante.

Parmi les poèmes de Loranger, *Ode* est sans doute le seul qui fasse allusion aussi explicitement à une forme traditionnelle. *Ode* figure dans *Poèmes*, publié en 1922.

Ode compte six strophes de huit vers, en apparence isométriques, constitués pour la plupart de huit syllabes. Le poème n'est pas rimé. Si l'on soutient que la rime marque une fin de vers, le vers cesse, dans ces conditions, d'apparaître comme l'unité métrique du poème. Si l'on soutient plutôt que la rime crée des équivalences métriques entre des vers isométriques ou hétérométriques au regard de la composition strophique qu'indiquent les blancs sur la page, alors ce rapport d'équivalence cesse aussi; l'absence de rime est là justement pour signifier que ce n'est plus le vers, mais la strophe, ce que Beauregard appelle la «stance», qui organise le rythme de l'énoncé en fonction des modalités de l'énonciation. La qualité des accents ne sera plus la même. Là où l'on trouvait un rythme métrique (rythme de scansion marquant un temps fort sur la dernière syllabe du vers), l'on trouve désormais un rythme prosodique (rythme sémantique). Relisons la première strophe:

> Pour une voile que la brume
> Efface au tableau de l'azur,
> Pour un nuage au firmament,
> Dont se décolore la mer,

Pour une côte où brille un phare,
Pourquoi la plainte nostalgique,
Puisqu'à l'horizon le silence
À plus de poids que l'espace[13]?

On aura remarqué que les deux premiers vers comme les deux derniers s'enchaînent les uns aux autres par des effets de liaison à l'entre-vers que s'interdisaient les poètes classiques ou dont ils usaient parcimonieusement. Dans les deux derniers vers, cet effet d'enjambement met en relief un accent d'intention sur «plus» en même temps qu'il dissimule le fait que le dernier vers ne compte que sept syllabes. Loranger désaccentue la fin de vers, atténuant ainsi l'accent métrique.

Par ailleurs, Loranger traite les diérèses comme des synérèses, dans la suite du poème, et, se ralliant à l'usage, il ne compte plus le *e* muet après une voyelle. Ainsi, ce vers de huit syllabes en aurait compté dix, selon l'ancienne métrique: «Glori*eu*se iss*ue* dans la lumière». Ce vers-ci en aurait compté neuf: «Une insondable vi-si*on*». Bref, la notion du nombre syllabique s'estompe, ainsi que la conception parnassienne du rythme métrique mesurant le nombre de syllabes. Certes, une fois que l'on a compris comment Loranger procède, on peut toujours reconstituer des octosyllabes «réguliers» et recourir à la scansion, même si celle-ci compromet le rythme sémantique et la reconstitution d'une voix intériorisée dans le discours. Jean-Pierre Bobillot parle à propos d'effets semblables chez Apollinaire d'une «dichotomie non pas vers métrique/vers libre, disqualifiée, mais, on l'aura compris, mètre/non-mètre[14]». Cette interprétation est tentante, car elle est riche de possibilités. Cela dit, elle maintient encore le rythme dans le vers, et le vers dans le compte syllabique, fût-ce pour un compte syllabique «souple», comme le dit bien Bobillot; le «nombre» contre le «chiffre». Mais Beauregard a bien vu comment la «stance» s'impose chez Loranger aux dépens du vers comme unité rythmique. Loranger opère un saut qualitatif en passant d'un rythme dans la langue détachant le «nombre» de la voix à un rythme de discours liant le rythme à la voix du poème.

Loranger avait proposé à l'École littéraire de Montréal, lors de sa réunion du 9 mars 1921, le sujet suivant: «Savoir si l'on pourrait écrire de la poésie si bien qu'elle n'aurait pas besoin de ponctuation[15]». Évidemment, les membres de l'École se récrièrent, voyant là une dangereuse «fantaisie» qui menaçait aussi bien la grammaire que l'existence même du vers. Loranger renoncera à déponctuer le poème, mais pour d'autres raisons. Sa ponctuation renforce le parlé dans le poème, en s'appuyant sur les modalités de l'énonciation. Par exemple, dans cette première strophe d'*Ode*, la ponctuation donne aux relatives la valeur d'une énonciation incidente. Cette ponctuation est déictique, d'une certaine manière. Elle «montre» en effet le pli syntaxique, en incorporant les segments de discours introduits par «pour» dans la modalité du «pourquoi». Cette question intériorisée se heurtera à son tour à la modalité du «puisque», dont les linguistes nous disent qu'il introduit une énonciation formulée par un énonciateur autre que le locuteur, mais que celui-ci prend à son compte.

La syntaxe de Loranger est elle-même une syntaxe qu'on pourrait qualifier de sémantique. Dans les vers suivants, extraits d'*Ode*:

> Mais à la poupe s'agrandit
> Le désespoir et la distance.

le verbe reste au singulier, mais pour mieux fondre l'un dans l'autre le sens des deux sujets. Dans une autre strophe, Loranger emploie la tournure «s'achemine... voir», en faisant d'abord comme si le verbe «s'acheminer» avait sa propre valence et son propre régime syntaxique («s'acheminer vers») sur lequel vient ensuite se greffer le sens de «aller voir» par une sorte de rajustement énonciatif:

> La nuit que ton âme revêt
> S'achemine vers le couchant
> Voir à l'horizon s'effondrer
> Ce que peut le jour d'illusion.
> Et c'est bien en vain, que tu greffes
> Sur la marche irrémédiable
> De la nuit vers le crépuscule,
> Le renoncement de tes gestes.

La nuit est un actant imprécis: elle marche vers ce crépuscule dont on ne sait s'il est un commencement ou une fin. Elle est aussi le vêtement de l'âme, elle est la compagne, elle est la substance sans corps du temps, elle est la métaphore du moi et de son monde intime, dans une sorte de monologue dialogique.

Ode déconstruit la description parnassienne en donnant à voir le tableau par la négation de ses éléments. Plutôt que de déconstruction, parlons de la «picturalisation» de la description. Loranger choisit de structurer un paysage par négation, effacement, retranchement ou transposition de ses éléments dans l'espace de la fiction intime où la lumière semble plus négative encore que la nuit:

Si l'ombre fait surgir en toi,
Comme le feu d'un projecteur,
Une connaissance plus grande
Encore de la solitude,
Que peux-tu espérer de l'aube?

L'oxymore (ombre/feu) est depuis Nerval la figure par excellence de la modernité, ici figure de l'impossible palpable, du négatif concrétisé dans l'espace intime, dans la syntaxe de l'hypothétique.

Le poème suivant semble nous rapprocher davantage du vers libre. Il est écrit en vers de sept syllabes, à l'exception du dernier.

L'aube encadre un paysage
Au châssis de la fenêtre.
La lumière absorbe l'ombre,
Elle dissolidifie
Le volume de la chambre.

Je suis au petit début
Imprécis d'une journée
Que la pendule tapote,
Doucement, comme une glaise,
Pour lui faire un avenir.

Le grand silence m'enclôt
Comme en une serre chaude
Où ma peine doit mûrir.

Il ne se peut pas que j'aie
Attendu l'aurore en vain.
Il faut qu'il y ait, pour moi,
Le commencement, aussi,
De quelque chose[16]...

Il est significatif que, dans leur anthologie, Laurent Mailhot et Pierre Nepveu aient amputé ce poème de sa première strophe, comme si elle était encore trop proche de la description parnassienne et entachait la pureté de la voix lyrique, alors qu'il s'agit à nouveau d'une picturalisation du tableau, c'est-à-dire d'une réécriture de la description dans l'espace-temps d'un «ne plus» et d'un «pas encore».

Loranger défait le tableau parnassien pour se réapproprier le regard.

Comme dans *Ode*, les retours à la ligne ne découpent pas à proprement parler des vers: ils délimitent des segments de discours. Ils n'isolent pas les vers, ils les enchaînent. Cela est particulièrement évident dans le cas d'un enjambement:

> Il ne se peut pas que j'aie
> Attendu l'aurore en vain.

«j'aie» étant désaccentué, la frontière du vers n'est plus marquée par un accent. La ponctuation renforce ces effets d'enchaînement qui délinéarisent le vers, vu, cette fois, en tant que ligne typographique. Il ne s'agit pas de «conserver» le vers, mais de le «converser» dans la strophe, pour le «démétrifier» profondément. Ne comportant pas de rimes comme telles, le poème ne respecte plus l'alternance entre les syllabes féminines et masculines. Mais manifestement, l'auteur concentre une grande quantité de mots féminins en fin de vers (paysage, fenêtre, ombre, chambre, tapote, glaise, chaude, chose). Il oppose les mots féminins à deux types de mots masculins; d'une part aux mots masculins qui se terminent par une voyelle pleine, la consonne qui suit n'étant pas audible (début, m'enclôt, vain, moi, aussi) et d'autre part aux mots masculins avec consonne finale vibrante (avenir, murir). On notera également en fin de vers des mots que nous appellerons «semi-féminins» (dissolidifie, j'aie), c'est-à-dire des mots terminés par une voyelle pleine suivie d'un *e* féminin non audible. Cette abondance de mots féminins en fin de vers n'est certes pas étrangère à la musicalité du poème. Mais nous en déduirons que, sur le plan phonologique, le *e* muet tombe en fin de vers d'une part parce que la fin de vers est traitée comme l'équivalent d'une fin phonologique de mot (on sait que, dans le langage courant, le *e* muet tombe à la fin d'un mot phonologique. Voir le chapitre premier), d'autre part parce que Loranger crée des effets d'élision à l'entre-vers que nous avions déjà remarqués dans *Ode* et qu'il systématise ici:

> [...] un paysage‿Au chassis
>
> [...] une serre chaude‿Où ma peine
>
> [...] que j'aie‿Attendu

Ces phénomènes d'élison s'ajoutent à ceux qui se produisent normalement à l'intérieur d'un vers:

> L'aube‿encadre‿un paysage
>
> La lumière‿absorbe l'ombre
> etc.

Ces élisions à l'entre-vers et dans le vers donnent l'impression que la strophe est co-syllabée non plus seulement en fonction des règles de la métrique, mais d'abord en fonction des règles de la phonologie en vigueur dans le discours courant.

Par ailleurs, on ne rencontre pas de métaphore explicite dans ce poème, en dehors de celle que suggère le verbe «tapoter», qui évoque le geste du potier et, plus imperceptiblement, celui du père avec l'enfant. L'image appartient à un espace référentiel déposé à côté du poème, l'espace plus ou moins ironique des associations d'idées, du jeu sur les mots. Par un effet d'anagrammatisme (mot dans les mots), toute comparaison («comme une glaise», «comme en une serre chaude») se lit dans le mot «commencement», c'est-à-dire dans la figure du temps. Le temps renvoie à l'intime et l'intime consiste à «s'intimer» une loi qui dépend du temps («il ne se peut pas que j'aie attendu...», «Il faut qu'il y ait, pour moi, le commencement, aussi de quelque chose»). Dantin jugera sévèrement l'ironie du poète où s'entremêlent, selon lui, les thèses hégéliennes sur l'identité des contraires et une vision pessimiste du monde.

Dans les poèmes qu'il appelle des outas, selon un terme emprunté à la poésie chinoise, Loranger pratique l'enjambement à l'entre-vers pour plier le vers au parlé:

> Le petit kiosque est rond,
>   Il est allumé
> Par le milieu, et la nuit
>   D'autour colle aux vitres
> Comme une noirceur de suie[17]

La disposition plastique des vers apparaît donc complètement dissociée du découpage métrique traditionnel, puisque le mètre s'est dissolidifié dans le parlé. On considérera, dès lors, les blancs comme des blancs métriques. On a souvent glosé sur le blanc dans les poèmes post-symbolistes en leur donnant la valeur métaphorique d'un silence fondamental où se ressourcerait le chant lyrique, dans une recherche plus essentialiste de la poésie. Restons d'abord à un niveau plus fonctionnel. Constatons que la fin métrique d'un vers n'est plus marquée par un accent fort ou encore par la pression métrique, compte tenu des enjambements qui imposent le «parlé» dans le poème. Dès lors, c'est au «blanc» qu'il incombe désormais de marquer l'équivalence typographique des vers (segments linéaires sur la page) entre eux, en suggérant l'alternance typographique du long et du court, selon un rythme long-court-long-court-long, auquel vient s'ajuster, mais après coup, le compte syllabique: 7-5-7-5-7. Ensuite, on parlera de la qualité «plastique», idéogrammatique du blanc qui encadre le poème comme un vide lumineux ou opaque s'opposant à la nuit «d'autour». Le blanc revivifie l'oxymore (lumière/nuit) fondamental où Dantin saisit l'identité des contraires qui symbolise, pour lui, la modernité.

Dans certains haïkas ou haïkus, le blanc métrique est le seul indice de métricité: alternance de «lignes» courtes et longues: court-long-court. Ce rythme typographique s'impose aux dépens du compte syllabique dans le haïku suivant où alternent des vers quasi homosyllabiques: 6-7-6:

L'aube éveille les coqs
Et tous les coqs, à leur tour,
Réveille le bedeau[18]

Par ailleurs, les coupes internes indiquées par la ponctuation suggèrent une scansion 6-4-3-6 qui se fond, en réalité, dans les effets de répétition (rimes internes): coqs/coqs, éveille/réveillent. Il s'agit pour Loranger de suggérer l'idée de cycles qui, nous le verrons dans un moment, procèdent de son système du monde qu'il projette avec humour dans un paysage régionaliste. Comme l'écrit Bernadette Guilmette dans son étude historique du haïku en France et au Québec, l'idée que «la poésie doit être faite par tous» (Lautréamont) «implique justement la qualité de ce qui la rend quotidienne[19]».

Peut-être Loranger avait-il lu dans la NRF les haïkus de Maublanc qui évoque ainsi sa Bretagne natale:

La nuit en Bretagne
Un vieux chant passe et s'en va,
Dans un bruit de sabots[20].

Les haïkus de Loranger sont à lire, cependant, dans le contexte de son œuvre comme un exercice de plus en vue de déplacer les rapports entre poésie et prose, en supprimant la frontière entre modernisme et régionalisme, un régionalisme qu'il démystifie par l'humour, ou qu'il associe au populisme.

Le graphe de la modernité dans l'œuvre de Loranger

Loranger n'abandonnera pas totalement la poésie après 1922, mais il se consacrera davantage à ses récits du terroir qu'il publie pour la plupart dans les journaux. Cette activité nouvelle laisserait volontiers penser que Loranger s'est plus ou moins laissé circonvenir par le régionalisme ambiant dont semblent déjà s'inspirer certains haïkus, comme nous venons de le voir.

Une étude plus serrée de la thématique de son œuvre poétique va nous permettre de mieux comprendre comment Loranger conçoit les rapports entre modernisme et régionalisme et nous aurons de ce fait une définition plus sûre de son lyrisme.

À première vue, les haïkus pourraient représenter quelque chose comme un contre-exotisme dans la poésie de Loranger. Bernadette Guilmette rappelle qu'à une époque où l'on transpose facilement toute «impression» en «description», «le haïku ne décrit jamais; son art est «contre-descriptif», dit-elle, citant Barthes[21].

Les haïkus expriment le désir de fixer un moment d'éternité transitoire. Loranger imagine de courtes strophes souvent sans verbe où se côtoient des images bâties sur deux thèmes différents associés par l'impression du moment. Selon l'esprit japonais, il faut exclure l'idée d'antithèse ou d'opposition complémentaire entre ces deux thèmes. On doit plutôt les saisir comme des manifestations de ce qui apparaît en s'insinuant dans un vide naturel. Loranger construit un peu dans cet esprit des haïkus qu'il incorpore sous la forme de strophes de trois vers dans le poème intitulé *Le parc*:

L'eau jaillit par bonds du bassin,
Ne dirait-on pas qu'il y tombe
Des pierres à courts intervalles

et:

Un grand parasol de cristal
S'ouvre dans l'air et se referme
À chaque envolée du jet d'eau

et:

Or, ce fut le soir sur les bancs
Tièdes encore de soleil
Aux lèvres, la rosée déjà.

et:

Des vers bien comptés, lents et chers,
Comme les pas du grand malade,
Dans une allée jusqu'à sa mort[22]

Les haïkus relèvent apparemment d'un style impressionniste, et qui dit impression dit un sujet qui ressent. Or le style impressionniste, au contraire, suppose une impression donnée sur un mode impersonnel, comme venue du monde extérieur et rendue par le tour «rhétorique» de la juxtaposition des images elles-mêmes. Ce qui est le cas ici. En réalité, les haïkus désubjectivent le langage poétique dans leur raccourci elliptique. Dans ce poème de Loranger, ils représentent des moments de désubjectivation, purs effets d'atmosphère. Mais réincorporés aux autres strophes du poème, ils sont associés à des moments de conscience aiguë du temps pour un sujet confronté à la mort:

L'homme qui regardait le jet d'eau
Entendit l'ombre murmurer
Des phrases qu'il reconnaissait
Appartenant à sa mémoire

Des vers bien comptés, lents et chers,
Comme les pas du grand malade,
Dans une allée jusqu'à sa mort.

Alors seulement il comprit.

Même s'il est question au début du poème de «l'avenir à jamais nié», nous ne saurons pas de façon certaine ce que comprend profondément le personnage. Et c'est bien ainsi.

Les haïkus de Loranger regroupés dans *Le parc* combinent, quand on les examine de plus près, deux figures géométriques, la droite et le cercle, auxquelles font écho d'autres figures du poème:

Dans l'allée plus longue que lui
Dans une allée jusqu'à sa mort
[...]
Et le bonheur tenant pour nous
Dans l'équilibre des cerceaux.

La droite est signifiée par l'allée, passage à sens unique d'un point à un autre, vecteur symbolisant le temps vécu. Grâce à sa forme, le cercle suggère, au contraire, la possibilité d'un recommencement ou encore l'équilibre d'une balance. On pourrait montrer comment de telles figures abondent dans l'œuvre de Loranger. Le poète est l'homme des machines géométriques. Il les imagine mues par différentes formes d'énergie, comme ici l'énergie hydraulique:

La ville est sur le fleuve Saint-Laurent
Comme une roue hydraulique en arrêt
Que l'eau s'efforce de faire tourner[23].

Ailleurs, l'énergie de la lumière fait d'un «phare» un moulin des bords de mer:

Tournoiement alternatifs
Des phares sur l'horizon,
Relevé, dans le lointain
Des distances douloureuses[24].

L'énergie éolienne peut parfaitement se combiner à l'énergie hydraulique, comme ici dans *Le parc*:

Un grand parasol de cristal
S'ouvre dans l'air et se referme
À chaque envolée du jet d'eau.

À l'énergie motrice répond l'inertie de la masse:

Montréal est à jamais fixé
Dans le fleuve, en face de Longueuil,
Par ses grandes cheminées d'usines
Plantées partout comme de gros clous[25].

Les haïkus de Loranger participent donc d'une vision tout à fait occidentale — moderne et industrielle — du paysage.

Le paysage-machine est à la ressemblance de l'homme-machine qui, dans *Le passeur*, voit décliner la force motrice de ses bras. Il est comme cet homme qui, dans *Le retour de l'enfant prodigue*, regarde le sablier mesurer l'écoulement de sa vie, avec son mouvement de vecteur réversible et sa forme de balance du temps. Paysage-machine et homme-machine sont donc inévitablement marqués par l'entropie:

Ce n'est pas le cœur qui manque
Ni le désir rassasié;
Mais la route qu'on étire
Qui fait défaut tout à coup[26].

Cette route ramène inévitablement de la périphérie au centre. De même, le chemin fait défaut pour aller jusqu'aux confins de la mémoire, car l'univers psychologique de Loranger obéit aux mêmes principes géométriques que le paysage:

Ce n'est pas le cœur qui manque
Ni le désir rassasié;
Mais c'est la route par qui
Mon âme tient au passé[27].

Le critique du *Canada* notera, sans doute en se souvenant de ces strophes, que «les mêmes vers reviennent encadrés de nouveaux octosyllabes[28]». C'est pour lui contraire aux règles de la bonne versification, mais il y voit un effet de la «fantaisie» de l'auteur, la «fantaisie» étant synonyme de modernité, comme nous l'avons déjà dit. En réalité, ces deux strophes témoignent désormais d'une forme qui, dans le poème, invente les lois de son parcours énonciatif en se formant; il s'agit de ce que Luigi Pareyson appelle pour sa part une «forme formante[29]». Celle-ci n'est donc pas étrangère à la géométrie mécanique à laquelle elle est associée chez Loranger et qui décrit un monde concentrique en expansion, marqué par le mouvement de l'éternel retour dont nous donnerons encore un exemple:

Les heures s'égrènent sans cesse
De l'immobilité du temps.
Et dans le sablier, la chute,
Sans fin, recommence toujours
De mes espoirs pulvérisés.

Alourdie des douleurs humaines
L'heure s'écroule avec le sable,
Et s'entasse dans un passé
Qu'il faudra de nouveau revivre[30].

L'univers de Loranger forme un système de cercles concentriques dont la page couverture des *Atmosphères*, illustrée en 1920 par J. C. Drouin, donnait une reproduction exacte. Système habité en son centre par un immense vide qui peut bien être aussi un soleil placé au milieu de cet univers. Celui-ci constitue donc un système mécanique dont Michel Serres formulait ainsi l'algèbre:

> Le pôle est alors, et en même temps, le nombril de formation pour la périphérie la plus lointaine, et le vortex de la mort pour une sphère proche. Les mondes formés pour les temps *t* se trouvent bordés par les ruines du monde mort et le chaos de la nature informe. Le système est une couronne sphérique, mobile radialement, dont l'intérieur est mort et l'extérieur à naître. En expansion sur un côté, en dégradation de l'autre[31].

Michel Serres explique alors qu'«autour du centre palingénésique, la distribution neuve, issue du système, reforme un système en expansion par sa périphérie, alors que les systèmes, parvenant, temps par temps, à leur heure de mort, retournent à la distribution[32]». Or tout se passe comme si certains «outas» de Loranger se calquaient sur les lois d'un tel système:

J'avais perdu mes limites,
    Fondu que j'étais
Avec l'épaisseur de l'ombre.
    — Comme c'est pareil,
Ouvrir ou fermer les yeux.

Mais le couloir s'alluma.
Ma chair oubliée
Se crispa, soudain touchée.
— Une aiguille claire,
Un rayon par la serrure[33].

Certes, le poème de Loranger brille par toutes les qualités de la poésie qui manque aux systèmes. C'est qu'ici le *je* existe. Il occupe le centre pathétique de cette cosmologie décrite par Serres. Il lui donne une intimité. Il confère à l'infime une valeur d'événement:

La lampe casquée
Pose un rond sur l'écritoire.
— Une assiette blanche[34].

Aussi paradoxal que cela puisse paraître, nous tenons là, avec Loranger, la représentation d'un monde subjectif qui se pense dans les termes mêmes d'un système positiviste. Ce système, comme l'a montré Michel Serres, convient également à la représentation bergsonnienne du *stream of consciousness* et à sa notion de flux temporel:

> Le temps qui est en jeu, ici, est évidemment réversible, tel celui de la mécanique ou celui de l'astronomie. Bergson ne fait que recopier l'aphorisme de Comte, quand la science prévoit l'avenir, elle prévoit aussi du passé [...] Bergson est mécaniste. Or tout cela est la nouvelle mécanique. Or tout cela n'est qu'un discours de la matière et Bergson est mécaniste[35].

On peut dire également de Loranger qu'il est matérialiste. On le voit dans la représentation qu'il donne du rythme de la ville dans un poème en prose. Tout commence par un chaos, par un nuage de foule, que le rythme mécanique d'un régiment va ordonner provisoirement en un ensemble unifié, avant que le chaos ne reprenne le dessus:

> La foule fait dans la rue un dessin obscur de taches mouvantes.
>
> La rue distraite se disperse et s'éparpille dans chaque mouvement de chaque homme.

+++

> Une troupe de soldats entre soudain dans la rue, et le tambour noue le rythme uniforme des hommes qui le suivent[36].

Le rythme nous est présenté comme un effet de synthèse mécanique. Il s'oppose ainsi au rythme comme effet de synthèse hermétique que l'on trouve chez Delahaye. C'est la leçon de l'unanimisme de Loranger. Le poète nous dit que «l'écart à l'identité n'est plus métaphysique, il est tout bonnement physique[37]», comme le prouve le conte intitulé *Le vagabond* que Loranger publie dans *Les atmosphères*, conte qu'il serait trop long d'analyser ici. Ce déplacement de la métaphysique des passions à la physique de l'«impression» est d'envergure. Avec Loranger, la poésie tente de faire écho à la science. Ce monde machinique est théoriquement un monde sans Dieu.

Tout se tient dans le système imaginé par Loranger. Y compris l'organisation du travail. Dans *Le passeur*, le village est présenté symboliquement comme une source de production par association avec l'usine et comme une source de reproduction par association avec la table: «Enfin, il vit l'action, le gros remuement dans le village d'en face qui apparaissait sur la berge comme une table mise avec ses petites maisons de toutes les formes qui faisaient penser, vues de loin, à des vaisselles, et avec la cheminée d'une usine qui se dressait comme un col de carafe[38].»

Nul doute que si le village était vu de plus près, le passeur n'y apercevrait plus cet ordre qui construit le «réel» symbolique du village; il ne verrait que le grouillement informe des villageois. Il constaterait alors que tous ces atomes sont en réalité pareils, comme c'est le cas dans une autre prose de Loranger: «Le désir, qui hante la foule en confrérie, de se dire quelque chose, ne les tourne pas l'un vers l'autre. Ils sont trop tous la même chose[39].»

L'illusion visuelle du passeur, qui se voit coupé de la profusion et de la convivialité du village, demeure une illusion «juste», car elle vérifie autrement les lois de la mécanique optique du système. Illusion juste, relative à la position qu'occupe celui qui mesure dans le système.

Venons-en à la question que pose alors Michel Serres à la science, mais aussi dans notre cas à la poésie: la question du graphe qu'il définit comme «un modèle, un paradigme, tous termes compliqués pour exprimer ce qui, dans la simplicité technique et opérationnelle d'une multiplicité saisie d'un seul coup ne peut être nommé qu'un graphe[40]». Loranger donne à voir ce que Serres appelle «le graphe apparent», c'est-à-dire «l'espace, les grands corps mouvants, leurs liaisons multiples, la force unique distribuée partout, mais issue d'une loi». Il ne s'agit pas de dire que Loranger applique les théories scientifiques de l'univers de façon mécanique; il tente plutôt de produire une vision du monde qui reproduit le graphe de l'organisation moderne de l'univers.

Le *je* serait le signe, par rapport à sa propre conscience de la durée, de la tension entre vie et mort dans le système.

Le langage lui-même, comme l'imagine Saussure, reproduit peu ou prou le graphe du système laplacien décrit par Michel Serres. En effet, l'on représente volontiers le plan du signifiant linguistique et celui du signifié comme deux nébuleuses ondoyantes que le signe balise en engendrant entre elles des rapports d'équivalences qui sont toujours à constituer. Le signe établit ainsi un rapport entre le son articulé et la chose mentale désignée, autrement dit, un rapport entre le signifiant qui signifie et le signifié non visible, mais préexistant au signifiant et que le signifiant présentifie. Le signifiant organise les signifiés par rapport à la signification et c'est par rapport à la signification que le signe se définit comme rapport à des valeurs de sens que codifie la langue, en les structurant en un faisceau d'éléments différentiels. Le signifié retourne à sa nébuleuse chaque fois que le signifiant manque à le signifier ou chaque fois qu'il manque à venir sous la figure du signe.

C'est cette pensée du signe qui se concrétise dans l'image de la trace, chez Loranger, particulièrement dans *Ode*. Comme la voile, le *je* est un signe/trace qui apparaît et disparaît. Comme la brume, le *je* est lourd, mais aussi sans consistance et finit par s'évanouir. La trace est un signifiant «sans relève» du côté du signifié qu'elle appelle, dirons-nous:

> Qui vient de dire ce que vaut,
> À l'horizon, le jour enfoui,
> Comme un bivouac sans relève,
> Et le rêve qu'édifie l'ombre.

Le je-signe-sémaphore s'efface de même que la trace cyclique de la lumière du phare se résorbe et perd toute réalité dans la lumière du jour naissant. Avec Loranger, pour la première fois, s'élabore une pensée moderne du signe et de la trace faisant, entre autres, de la comparaison, de l'«être comme», le milieu d'où émerge la subjectivité.

Mais Loranger ne partage pas avec Bergson le sentiment que le poète est un créateur d'images dociles au rythme, Bergson entendant par rythme la périodicité du rythme métrique. Les effets de «stances» que notait Alfred Beauregard dans les poèmes de Loranger suggèrent au contraire une périodicité du discours dans le parlé intériorisé du poème. La syntaxe crée sa propre périodicité en multipliant les enjambements, par exemple. En entraînant les vers dans le travail de ses propres coupes ou ruptures de sens, la syntaxe force la forme à s'étirer hors du vers:

> Les pas que je fais en plus
> Ceux hors de moi-même,
> Depuis la forme du banc,
> — La forme allongée
> Du banc vert sous les lilas[41].

L'incidente étire la phrase hors de sa limite bien marquée par le tiret, un peu comme le «vert» semble déborder la forme du banc dans cette recherche de la «picturalisation» que nous avons déjà remarquée. Ailleurs, c'est la rime, qui ne marque plus nécessairement une fin de vers, mais la récurrence dans le poème de certaines valeurs sémantiques par le jeu des sonorités; c'est la rime, donc, qui se projette sur la fonction grammaticale («vers»), et finit par retourner les mots sur eux-mêmes (inverse — vers — univers):

> je ne serai pas toujours
> Celui qui refait l'inverse
> De la jetée, vers sa chambre
> Où règne la conscience
> D'un univers immobile[42]

Ici, la rime force le *je* hors de la négativité comprise dans la grammaire et dans les préfixes. Le *je* n'est plus un signifié venant se glisser sous le signifiant, signifiant sonore ou signifiant syntaxique. Le *je*, c'est le discours tout entier porté à l'état de subjectivité: le retour du sens sur lui-même, dans la syntaxe, dans la préposition («vers»), dans le son (v). À l'instar d'Henri Meschonnic, on ne parlera plus du sens, mais de la signifiance du poème: «Par là on passe de la langue au discours. Du son conçu comme signifiant (au sens du signe), porteur matériel du sens, mais discontinu d'avec lui, au signifiant, participe présent du verbe signifier, conçu comme un continu culturel et subjectif du sujet à son propre langage. L'unité n'est plus le mot mais le discours[43].»

Avant de quitter Loranger, faisons une dernière remarque. Le graphe qui sous-tend son système du monde est aussi celui qui informe le roman naturaliste, comme nous allons le voir à l'instant. Le roman naturaliste guidera certains poètes régionalistes vers un réalisme qui s'inspire du graphe laplacien et qu'ils adoptent comme le font leurs adversaires, les modernes, tout en refusant, en principe du moins, d'en tirer les conséquences matérialistes, car cela les mettrait en contradiction avec l'autorité religieuse qu'ils ne contestent pas.

La querelle des exotistes et des régionalistes

Loranger publie ses poèmes entre 1920 et 1922, au moment où la querelle entre les modernes et les régionalistes («modernes», que leurs adversaires qualifient d'«exotistes») bat son plein. Elle se déchaîne au sein même de l'École littéraire de Montréal dont fait partie le poète. Celui-ci se heurte à l'hostilité de Claude-Henri Grignon et de Lionel Léveillé, ardents régionalistes, l'un romancier et critique, l'autre poète. Grignon s'en prend d'abord à la poésie de Paul Morin et de Guy Delahaye qu'il traite de sous-Mallarmé. Il s'attaque également à René Chopin, poète médiocre, mais qui a le tort d'être l'ami des deux autres. Victor Barbeau lui réplique dans ses *Cahiers de Turc*, le 1er février 1922:

> Tout cela est drôle, cocasse, passablement burlesque. Tout cela fait rire. Mais aux dépens de Paul Morin qui a moins de talent que Léo d'Yril parce qu'il a connu la comtesse de Noailles? Est-ce bien aux dépens de René Chopin, qui est moins poète qu'Albert Ferland parce qu'au lieu de chanter comme ce dernier les *ouaouarons* il a chanté les grenouilles[44]?

Barbeau annonce, pour faire suite, la parution dans ses *Cahiers de Turc* de mars de trois sonnets inédits de Paul Morin, de même qu'il salue la publication prochaine de *Poèmes* de Jean-

Aubert Loranger. Victor Barbeau fera plus tard l'éloge des contes canadiens de Loranger. Citons-le encore une fois:

> Ses contes et nouvelles du terroir ne synthétisent cependant qu'à demi cette doctrine littéraire qui consiste, d'une part, à ne pas écrire français, et, de l'autre, à imaginer les objets les plus vils ou les plus insignifiants, en les faisant participer de l'âme nationale. Je dis à demi, car s'il en a bien la lettre, l'esprit lui en échappe encore. Aucune des choses qu'il nous décrit n'est élevée au rang de symbole comme l'ont été, par exemple, la «grise», le «ber», l'«heure des vaches», les «quêteux», la «croix du chemin». Et c'est cela l'âme du régionalisme.
>
> M. Loranger la comprend autrement. Où les vrais, les purs sont patriotiques et prêcheurs, lui se contente d'être réaliste et drôle[45].

Ces lignes datent de 1927. Mais le combat entre régionalistes et exotistes remonte au début du siècle. L'affrontement entre Arthur Letondal, défenseur d'un régionalisme sentimental, et les partisans du réalisme moderne, dans les pages du *Nigog*, en 1918, aura constitué l'un des moments culminants de la querelle.

Les rédacteurs du *Nigog* entendaient dégager l'art des impératifs moraux qui devaient, selon les régionalistes, guider l'auteur dans le choix d'un sujet et dans l'expression des sentiments. Arthur Letondal s'en prit aux conceptions modernistes du *Nigog* dans un article reproduit dans cette même revue sous un titre révélateur: *L'âme canadienne*, qui parut en juillet 1918.

Letondal dit bien qu'il accepte le progrès, mais il rappelle que la jeunesse actuelle doit à des maîtres patients le terreau sur lequel elle fonde son action. Letondal affirme cependant qu'il faut puiser auprès des maîtres français et européens «la clarté, la sobriété et la justesse d'expression». Il concède à ses adversaires qu'il n'y a pas de musique canadienne, «pas de langue canadienne au sens rigoureux du mot, soit, mais il y a des sujets canadiens, il y a l'âme canadienne, l'émotion que l'on puise dans les choses que l'on aime parce qu'on les connaît bien[46]». Sur cette question du «sujet» en art vont donc s'affronter, d'une part, une rhétorique de l'émotion que défend Arthur Letondal comme une rhétorique qui exprime des principes universels et, d'autre part, une esthétique réaliste qui défend l'évolution du roman moderne depuis Flaubert, le romancier préféré des collaborateurs du *Nigog*. (Certains ont lu Proust, mais ne peuvent encore espérer pouvoir défendre cette esthétique proustienne jugée trop «individualiste».) Le débat autour du réalisme remonte lui-même à 1916, quand Louvigny de Montigny publie la première édition canadienne de *Maria Chapdelaine* de Louis Hémon. Louvigny de Montigny présente ce roman comme un roman naturaliste, tout en soutenant qu'il n'est pas pour autant dépourvu de moralité, comme on le croit généralement au Québec, quand il est question du naturalisme: «Maria Chapdelaine remplit les conditions de l'art naturaliste reconnu par Brunetière et que le célèbre critique a énumérées: "la probité de l'observation, la sympathie pour la souffrance, l'indulgence aux humbles et la simplicité de l'exécution"[47].»

Pour Arthur Letondal, le roman de Louis Hémon n'est pas à l'abri de tout reproche. Bien qu'il reconnaisse au romancier français une capacité d'émouvoir qui élève son œuvre au-dessus des avatars du réalisme contemporain, Letondal reproche à l'auteur «un fatalisme sans horizon», qu'il associe à la France et à la culture moderne. Selon Letondal, l'écrivain canadien doit choisir entre un travail sur l'écriture — entendons un travail sur le style auquel appartient visiblement le réalisme, pour lui, — et les sujets canadiens. Des modernes, Letondal écrit:

> [...] Indifférents à la question du sujet en art, je ne les vois pas bien disposés à traiter autre chose que ce que leur suggère leur libre fantaisie, en s'attachant uniquement à la forme. Or précisément, si le sujet importe peu — ce que je suis loin d'admettre — ou s'il n'est que le point de départ d'une idée, je ne vois pas bien, qu'il soit raisonnable d'en rejeter aucun, fût-il canadien[48].

Ce point de vue serait tout à fait admissible si Letondal ne se montrait par trop attaché aux principes traditionnels de la rhétorique. Mais telle quelle, cette citation montre bien que le réalisme constitue l'enjeu de deux systèmes de lecture opposés. La lutte va donc s'engager. Victor Barbeau, dans ses *Cahiers de Turc*, dira qu'il accepte le régionalisme à condition qu'il soit «réaliste», c'est-à-dire débarrassé du «prêchi-prêcha patriotique». Le clivage qui s'opère cache une lutte politique. Le régionalisme de Letondal sert une propagande nationaliste dont le clergé entend profiter dans son combat contre l'étatisme fédéral et cet esprit moderne que Louvigny de Montigny, fonctionnaire à Ottawa et défenseur des idées libérales (dans tous les sens du terme), incarne dans cette bataille intellectuelle.

La poésie dans la bataille

Qu'en est-il de la poésie régionaliste? Elle est à la croisée des chemins. En publiant son recueil intitulé *Les gouttelettes*, en 1904, Pamphile Le May s'était efforcé de réconcilier une poésie parnassienne dans sa forme avec une sorte d'épopée du christianisme dont il emprunte les sujets à la Rome antique, puis à la Bible et enfin à l'histoire du Canada, avant de terminer par la description de la vie quotidienne baignée de foi de nos paysans. L'esprit est romantique, mais les sonnets qui composent le recueil sont, pour l'époque, d'une facture modernisée, dirons-nous, puisque nous avons associé le sonnet à la grammaire nouvelle et à l'art pour l'art. Pour Le May, le travail formel qu'exige le sonnet ennoblit les sujets moraux qu'il traite. Lors de la réédition de l'œuvre, en 1937, Mgr Camille Roy fera le commentaire suivant:

> [...] *Les gouttelettes* occupent un sommet de l'esprit et de la vie de leur auteur. Sommet qu'enveloppent de douce lumière les horizons prochains de Lotbinière, du pays natal dont il chante avec piété les gens et les choses; sommet qu'éclairent aussi des visions de la Bible et de l'Évangile, et qu'animent des souffles religieux, des souffles d'amour, des admirations patriotiques, des jeux de fantaisies[49].

On retrouve dans le recueil de Le May tous les thèmes qu'a stigmatisés Victor Barbeau. Ils ne sont pas tous banals. Celui du quêteux est sans doute l'un des plus riches du point de vue sociologique[50]. Il est associé au thème du pain bénit que partage le père de famille avec l'étranger comme un symbole de l'eucharistie. Ces thèmes ou «sujets» canadiens, on les retrouvera intacts chez beaucoup d'autres régionalistes. Parmi eux, Blanche Lamontagne-Beauregard, Nérée Beauchemin, qui aiment illustrer la paix domestique et la terre canadienne. Ajoutons Clément Marchand qui, dans *Les soirs rouges* (1939), dénonce les fils qui ont quitté la terre pour la ville et qui, ce faisant, ont cédé à l'appât du lucre et de la débauche. Ce recueil anti-ouvriériste dans son fond, fortement inspiré par *Les villes tentaculaires* de Verhaeren et cela jusque dans sa facture prosodique, sera publié en 1947, à un moment crucial de notre histoire sociale (grève du textile à Louiseville, Sherbrooke, Drummondville et Magog). Rina Lasnier fera à son tour des thèmes régionalistes des thèmes de haute valeur mystique.

À l'intérieur de cette culture régionaliste devaient s'opérer de nouveaux clivages, au cours des années vingt. Certains écrivains vont chercher à adapter le régionalisme à un réalisme plus moderne, sans pour autant renoncer à la forme parnassienne, gage de la perfection classique. C'est le cas du poète sherbrookois Alfred DesRochers. Dans ses sonnets d'*À l'ombre de l'Orford*, il va conserver des éléments épiques dans la représentation du travail de l'homme de la terre, dans la description du paysage. Il refuse le sentimentalisme qui constitue pour Claude-Henri Grignon, fidèle à Maurras sur ce point, la marque d'un romantisme dégénéré. Voici le commentaire que fait Claude-Henri Grignon des poèmes de DesRochers, commentaire sévère, au passage, pour Nérée Beauchemin, l'auteur de *Patrie intime*, recueil paru en 1928, un an avant celui de DesRochers. Avec Beauchemin écrit Grignon, «on retomba jusqu'au cou dans le cliché, la beauté conventionnelle qui exige des labeurs sans boue, des travaux sans sueurs, une misère sans blasphèmes, une vie des champs qui n'est que charmes et que rêves. C'était là notre littérature nationale[51]». La vision naturaliste que Grignon préfère chez DesRochers paraît fonder la littérature nationale sur une observation plus vraie — vérité n'étant plus synonyme de «noblesse» — en unifiant en un tout organique l'homme et son milieu: «DesRochers chante ce qu'il a vu comme il l'a vu: la forêt, les hommes, l'alcool, l'animal, la vie.» Dantin, qui est un ami de DesRochers s'emploie, pour sa part, à critiquer le mythe de l'âge d'or que dissimule le régionalisme sentimental, en particulier chez l'historien Lionel Groulx:

> C'est une joie de faire sous sa conduite le tour de la vieille «paroisse» canadienne, reconstruite dans les éléments dont se constituait sa vie: le groupement serré et patriarcal de la famille avec sa merveilleuse fécondité; le labeur agricultural, cette conquête d'un sol vierge où tout est à ouvrir et à créer; l'organisation féodale, ses lois, ses diverses hiérarchies; la nécessité militaire [...]; l'esprit d'aventure [...]; la tradition religieuse enfin, pénétrant et dominant toutes les autres. [...] Ainsi il semble faire du régime féodal auquel nos pères étaient soumis un système sans reproche et fonctionnant dans une

> harmonie parfaite. Ce n'est pas ce qu'attestent les procès sans nombre entre seigneurs et censitaires dont les archives du temps sont encombrées, ni les réclamations fréquentes adressées au roi par des intendants qu'intéressait le sort du peuple[52].

Dantin va s'interroger sur le projet politique qui se cache (nous sommes en 1931) sous ce rêve de l'âge d'or: «Prétend-il [...] nous faire regretter des formes mortes et des moules à jamais brisés, nous orienter vers quelque oligarchie pareille à celle de ces temps, nous faire ignorer les progrès certains accomplis dans l'évolution nationale et ceux qu'elle garde encore en germe[53]...?» Nous voilà presque arrivés au point où le réalisme pourrait devenir un réalisme critique:

> Jamais nous ne redeviendrons, ni par le dehors ni par l'âme, les censitaires du dix-huitième siècle. Ce ne sont pas seulement les chemins de fer et les cheminées d'usine qui rendent ce rêve illusoire, c'est tout un monde d'institutions et d'idées surgi depuis lors: c'est Rousseau, Karl Marx et Auguste Comte; c'est une douzaine de révolutions dont chacune a déteint sur nous; c'est le système parlementaire et le féminisme; c'est la dernière guerre mondiale et la dernière grève anglaise; c'est le sol qui nous porte et l'air que nous buvons[54].

Pour Dantin, il n'est plus question que les Canadiens se tiennent en marge de l'histoire intellectuelle, politique et sociale du XXe siècle. Les derniers mots de Dantin peuvent nous rappeler Taine, pour qui l'écrivain était nécessairement le «produit» d'un tempérament, d'une éducation, d'un milieu physique et moral. Un tel principe choque l'abbé Camille Roy encore en 1918, parce qu'il y voit la marque du déterminisme positiviste qui fait de l'homme «un théorème en marche». Au contraire, ce principe convient parfaitement aux régionalistes naturalistes, parce que, justement, il peut justifier leur combat pour une littérature canadienne qui soit différente par nature de la littérature française. Barrès aura, par ailleurs, sanctifié ce principe en montrant qu'il est la source d'une communion d'idées spirituelles dans une collectivité ethnique attachée à son sol, communion sans laquelle il n'y a pas de civilisation possible ni de «style» authentique. Car le «style», désormais, c'est l'homme en tant que produit de la vie nationale. Mais il n'empêche: pour l'abbé Roy, Taine était un déterministe, doublé d'un pessimiste, parce que «l'homme fut toujours pour lui, en son fond naturel et nécessaire, un "gorille féroce et lubrique"[55]» et l'abbé Roy rapproche tout naturellement, en ce qui le concerne, Taine et Zola.

En 1923, Édouard Garand crée sa collection «le roman canadien», pour raviver le sentiment national chez ses lecteurs. L'un des romanciers les plus lus est Ubald Paquin. Avec Claude-Henri Grignon, il est l'un des rares romanciers à faire partie de l'École littéraire de Montréal où il est entré en 1920, en même temps, notons-le, que Jean-Aubert Loranger. Ubald Paquin repense le déterminisme pessimiste de Taine tout en s'inspirant à d'autres sources: Schopenhauer et Nietzsche. Il invente le type du surhomme québécois qui trouve dans son tempérament et son milieu l'énergie nécessaire pour sublimer des instincts destructeurs (instincts de mort), tandis que la volonté de puissance qui lui permet de s'élever au-dessus de la masse lui révèle le néant au cœur de tout désir. De ce pessimisme naît, chez certains de ses personnages, une force nouvelle qui servira à l'émancipation collective que Paquin imagine en prenant pour modèle le fascisme mussolinien. Ce romancier illustre parfaitement certaines déviations que connaît le réalisme naturaliste dans l'entre-deux-guerres. Il n'est pas utile de poursuivre cette analyse que nous avons faite ailleurs[56]. Soulignons, cependant, que pour Paquin l'œuvre, qu'elle soit parfaite ou non, compte moins que l'auteur qui doit incarner l'individu-national, symbole d'une civilisation forte. Le poète DesRochers, que nous avons déjà associé au régionalisme naturaliste, privilégiera, quant à lui, l'expression d'un tempérament violent qui sache s'exprimer dans un style vigoureux par contraste avec le style raffiné d'un Paul Morin, que DesRochers choisit indirectement pour cible. Certes, DesRochers n'a rien d'un fasciste, mais les premiers vers du poème liminaire d'*À l'ombre de l'Orford* font écho aux idées de l'époque:

> Je suis un fils déchu de race surhumaine,
> Race de violents, de forts, de hasardeux,
> Et j'ai le mal du pays neuf, que je tiens d'eux
> Quand viennent les jours gris que septembre ramène[57].

Dans la suite du poème, l'auteur éprouve une sorte de vague dépression provoquée par la fatalité de son tempérament et le sentiment de la mollesse collective. DesRochers, en parlant de lui-même, évoque un personnage que nous dirions «cyclothimique», comme les surhommes de Paquin:

> Par nos ans sans vigueur, je suis comme le hêtre
> Dont la sève a tari sans qu'il soit dépouillé,
> Et c'est de désirs morts que je suis enfeuillé;
> Quand je rêve d'aller comme allait mon ancêtre.

On reconnaît dans ces vers la marque d'un déterminisme pessimiste que le préfacier du recueil, Alphonse Désilets, avait lui-même analysé:

> Car tout poète vient en ce monde, nanti
> de legs héréditaires où sont accumulés
> des trésors d'énergie, excès d'indifférence,
> réserves d'idéal, abîmes de fatalisme.
> Et lorsqu'il nous découvre une partie de son cœur
> c'est tout un monde qui vibre en lui[58].

DesRochers et la description réaliste

DesRochers célèbre dans *À l'ombre de l'Orford* la force et le courage silencieux des hommes de la terre dans leur corps à corps avec la nature, dans le *struggle for life*. Cette nature ni bonne ni mauvaise, cette nature «athée» est présentée comme un réservoir d'énergie que les hommes au travail dans les chantiers ou dans les champs doivent dominer par leur énergie propre, contraints qu'ils sont par les nécessités de la vie. L'utile plutôt que le beau, c'est l'idée qui émane des «sujets» canadiens choisis par le poète. Tout en cultivant encore la rigueur formelle du sonnet parnassien — et là DesRochers combat les exotistes sur leur terrain—, il va préférer le réalisme descriptif des naturalistes. Il écrit à l'abbé Joseph Melançon, qui fut un ami de Nelligan:

> Le vers que j'appelle «visuel», pour moi, n'est pas de la poésie et ne vaut que comme exercice. Quand j'écris «Double d'un arc en ciel, l'arc de la cataracte», je fais de la *photographie* [...]. Un poème dont on dit: «C'est bien ça», comme on a dit de mes sonnets de chantier et de champs, n'est pas un

> poème. Le poème doit susciter un ou plusieurs autres poèmes dans l'esprit de qui le lit. Et tous les chefs-d'œuvre ont cette qualité[59].

Le mot «photographie» fait partie du vocabulaire de l'esthétique naturaliste. Sans renoncer au principe d'imitation, DesRochers entend reproduire le réel, d'une part en supprimant la présence illocutoire du sujet, d'autre part en refusant toute échappée sur le mystère comme le voulait la description symboliste pratiquée par Nelligan et poursuivie sagement par les régionalistes intimistes ou sentimentaux.

Analysant le thème de la fenêtre chez Zola, qu'il préfère appeler un dispositif narratif plutôt qu'un thème, Philippe Hamon faisait remarquer, au passage, les nombreux défauts des analyses thématiques traditionnelles. Elles négligent entre autres «de distinguer la fonctionnalité du thème aux niveaux respectifs, différenciables et néanmoins solidaires de l'Énoncé et de l'Énonciation[60]». Profitons de la leçon. L'analyse d'un des dispositifs descriptifs majeurs d'*À l'ombre de l'Orford*, celui du «tableau», nous oblige à envisager dans ce dispositif non seulement un «motif» continu d'un sonnet à l'autre, avec ses variations diverses, mais un élément critique du métadiscours sur la description transposé au sein de l'œuvre. Le motif du tableau est ainsi au carrefour des débats sur le «sujet» canadien, sur la description réaliste (plutôt que symboliste), sur le regard photographique du spectateur naturaliste. C'est un motif qui interroge également la disposition «topographique» du sonnet, quand le découpage strophique fait apparaître les niveaux de focalisation et plus globalement l'ordonnance du recueil comme une succession de scènes rythmant les travaux et les jours.

L'art, chez DesRochers, sera donné comme ce surplus improductif de la nature capté par l'œil du peintre, lorsque la nature saisie dans son mouvement énergétique se fige en un tableau. L'or qui donne au coucher de soleil d'un poème symboliste toute sa force transfigurante, parce que le poème est lui-même une allégorie du divin, est évoqué dans «City-Hotel», le premier sonnet d'*À l'ombre de l'Orford*, comme un pur effet d'optique qui désacralise le tableau symboliste:

> Dans le bar, aux vitraux orange et pimbina,
> Un rayon de soleil oblique, qui clignote,

Dore les appui-corps nickelés où s'accote,
En pleurant, un gaillard que le gin chagrina[61];

Photographique, cette poésie l'est comme un négatif de l'allégorie symboliste. Elle l'est également parce qu'elle repose, comme nous l'avons dit, sur cette capacité du tableau de se faire représenter à l'intérieur de lui-même par les dédoublements du mirage optique. On peut parler déjà en ce sens d'un *dispositif* descriptif particulier.

La thématique de la «laque» sera reprise tout au long des sonnets. Cette fois, nous avons affaire à un dispositif sémantique; la laque signifie, dans «City-Hotel», le vernis de l'affiche et, par contiguïté, le corps féminin, absent du lieu mais présent dans la mémoire du bûcheron. Ailleurs, cette laque qui symbolise la surface du tableau, mais aussi le désir insistant, semble recouvrir le paysage dans lequel travaillent les bûcherons; elle englue le regard:

On ne distingue plus le sol d'avec le ciel,
Tant la nuit sur les bois appuie une ombre opaque;
Une pluie indolente et verticale laque
Les arbres par ce soir précurseur du dégel

Sale, gluant et granulé comme un vieux miel
Le verglas détrempé recèle mainte flaque[62]

Dans cette poésie essentiellement descriptive, le corps de l'homme se fait paysage et le paysage s'humanise par des effets d'homophonies comme celui-ci:

La *rumeur* que fait l'eau dégouttante des toits
Au *murmure enrhumé* des cascades pareilles[63]

Les mélanges associatifs permettent de réaliser, d'une part, des séries d'équivalences:

Le croassement a rompu le silence [des bois]
la rumeur avive le désir [des retours]

et, d'autre part, des rapports analogiques: «croassement/rumeur» ou «le silence rompu/la voix du désir». Par un effet de métonymie, les objets vont dire le désir des hommes, désir d'évasion:

Ils sont debout, montrant le poil de leur poitrine,
Par *l'entrebâillement* du col de la bougrine
Entassés dans la *porte* étroite du chantier[64]

Dans le même poème, la description finale du paysage printanier a pour fonction de reconstituer l'image du corps féminin pour, en quelque sorte, le dévêtir. Mais sous le regard de qui?

Et le soleil de mars, sans répit, désagrège
Les ourlets de festons que le vent de janvier
Appendit aux rebords sveltes des bancs de neige.

Dans un autre poème, c'est à partir du corps de l'animal en plein effort qu'est bâtie la description du soleil couchant:

Lentement vers le camp descend un attelage
Par l'ombre et la sueur de brume enveloppé[65].

Toute la valeur de la description comprise dans le dernier tercet du sonnet *Sur la «totrôde»* tient au fait que le mot «relent» projette avec crudité dans le paysage l'indigestion des hommes ivres d'alcool:

Et le clapotement des moyeux et des jantes
Emplit d'une rumeur marine les forêts
Où circule un relent de mares croupissantes[66].

On trouve à nouveau le mot rumeur, et le poème donne autant à voir qu'à entendre les échos de cette rumeur dans les effets d'enjambements consonantiques à la césure (rumeur//marine). Il faut également des «actions» accessoires pour que la description se creuse; un relent circule, les moyeux clapotent.

Les «shantymen» de DesRochers se soumettent par devoir aux contraintes du travail. Le poète décrit leur mutisme autant que leur courage devant le danger. Et s'ils ne voient pas la beauté du paysage qui, en soi, a peu de sens pour eux, ils comprennent la signification de sa violence face à la mort possible:

Ils regardent, muets et badauds, le courant
Happer le plongeon sourd et tournoyant des bûches[67].

Il est un genre de beauté dans la nature qui n'est, dès lors, que le surplus inutile du travail des hommes, parce que cette beauté échappe à la nécessité qui fait le prix de la liberté humaine:

> [...] tournoyant dans le libre chenal
> S'en vont des nénuphars de neige à la dérive[68].

Ce signe révélateur de la liberté déliée des lois de la nécessité, ce signe dévalué, seul le poète peut le saisir parce qu'il en porte les stigmates sur son propre corps:

> Et je songe, en voyant ces êtres surhumains
> Qu'à d'utiles labeurs ne servent pas mes mains
> — Mes mains où j'aperçois des callosités mortes[69].

Le dernier sonnet rapporte l'ensemble du recueil à un autre genre littéraire: celui du récit de voyage:

> Et maintenant, benoît lecteur de ces sonnets
> Que j'ouvrai d'une main moins sûre que hardie,
> Si j'y pêche parfois contre la prosodie,
> Je te parle, du moins, de gens que je connais[70].

La main qui sait «ouvrer» le vers n'est pas la main de l'ouvrier, mais celle du joailler qui vient faire admirer de la «belle ouvrage». Contre les artistes amoureux des bibliothèques, DesRochers se pose en artisan amoureux de la force et de la vie. Le désir de marquer des points contre les exotistes en les battant sur leur propre terrain le confine, cependant, dans un exotisme «à la canadienne».

Mais on louera DesRochers d'avoir su trouver une «langue» canadienne. Le poète bien sûr emploie des canadianismes. Nous en rencontrons quelques-uns au passage: «banc de neige», «accoté», «pimbina», à côté de mots anglais francisés: «shantymen», «demi-schooner», «snobbage», et de mots d'origine amérindienne: «mackinaw» en est un. Par ailleurs, DesRochers a placé en exergue de chacun de ses sonnets des extraits de chansons folkloriques. Elle font entendre le parler québécois. Voici l'épigraphe du sonnet intitulé *Le snobbage*:

> Quand on pass' l'hiver à «snobber»
> On sait comment s'grouiller les pieds[71].

Du point de vue du parler, ce distique qui donne son titre au poème intitulé *Le snobbage* contient des canadianismes et des anglicismes qu'on aura vite fait de remarquer. Du point de vue prosodique, les apocopes marquées par les apostrophes, tout en rendant la diction vernaculaire, respectent le compte syllabique. L'octosyllabe n'étant pas césuré par définition, cette absence de césure métrique apparaît, par rapport à l'alexandrin, comme une marque du parler «en vers». Cette diction censée refléter le parler des bûcherons entre en conflit avec celle du sonnet, dont le style se plie aux plus savantes formules des poètes parnassiens:

Le soleil, au couchant, sombre comme à regret,
À travers l'ondoiement du jour qui s'oblitère;

Certes, des expressions comme «chemins de lièvres», «massifs de sapin», «sentier de halage» confèrent au paysage décrit dans le sonnet tout son caractère canadien, mais les mots «ondoiement», «s'oblitère» témoignent de cette science des vocables que DesRochers prétend maîtriser aussi bien que tout bon poète exotiste. Quant à l'alexandrin, mesuré et compté selon les règles classiques, il ne saurait souffrir l'apocope ou l'absence de césure, et sa diction demeure ainsi d'un registre soutenu par rapport au distique. Dès lors, les moyens de signifier l'accent québécois dans le sonnet, sans que la métrique parnassienne en soit affectée, sont peu nombreux, mais ils existent. Par exemple, DesRochers fait entendre des *a* graves à la rime, que les Québécois marquent de manière prononcée:

Dans le bar, aux vitraux orange et pimbin*a*
Un rayon de soleil oblique, qui clignote
Dore les appui-corps nickelés où s'accote
En pleurant, un gaillard que le gin chagrin*a*[72]

On va également trouver à la rime des voyelles diphtonguées ou ayant le «contour» d'une diphtongue. On peut les considérer telles dans la mesure où elles riment avec des mots d'origine anglaise qui sont diphtongués eux-mêmes:

On s'approche. Le frêne au feuillage éclairci
Remplace le sapin le long de la *totrôde*
La sueur a bouffi la figure rougeaude
Des hommes harassés dont le pas s'accourcit[73].

En outre, chez les Québécois, la prétonique est souvent marquée d'une durée plus longue que la syllabe accentuée[74]. Ainsi, la syllabe «on» dans «onglée», qui figure en fin de vers, sera allongée plus que la syllabe «glée», finale de vers:

> Qui raidit le visage et qui donne l'onglée

DesRochers peut, dès lors, provoquer une légère asymétrie entre les positions accentuelles en proposant un accent prétonique de durée sur «embrun» qui disparaît dans «en brun», quand on compare les rimes suivantes:

> Qu'ass*om*brissent la pluie imminente et l'*em*brun
> Les forêts de sapin se découpent en brun[75]

Nous avons également indiqué, dans le premier vers, un accent de durée sur la prétonique du mot «assombrissent», qui prépare le second accent de durée en fin de vers. En outre, les Québécois écourtent la durée des *i* non accentués. Ainsi, dans le premier vers cité ci-dessus, le *i* de «pluie», parce qu'il est accentué, sera plus long et les *i* de «imminente», au contraire, seront de faible durée. Mais ces phénomènes qui laissent une certaine place à l'accent québécois surviennent, si l'on prend l'exemple précédent, dans une phrase qui renferme une inversion typiquement poétique et d'un style très travaillé par les clichés de la description littéraire.

Il y a, chez DesRochers, une sorte d'opposition mais aussi de complémentarité entre le poème en tant que sonnet et le poème comme espace d'un style. Des sonnets l'on dira qu'ils naturalisent le parler québécois dans la diction parnassienne, une diction qui mise sur le dispositif descriptif pour apparaître comme un discours accompli dans la forme métrique. Comme espace du style, le poème se déploie dans une phrase «sans bavure», fermée sur elle-même, «en route vers son état littéraire», comme aurait dit Barthes, et pour cela sachant créer son propre volume, en multipliant les registres de discours, grâce aux citations du discours parlé ou chanté des Québécois, grâce au lexique français, anglais, amérindien, grâce à l'«accent articulatoire» québécois que nous avons repéré entre autres dans le maniement des accents toniques et prétoniques. Du style national qu'essaie de fonder DesRochers on peut dire encore qu'il est, comme tout style, «essentiellement un procédé citationnel, un corps de traces, une mémoire (presque au sens cybernétique du terme), un héritage fondé en culture et non en expressivité», comme l'écrit Barthes[76]. Pour toutes ces raisons, le style relève des traits génériques d'une œuvre, plutôt que de la fonction poétique ou de la grammaire profonde qui ont rapport à la langue.

La rime et l'oralité du poème: de Marot à DesRochers

DesRochers a tenté d'élucider mieux que quiconque cette «liaison secrète» que pressent l'abbé Camille Roy entre l'histoire de la littérature et l'histoire de la langue. Sur l'interprétation de cette «liaison secrète» repose toute la perception qu'on peut avoir de l'oralité du poème, autrement dit du «faire sens» du poème dans les différents états de discours qui le traversent.

La manière dont DesRochers aborde l'oralité n'est pas sans rappeler Marot. Ce rapprochement n'aurait pas déplu à DesRochers, lui qui compose ballades et rondels et qui dit être, dans un épigraphe, le «Dernier rimeur du Moyen Âge[77]». Thomas Sébillet, l'un des plus fins poéticiens du XVIe siècle, s'attarde longuement sur l'usage que fait Marot de la diphtongue à la rime. Le mot diphtongue a d'abord pour lui une valeur graphique, c'est-à-dire qu'à l'intérieur d'une syllabe un groupe de deux lettres note un phonème: «[…] Tu peux rimer la diphtongue de deux lettres contre la simple lettre faisant même son.» C'est le cas des diphtongues purement graphiques et Sébillet donne pour exemple «aile» rimant avec «elle». Mais il parle aussi des diphtongues faisant «sons bien peu différents», comme «feisses» rimant contre «sacrifices». C'est ce dernier exemple qui nous retient, car ici la diphtongue introduit une différence de timbres, en faisant rimer un *i* ouvert avec un *i* fermé, voire une diphtongue vraie (voyelle qui change de timbre au cours de son émission par suite du déplacement de la position des organes phonateurs) comme «baisse» avec une syllabe non diphtonguée comme «dresse». On reconnaît là tous les modes articulatoires du français québécois qui peuvent affecter le timbre vocalique et avec lesquels joue Marot pour ses effets de rimes. La diphtongue, quand elle n'est plus purement graphique mais réelle, affecte le contour phonatoire de la syllabe. Les choses prennent un tour nouveau quand la diphtongue est «diastolée» selon l'expression de Sébillet, c'est-à-dire lorsque les deux voyelles qui se côtoient à l'intérieur d'une syllabe sont articulées séparément. Ainsi Marot fera rimer un son «diastolé», ce qu'on appelle une diérèse, avec un son non «diastolé» ou synérèse, comme «nier», c'est-à-dire «ni-er», rimant avec «prisonnier», ou encore «moins» rimant avec «mains». Le raffinement atteint son comble quand Sébillet rencontre la diphtongue de «trois lettres rimées contre soi dissoute[78]». Sébillet ne s'en reporte jamais à l'effet «musical» de telles rimes. Il montre au contraire comment la rime construit des effets d'équivalences par le jeu des diphtongues, allant jusqu'à transformer les timbres, jusqu'à modifier le compte syllabique, dans le cas d'une diérèse rimant avec une synérèse. La métrique, c'est-à-dire le compte syllabique, est donc par le bais de la rime affectée par ce jeu d'équivalences comme ce qui justement permet la production de valeurs qui sont de pures différences, mais qui questionnent le rapport de la métrique au parlé à partir du code graphique, qui se trouve engagé pour lui-même dans le système que construit la rime. L'oralité n'est pas réductible à l'action du parlé sur l'écriture du vers, plus précisément de la rime, car elle est chaque fois à inventer comme valeur dans le poème. Quant à la poésie de Marot, elle appartient à une période de l'histoire où le français est investi par la diversité des «accents articulatoires», ce dont témoigne la diphtongue qui caractérise également le parler québécois. La rime de Marot atteste qu'il n'y a pas de langue unifiée par cette chose que l'abbé Camille Roy appelle le «génie de la langue», mais qu'il existe, en revanche, des *parlés* qui constituent le sujet dans l'oralité de son discours et de son histoire. La rime de Marot ouvre le discours à son histoire et le poème, à son oralité.

DesRochers, comme tous les Québécois, pratique dans son langage la «diphtongue», mais elle passe désormais pour «archaïque» ou paysanne. Par ailleurs, DesRochers ne peut comme Marot déroger aux règles de la rime établies par Malherbe. Les rimes de DesRochers interrogeront donc l'histoire du langage parlé, non pas à partir de l'écriture, ni même à partir de la métrique (compte syllabique), mais à partir de la diction du poème. On peut éventuellement rencontrer une diphtongue à la rime (une voyelle possédant le contour d'une diphtongue vraie), mais cette diphtongue en est une que l'écriture ni ne trahit ni ne traduit. Car, depuis, la contradiction a été levée par les poéticiens qui ne prétendent plus qu'on voit deux sons dans la graphie de «baisse» ou encore un son «diphtongué». La diphtonguaison graphique ne saurait donc plus avoir d'effet «différentiel» sur le compte syllabique ou sur l'articulation de la rime. La convention graphique moderne supprime toute idée de diphtonguaison, sauf dans le cas des diérèses que les dictionnaires de rimes ont dûment codifiées. La graphie fait du mètre quelque chose d'intangible.

À bien des indices, l'on a remarqué chez DesRochers une diction québécoise qui permet d'accentuer la prétonique ou d'affaiblir un *i* non accentué. Mais cette diction ne peut être forcée au point d'altérer fondamentalement le compte syllabique. DesRochers rivalise avec les parnassiens et la facture parnassienne, dans sa rigueur formelle, interdit une diction «relâchée» du vers qui mangerait les syllabes. Les sonnets de DesRochers jouent le mètre contre le parler populaire, l'écriture savante et le style contre une prononciation populaire. DesRochers renvoie le vernaculaire à la périphérie du texte, dans les titres, dans les épigraphes de ses sonnets d'*À l'ombre de l'Orford* où ce n'est plus la diphtongue, comme chez Marot, mais l'apocope (la chute des *e* muets à la fin des mots, indiquée par une apostrophe), comme chez Jean Richepin, qui devient l'indice du parler populaire, sans enfreindre le compte syllabique voulu par la métrique. DesRochers crée ainsi l'illusion que le mètre retrouve son «naturel» dans le parler en vers calqué sur la parlure des Québécois.

Marot s'était servi de la diphtongue pour faire entendre à la rime la mobilité des voix dans l'oralité du poème. Ces voix prennent source et dans le langage, qui ne saurait pour autant être assimilé à un dialecte, et dans l'écriture qui, sans être un calque phonétique du *parler*, émane du *parlé* comme ce qui opère le passage du sens dans le discours collectif. Cela suppose que la rime du poème soit perçue dans l'espace intersubjectif de l'oralité. Il se passe quelque chose d'analogue quand DesRochers fait rimer un mot anglais avec un mot français; la rime impose une francisation active du mot anglais, comme savaient le faire les Québécois à l'époque. Ainsi, quand «laque» rime avec «Van Dyke», il est visible que «Dyke» se prononce «Daque». De cette manière, le contact entre un mot du vocabulaire descriptif des parnassiens, comme «laque», et des rimes anglaises francisées, comme «vandaque», crée des points communs entre la rime savante et le parler. Cependant ce type de rimes maintient, voire renforce, ce rapport du centre à la périphérie, du vocabulaire savant au vocabulaire paysan, rapport hiérarchique qui assujettit le parler dialectal (selon la définition que lui donne la grammaire du XIXe siècle) au parler académique. Ce n'est plus tant la rime que le mot qui «normalise» la langue «étrangère» et qui témoigne du parler canadien. La rime retrouve son «naturel» dans le mot. L'abbé Camille Roy avait indiqué la règle que devaient suivre les poètes canadiens dans cette devise qui terminait une conférence donnée en 1912 sur Paul Morin, devise tirée d'un poème de Paul Morin lui-même:

> Les mots canadiens aux rythmes de France,
> Et l'érable au laurier[79]

Nous sommes aux antipodes de Marot, dont les rimes sont pourtant si proches du langage des Québécois, parce que tout passe chez l'abbé Roy par l'idéologie du tableau et de la description, celle du «sujet», qui finit par refléter une situation coloniale. Dans un tel contexte, les mots reconduisent la rime à des effets descriptifs et sont choisis eux-mêmes pour faire de la «couleur locale». DesRochers se flatte, auprès de Dantin, de pouvoir passer ainsi d'un contexte exotique à un autre:

> Ce qui m'amuse le plus dans la controverse actuelle sur le «nationalisme», c'est que je suis en cause, alors que j'ai fait non du nationalisme, mais de l'exotisme, avec mes sonnets. J'irais à Haïti et pourrais écrire des sonnets aussi antiléens que les miens sont canadiens, après un séjour de deux mois. Les mots canadiens n'y sont que pour la couleur locale et j'ai clairement indiqué que je ne les assimilais pas, en les mettant entre guillemets[80].

Les éditeurs de DesRochers ont fait disparaître ces guillemets par la suite, faussant ainsi toute la poétique de DesRochers.

La rime de DesRochers est tour à tour reconnue ou rejetée en lieu de la Parole de la nation — cette nation fictive —, selon qu'elle assimile la langue «autre» ou selon qu'elle est déclassée par le style parnassien. Elle est tributaire d'une politique linguistique que définissent ainsi les préfaciers du *Glossaire du parler français au Canada*, en 1930, à l'époque où DesRochers publie son recueil *À l'ombre de l'Orford*:

> Dans tout pays civilisé, écrit justement M. Henri Bauche, il existe, indépendamment des argots divers, des patois locaux et des dialectes provinciaux, deux façons principales et distinctes de parler l'idiome national. La première suivant le pays, la race, la nature de la langue, l'écriture, les mœurs, la civilisation, doit être nommée langue *écrite*, ou *correcte*, ou *classique*, ou *littéraire* ou *officielle*, ou *académique*; tandis que la seconde sera qualifiée, selon le cas, de *langue parlée*, ou *populaire*, ou *vulgaire*[81].

L'idiome national, une fois stabilisé dans l'histoire par les mœurs et la civilisation, devient une langue académique que ne saurait affecter la langue parlée dans la mesure où celle-ci n'en est que la variante. Reste le problème des patois ou des argots urbains qui ne peuvent accéder au rang d'idiome national, selon cette politique. Le parler québécois doit donc se comporter comme une variante populaire de l'idiome national, quitte à donner une forme de noblesse aux mots québécois qui ont une «généalogie» d'autant plus légitime, par rapport à l'argot bâtard des villes, qu'ils remontent à la langue du XVIIe siècle dont ils sont la survivance.

La généalogie supplée à la topographie qui raisonne en fonction du centre et de la périphérie. En limitant la question du parler au lexique des mots québécois, on tentait de sauvegarder le principe d'une grammaire normative, clé de voûte du système scolaire en France ainsi qu'au Canada. La périphérie ne peut espérer occuper le centre de ce système qu'en venant se fondre par sa littérature dans une écriture classique, grammaire et rythme; seuls les mots dits «archaïques» qui font partie de l'héritage des Québécois peuvent également avoir place dans l'idiome national, dont ils fondent l'origine.

La comparaison des rimes chez Marot et chez DesRochers nous rappelle, si on l'avait oublié, que la rime n'est pas seulement un effet de ressemblance entre certains sons, effet qui serait «agréable à l'oreille». La rime tient du mètre, c'est-à-dire de la mesure syllabique; elle tient du rythme, c'est-à-dire de la modulation des timbres et de l'accentuation. Quand Sébillet fait dériver la «rime» du grec *ruthmos*, par une fausse étymologie, non seulement montre-t-il que la rime est dans le rythme, mais il fait aussi valoir qu'elle est dans le mètre et dans la modulation des sons ainsi que dans la périodicité de l'élocution du poème. Sébillet explique que la rime désigne à elle seule tout le poème en français et cela est bien ainsi, car la rime à travers Marot implique toute l'oralité du poème, en étant cette «singularité critique» qui met en cause tout le poème — rythme et écriture du rythme — dans son rapport au parlé. On l'a vu avec Loranger, le poète vers-libriste ne supprime pas la rime, il la libère de son enchaînement métrique pour qu'elle conserve cette valeur de «singularité critique» qu'elle perd quand un Paul Morin confond la rime avec la musicalité impressionniste des sons, quand un DesRochers confond la rime avec la «couleur locale» des accents ethniques.

DesRochers s'est opposé au vers libre. Sans doute parce qu'il croyait que le vers libre se construisait contre la rime, surtout parce qu'il voyait dans la rime le moyen d'établir le rapport entre l'histoire de la langue et l'histoire de la littérature, sans vouloir pour autant se sentir piégé par le nationalisme. Mais l'exotisme a aussi ses dangers à partir du moment où il ne valorise plus seulement l'art pour l'art, mais caractérise une poésie «coloniale» en cherchant à ancrer la description dans un territoire indigène.

DesRochers s'est également opposé au vers libre pour des raisons tactiques. En 1929, dans l'espoir d'obtenir un prix littéraire pour son recueil *À l'ombre de l'Orford* — il recevra d'ailleurs le prix David —, DesRochers s'est efforcé de gagner les suffrages de l'abbé Joseph Melançon, autrefois membre de l'École littéraire de Montréal sous le nom de Lucien Rainier. Il sait que l'abbé Melançon est influent auprès du clergé lettré. Alphonse Désilets, poète régionaliste de la région de Québec et président de la Société des poètes, rédigera une préface pour le recueil de DesRochers. Ce dernier était sûr du soutien de Dantin et de Grignon qui le servira bien en dénigrant la poésie de Nérée Beauchemin, jusque-là reconnu comme le meilleur de nos poètes régionalistes, et en contestant l'originalité de la poésie de Nelligan. DesRochers lui-même, après avoir reçu son prix, se pensera autorisé à minimiser le rôle joué par l'École littéraire de Montréal dans l'histoire de notre littérature, de sorte qu'il ne reste plus que lui à incarner la poésie nationale.

CHAPITRE VI

De la rhétorique au commentaire

En 1927, dans ses *Cahiers de Turc*, Victor Barbeau envie le poète Georges Linze qui, comme ses lecteurs belges, se passionne pour les nouvelles techniques d'écriture. «Aucune revue canadienne de langue française n'oserait débattre [...] les mérites de la poésie libre[1]», observe-t-il. C'est que la rhétorique n'est pas morte au Québec, et le critique Louis Dantin va en quelque sorte lui donner une nouvelle jeunesse. Par ailleurs, la survivance du *Ratio discendi et docendi* de la tradition jésuite dans l'enseignement des humanités classiques marque toute la pédagogie du clergé catholique qui dirige l'enseignement dans les séminaires, les collèges et les universités. L'abbé Camille Roy et, à un moindre niveau, Mgr Chartier sont les dignes représentants d'une rhétorique scolaire d'après laquelle sera élaboré le projet d'une littérature canadienne, au début du siècle. Leur critique accompagne la fondation de l'École littéraire et la naissance du *Nigog*. Parallèlement, avec Marcel Dugas, on assiste, au moment où paraissent les premiers poèmes de Morin et de Delahaye, ses amis, à l'articulation d'un commentaire critique qui prétend rompre avec la tradition rhétorique en proposant une lecture très personnelle d'une œuvre ou d'un écrivain. Ce type de commentaire occultera bien souvent par son propre brio l'œuvre à commenter. Mais le commentaire fait voir ce que dissimulait la rhétorique: le discours critique est un discours second qui ne peut exister sans un texte premier auquel il doit se référer. Il y a donc chez le rhétoricien et chez le commentateur des stratégies différentes à l'égard du texte qui définissent la critique comme genre. Ces stratégies se sont mises en place à partir de la scolastique qui propose elle-même un type de lecture fondée sur les citations des auteurs «autorisés», puisqu'il s'agit d'une critique s'appuyant sur le principe d'autorité. Ce principe, la rhétorique et le commentaire que nous qualifierons de mondains le contesteront vigoureusement.

Pour respecter l'ordre chronologique des textes critiques étudiés, il faudrait lire ce chapitre en commençant par la fin. Nous avons préféré une sorte d'approche qui respecterait la généalogie des genres: d'abord, la rhétorique, apparemment plus méthodique, puis le commentaire plus subjectif, enfin la rhétorique scolaire avec ses concessions au principe d'autorité exigé par la scolastique dont elle s'inspire. Devant l'impossibilité d'aborder toute la production critique de ce premier tiers du siècle, nous avons choisi trois figures symboliques: Dantin, Dugas, l'abbé Roy.

Le langage de la poésie et son inspiration lyrique selon Dantin

Qu'est-ce que la rhétorique? Qu'en a retenu Dantin? Dans un texte qu'il consacre au recueil de Robert Choquette intitulé *À travers les vents*, en 1928, Louis Dantin, en traçant le portrait de Choquette, esquisse celui du poète lyrique, selon son cœur. Mais plus qu'un portrait, c'est un discours, un langage particulier dans le langage en général et qui caractérise le lyrisme que Dantin tente de définir. C'est ce retour à la langue et à ses mécanismes dans le discours poétique qui explique la démarche de tout rhétoricien. Parlant de Choquette, Dantin écrit:

> Son inspiration est donc très noble, soutenue d'espoirs surhumains et pénétrée de mysticisme. C'est sur ces thèmes profonds, la Nature, l'Idéal, l'Amour, que roulent la plupart de ces pièces. On voit dans quelle langue lyrique il les traite, langue qui rayonne l'émotion même et fait corps avec la pensée. Comme le délire qui la suscite, elle procède fréquemment par prosopopées, par apostrophes; ses périodes sont frémissantes, ses tropes éclatent comme des fusées. Ce style n'a guère de demi-teintes, mais y a-t-il des demi-tons dans la gamme des âmes jeunes? Il n'a trace non plus de préciosité, de fignolure: il coule à la façon des sources, non de celles qui

> sourdent tranquilles, mais de celles qui jaillissent en bouillonnant. M. Choquette, évidemment, ne s'attelle pas à la lyre comme à un soc; il fuit le martyre des mètres abstrus, des rimes rares, et laisse ses vers chanter en lui comme des oiseaux libres[2].

Dantin rend d'abord hommage à l'inspiration du poète en des termes qui, notons-le au passage, rappellent certaines expressions de Delahaye dans ses triptyques: espoirs surhumains et mysticisme. Au cœur de toute inspiration, on retrouve ce principe que le propre de l'homme est de s'arracher à sa nature immédiate et à la déshumanisation que provoque le nihilisme moderne (Dantin qui aime la facture de Delahaye condamnera le nihilisme qui l'inspire). L'histoire de la littérature québécoise se projette donc en creux dans les premières lignes de cet extrait. Dantin relève ensuite les grands thèmes romantiques que cultive Choquette, ces thèmes écrits avec des majuscules qui remplacent le beau, le bien, le vrai de l'art pour l'art. Puis Dantin analyse le discours lyrique en lui-même. Il n'est pas de ceux qu'effraie le vocabulaire de la rhétorique classique. Le mot «tropes» vient aisément sous sa plume et il en cite quelques-uns qu'il reconnaît chez Choquette. Il emploie également la notion de période qui appartient à l'origine au domaine de l'éloquence. Tropes et périodes constituent le champ de l'expression censée traduire l'émotion qui, dès lors, est du registre de l'expression et non plus de l'inspiration. Mais l'émotion est aussi de la nature. Tropes, demi-teintes, demi-tons (qui n'existent pas chez Choquette) constituent la mesure (le discontinu) de l'expression; ils traduisent un excès dans la source de l'émotion (le continu naturel). Les périodes sont frémissantes, les tropes éclatent. Cet excès dans l'expression et dans la nature mêlées que condense l'émotion trouve une issue dans le chant lyrique, qui associe discours et nature (liberté de l'oiseau-chanteur). Il faut bien, pour qu'il y ait discours, une intentionnalité, un auteur qui sache faire usage des figures (ou tropes). Mais c'est parce que l'auteur s'efface en fin de compte derrière son chant qu'il atteint paradoxalement à la liberté d'une nature et d'une humanité.

Dantin conçoit le texte singulier comme l'exemplification d'un type de discours et comme faisant partie d'un ensemble de textes. Cet ensemble, pour Dantin, constitue un monde en soi où ne règne aucune différence d'avec l'humain. Les livres sont, en effet, consubstantiels au génie humain fait d'idées, d'impressions et de sensations. C'est sur ce fond commun que doit se détacher l'œuvre originale. Citons Dantin:

> Le monde est plein de livres où s'accumulent depuis des siècles les idées, les impressions et les sensations. On ne peut vouloir sans doute qu'une œuvre nouvelle surgisse de pied en cap, sans antécédents ni analogues: il faut au moins, pour justifier son existence, qu'elle jette la glaise ancienne dans un moule de sa création, qu'elle rallume à son propre tison les idées éteintes[3].

On sera toujours attentif aux métaphores de Dantin: il les utilise comme d'authentiques «lieux communs» ou *topoï*. Si l'inspiration du poète «bouillonne» par excès d'émotion, ou encore «coule de source», en revanche, l'œuvre est un «foyer» qui ranime le fond commun des idées. Dantin utilise également la métaphore de la glaise et du moule pour expliquer la créativité du poète. La forme est un tour nouveau — le tour du potier — se rajoutant à la pensée — la matière. L'homme est lui-même «cette argile ambulante où souffre une pensée[4]», selon une belle image que Dantin relève chez Choquette.

L'invention rhétorique

Dans ces conditions, l'originalité d'un poète repose essentiellement sur l'invention, au sens que lui donnait l'ancienne rhétorique, c'est-à-dire sur le choix de mots et d'images propres à l'expression juste et néanmoins nouvelle d'une idée éternelle. Le poète atteint cette justesse par la disposition ou l'agencement des mots, des figures dans le vers et dans le poème. Dantin réagit face aux figures d'un poème en les jugeant par rapport à leur degré de reproductibilité. Elles sont toutes menacées par le cliché. Quand elles s'en écartent, elles ne sont pas libres pour autant à l'égard du modèle de perfection que tend le critique au poète comme un miroir. Dantin présente alors l'œuvre comme une ébauche de l'œuvre à faire que le critique imagine dans sa perfection désirable sans jamais avoir à en livrer le secret. Ainsi l'œuvre se trouve-t-elle à l'intersection de deux domaines: celui des œuvres achevées qui constituent le monde des livres, celui des œuvres idéales, œuvres possibles dont l'œuvre singulière est un signe.

Le rhétoricien mondain ne cache pas le plaisir qu'il éprouve à la lecture d'une œuvre. Il arrive à Dantin de lever le voile sur le trouble ou sur les inquiétudes que réveille en lui une œuvre forte. Mais il ne s'agit jamais que d'effets de captations qu'il se complaît à rendre plus personnels, tout en les concevant par rapport aux définitions plus ou moins classiques de la passion. Dantin conserve ainsi la haute main sur la vérité du texte; c'est lui qui achève le texte, en quelque sorte, en y mettant sa propre sensibilité. Cette sensibilité fait alors autorité, alors que chez le rhétoricien «scolaire» inspiré par la scolastique, toute autorité se situe en dehors du lecteur, dans un principe confirmé par le magistère de l'École, de l'Église.

La hiérarchie des genres

Le concept de perfection, chez Dantin, est lui-même lié à la hiérarchie des genres comme c'était le cas chez les Anciens[5]. Parlant cette fois de Lionel Léveillé et de son recueil *Chante, rossignol, chante*, Dantin écrit d'entrée de jeu:

> Il y a deux poésies: deux sœurs que les Grecs avaient reconnues en distinguant Erato de Polymnie dans le chœur des Muses. L'une est la solennelle prêtresse absorbée au sens des arcanes, fixée aux cimes pointues de la métaphysique et de l'extase, qui tisse les songes éblouissants, qui incruste les larmes sublimes, qui tambourine les gestes et la mort des héros. L'autre moins noble et plus sociable, habite les plaines tranquilles où se meut la masse des humains; elle danse sur la mousse des bosquets, converse avec les laboureurs et parfois s'éprend d'un jeune pâtre; elle mélodise les rêves coutumiers, les spectacles restreints, les palpitations légères, et brode en gracieux dessins l'étoffe commune de la vie[6].

Le lecteur comprend aussitôt qu'à travers cette hiérarchie des genres, il est entré dans la description de la poésie simple de Lionel Léveillé. Mais cette hiérarchie des genres héritée de l'ancienne rhétorique a ceci de bon: elle permet au poète d'atteindre à la justesse d'expression dans le registre qu'il a choisi, même et surtout s'il a choisi le registre «médiocre» plutôt que le «sublime»:

> C'est cette poésie moyenne que M. Léveillé poursuit et qu'il a exprimée dans son dernier livre, *Chante, rossignol, chante*, comme il l'avait fait sous le pseudonyme d'Englebert Gallèze dans plusieurs œuvres précédentes. M. Léveillé n'aspire pas à bâtir des châteaux ou des cathédrales: il veut tourner de jolis vases, sculpter d'intéressantes figurines, resserrer de gentils portraits en des miniatures habiles. [...] Il ne cherche qu'à créer la jouissance aimable qui naît de sensations ténues, d'aperçus pittoresques, de syllabes sonnant juste et de mètres finement ouvrés[7].

Quelque lignes plus bas, Dantin reprend à la rhétorique la notion d'*invention* que nous avions déjà repérée comme une notion active dans ses propos sur Choquette et qu'il applique maintenant à Léveillé:

> Ne croyons pas que cette ambition, pour être moins altière, soit sans côté ardu et n'exige aucun genre d'effort; elle réclame, au contraire, une invention, un tour de main, un soin minutieux auxquels peuvent suffire le métier et le talent réunis. *Multum in parvo*, c'est sa devise; et il est presque aussi difficile de faire petit que de faire grand[8].

L'invention se rattachera à la diction quand il s'agit d'intégrer le choix des thèmes ou des idées aux contraintes prosodiques et grammaticales qu'exerce la forme poétique sur le style:

> Il reste que le «genre» de M. Léveillé, celui dans lequel il excelle, c'est la notation sous des formes fixes exerçant tout l'art du rimeur, de sages conseils, de pensées saines et justes sur l'âme et la vie. Il cultive surtout, sous des variantes, la classique ballade, avec son leitmotiv imposant à chaque strophe sa tonalité et ses rimes, obligeant ainsi l'esprit et la langue à toute une suite d'efforts périlleux. Et l'auteur se tire avec grâce des pires casse-cous où l'engagent ces audaces rythmiques[9].

Abordant la poésie de Jean Charbonneau, Dantin conserve la même hiérarchie des genres. Elle lui permet d'évaluer la diction de Charbonneau, même s'il n'emploie pas directement ce terme, et de constater certaines failles dans cette poésie: «Au fond, M. Charbonneau errerait-il hors de sa voie? Serait-il un idyllique de tempérament égaré dans les ronces de l'épopée[10]?»

On comprend, mieux, par comparaison, la qualité de la poésie de Robert Choquette:

> Il sent avec frisson la merveille du monde, et vit ému de sa splendeur. Son imagination est exaltée, presque violente, et lui crée un jeu étincelant de symboles. Il a le culte intense de la Beauté, la faim angoissante de l'Amour, l'extase d'un absolu qui flambe sur des cimes astrales, le vierge enthousiasme, invincibles aux réalités glacées. Voilà bien les traits du *vates*, de l'aède inspiré qu'un dieu agite[11].

Par la chaleur de son verbe, Dantin nous montre qu'il partage l'enthousiasme du poète. L'ambition des poètes du XVIIe siècle, disait Bernard Lamy, consiste à «remplir l'imagination de leurs lecteurs d'une peinture vive des choses sensibles, qui les tienne toujours hors d'eux-mêmes, et qui les empêche d'y entrer[12]». Cependant, Lamy condamnait ces poètes qui se montraient trop habiles à enflammer l'imagination, à produire, grâce à la perfection de l'art, cette «inquiétude» que veut éprouver Dantin en lisant Choquette. «La poésie est plus dangereuse lorsque les règles de l'Art sont mieux observées», faisait remarquer Lamy[13]. La question des rapports de l'art et de la morale ainsi conçue par Bernard Lamy va se poser quasiment dans les mêmes termes à propos de la poésie de Choquette.

L'art et la morale

Dantin s'est rendu compte que Choquette a volontairement entretenu des négligences d'écriture pour que l'art ne trouve pas sa fin dans sa propre perfection, pour que subsistent certains défauts dans l'art au nom de la morale. Nous sommes dans un débat qui date donc du XVIIe siècle. Dantin le résume ainsi en le transposant dans le contexte québécois: «Ce serait en partie la vieille escarmouche de l'art pour l'art, c'est-à-dire pour le beau, avec l'art pour le vrai, la vertu, la patrie et une foule d'autres saintes causes[14]». Dantin resitue le lieu du débat en invoquant des arguments qu'auraient compris et admis les Anciens, car ils font référence au principe de l'achèvement de l'art par rapport à sa fin, principe hérité d'Aristote:

> Pour que l'art serve une cause quelconque, *il faut d'abord que ce soit de l'art*. Et alors on en revient au premier principe: pour être de l'art, il faut que cela soit achevé. La grandeur de la cause peut être un mobile pour l'art, elle ne peut leur servir d'excuse. L'art reste distinct, indépendant, soumis à ses lois intimes et doit être jaugé à sa mesure propre[15].

Dantin se réjouit que Choquette ait trahi ses ambitions moralisatrices au bénéfice de l'art: «Il veut que l'art soit moralisateur; qu'il soit impersonnel; qu'il soit simple, populaire et national. Or, il serait facile de prouver, pièces en mains, que la poésie d'*À travers les vents* n'est rien de tout cela. Elle n'est ni populaire ni simple: les sujets qu'elle aborde comme la phrase dont elle les revêt dépassent le niveau de la foule[16]...»

À son corps défendant, Choquette met en échec toute la définition d'un art qui soit canadien et moral tout à la fois, comme le conçoit l'abbé Camille Roy.

L'art ayant sa fin en soi, il revient aux règles de l'art de fixer les critères d'expression de l'œuvre achevée. La beauté possède son propre achèvement qui se détermine en fonction de l'effet esthétique à produire, indépendamment des caractères dépeints, qu'ils soient bons ou mauvais. Dantin le dit: «Le beau, comme le soleil, luit sur les justes et les injustes et leur dispense impartialement ses dons. Il y a des péchés lyriquement beaux, des chutes morales dramatiquement superbes. Il y a des bandits pittoresques et de belles courtisanes[17].»

Et répondant aux arguments que pourrait lui opposer la scolastique, Dantin déclare: «Nulle morale en action ne dépasse en splendeur tragique les crimes d'Othello et de Macbeth.» Dantin peut dès lors conclure: «C'est dans le beau, en fait, que s'opère la synthèse de toutes les contradictions de l'univers.»

Dantin ne désavoue pas pour autant la poésie qui prend pour sujet un sujet canadien. Il goûte même l'art d'une poétesse régionaliste comme Blanche Lamontagne-Beauregard. Il aime certains poèmes qui joignent à leurs qualités d'invention et à leur bel envol une forme poétique «presque parfaite[18]». Mais il remarque également que, dans bien des poèmes, l'usage d'appendices moralisateurs gêne l'achèvement de l'art: «Je ne discute pas la portée morale de ces appendices, mais je mets sérieusement en question leur à-propos artistique. Ils dissolvent l'unité d'impression, ils diluent la pensée et l'alourdissent, ils nous ôtent le plaisir de conclure et de deviner[19]». La morale, d'un côté, le contenu canadien, de l'autre, Dantin les accepte tant qu'ils n'empiètent pas sur l'art de manière à contrarier son accomplissement. Ainsi, Dantin peut avoir pour les poètes canadiens-français les mêmes exigences que pour les poètes étrangers.

Dantin est acerbe dans le combat qui l'oppose à l'abbé Roy quand il s'agit d'assurer l'autonomie de l'art contre la rhétorique scolaire qui soumet l'art à la morale religieuse. En revanche, Dantin demeure solidaire de ses adversaires quand il s'agit de faire obstacle à l'avant-gardisme, qui lui apparaît à travers Loranger comme un art de l'ironie. Et c'est en rhétoricien qu'il raille le mélange des genres dans l'art moderne: «D'après cette rhétorique, si je la saisis bien, le solennel et le trivial, le primitif et le raffiné, le frisson et la blague, se mêlent dans le style comme ils s'accolent dans la vie elle-même[20].»

Les modernistes renoncent à l'unité qui garantit la cohérence de l'œuvre. Dantin, tout en assurant l'autonomie de la rhétorique mondaine à l'égard de la rhétorique scolaire, tient néanmoins à maintenir le contrôle de la Rhétorique sur le rhétorique, qui permet, entre autres, de ne pas établir de rupture entre l'art d'écrire et l'art de lire les textes. Cette absence de rupture dissimule ces contradictions présentes au cœur même de la rhétorique et qui n'échappaient pas aux vieux rhétoriciens. Ces contradictions, arrêtons-nous-y un moment, car elles mettent en cause la situation de l'œuvre littéraire par rapport au discours familier.

Dantin et les contradictions de la rhétorique

Les problèmes surgissent de la définition de la figure même de rhétorique, qui, comme on le sait, est censée mesurer l'écart entre le sens propre et le sens figuré de l'énoncé. Or «les figures [...] quelques communes qu'elles soient et quelques familières que les ait rendues l'habitude, ne peuvent mériter et conserver leur titre de *figures*, qu'autant qu'elles sont d'un usage libre, et qu'elles ne sont pas en quelque sorte imposées par la langue», disait Fontanier[21]. En ce sens, tout usager de la langue ou plutôt du discours accomplit déjà un travail poétique, puisque les figures qu'il utilise engendrent des effets de sens, c'est-à-dire des écarts entre le sens propre et le sens figuré qui font partie des intentions du locuteur. Cette conception des choses tend à estomper la frontière entre poésie et discours: les figures ne peuvent donc *a priori* servir à caractériser la poésie comme telle. Pourtant, comme les rhétoriciens, c'est dans la capacité de renouveler des figures usées en se servant de tournures nouvelles que Dantin situe l'originalité du poète, et il fait implicitement de la forme-vers le critère formel qui spécifie le travail poétique en définissant la «diction» des images dans le poème. Néanmoins, sur le terrain de la «mise en figure» du discours, il ne subsiste qu'une différence de degré entre l'usage courant et l'usage poétique des figures. Sans doute Dantin ne voyait-il là aucune difficulté fondamentale. Il appartient au critique de mesurer, dès lors, le degré d'invention et de liberté que s'octroient les bons poètes par rapport aux médiocres. Dantin écrit de Marie Lefranc:

> Ce que cet esprit préfère avant tout, c'est la liberté d'aller à sa guise et de faire ce qui lui plaît. Il secoue sauvagement ce qui sent le joug ou la chaîne, et si, devant le monde, il se contraint à porter un masque, ce masque le blesse comme une profanation de sa beauté. [...] Ne plus subir la servitude des mots imposés, des formules nécessaires, des attitudes convenables et des sentiments convenus! Être soi-même, pleinement et en tout[22]!

Mais Dantin refuse l'anarchie de la forme, même si Marie Lefranc cède parfois à la tentation du vers libre; Dantin ne tolère que l'anarchie de la passion créatrice: «C'est la passion qui grise cette charmante anarchiste et qui bout dans plusieurs de ses poèmes.»

Le recueil *Les voix du cœur et de l'âme* de Marie Lefranc va fournir à Dantin l'occasion de s'exercer à une sorte d'analyse psychologique d'un tempérament poétique. Il décrit avec admiration le combat quasi cornélien entre le cœur et la volonté qui donne une «voix» à cette poésie, comme il aime le dire; cette voix profonde, au timbre de contralto, selon son expression, se distingue par son énergie de la mièvrerie sentimentale. Dantin apprécie ce raffinement psychologique qui constitue manifestement pour lui l'apanage des femmes et un trait de modernité authentique. Mais comme c'est souvent l'habitude, l'analyse du critique débouche sur la métaphore, la métaphore redoublant les effets du texte au lieu de les expliquer. C'est que le rhétoricien ne cherche en fin de compte ni à repérer les procédés ni à vérifier les sources psychologiques ou autres de l'inspiration du poète, mais à définir un *lieu* qui ne soit ni dans l'œuvre ni hors de l'œuvre, qui soit comme un tableau de l'œuvre né de l'imagination du critique qui s'inspire ici du vers de Verlaine «Votre âme est un paysage choisi», pour écrire:

> Vous subirez le charme enveloppant de ces poèmes. Ils vous feront entrer dans une région de lumière métaphysique dont le prisme décompose des sensations, de paysages où les fleurs et les mousses sont des sentiments sur des lacs dont chaque ride est un rêve. Ils n'auront rien des couleurs crues qui fardent les choses matérielles, de la précision lourde qui s'attache aux tableaux tangibles; dans leur délicat clair-obscur, ils ne retraceront que l'âme d'une femme, ou plutôt l'âme de cette femme, mais c'est assez. Après les avoir lus vous comprendrez mieux que jamais que tout être humain est un monde[23].

Ainsi le monde intérieur du poète n'échappe pas aux lois de la description et de la représentativité. Dans le fil du discours critique, ce «tableau» est l'équivalent de l'*ekphrasis* antique; il constitue, en effet, une description et une «sortie» du texte en un lieu «atopique» qui ne dit rien ni sur les sensations ni sur les sentiments, mais qui prétend les imager.

Louis Dantin ne discute pas davantage la notion de simulacre qui mettrait en péril non seulement le figural, mais également la métrique, en montrant de quelle fiction linguistique elle relève: rythme d'une «diction mesurée et cadencée dont l'homme ne s'est jamais servi et ne se servira jamais», comme le rappelait au XVIIIe siècle sir Joshua Reynolds[24]. La rhétorique classique voyait dans cette sorte de perversion du langage courant le moyen de s'élever à un langage supérieur qu'elle appelait le langage des dieux. Dantin ne remet pas la fiction du vers en question. C'est un code reçu avec la langue française et aussi intangible que la grammaire. Le vers est l'assise du caractère cosmique ou entéléchique de la poésie. Y voir un simulacre reviendrait à cultiver une ironie moderne qu'il reproche à Loranger et qui conduit à la mort de l'art: «L'ironie devient la loi suprême de la littérature. Étant donné que le *cosmos* est une mauvaise plaisanterie, une farce cruelle jouée à nos dépens, il est tout naturel, n'est-ce pas, qu'il revête sous la plume un faux air de fumisterie[25]?» Dantin, visiblement, confond les avant-gardes modernes avec celles de la fin du XIXe siècle. Peu lui chaut. En réalité, c'est au commentaire littéraire mondain qui se développe dans le sillage de la dialectique hégélienne ou du pessimisme schopenhauerien qu'il s'en prend implicitement: «J'y crois voir, pour ma part, la transposition en littérature de la thèse hégélienne proclamant l'identité des contraires, et de la théorie pessimiste qui ne voit dans le monde qu'un jeu baroque et funambulesque[26].» C'est la thèse que défend Dugas dans ses essais. Dantin ne reniera donc jamais les notions aristotéliciennes de l'art qui nourrissent le thomisme: «L'art, pour saint Thomas, est l'habitude intellectuelle conférant la droite notion de ce qu'exige l'exécution correcte d'une œuvre.» Cette définition, Dantin l'a faite sienne.

Dantin et la langue du poète

La définition aristotélicienne de l'art qui privilégie «la bonne exécution» d'un modèle explique pourquoi Dantin peut apprécier chez Paul Morin l'art du pastiche: il témoigne d'une maîtrise technique qui suscite l'admiration: «Il y a des pièces purement classiques qui nous ramènent à André Chénier et à Lamartine. D'autres sonnent les légères clochettes de Banville et de Théophile Gautier. [...] Paul Morin est si à l'aise dans tous les styles qu'il néglige presque d'en avoir un à lui[27]...» Cette quasi sollicitude pour le pastiche s'explique si l'on comprend que le véritable «sujet» de l'art pour le rhétoricien reste la langue. Chaque écrivain transpose dans son propre discours l'œuvre collective de la langue qu'illustrent les grands écrivains.

Dantin refuse de faire des concessions à un usage de la langue française qui, pour marquer la spécificité des Québécois, en prendrait à son aise avec les règles du français. Dantin déclarait dans une conférence qu'il reproduira dans *Gloses critiques*:

> Vous surprendrais-je en vous disant qu'à mon avis aucune question n'est aussi opportune, aussi importante pour nos lettres que celle de notre langue littéraire? C'est une cause, il est vrai, qu'on pourrait croire toute décidée. Mais depuis quelque temps, des doutes et des équivoques l'obscurcissent et tendraient à en faire un sujet de dispute. C'est ce qui me suggère de la reprendre en ce moment et d'en faire la matière d'un unique conseil. Et ce conseil est celui-ci:
>
> «Quels que soient les chemins où s'engage notre littérature, qu'elle garde comme son instrument d'expression, qu'elle

> protège contre toute corruption intime ou étrangère la langue du Canada français, autrement dit la langue française[28].»

Pour Dantin, non seulement le français est-il capable d'exprimer toutes les nuances du cœur humain et toute la dimension du monde moderne, mais les écrivains qui savent si bien exploiter tel ou tel registre du langage de manière à se l'approprier comme leur style propre ne font que rendre manifeste ce qui se trouvait déjà dans la langue française. Dantin écrit donc à l'adresse des écrivains préoccupés de la spécificité canadienne:

> N'ayez donc crainte que nos spectacles ne trouvent pas assez de couleurs dans la palette de Gautier ou de Loti; que notre âme éprouve des élans que n'eussent pu exprimer Pascal, Rousseau, Hugo ou Léon Bloy; que notre vie ait des détours qui eussent embarrassé Daudet ou Barrès. Si vous n'avez pas trouvé dans Larousse le mot exact qu'il vous fallait pour peindre un coin de notre sol, une nuance de notre être intime, soyez sûrs que vous n'avez pas assez cherché[29].

La réponse de Dantin est celle d'un classique: «Le classicisme, dit Michel Charles, ne sacralise pas le texte, mais élève la langue: c'est que le texte appartient à un ou à personne, alors que la langue appartient à tous [...]. Telle est la seconde composante de l'invention rhétorique: le génie de la langue remplace, en quelque sorte, la sacralité du texte [...] il donne à quiconque possède la langue le droit d'être quelque chose comme un auteur[30].» Or pour Dantin, on est d'abord un auteur avant d'être canadien. Ainsi, en matière de langue, Dantin peut prétendre avoir pour l'auteur canadien les mêmes exigences de qualité qu'il souhaite quand il est question de la perfection artistique. Lui-même prêche l'exemple en cultivant extrêmement son style.

Il ne faut pas croire, cependant, que pour Dantin l'auteur importe peu, bien au contraire. C'est lui qui actualise telle ou telle ressource du langage collectif. On le voit dans la citation ci-dessus: Gautier, Bloy, Barrès ont chacun trouvé une forme d'expresion qui leur soit propre et qui peut ensuite être imitée. L'art est transmissible parce qu'il retourne au trésor commun de la langue. Dantin ne dira jamais qu'un bon écrivain doit inventer son propre langage. Ce principe d'avant-garde a pour conséquence de réduire à néant le trésor linguistique de la communauté. Il ne défend pas non plus l'idée d'une langue ou plutôt d'un lexique canadien comme le fait souvent la rhétorique scolaire dont le tort, ainsi que nous allons le voir dans un moment, n'est pas de vouloir imposer des sujets canadiens mais d'abâtardir l'humanisme véritable et de refuser la créativité que renferme la rhétorique en son principe.

Les meilleurs écrivains, pour Dantin, atteignent à l'idéale beauté indépendamment des vicissitudes de la vie. Le grand auteur, à force de volonté, sait se mettre au-dessus des contingences historiques que Dantin reconnaît être au Canada peu favorables à la création. Au bout du compte, chaque écrivain en progressant vers la beauté et non pas vers l'accomplissement d'un art national enrichit la langue et par là transmet un héritage à la nation. «N'est-ce pas beaucoup que cette époque ait sauvé la langue du naufrage! l'ait gardée des attaques ouvertes et des corruptions latentes, l'ait graduellement épurée malgré cent causes de bâtardise, nous l'ait léguée enfin plus fine, plus souple, plus adéquate à la pensée qu'elle ne l'avait elle-même reçue[31]?»

Au bilan, Dantin ne sous-estime ni les poètes régionalistes ni les poètes qualifiés autrefois d'exotiques ou de décadents. Il cherche au contraire à les réconcilier. Paul Morin «a le don brillant d'une modernité qui serait classique, et d'une lyre apte à rendre tous les sons», Guy Delahaye «retrace en algèbre mystique des extases rituelles et transcendantes», Lionel Léveillé «élève le refrain, le folklore, à la hauteur d'une leçon morale», Alfred DesRochers «ambitionne la «poésie brutale» et s'en tient à propos à l'inspiration mâle et forte». Il n'oublie pas «cet élan féminin, presque féministe» que renferment les recueils de Jovette-Alice Bernier, de Simone Routier, d'Éva Senécal[32]. Son mépris, il le réserve pour Jean-Aubert Loranger, trop avant-gardiste à son gré, trop proche des théories spéculatives de l'art qui se développent dans le sillage de la philosophie hégélienne. Or le rhétoricien qu'est Dantin refuse de penser les rapports de l'art à la philosophie. Ce sont les procédés qu'utilisent les poètes et qui caractérisent leur style ou leur inspiration qui l'intéressent. Il n'en sera pas de même du commentateur qui justifiera sa lecture à partir d'une herméneutique philosophique.

Le subjectivisme de Marcel Dugas

Comme l'écrit Michel Charles, il n'y a pas à l'origine d'opposition profonde entre la rhétorique et le commentaire mondain auquel nous rattacherons Marcel Dugas, qui fut l'ami de Delahaye et de Loranger:

> Tout rhétoricien a pour désir de constituer une rhétorique de l'effet, mais son unique personnage est, comme on sait, le procédé. De nouveau, il pose donc l'idée d'un secret, mais en l'adaptant: non pas le secret de fabrication d'un auteur, non pas ce qui est tenu caché, mais le secret des formes, le secret du langage, constituant ces formes et ce langage en véritables sujets. [...] Que peut la rhétorique? Elle peut élaborer sur sa frontière un autre discours, discours esthétique et critique mondaine, qui aura pour fonctions et de dire son inquiétude et de nommer directement l'effet hors de tout contrôle et dans la liberté de l'écriture[33].

Les essais de Dugas sur Verlaine (1914) ou sur Péguy (1917) appartiennent à la critique mondaine et inaugurent un type de lecture des œuvres qui caractérisera le commentaire.

Ces deux essais, souvent négligés par la critique québécoise parce qu'ils concernent des auteurs français, sont pourtant d'une importance capitale à cause de leurs dates, d'abord, de leur manière d'envisager les œuvres, ensuite. Dugas intervient une première fois, au moment où ses amis Delahaye et Paul Morin sont attaqués pour leur décadentisme et leur hermétisme, un hermétisme qui, dans le cas de Delahaye, va jusqu'à l'ésotérisme. Or Dugas n'insistera pas sur le secret des formes ou du langage, mais sur le secret tenu caché par l'auteur, en inversant de la sorte la démarche du rhétoricien, pour reprendre les termes de Michel Charles. D'où son intérêt. À propos de Verlaine, Dugas va insister sur le rôle non plus de la figure considérée comme un trope, mais de l'image prise comme symbole de l'ambivalence du monde. Il va faire du symbole l'amorce d'une lecture herméneutique, bien qu'il n'emploie pas ce mot. Quant à l'essai sur Péguy, il précède d'un an la fondation du *Nigog* en 1918, revue d'esthétique à laquelle Dugas insufflera son esprit polémique. Nous sommes en pleine guerre et la mort de Péguy symbolise pour Dugas l'échec de la culture dans la civilisation occidentale. Dans son essai sur Péguy, Dugas va exposer une idée décisive pour la modernité, qu'elle soit européenne ou canadienne. Il commentera Péguy en démontrant que l'essence du politique est à chercher du côté de l'art ou que le politique est la vérité de l'art[34]. Mais Dugas est un intuitif qui théorise mal ses idées. Critiquant l'essai de Dugas sur Verlaine pour le *Dictionnaire des œuvres littéraires du Québec*, Maurice Lemire écrit: «Dugas n'a vraiment pas de méthode d'analyse. À propos d'un discours, il rédige un autre discours qui fait part de ses réactions, de ses enthousiasmes et de ses désirs. Il termine sur une affirmation d'un caractère absolu. Avec Baudelaire, Rimbaud, Mallarmé [Verlaine] a créé la merveille moderne[35].»

Est-ce le parti pris pour la modernité française qui choque ici le critique? Nous croyons avoir montré que la seule méthode «crédible» au Québec jusqu'au seuil des années trente était celle qui s'inspirait encore de la rhétorique. Or Dugas choisit une autre voie et pose justement le problème du commentaire qui, dans son rapport à un texte premier, se donne toujours comme un discours second. Le commentaire s'inspire du texte à la différence de la rhétorique qui s'intéresse d'abord au langage, nous l'avons vu à propos de Dantin. Mais plus qu'aucun autre, le commentaire est tenté de substituer au texte premier sa propre fiction critique. Or Dugas ne cache pas qu'il se voit contraint d'agir ainsi dans la mesure où les libertés qu'il prend par rapport au texte de Verlaine lui sont commandés par les résistances, les préjugés à l'égard du symbolisme qu'il sent chez ses auditeurs canadiens. Plus que le rhétoricien, le commentateur doit pratiquer la *captatio benevolentiæ*. Le texte n'existe pas s'il n'existe pas d'abord pour un public. Le commentaire est une méthode qui s'élabore à partir des stratégies du discours.

Feux de Bengale à Verlaine glorieux, voilà le titre de la conférence que prononce Marcel Dugas en 1914, devant un parterre essentiellement féminin. Le caricaturiste du *Nigog*, en 1918, s'amusera à portraiturer ces petites-bourgeoises émoustillées par l'immoralisme des écrivains français, mais qui doivent se satisfaire des romans d'Henry Bordeaux.

La distinction des manières et l'honnêteté du goût: vertus mondaines, auxquelles Dugas répondra par la provocation. Le symbolisme sent encore le soufre au Québec, alors que pour Dugas l'esthétique symboliste est déjà dépassée. Elle appartient à la tradition littéraire, depuis l'élection d'Henri de Régnier à l'Académie française. Qu'à cela ne tienne; c'est avec une certaine malice que Dugas présente l'esthétique symboliste sous des couleurs faustiennes. Quête hermétique et désir d'une surhumanité qu'on retrouve dans *Les phases* de Delahaye. «À la recherche de la signification cachée des objets, ils [les symbolistes] tendent leur effort afin d'arracher les secrets des énigmes de l'univers [...]. Ils se livrent à l'essentiel. Même s'ils s'apprêtent à tenter Dieu[36].

Dans la poétique de Dugas, le mot est un signe incomplet soumis à l'ambivalence du symbole, à la fois or et mystère, lumière et nuit. Le mot est un actant rejouant le *Crépuscule des dieux* auquel Dugas fait allusion. Le symbole, porté par le mot, retrouve son unité dans une apothéose — un transport — sensualiste et mortifère: «Les mots suggèrent; le symbole gît en eux; il se décèle, se trahit [...]. Les choses de la nature comme celles de l'âme auront un moment d'apothéose, c'est alors le paroxysme panthéiste, la Nuit qui accourt et reçoit l'embrassement du Soleil[37].» Selon cette esthétique du symbole, le mot est déjà «en liberté». Il vit de sa propre substance, mais dans une fascination pour la mort que mépriseraient les futuristes. Dugas parle de «panthéisme», ce terme qui englobe pour la scolastique tout le paganisme et le matérialisme modernes. Celui d'un Paul Morin, par exemple. Relisons *Palerme*. Ce panthéisme, Dantin, lui, se garde bien de le commenter.

La figure, telle que la conçoit Dugas, est d'abord une figure de la finitude de l'homme moderne. Elle dit «l'angoissante torture du présent» que déjouent comme elles peuvent les illusions surgies de l'ombre: «Le souvenir, qu'est-ce donc si ce n'est l'horizon qui borne notre vie et le crépuscule des pans d'éther où vont se jouer les reflets nocturnes.» Aussi Dugas adhère-t-il tout entier à la religion de l'art. «La croyance requise par l'œuvre d'art est croyance en la promesse d'un rapport du monde à sa figure», écrit Michel Deguy, qui ajoute, comme s'il commentait Dugas: «L'art est une certaine transformation (trans-figuration) telle que dans l'opération trans-figurante, ou fiction, la liberté se ressaisisse sur un mouvement où le monde reparaît dans la figure, ou image, qu'il n'a jamais celée[38], ou qu'«il ne recèle plus», dirait Dugas. La figure essentielle de la poétique décadentiste de Dugas est sans doute la synthèse. Dugas la montre comme source et terme d'un processus de sérialisation d'images, élevant le langage poétique au «lyrisme pur». La synthèse s'oppose en tout point à l'expression rhétorique des idées claires fondées sur des définitions de mot. La synthèse est une accumulation d'images poussées à leur propre dépassement dans la poésie pure.

> La synthèse; mode de poésie supérieure: leur processus ne s'appuyant pas sur des petits faits de nomenclatures patientes — sauf exceptions — des accumulations de mots qui rendent l'idée plus nette, plus saisissable, ils [les symbolistes] veulent plutôt suggérer des séries de pensées et d'images. Leur effort synthétique les achemine donc au lyrisme pur, dégagé de matérialité. L'analyse est méprisée à cause de l'émiettement des objets qu'elle suppose.

La notion de synthèse annonce sur bien des points la méthode herméneutique de Gadamer qui, parlant du poème, écrit:

> Mais il [...] est question de déceler le sens que revêtent l'ambigu et l'indéterminé, le sens qu'a éveillé le poème et qui, loin d'ouvrir le champ libre à l'arbitraire et à la fantaisie du lecteur est l'objet de l'effort herméneutique qu'imposent de tels vers. Quiconque connaît la difficulté d'une telle tâche sait qu'il ne saurait s'agir d'établir une nomenclature de toutes les connotations qu'évoque la «compréhension» des compositions poétiques, mais de rendre l'unité de sens appartenant à l'unité de langage que constitue un tel texte, assez visible pour que les connotations qui s'enchaînent à lui, insaisissables dans leur totalité, y trouvent leur appui[39].

Certes, on peut reprocher à Dugas d'être plus un écrivain qu'un critique et de négliger la théorie. Mais il découvre dans ses œuvres autobiographiques — et tout commentaire littéraire côtoie toujours un peu l'autobiographie — le paradoxe de la figure, qui ne permet pas qu'on s'approprie une vérité née de l'expérience de la finitude. Dans *Psyché au cinéma*, il écrit: «Ma vérité est revenue danser devant moi et m'a rendu l'illusion, seul ressort vital qui nous ressuscite à la vraie vie et à l'espoir[40].» À travers le personnage de Phèdre, avec lequel il se confond, Dugas éprouve cette non-coïncidence de l'homme avec lui-même dans l'ordre de l'action et de la sensation, qui constitue le fond de la sensibilité moderne. Il fait l'éloge de ce secret mystère au cœur d'une conscience qui ne saurait de toute manière se révéler sans trouble et sans ambiguïté. L'auteur de *Psyché au cinéma* sait que l'existence passe, comme le dirait Paul Ricœur, par une décision intérieure qui s'avère ultimement impossible. Par là, Marcel Dugas fait échec à tout le processus de la conversion au cœur de la rhétorique missionnaire. Toute révélation du secret ne peut être reçue que comme une transgression, aussi bien dans l'espace de la subjectivité que dans l'espace social.

L'essai de Dugas sur Péguy se situe au-delà du commentaire. Il n'est plus guère question de débattre de l'homme ni de l'œuvre. En délivrant Jeanne d'Arc, personnage mi-fictif, mi-historique, des chaînes qui la relient à son auteur, Dugas libère l'imagination transcendantale de sa finitude: «Adhérente à l'autre nuit terrestre — celle de l'existence — qui monte et roule vers son destin, elle semble phalène éployé vers quelque poème immense et pourpre, de feu consumant la poussière diamentée d'un corps sublime[41].»

Comme les romantiques allemands, Dugas conçoit le corps dans son existence sensible comme un corps souffrant qui, livré à la mort, redécouvre l'innocence originelle, le mal étant le fait de la sphère sociale: «Elle [Jeanne] marche, court, vole [...]. Elle est victorieuse d'elle-même, mais pas entièrement des autres, qui, dans l'ombre, lui préparent de la ciguë.» Figure de la nuit solaire, figure de l'innocence, Jeanne est ainsi rattachée aux grands martyrs de l'ordre établi, aux grands héros de la libre-pensée, de Socrate à Jaurès, comme si sa passion se perpétuait d'âge en âge. Toutefois, Dugas a pour souci constant de maintenir séparées la sphère de la mystique (sociale ou poétique) et celle de la politique où risque de s'abîmer, selon lui, «l'absolutisme de la vision nette, miraculeuse de réalisme». Dugas n'a rien d'un marxiste. Il annonce plutôt un aristocratisme critique, cherchant par d'autres voies à transcender le positivisme, en intégrant à sa vision du monde une représentation héroïque de la liberté, comme négation de la négation: «Est-ce que la liberté, toute couverte de blessures, ne va pas secouer jusque dans ses profondes assises cette maison de conservation sociale qui, tout le long de l'histoire, s'est appuyée sur des morts[42]?» L'allégorie se présente «comme une pensée qui ne peut demeurer à l'état de pensée [...] puisque devant se réaliser», selon les mots de Hegel. Mais devant se réaliser pour Dugas au-delà de la sphère clérico-bourgeoise corrompue par cet instinct de mort au cœur du capitalisme. La petite bourgeoisie ne vit dans les essais de Dugas que mystification, alors que ce dernier renouait avec les formes du discours téléologique, en distinguant l'esprit qui vivifie de la lettre qui tue.

Victor Barbeau, dont on sait avec quelle énergie il défendit, dans ses *Cahiers de Turc*, ses amis modernistes, note ceci, en 1927: «Si on excepte M. Marcel Dugas, jamais personne chez nous n'a, à ma connaissance, parlé de Péguy et combien peu doivent l'avoir lu. Il appartient à cette catégorie de "poètes maudits" dont on n'ose s'approcher pour mille raisons dont aucune ne relève de la littérature[43].»

Des phrases comme celle-ci à propos de Péguy: «C'est durant l'époque la plus féconde de sa vie, un révolutionnaire à tendances conservatrices et nous n'aimons que les révolutionnaires purs et intégraux» ou d'autres encore où Dugas affirme que l'élan révolutionnaire de Péguy a été compromis par son allégeance catholique, de telles phrases suggéreront plus tard à Mgr Chartier le jugement suivant:

> Ce fut l'ère de la critique personnelle. Délaissant comme à son insu les sujets abordés et la façon de les présenter, celle-ci se faisait un jeu de s'en prendre aux auteurs. Ce n'était pas cependant leurs qualités intellectuelles, ni leur valeur littéraire que l'on cherchait à découvrir et à mesurer; trop souvent leur allégeance politique devenait le fondement d'une admiration sans mélange ou d'une horreur sans bornes. Quelquefois même dressant de sa propre autorité un code moral fantaisiste, on alla jusqu'à trouver les écrivains en conflit avec les doctrines que ni les Églises, ni les philosophies n'eussent voulu appuyer de leur autorité[44].

Le prélat a reconnu un trait propre au commentaire comme discours critique: celui-ci, en effet, ne tient plus seulement compte de la valeur esthétique du texte, mais il ajoute à celle-ci la valeur comme effet d'un rapport critique de l'œuvre à la société. Ce rapport, le commentateur le bâtit à partir de son propre commentaire; il légitime ainsi sa stratégie de discours et le commentaire, comme discours second. Mgr Chartier, quant à lui, défend le principe d'autorité qui constitue la clé de voûte de la scolastique.

Rhétorique et scolastique

On peut comprendre que la rhétorique et le commentaire mondains s'excluent mutuellement, l'une s'intéressant d'abord à la langue, l'autre faisant retour au texte. En revanche, on peut s'étonner qu'il puisse exister une opposition entre le commentaire et la scolastique, si l'on ne considère que leur mode de fonctionnement. La scolastique médiévale reposait essentiellement sur des commentaires et des gloses de textes. Dans sa forme canonique, le sermon se présente, de même, comme le commentaire d'une phrase tirée des écrits saints. Évidemment, le commentaire philosophique évoluera pour devenir une thèse qu'il faut démontrer à partir d'arguments dûment hiérarchisés constituant ce qu'on appelle la «preuve». Parallèlement, l'enseignement de Cicéron et de Démosthène dans nos classes de rhétorique perpétue les principes de l'éloquence à l'origine de la rhétorique. Quant à la rhétorique pensée, cette fois, comme une technique de lecture débouchant sur une méthode d'écriture, elle a acquis son autonomie, comme on sait, grâce à la pédagogie du XVIIe siècle. Les jésuites en ont fait une méthode pour décomposer un sujet en ses parties morales. Rappelons ce qu'écrivait le père Jouvency:

> N'importe qui pourra trouver les parties vraies et naturelles dont se compose un sujet parce qu'elles tombent sous ses yeux, il n'a qu'à les observer. Mais trouver les parties que nous appelons morales n'est pas aussi facile, parce qu'elles dépendent de notre intelligence, et ne produisent qu'en raison de la finesse de nos réflexions et de nos observations.
>
> C'est pour cela qu'on est à la recherche d'une méthode qui donne le moyen de trouver ces parties morales. C'est la Rhétorique qui l'enseigne[45]...

On aura remarqué l'intelligence du propos; l'objet de la rhétorique est immédiatement donné à l'observation et ne passe plus par une donnée hermétique. Le pédagogue partira de l'observation immédiate pour affiner l'intelligence. La méthode cartésienne n'est pas loin. Or justement, le clergé du XIXe siècle redoute ce cartésianisme qui a enfanté la libre-pensée.

Au Québec, à la fin du XIXe siècle, ce n'est plus la Rhétorique comme méthode de mieux penser, mais l'histoire comme école de vertu qui servira à apprendre à l'élève à reconnaître les parties vraies et naturelles d'un sujet vu sous un angle moral. Étudiant les travaux des élèves des collèges classiques de cette époque, Joseph Melançon écrit:

> On peut s'étonner que le discours mimétique y occupe une si large place, soit 70 %. Il s'agit, par ce discours, de placer l'élève en situation, de lui faire assumer la prescription d'un personnage. La prescription se théâtralise, en quelque sorte, et l'élève joue le rôle du personnage historique qui prescrit la conduite à tenir. S'il avait à répéter le discours de ce personnage, il serait pur témoin. Mais il doit le composer, le construire et, pour ce faire, le rendre sien. Il arrive même que la rédaction se singularise dans le mode impératif, à l'adresse d'un allocutaire actualisé. Tout le déploiement des stratégies persuasives qu'enseigne la rhétorique est, en définitive, au service de la persuasion du rédacteur, pour un effet rétroactif du mimétisme[46].

Ce type d'exercice en langue vernaculaire, qui démontre l'existence d'une véritable rhétorique scolaire axée sur le respect du principe d'autorité, côtoie la pratique de la *prelectio* latine dans les collèges jésuites québécois qui consiste à découper le texte latin en phrases pour ensuite discuter des points de grammaire, de civilisation ou de style. La *prelectio*, qui remonte au XVIIe siècle est, comme on sait, l'ancêtre de l'explication de texte moderne. Mais le détournement de l'ancienne rhétorique et de l'enseignement des humanités classiques, au profit de la morale et de l'histoire, s'effectue également au profit de la langue vernaculaire. Heureux contraste, dira-t-on. Oui, si l'on veut. En réalité, il s'agit d'une nouvelle application du principe d'autorité. Le latin moins châtié de la liturgie catholique reçoit une légitimité que perd le latin classique. De même, le latin du bréviaire, qui n'est pas une langue littéraire, deviendra le miroir du français parlé au Québec, qui n'est pas non plus une langue littéraire mais qui en vaut bien une parce qu'il remonte au XVIIe siècle. Le principe moral d'une généalogie des langues qu'amplifient les rapports d'analogie entre le latin d'église, langue du prédicateur, et le parler paysan, langue du prêché, va permettre à l'Église de détourner à son profit l'humanisme antique en lui accordant un rôle subalterne dans la généalogie des langues dans la mesure où la généalogie se conçoit comme une généalogie de la morale. Aristide Filiatreault, en 1893, avait dénoncé la manœuvre dans ses *Ruines cléricales*, chef-d'œuvre de littérature polémique:

> Il [le prêtre] pense en littérature comme en fait d'art. «Le latin du bréviaire romain, a dit en pleine chaire le retardataire Cour-

> balot, le latin du missel romain, le latin de la liturgie romaine est bien supérieure à celui de Cicéron et de Tacite». Nous devons au même, cette précieuse découverte, si conforme à la vérité de l'histoire; que l'Église a créé «la langue latine»[47].

La vérité de l'histoire: voilà une idée moderne. Mais c'est le rapport de la rhétorique cléricale à la langue qui nous importe ici.

L'abbé Camille Roy devait transposer dans son projet d'une littérature patriotique ce qu'il faut bien appeler cet humanisme à rebours que constitue la rhétorique qu'il enseignait lui-même au Petit Séminaire de Québec. L'histoire, dit-il, apprend au poète à reconnaître les véritables sujets moraux. Dès lors, la nature suit l'utile, comme il l'écrit en 1912 à l'adresse de Paul Morin qu'il rappelle à l'ordre d'une morale pédagogique:

> Il faut donc écrire et faire des vers, pour mettre en belle tenue des pensées utiles; il faut chanter pour appeler au vrai temple, au Dieu de son baptême, les âmes distraites; il faut mettre à ses lèvres la buccine ou la conque d'émail pour célébrer les choses, grandes ou familières, héroïques ou tendres, de sa maternelle patrie; et s'il est permis au poète plus qu'à d'autres, de pénétrer en la subtile harmonie des êtres, de tous les êtres, et de mieux saisir et de mieux rendre tant de merveilles partout multipliées dans cet univers, il ne peut oublier que de sa lyre où viennent s'accorder les voix de la nature, ne doivent s'échapper que des notes bien sonnantes, de louables cantiques, des rythmes divins[48].

Filiatreault, dans sa diatribe, disait que, pour le clergé, «la vue du beau est une sensualité coupable et sa représentation un acte de péché». L'abbé Roy pense la même chose et reproche à Morin l'art voluptueux des alexandrins: «Ce regard si curieux de la beauté des formes, et qui suggère à l'imagination de riches métaphores, est le regard d'un grec et d'un païen.» Évidemment, l'abbé Roy préfère un type de poètes qui lui paraît vrai et sincère «quand il se contente de transporter en des vers pleins et harmonieux les choses elles-mêmes, et pour ainsi dire de photographier un paysage». (Comme nous l'avons vu, DesRochers, plus tard, reprendra l'idée de «photographie» pour qualifier son art de la description.) L'abbé Roy associe la description photographique à une poésie impersonnelle, celle que prônent les parnassiens, et qui vient à propos dans l'histoire des lettres combattre le subjectivisme romantique que craint l'abbé Roy comme l'affirmation d'un point de vue trop libre sur les choses. Il redoute par ailleurs que cette impersonnalité qui doit exprimer une forme de «dignité morale» ne devienne chez un dilettante un signe d'«élégance amorale» qu'il réprouve chez Morin, comme il réprouve l'usage de figures qui ne traduisent que «l'image ou le reflet des choses». Il stigmatise ainsi cette esthétique décadente que défend Dugas, l'un des amis de Morin.

Ce ne sont pas les idées esthétiques de l'abbé Roy qui nous intéressent autant que la stratégie du clergé. Cherchant à restreindre la liberté de création comprise dans l'ancienne rhétorique qu'elle abâtardit sciemment, elle invente cette contre-fiction humaniste que l'abbé Roy exprime par ces lignes de Paul Morin qu'il détourne à son profit:

> Les mots canadiens au rythme de France
> Et l'érable au laurier

Fiction, disons-nous, car il y a bien une fiction du parler contenue dans les mots; c'est à la famille des mots, à la généalogie des mots que pense l'abbé Roy. Fiction également de la scansion intangible du rythme français qui correspond prétendument au génie de la langue, rythme qui reste intact contre toutes les vicissitudes de l'histoire, c'est-à-dire du progrès. Fiction également quand on parle de transposer les lauriers symbolisant l'humanisme classique dans nos érables, illustrant l'art de la description impersonnelle du pays que défend l'abbé Roy. Cette poétique s'affiche comme une contrefaçon de l'humanisme classique, mais, par le fait même, l'abbé Roy autorise l'émergence non seulement d'une écriture-artiste, mais également d'une rhétorique et d'un commentaire mondains à la périphérie de la rhétorique scolaire. Celle-ci s'institutionnalise en suscitant autour d'elle des contre-discours qui emploieront le même vocabulaire qu'elle.

Mais puisque le discours de la scolastique est celui de l'autorité, c'est de l'autorité des Pères de l'Église que peut se réclamer la poésie hermétique de Delahaye qui remonte à sa manière aux sources mêmes du commentaire chrétien, que l'on doit à saint Basile. Basile de Césarée souhaitait préserver dans l'enseignement du jeune patricien la lecture d'Homère, auteur païen. Il jette les bases du commentaire chrétien, en disant que les livres profanes n'enseignent pas à déchiffrer la Vérité, mais à déchiffrer le chiffre de la Vérité dans le Livre divin[49]. Delahaye suit cette voie qui l'amène à construire une sémiologie du monde. Mais, ce faisant, il révèle, d'une certaine manière, ce que le programme patriotique de l'abbé Roy doit aux idéologies positivistes du XIXe siècle que la scolastique prétend combattre. «Lisez Ruysbroek!» disait Delahaye.

La scolastique contre la modernité

Pour lutter contre une science du littéraire qui se fait jour dans le propos des historiens de la littérature, pour combattre également les théories spéculatives de l'art qui se développent en Europe et dont elle perçoit certains échos notamment chez Dugas, la scolastique doit réinvestir l'humanisme classique en mettant à l'épreuve ses propres concepts.

S'inspirant des encycliques de Léon XIII, la critique catholique dénonce, au seuil du XXe siècle, ce nihilisme moderne dont elle fait remonter l'origine à Kant. Hostile aux philosophies de l'âge des Lumières, la théologie métaphysique privilégiera le Dieu en tant que fondement de l'objectivation plutôt que le Dieu fondé par l'objectivation transcendantale de la subjectivité kantienne. Cette attitude influencera les théories de l'art. Marguerite Taschereau, dans de courts essais qui recevront en 1920 le Prix d'action intellectuelle, refuse les esthétiques nouvelles où l'Être et le Paraître coïncident; elle récuse donc la nature phénoménale du monde chez Kant en lui attribuant les déviances nihilistes du modernisme:

> De nos jours, le nombre toujours croissant des dilettantes a fait du cosmopolitisme une nécessité. La philosophie allemande a pénétré dans tous les milieux. L'idéal kantien s'est répandu dans le monde et, selon Kant, dit l'abbé Robert, «L'intelligence humaine ne connaît pas la chose elle-même (le noumène) mais seulement sa représentation, son apparence, (le phénomène)». Comment s'étonner après cela qu'on ait vu surgir dans le domaine artistique, un impressionnisme de bas étage qui n'est autre chose que la représentation fantaisiste et phénoménale de l'idée[50].

À l'inverse, Claude Geffré, un théologien d'aujourd'hui, se demande si la *Causa prima* thomiste, en définissant l'homme comme un animal rationnel, en cherchant à comprendre le monde à partir d'un fondement, ne se situe pas «au début d'un mouvement qui aboutira dans la pensée contemporaine à la "mort de Dieu" comme objet représenté[51]», «mort de Dieu» qui constituera, à la fin des années trente, l'arrière-plan de l'œuvre d'un poète catholique comme Roger Brien. Néanmoins, la métaphysique intègre dans son système deux réalités «phénoménales»: la cité comme un reflet du Tout, seul accessible au sens commun, et la patrie, qui donne un nom, une généalogie au vouloir-être collectif comme reflet du vouloir providentiel. Ainsi la réalité politique reste liée au projet onto-théologique de la métaphysique. Nous y reviendrons dans le chapitre suivant.

Par ailleurs, la critique catholique s'en prend, dès le début du siècle, au positivisme scientifique. Selon cette doctrine, l'humanité progresse au rythme de la science; les lois dégagées par la méthode expérimentale s'étendent aux faits sociaux et régissent également l'histoire. C'est pourquoi, dans une série de conférences qu'il publie en 1918 sous le titre *La critique littéraire au dix-neuvième siècle*, l'abbé Camille Roy n'accepte pas les analogies qu'il trouve chez Brunetière entre «l'histoire naturelle de Darwin et l'histoire des genres littéraires». L'abbé Roy préférera se servir de l'histoire littéraire pour conforter les thèses de la rhétorique: science des idées générales qui constituent le fond de tout discours. Alors que Hegel disait dans la *Phénoménologie de l'esprit* que «le ceci sensible est inaccessible au langage», Camille Roy, fidèle à la rhétorique, soutient au contraire que, dans les formes sensibles du langage, c'est-à-dire dans la grammaire, se retrouve la substance immatérielle des idées générales. Grâce au style, les formes épousant un art de dire propre à chaque peuple expriment le génie d'une langue. Commentant l'œuvre de Désiré Nisard, Camille Roy peut donc écrire:

> Les vérités générales sont celles qui dépassent la personne des auteurs, qui intéressent tous les hommes, tous les peuples, tous les siècles. Et le langage parfait, c'est celui qui est conforme au génie du peuple qui le parle, mais qui est capable aussi de plaire aux esprits cultivés de tous les pays. Il faut donc qu'un livre soit écrit en un tel langage pour être une œuvre d'art, et il faut aussi que dans les formes sensibles de ce langage il contienne le plus possible de la substance immatérielle des idées générales. Une œuvre vaut donc dans la

> proportion même où elle s'est remplie de vérités universelles exprimées dans un style parfait[52].

Ce qui est bien mort pour les modernes, comme le fait remarquer Hannah Arendt, «c'est la distinction fondamentale entre le domaine sensoriel et le domaine supra-sensoriel», alors que chez un Camille Roy survit l'idée, au moins aussi ancienne que Parménide, «que ce qui ne relève pas des sens — Dieu, l'Être, Causes et Principes premiers (*archai*), Idées — a plus de réalité, de vérité, de signification que ce qui apparaît, et ne se place pas simplement *au-delà* mais au-dessus du monde des sens[53]».

Si la rhétorique se confond avec l'expression des idées générales, si elle est aussi une méthode pour distinguer dans un sujet les parties vraies des parties morales, comment une humanité y est-elle pensable? Pour Camille Roy, l'humanité est là justement dans ce fond de «vérités générales qui intéressent tous les hommes». L'histoire littéraire a un sens quand elle se plie à la méthode de la rhétorique, quand, en résumant l'histoire de cette humanité, l'historien montre les idées morales qui progressent dans les genres et les œuvres de la littérature. Le christianisme est une grande machine rhétorico-historique que Camille Roy découvre à travers Saint-Marc Girardin quand ce dernier étudie «au théâtre chacune des grandes passions humaines depuis l'antiquité jusqu'à l'époque romantique, pour montrer que c'est le christianisme qui a fait rendre à ces passions humaines leur maximum de vertu[54]». Il faut conclure que si la vertu est sans cesse perfectible pour un chrétien, en revanche les genres littéraires cessent de l'être aussitôt qu'ils manifestent dans la perfection de leur ordre la perfection de la vertu. Genre par excellence (depuis Aristote) et signe d'une époque, la tragédie, après Racine, entre dans son déclin, tandis que la France des philosophes s'approche de sa décadence morale et politique.

L'histoire ne se mesure donc pas ici à l'aune d'une évolution sociale comme Lanson a pu le concevoir après Durkheim. Entée sur la figure de la Révélation, la rhétorique borde davantage le champ de l'herméneutique que celui de l'histoire. Mais elle s'écarte d'une pensée spéculative qui ne fait pas référence à une humanité universellement rationnelle, mais valorise une histoire qui met l'homme en situation quant à une *parole* obscure dans son apparaître. *Definitio non sit metarphorica* rappelle l'abbé Lortie qui cite ce passage de Darmesteter: «Une des principales causes, à notre avis, de l'obscurité qu'on reproche à la philosophie allemande, c'est la valeur trop métaphorique de son langage [...]. C'est à la scolastique et au bas latin, disons-le en passant, que le français doit l'incomparable netteté qu'il apporte dans la langue philosophique[55].»

La «libération» de la métaphore dans le sillage de l'intuition bergsonnienne ne se généralisera guère en poésie avant les écrivains de *La Relève*, exception faite peut-être de Jean-Aubert Loranger. Si l'herméneutique néothomiste reste fermée aux richesses de la symbolique métaphorique, elle demeure également réticente à toute théorie de l'interprétation qui ferait appel à une éthique personnelle. Le clergé trouve intolérable la *Profession de foi du vicaire savoyard* de Rousseau parce que cet écrivain élevé dans la tradition protestante déclare que l'homme en sa conscience étant le seul juge du bien et du mal, dont il a une idée innée, devient dans son face à face avec Dieu semblable à ce dernier. Pour le rhétoricien catholique, cette ressemblance avec Dieu doit être médiatisée à la fois par le principe d'imitation de la nature, par la référence aux Anciens et à la cité (la *polis*), mais surtout par la référence à l'Église apostolique et à la patrie (filiation du père).

Ainsi le principe d'imitation de la nature se fonde-t-il non pas sur un jugement personnel de la finalité des choses ou sur un sentiment du moi ouvert sur l'infini du sens caché des choses, mais sur la *participation* de l'homme au Bien immuable qui meut toutes choses à la manière d'une fin. Il ne faut pas croire cependant que la définition de l'art pour la scolastique fut d'une formulation simple. Elle se prête à des discussions acerbes. Si le beau est la splendeur de l'être (*Pulchrum est splendor entis*), et si cette splendeur dépend de la perfection dans la réalisation de la fin (*recta ratio ad finem*), l'art, dira Marguerite Taschereau, «est donc partout et uniquement où l'on constate par un signe sensible le désir de la perfection[56]». Les idées de Marguerite Taschereau sont fidèles aux principes esthétiques de saint Thomas; pourtant, Louis Dantin fulmine: «Confondre l'expression artistique avec l'instinct de la perfection, englober dans une notion commune de l'art la création d'une symphonie et la concoction d'une soupe, c'est mêler sans espoir les essences mentales, c'est élargir et gonfler les termes jusqu'à l'explosion[57].» Sur cette question de la perfection dans l'art, la scolastique s'accordait mieux avec les idées bien connues à l'époque de Farges et Barbedette: «La perfection d'une chose étant le reflet plus ou moins intense de la perfection de Dieu, peut excéder la portée de notre puissance cognitive ou au contraire lui être exactement proportionnée voire même inférieure[58].» «Reflet intense», disent-ils dans un effort pour confondre la triple forme que peut prendre le beau (celle du sublime, du beau proprement dit et du joli) avec une sorte de *phusis* cognitive qui se mesure à sa triple intensité: la stupeur devant le sublime, l'admiration devant le beau, le charme devant le joli. Le beau procède *«ab imaginatione seu phantasia, cujus est formas intentionales rerum sensibilium conservare et reproducere» et enfin «ab intellectu ad quem pertinet dijudicare de pulchro non tantum sensibili sed et spirituali*[59]»

Nous semblons nous être écarté de notre propos pour des considérations de casuistes. Il n'en est rien. D'une part, en poésie, de Bussières à DesRochers, le mètre reproduira la forme intentionnelle des choses sensibles. D'autre part, la scolastique conçoit que le «ceci sensible» puisse être et n'être pas «accessible» au langage. La contradiction ne porte pas sur l'essence du langage, mais sur l'essence de l'homme âme et intelligence. L'intelligence a accès au sensible grâce au langage, mais cette donnée sensible reste imparfaite pour l'âme. Selon la scolastique: «L'artiste réalise une œuvre, expression toujours défectueuse d'un idéal caressé et aimé. Il s'adresse à l'âme entière; s'il parle à l'intelligence, c'est pour arriver à émouvoir le cœur; son but, son expérience est de faire regarder avec complaisance le fruit de sa conception», écrit D. Mercier[60]. Le philosophe propose donc de distinguer entre l'intégrité de l'œuvre pour l'intelligence et l'incomplétude de l'œuvre pour l'âme soucieuse de perfection spirituelle. Sur ce chapitre, l'œuvre d'art est à l'image de la cité utopique des Anciens ouverte et fermée sur le Tout. Nous devons insister sur ce point, car là est l'ouverture souhaitée par la scolastique et qui permet à la rhétorique pédagogique de trouver une échappée dans le politique. La référence à la cité antique sert à recentrer «la fonction sociale de l'œuvre d'art», qui fait l'objet de l'histoire littéraire lansonnienne, sur une allégorie politique qui constitue en sa vision utopique, juridique, patriotique la pierre d'angle de ce qu'on a appelé longtemps le messianisme canadien-français.

Nous avons fait l'hypothèse, avec saint Basile, qu'il n'est pas de littérature ou de critique sans référence à un texte fondateur ou sans une opération qui tende à sacraliser le texte, ce qui est particulièrement évident dans le commentaire de Dugas sur Verlaine, dans la mesure où le commentaire est une hyperbole du texte commenté. Nous sommes forcé de constater qu'aucun texte québécois, parmi ceux que nous avons cités, n'arrive à la «sacralité» sous les feux de la critique. Plus tard, dans *Menaud maître-draveur* (1937), le roman de Louis Hémon, *Maria Chapdelaine*, jouera ce rôle structurel en constituant l'intertexte du récit de Félix-Antoine Savard. Mais, on peut affirmer sans crainte que, jusque dans les années vingt, cette question paraît relativement secondaire, du moins dans ce que nous avons appelé la rhétorique scolaire, car, en effet, le discours sur la vocation messianique du Canada français en Amérique fait du corps «mythistorique» de la nation canadienne-française cet objet sacré que doit célébrer la littérature. Nous allons voir bientôt les effets de cette «sacralisation» dans la poésie de l'entre-deux-guerres.

Le tournant des années trente

Anticipons sur l'histoire. Jacques Michon a analysé la réception de l'œuvre de Nelligan de 1904 à 1941, en montrant comment cette œuvre, qui fait l'objet de nombreuses rééditions à partir de 1932, commence à jouer le rôle de texte «fondateur», rôle que lui contestera de façon virulente Claude-Henri Grignon, plus en sympathie avec la poésie de DesRochers[61]. C'est à cette époque également que l'abbé Albert Dandurand entreprend ses études de la littérature canadienne du XIXe siècle en se fondant, en 1933, sur la critique historique, dont il retient la méthode «positive», comme l'a montré Manon Brunet[62].

Les années 1932 et 1933 apparaissent comme des dates charnières à condition qu'elles soient remises dans leur juste perspective. Avec Nelligan, le symbolisme commence à être diffusé dans nos écoles; la musicalité symboliste imprègne déja l'œuvre du poète régionaliste Nérée Beauchemin. De même, l'abbé Dandurand introduit dans la sphère pédagogique cette méthode historique, dont, ne l'oublions pas, Jean Charbonneau, en 1916, à l'époque où elle témoignait encore d'un positivisme dangereux, avait donné le premier exemple dans son livre intitulé *Des influences françaises en Amérique*. Charbonneau avait montré que la littérature et la religion étaient toutes deux les produits d'une pratique culturelle et sociale, idée novatrice jugée dangereuse. Malgré des qualités évidentes, l'œuvre de Dandurand témoigne d'un appauvrissement considérable de la poétique: l'auteur, en effet, ne dispose plus que de la notion de «couleur expressive» ou de «couleur locale» pour caractériser la qualité d'une œuvre canadienne. Dans le même temps, la littérature du commentaire réapparaîtra en force dans les analyses critiques des collaborateurs de *La Relève* (1934), Saint-Denys Garneau et Robert Élie, entre autres. Le commentaire sonne le glas de la rhétorique, mais en faisant de l'écriture, un discours problématique. Les commentaires inscrits dans le *Journal* de Saint-Denys Garneau nous en donnent la preuve à chaque page. Michel Charles a donc raison d'écrire:

> La fin de la rhétorique sera effective quand l'écriture sera devenue une pratique problématique, quand l'écrivain se demandera s'il peut écrire, s'il a le droit, quand il en attendra la permission, quand il se demandera même s'il a écrit, quand il écrira en faisant croire qu'il n'écrit pas, ou bien, au contraire, démontrera irréfutablement qu'il a bien écrit en n'écrivant en fait rien du tout; quand il n'y aura plus de légitimité évidente de l'écriture[63].

C'est pourquoi il ne faut pas en finir trop vite avec la rhétorique. En insistant sur la dignité de la langue plutôt que sur la dignité du texte, elle fait de la littérature un champ ouvert à tous. «C'est que la rhétorique [...] brise la clôture de son objet en l'intégrant dans l'échange interpersonnel et le circuit social», conclut Michel Charles.

CHAPITRE VII

L'épopée et les utopies politiques

Revenons au messianisme canadien-français et à sa rhétorique.

Le messianisme canadien-français constitue la réponse du clergé aux vieux voltairiens de l'Institut canadien. Fiction «mythistorique», mais aussi fiction «juridique» quant au fond, cette thématique missionnaire permet, quant à la forme, de ne pas établir de frontières tranchées entre l'histoire comme «genre» littéraire, le poème épique ou descriptif, le sermon et ajoutons le roman. (On en aura la preuve, en 1937, avec l'œuvre de l'abbé Félix-Antoine Savard, *Menaud, maître-draveur*, que l'on peut qualifier aussi bien d'épopée en prose que de roman épique.)

La critique de la Révolution tranquille a stigmatisé cette idéologie messianique qui hypothéquait le destin économique des Canadiens français. Elle n'a pas toujours pris garde à l'aspect juridique de la thèse missionnaire. Dans un sermon célèbre qu'il prononce en 1902 devant l'élite intellectuelle du Canada français qui s'est réunie à Québec pour fêter le cinquantenaire de l'Université Laval, Mgr Paquet, en bon émule de Bossuet, veut convaincre ses auditeurs non seulement qu'ils ont une vocation apostolique, parce que le génie particulier de la langue française y trouve son accomplissement spirituel, mais qu'en tant que premiers occupants, c'est-à-dire en tant que propriétaires du sol, ils ont le devoir moral de défendre leur héritage culturel. Mgr Paquet reformule l'aporie juridique que doit résoudre une culture rhétorique: comment l'homme en tant que sujet universel défini selon le droit prend-il le pas sur l'homme défini selon ce qu'il s'approprie du sol? Il ne s'agit pas pour lui de résoudre l'aporie mais plutôt de l'exposer grâce au montage allégorique et à cette représentation par tableaux que lui fournit la rhétorique traditionnelle. La société québécoise, en tant que société «mythistorique», incarne le corps mystique de la parole missionnaire animée par l'esprit divin. Voici cette allégorie «mythistorique» telle que la décrit pour nous Mgr Chartier qui tente, en 1925, d'actualiser le sermon de Mgr Paquet:

> Le «front» désigne ici les autorités de France, de la pensée de qui nous sommes issus. Le «cœur» résume les sentiments de ceux qui furent poussés sur nos bords par le souffle de cette pensée. Les «lèvres» représentent les enseignements que propagèrent, parmi les infidèles de ce pays, les hommes animés des sentiments pieux et des préoccupations civilisatrices de la France. Que tel soit bien le sens qui se cache sous les termes métaphoriques employés par l'orateur, son texte même l'établit[1]...

Il faut comprendre que le clergé enseignant, soucieux de ses privilèges, trouve dans une certaine conception rhétorique de l'histoire une légitimation institutionnelle dont il n'entend pas être privé. Dans la suite du commentaire, dont nous venons de lire un extrait, Mgr Chartier rappelle que le thème de la vocation messianique de la nation française et canadienne-française tel que se le sont transmis les évêques québécois, au cours du XIXe siècle, prend sa source chez Joseph de Maistre. Sans doute Mgr Chartier pense-t-il à ce qu'écrivait Joseph de Maistre, en 1819, dans *Du pape*:

> Il y a des nations privilégiées qui ont une mission dans ce monde. Celle de la France me paraît aussi visible que le soleil. Il y a dans le gouvernement naturel, et dans les idées nationales du peuple français, je ne sais quel élément théocratique et religieux qui se trouve toujours. [...] Les évêques, c'est Gibbon qui l'observe, «ont fait le royaume de France»; rien n'est plus vrai[2].

Cette référence à de Maistre obéit à une double stratégie. Le clergé catholique cherche, dans un premier temps, à nier la légitimité de l'État de droit issu de la Révolution française et à réfuter le «contrat social» de Rousseau. Dans un second temps, de Maistre lui donne un droit légitime (et toute légitimité se fonde sur l'histoire), plus ancien et bien au-dessus des droits du législateur sur l'enseignement au Canada français dans son entier. Ainsi l'Église peut-elle enseigner qu'en droit comme en morale, «toute autorité vient de Dieu». Mais l'histoire des révolutions contraint l'Église de Léon XIII à reconnaître, au tournant du siècle, la primauté de la sphère sociale sur la sphère individuelle. Le clergé défendra désormais ce qu'on appelle «la doctrine sociale de l'Église[3]», pour faire face aux changements du monde moderne. Contre vents et marées, c'est-à-dire contre les révolutionnaires prolétariens et les francs-maçons, l'université canadienne-française veille à ce que la littérature perpétue l'ordre de la morale classique, symbole de sa vocation apostolique au cœur d'une «romanité» chrétienne. Avec de Maistre, avec Mgr Paquet, avec l'abbé Groulx, avec l'abbé F.-A. Savard, le clergé québécois peut donc dire qu'il n'y a pas de rupture entre le projet de Louis XIV qui est à l'origine de l'établissement des colons français en terre d'Amérique et le projet d'empire spirituel que l'Église contemporaine, depuis Léon XIII, rêve toujours d'ériger dans le monde. Ce rêve messianique, poètes épiques et poètes régionalistes doivent le pérenniser, en magnifiant les hauts faits de nos héros-missionnaires, en célébrant la «paroisse» canadienne-française.

Mais la notion moderne de «subjectivité» liée à une conscience éthique des rapports sociaux ne pouvait naître qu'en faisant éclater ce corps mythistorique ou, du moins, en en sécularisant le principe utopique, grâce à la philosophie de l'histoire.

Pour une philosophie de l'histoire

Une philosophie de l'histoire suppose que l'homme est politiquement et socialement engendré. Une seule nécessité: la liberté de penser. «Penserions-nous beaucoup et penserions-nous bien, si nous ne pensions pas pour ainsi dire en commun avec d'autres?» demandait Kant. Jean Charbonneau, l'un des fondateurs de l'École littéraire de Montréal, note, pour sa part, dans ce court fragment daté de 1897: «Les hommes disait Jules Janet ne sont pas seulement des consciences unies à un corps. Mais la conscience est un monde fermé; c'est par le langage que la pensée peut devenir accessible aux autres hommes et préparer ainsi le progrès et l'avancement intellectuel[4].»

Cette ouverture de la pensée à elle-même par un langage fondant le «vivre ensemble» constitue pour nous le geste inaugural de cet humanisme laïc qu'entendait défendre Jean Charbonneau et qui légitimait à ses yeux l'existence de l'École littéraire de Montréal.

Cet humanisme fondé sur le concept d'humanité (l'*humanitas* antique) ne peut prendre corps qu'en générant, semble-t-il, l'un ou l'autre de ces grands récits d'émancipation qui, au dire de J.-F. Lyotard, jalonnent l'histoire de la modernité[5]. Ce sont de tels récits fondateurs que les épopées philosophiques de nos poètes cherchent à traduire. C'est la représentation antique de la «cité» opposée à celle de «patrie» que nous allons étudier dans les poèmes de Jean Charbonneau et ceux de DesRochers, qui paraissent au cours de l'entre-deux-guerres. Les deux auteurs illustrent chacun différemment une certaine idée de la liberté individuelle.

La cité idéale, comme la pensent Aristote et saint Thomas à sa suite, est ordonnée sur la recherche de la justice et la conformité au souverain bien: «La cité est à la fois fermée et ouverte sur le Tout», remarque Léo Strauss, parce qu'elle est «le seul tout à l'intérieur du Tout[6].» Fermée sur le tout, la cité se préoccupe du bien commun; le discours, étant un acte social, s'y conçoit comme une recherche de la vérité à partir de l'opinion commune. Ouverte sur le tout, la cité idéale est une approximation de la cité du philosophe en quête du souverain bien. En s'emparant de cette herméneutique politique, les poètes québécois vont adhérer au principe que chacun doit agir conformément à sa fin dans l'intérêt de la cité. Mais certains d'entre eux, imaginant une sorte d'idéalisme athée dans le nihilisme moderne, feront simultanément de l'art et de la culture la matrice de l'État et le dernier rempart contre la décadence. De prime abord, ils ne sembleront pas s'écarter d'Aristote, mais ils écouteront, comme William Baker ou Jean Charbonneau, certains échos nietzschéens qui leur viennent de cette philosophie allemande, par ailleurs si contestée par nos professeurs de collège. La modernité est donc jusqu'à un certain point pensable au sein de la philosophie politique classique, quand il s'agit de donner sens au concept de liberté. D'autres écrivains, et parmi eux Alfred DesRochers, contesteront fondamentalement les théories faisant de l'art la vérité du politique. C'est sur l'appropriation du territoire économique nord-américain que DesRochers prétend fonder l'avènement du surhomme québécois, en rupture avec la culture européenne. Deux visions de l'histoire vont ainsi s'affronter, mais au sein d'une culture encore rhétorique où l'épopée se voit assigner la tâche de baliser un espace public.

L'éloquence est partie prenante de cette vision utopique de l'histoire. Ainsi, Charbonneau affectionne la mythologie et l'esthétique parnassienne qu'il cultive avec une certaine emphase déclamatoire, parce qu'il croit tenir, avec le vers classique, la forme la plus accomplie du langage, ce rythme des dieux, dont rêvait Fabre d'Olivet et que scande Népomucène Lemercier, dont les épopées sont proches de celles de Charbonneau. Comme Lemercier, Charbonneau raconte allégoriquement, sous forme de récits mythologiques, des révolutions sidérales en même temps qu'historiques. Et comme Lemercier, Charbonneau rapporte l'origine de l'harmonie de l'univers au Son, «de l'air agitant le fluide[7]» se confondant ainsi avec le rythme et l'énergie de la Nature. À l'opposé, c'est le parlé hugolien que veut retrouver DesRochers, car il est plus apte à traduire la sauvagerie de l'âme canadienne. En revanche, les deux poètes feront du vers, chacun à sa manière, une métaphore du sol: pour Charbonneau, le vers est un îlot d'harmonie, dont les bornes rappellent allégoriquement les frontières culturelles entre les États. Au contraire, pour DesRochers dont la voix emportée par le souffle romantique, se bouscule au-delà de toute limite, le vers est sans frontières.

Le débat entre exotistes et régionalistes, qui recouvre, comme nous avons pu le voir au fil des précédents chapitres, une réalité complexe, atteint ici son paroxysme dans des œuvres qui illustrent ce qu'on peut bien appeler la crise de l'humanisme canadien, ayant pour toile de fond la montée du fascisme en Europe.

On se souviendra des conférences qu'Husserl prononça en 1937, lors de son exil à Prague, sur la «crise de l'humanité européenne», crise qu'il voyait poindre avec Galilée et Descartes. Husserl incluait l'Amérique dans sa géographie spirituelle de l'Europe, l'Amérique comme horizon, mais aussi comme borne, peut-être, de l'humanité européenne. Tout l'enjeu du débat est là pour les poètes canadiens que nous allons lire.

Le poète-philosophe

Aristote concevait l'«état de philosophie» comme l'état auquel aspire l'homme libre (à l'exclusion des serviteurs et des esclaves), car l'homme libre doit s'appliquer à retrouver au-delà de l'animalité ou du bien de l'espèce l'unité de l'âme. C'est cette conception de la liberté que reprend W. Baker, en 1910, dans un exposé sur Goethe et Schopenhauer qui constitue, par ailleurs, une ouverture sur la «modernité» au sein de l'Ecole littéraire de Montréal: «Arriver à l'impassibilité clairvoyante de Goethe n'est certes pas courtiser le mutisme animal, c'est atteindre au contraire au plus haut sommet de l'âme humaine. La demeure du sage est dans la paix. Il sait que les raisons d'indécisions et que la raison déterminante petite et vraie, c'est toujours le faible des forts[8].»

Baker renvoie dos à dos le révolté et le conformiste qui ne savent pas prendre appui sur le néant des choses pour affirmer l'ordre et la stabilité comme des valeurs désirables en soi: «L'hérésie a toujours été aussi facile à ceux qui n'ont jamais compris le vide et le conventionnel des institutions sociales que la soumission et l'esprit d'ordre dont ils ont l'habitude de s'arroger l'apanage exclusif[9].

Ainsi on découvre chez Baker une forme d'athéisme philosophique (nécessairement discrète) compatible avec un renouveau moral, un renforcement de la volonté. À un intellectualisme délétère, au respect exagéré du passé, il oppose une sorte de nihilisme «juvénile», celui-là même qui fait la force de la jeunesse allemande. Mais pour le fondateur de l'École de Montréal, Jean Charbonneau, épris aussi de philosophie moderne (il connaît la pensée de Boutroux et de Bergson et se passionne pour Nietzsche), notre époque doit privilégier l'esprit de conservation contre l'esprit de domination, la culture contre le militarisme: «C'est que dans le domaine intellectuel, explique-t-il, la pensée ne rêve ni les vulgaires ambitions, ni les vaines conquêtes dont les hommes sont avides. Ses spéculations sont au-dessus des contingences humaines et indépendantes de toutes contraintes matérielles[10]». Les œuvres nées de la pensée «aspirent à une pérennité que le temps est impuissant à détruire[11]». L'éternité ou la pérennité dans le temps chez les Anciens n'appartenaient qu'au *noûs* divin. Charbonneau l'entend bien ainsi, lui qui fait du poète-mage dans *L'âge de sang* l'équivalent d'un homme-dieu à la recherche de l'harmonie première. Attitude typiquement bourgeoise face à la philosophie, diront d'aucuns, mais qui ne pouvait pas plaire au clergé canadien.

Sur un autre plan, le poète-philosophe épris d'utopie platonicienne, et tel sera Jean Charbonneau, pourra défendre un «communisme philosophique», au nom même des principes d'harmonie et de paix qui doivent régner dans la cité. (Aussi Damien Jasmin s'attachera-t-il à démontrer que Platon est l'ancêtre de Lénine[12].)

La rhétorique est donc compatible avec un rationalisme philosophique utopique inscrit dans son projet: «L'Art pour le bien».

«Périsse l'art plutôt que la morale!» Pour ne pas se résoudre à cette extrémité, qu'elle envisage néanmoins quand il est question de l'art moderne, l'Église aura pour stratégie de valoriser contre la culture le rôle éminent de l'éducation, en consignant l'art dans un rôle subalterne. Son raisonnement est simple. Elle soutiendra que l'État a pour fonction de protéger la liberté et les biens des citoyens et qu'il ne peut, en revanche, se charger de former l'homme à la vertu. Cette tâche incombe à la famille gardienne des traditions les plus sacrées et qui représente une cellule sociale antérieure à l'État. La famille délègue ses droits à l'Église qui, prenant à sa charge l'éducation morale et sociale de l'enfant, parachève, en le dépassant, le rôle de l'État. Dans cette optique, l'art moderne, en ramenant l'art dans la sphère de l'irrationnel, s'exclut lui-même de la morale. L'Église aura donc tendance à défendre l'art académique et l'inspiration régionaliste, respectueuse de la tradition.

Formulons à ce stade une conclusion provisoire. Jean-Claude Chevalier dit de la rhétorique qu'elle travaille au refoulement du réel qui se fait: «L'alliance d'un passé sacralisé et d'un horizon futur utopisé contourne le présent de l'homme comme liberté de création[13].» Pourtant, comme on a pu le voir, l'alliance d'un passé sacralisé et d'un horizon futur utopisé est déjà problématique au sein même des conflits idéologiques qui entourent la définition de l'art et de la rhétorique dans la première moitié du siècle. Pour faire de la rhétorique un système ouvert, il suffit de retourner la formule: c'est parce que la liberté de l'homme est d'abord liberté de conserver l'être dans la pensée que le présent se conçoit comme «l'alliance d'un passé sacralisé et d'un horizon futur utopisé». Paul Ricœur a montré que «c'est dans le passage même, dans le transit qu'il faut chercher à la fois la multiplicité du présent et son déchirement[14]». Cela suppose, pour la suite de notre analyse, que la rhétorique soit conçue à partir d'une herméneutique qui articule la différence entre l'utopie comme sens universel et la culture comme événement historique, l'événement étant entendu comme ce qui apparaît et disparaît dans un intervalle de temps. C'est ce que réalise dans notre littérature l'œuvre de Charbonneau, malgré ses imperfections.

En relisant *L'âge de sang*, que le poète publie en 1921 chez Lemerre, l'éditeur des parnassiens, nous montrerons comment les *topoï* de la *translatio studii* et de la *translatio imperii* s'allient à la figure ontologique du *transit* pour exalter à la fois l'utopie philosophique et dramatiser la fin de l'humanisme en ce début de l'entre-deux-guerres[15].

La volonté de puissance comme moteur de l'histoire chez Charbonneau

Quelle forme doit prendre l'histoire pour qu'un monde de culture y soit possible? Cette question est au centre de *L'âge de sang*.

Charbonneau va structurer son recueil autour du mythe de l'âge d'or, en imaginant une philosophie de l'histoire que commande le principe du déclin de l'utopie dans le mouvement cyclique de l'éternel retour. Le poète distingue cinq époques: l'âge d'or, l'âge d'argent, l'âge d'airain, l'âge de fer et, enfin, l'âge de sang, le nôtre. Le bonheur de l'âge d'or est à jamais perdu. Les hommes de ce temps possédaient la sagesse et vivaient dans une parfaite égalité, en harmonie avec la nature. Errant, ne connaissant pas les frontières, ils incarnaient des «hommes libres», comme en rêve le philosophe néoplatonicien:

> Tous les hommes étaient égaux et tous exempts
> Des désirs que l'esprit ici-bas imagine,
> Alors qu'ils s'en allaient par l'espace et le temps,
> Le cœur de l'univers battant dans leur poitrine[16].

À l'opposé, dans notre âge de sang, le divorce entre la sagesse primitive et la science atteint un paroxysme qui conduit tout droit aux catastrophes des guerres impériales. C'est en s'acharnant à posséder dans l'or un avatar de la beauté première — de l'Idée —, puisque l'or est à la fois lumière, vil métal, objet de convoitise, que les héros antiques, confondant le vouloir et l'être, déclenchent la spirale de l'histoire. Celle-ci est moins la représentation d'un temps insaisissable qu'une figure géométrique mesurant dans l'aventure humaine les écarts croissants entre le bien de la cité (la patrie) et le souverain bien (la liberté originelle), écarts où le temps fait retour comme mémoire d'une perte, celle de l'anarchie utopique. Ce qui prend dès lors l'apparence du progrès, selon une vison positiviste de l'histoire, cache le déclin de l'humanité, car l'Idée s'objectivant dans le vouloir humain sous la forme de l'utopie se heurte à la résistance de la volonté absolue comme non-vouloir de l'Être.

Illustre Toison d'or, ô Pays de l'Idée,
Conquête de Colchide et du Phase lointain!
Amour inspirateur de l'antique Médée,
Vous guiderez toujours la marche du Destin!

C'est par vous que l'on provoqua tant d'hécatombes,
Que tant de vains efforts furent amoncelés,
Que la fureur humaine a creusé tant de tombes,
Que des peuples se sont en l'abîme écroulés.

Pour vous on a bâti des cités aux cent dômes
Des temples fabuleux et des arcs triomphaux;
Par vous se sont brisés les terrestres royaumes.
Que de projets par vous ont trouvé leurs tombeaux!

Enfin, pour vous atteindre, à la face des astres
Les tyrans, sous leur pas ayant tout renversé,
Entreprirent, parmi les plus sanglants désastres,
La conquête du monde au prix du sang versé[17]!

À la différence de l'Idée qui, chez les Grecs, n'est objectivement réelle qu'en tant qu'éternelle[18], la matière historique n'est objectivement réelle que dans la mesure où elle est une forme de la volonté, forme de l'énergie humaine qui atteint une intensité cruciale là où il y a dans la décadence d'une civilisation *translatio studii* et *translatio imperii*, soit un intervalle inassignable où se manifeste, en même temps que l'*aphanaïa* de l'Idée, la régularité entéléchique de l'éternel retour.

C'est dans ce contexte que la culture apparaît aux confins de cette double *translatio*; elle émane *nécessairement* de ce vouloir humain qu'incarnent les États et qui *fatalement* voile l'utopie première que toute culture rappelle d'un âge à l'autre. D'inspiration nietzschéenne, l'idée que se fait Charbonneau des civilisations relève d'une dialectique qui échappe à Dantin: il la trouve «obscure», entendons contraire à cette clarté française que le critique conçoit selon les normes de la rhétorique traditionnelle: «La notion même du progrès, dit-il, reste obscure dans cette œuvre. En quoi l'auteur la place-t-il? Est-ce dans la sécurité des moissons ou dans la splendeur des villes? [...] Est-ce dans la paix ou dans la guerre? Il semble prôner çà et là des théories contraires, les unir même dans un violent assemblage[19].» Par ailleurs, Charbonneau donne à l'Idée la forme de l'Atlantide mythique, allégorie à la fois mystique (au sens ésotérique) et érotique de l'utopie originelle:

> Je porte dans mes flancs d'innombrables richesses
> Dont je garde jalousement tous les secrets.
> Je prodigue à longs flots le don de mes largesses;
> J'élève fièrement mes augustes sommets
> Qui procurent aux sens les plus pures ivresses.
>
> Le Rythme sur mes bords, largement inspiré,
> Apporte des chansons aux feuilles de mes chênes
> Que les échos du soir viennent me murmurer;
> Une intense lumière illumine mes plaines,
> Et d'un bonheur sans fin je me sens pénétré[20].

Opposé au mythe de Jason et des Argonautes, qui symbolise l'énergie conquérante, le mythe de l'Atlantide rappelle que l'Amour émane du monde comme représentation et volonté. Mais seuls les voyants peuvent retrouver dans la nature cette *phusis* orphique qui imprègne l'utopie première et créer un homme nouveau à l'image du premier homme:

> Zarathoustra reprit: [«]Il faut croire en l'Amour
> Je reviens pour qu'entier tout le passé revive:
> Car c'est ma volonté de recréer un jour
> l'antique humanité nomade et primitive[21].

Mais l'Atlantide n'est pas seulement l'Idée de la «cité» idéale utopique, elle est promesse et révélation d'une unité première, géographie d'une parole qui se déploie dans le temps; elle est aussi ce corps, femme, rythme, jouissance, né de la nuit et condamné à la nuit, pour on ne sait quelle faute obscure:

> Morte autant que la mort, désormais oubliée
> Plus profond m'apparaît l'impérieux chaos
> Où la nuit sur mon front toujours multipliée
> Sans cesse appesantit mon éternel repos,
> Pour une faute ancienne et jamais expiée[22],

Cette faute est porteuse de toute la signifiance onto-théologique du poème justement parce qu'elle est sans raison, incarnation même de l'*amor fati*, ce qui une fois de plus agace Dantin qui ne supporte pas le non-dit: «Mais alors toutes sortes de questions se posent. Comment a-t-elle péché, puisqu'elle en est à son âge d'or [...]. Il faudrait que la fiction même se tînt debout et respectât sa propre trame[23].» Par conséquent, Dantin voudrait que la logique des genres l'emporte sur le paradoxe. Le paradoxe est pourtant lié ici à la fiction allégorique comme fondement de l'herméneutique historique. Dommage que devant tant de mauvaise volonté de la part de la critique, Charbonneau n'ait pas poussé plus loin ses intuitions philosophiques.

En revanche, on peut expliquer le malheur des peuples.

Dans la foulée de Rousseau, le poète rappelle que le désir de fixer des frontières est à l'origine des États et fatalement des guerres d'empires que nous connaissons. Au déterminisme des lois de la nature humaine, qui nous plonge dans le désespoir chaque fois qu'il s'agit de mesurer les progrès de la civilisation:

> Capables de descendre aux profondeurs du crime
> Ou de nous élever à la vertu sublime,
> Il nous faut croire, hélas! que les hommes jamais
> Ne détruiront en eux cette sauvagerie
>   Qui fait leur barbarie
> La plus sûre raison du moderne progrès[24].

au fatalisme du poète-philosophe qui réfléchit la mort du nous collectif (*nos in quos finis saeculorum devenit*) dans le néant du *noûs* divin:

> Car Celui dont le front touchait presque aux étoiles
> Avait connu l'énigme en son Néant divin[25]

au nihilisme fin-de-siècle auquel il est enclin, lui-même, parce qu'il assiste à la montée du militarisme, Charbonneau oppose le principe de justice.

S'inspirant de Schopenhauer, il remplace d'abord la morale rationnelle par la morale de la pitié. Celle-ci, dit-il, «a plus fait pour l'humanité que toutes les doctrines autoritaires et sanglantes du militantisme[26]». Il adopte également l'idée propre au philosophe allemand que «l'immanence du vouloir-vivre unique au tout de la nature fonde en réalité l'unité des individus apparemment distincts[27]», idée qu'on retrouvera chez DesRochers quinze ans plus tard comme allant de soi. Charbonneau, cependant, extrait de ce vouloir-vivre immanent qui ne rompt pas avec le déterminisme de la nature (la barbarie est un fait d'expérience appliqué à l'âme humaine) le principe de justice immanente qui privilégie la volonté de conservation plutôt que la volonté de domination. «La volonté de conservation représente donc la grande force morale de l'humanité, écrit-il, la seule pouvant opérer les vrais miracles qui, à l'heure décisive, changent le cours des fleuves [...] et provoquent une transformation des âmes[28]». La justice immanente que défend Charbonneau pour créer l'égalité entre les nations va s'allier à l'amour de la patrie.

Dans un premier temps, la justice immanente permet aux individus comme aux nations de coexister si l'on en croit Schopenhauer, sans qu'ils soient liés à la bonté. Dans un second temps, la patrie, parce qu'elle est animée par cette énergie profonde qui meut la nature et qui se situe également à la source du principe d'individuation, perpétue la volonté de conservation de la nation tout en protégeant sa liberté. Au-delà, si l'on s'en reporte aux autres recueils de Charbonneau, aux *Prédestinés*, notamment, existe une grande Patrie qu'il faut imaginer comme la matrice qui engendre la cité idéale. Paris et la culture classique française, face au pangermanisme (auquel Charbonneau avec raison assimile l'impérialisme britannique), en concrétisent l'image au XXe siècle. Image cependant d'une souveraineté transitoire, selon la logique de l'histoire. Par ailleurs, en regard de la grande Patrie, la petite patrie prolonge la relation de la partie au Tout où se pensait la cité grecque comme représentation du souverain bien. Le confirme ce commentaire de Charbonneau à propos de Barrès, quand il dit qu'il a su peindre «la petite patrie, l'âme régionaliste, faisant comprendre que le patriotisme doit consister à faire des parties le grand tout». Charbonneau souligne que «l'ensemble de ces parties suppose une somme d'énergies réunies qui sont comme la force totale de la grande Patrie[29]». Il étend ainsi au concept de patrie la définition que Schopenhauer donnait de l'individu dans son rapport au vouloir-vivre immanent de la nature. Mais c'est un vouloir-vivre transfiguré par l'amour et qui se transcende dans la culture dont la patrie est l'Idée.

Comme beaucoup d'écrivains de l'entre-deux-guerres, ce poète partage la nostalgie d'un XIXe siècle qui semble encore nourri de grande culture, alors qu'il sent monter la menace d'un discours fascisant qui dégénérera en un nouveau conflit. Il illustre à merveille les contradictions qu'Adorno dénonce chez certains écrivains des années vingt:

> Parce que l'esprit universel ne coïncide plus avec l'esprit, les derniers jours de celui-ci resplendissent comme s'ils avaient été l'âge d'or, qu'au demeurant ils n'étaient pas. Ce qui en resta n'est que l'écho de l'autorité fasciste, bien éloigné de ce qui est vivant, le respect culturel des valeurs reconnues, même si leur importance n'est qu'un faux-semblant[30].

Le surhomme québécois et le rêve américain de DesRochers

Le nationalisme québécois des années vingt s'associe par sa rhétorique même à l'idéologie fascisante qui grandit en Europe. Cette rhétorique, on la perçoit plus ou moins dans l'amalgame que fait Antonio Perrault entre l'histoire et l'épopée: «L'histoire vouée au récit des gestes de notre race, possède cet avantage d'être dans notre littérature un domaine naturellement *nationalisé*. Elle contribue, plus et mieux que tous les autres genres littéraires, à tenir en éveil l'âme nationale et à la fortifier[31].» C'est dans ce contexte qu'Alfred DesRochers voudra s'affirmer comme notre plus grand poète nationale après le succès d'*À l'ombre de l'Orford*.

Pour comprendre son rôle, ce contre quoi il va se définir, pour saisir aussi l'équivoque de son attitude à l'endroit de l'humanisne classique, il faut revenir aux sources de la civilisation occidentale et au fondement de la littérature. F. R. Curtius, dans son ouvrage *La littérature européenne et le Moyen Âge latin*, écrit: «La littérature fait partie de la “culture”. Pourquoi et depuis quand? Parce que les Grecs voyaient dans un poète l'image idéale de leur Antiquité la plus reculée, de leur nature profonde et de leurs dieux[32].»

DesRochers est convaincu que, d'une part, la poésie moderne brise cet accord entre la littérature et la culture et que, d'autre part, nos poètes influencés par la France ont failli à leur vocation: ils n'ont pas su faire le lien entre la culture et l'âme nationale. Sur ce plan, en s'assimilant à Victor Hugo, il se pose en poète fondateur de la tradition. À partir de 1930, pressé d'en finir avec l'influence française, il va plus loin. S'il conserve du français sa métrique, il rompt avec la littérature française. Il la sort pour ainsi dire de la culture; pour lui, désormais, la culture est anglo-américaine. Il répond à René Garneau, alors étudiant à Paris, dans une lettre datée de 1931:

> À propos de civilisation, vous dites que l'Européenne est la première: elle l'a été. La civilisation d'un pays comprend son organisme social et économique au même degré que son organisme intellectuel et artistique. Le gage de survie c'est la prévision de l'adaptation. Le coin russe commence l'effritement de la civilisation européenne qui n'est plus qu'un aboutissement et non une force agissante [...]. New York sera le centre intellectuel du monde, il est actuellement le centre économique. L'intellectualité suit l'économique. La France épuise le capital que lui avait créé sa grandeur commerciale. [...] Je n'ai jamais, exception faite des manuels de versification, consulté un livre français autrement que pour m'amuser depuis 1921. Je lis de l'anglais quand je veux m'instruire[33].

DesRochers conçoit parfaitement le rôle surdéterminant de l'économie dans sa définition de la civilisation qu'il élargit à toute l'organisation sociale. Mais il ne s'y réfère qu'à des fins polémiques. C'est ainsi que pour effacer toute trace de l'esprit français, il fait cette remarque étonnante: «Je suis prêt à batailler [...] pour qu'un écrivain du Québec, qu'il écrive alors ou non le français, exprime l'âme profonde de la race franco-canadienne[34].» Du point de vue qui nous occupe, c'est tout le discours de la rhétorique sur le génie de la langue — «nous avons été colonisés par la grammaire», diront les écrivains de *Parti pris* — qui s'effrite. C'est également tout le système de la conversion chrétienne, conçue comme un effet sur le corps et sur l'âme des vertus de la langue et de la grâce divine, qui est menacé. DesRochers ne s'aventure pas aussi loin. Mais il conteste résolument, lui l'autodidacte, et le parisianisme et les humanités enseignées dans nos collèges. L'ennemi est à la fois au-dehors et au-dedans. Le poète expose alors à René Garneau ses idées sur le nationalisme dans des termes qui datent du siècle dernier mais qui connaissent, avec la montée du fascisme en Europe, un nouvel essor. «Dans les cercles officiels, nous parlons, dit-il, d'une race canadienne-française. S'il existe une RACE CANADIENNE cette race doit avoir des caractéristiques propres, exclusives, distinctes des caractéristiques de toute autre race[35].» Hermas Bastien, sur ce point, explique, en 1935, que «l'espèce humaine est une; les droits de la personne humaine sont donc universels»; en revanche, selon le même auteur, «l'hérédité ethnique et le milieu séculaire impriment en nous des préformations à la fois psychologiques et psychiques [...]. Lignée et ambiance nous procurent un caractère propre [...] le milieu historique qui nous façonne et nous éduque vient renforcer cette action initiale[36]». DesRochers va, la même année, développer ces idées dans un vaste poème épique intitulé *Ma patrie*.

Dans le prologue, le poète évoque ses ancêtres et son hérédité ethnique. Synonyme de liberté, la vigueur du sang excède le conformisme moral:

> Mon trisaïeul, coureur des bois
> Vit une sauvagesse, un soir
> Tous deux étaient d'un sang qui n'aime qu'une fois;
> Et ceux qui sont nés d'elle ont jusqu'au désespoir
> L'horreur de la consigne et le mépris des lois[37].

Dans la première partie, il montre comment le milieu séculaire a forgé la race. Violence et goût de la lutte sont des lois naturelles:

> [...] il faut avoir, comme les miens, connu l'outrage
> De tous les éléments sur l'homme déchaînés
> Et les railler, sachant que de nos chairs sont nés
> D'autres chétifs humains qui lutteront encore[38]

Par cette espèce de behaviorisme, le poète rompt délibérément avec le mythe du «bon sauvage» et plus profondément encore avec l'état de sagesse naturelle qui caractérisait l'utopie de la philosophie politique classique. La bonté apparaît davantage comme un trait psychologique qui s'allie à l'amour évangélique dans la seconde partie du poème.

> Mais de mon indolente aïeule, j'ai reçu
> Un excessif amour qui n'est jamais déçu
> Un amour oubliant l'affront qu'il ne pardonne[39].

La Générosité, comme l'avait vu Nietzsche, est la vertu (au sens classique?) de qui fait surabondance de son désir de vie, en transcendant sa soif de vengeance. C'est la vertu du surhomme canadien-français.

> Je ne vois plus un ennemi, je compte un frère
> Dans l'homme aux yeux brouillés qui contemple ma terre

Et, pour ses fils proscrits, voudrait y transporter
l'autel du souvenir et de la liberté[40]!

Enfin, après s'être présenté comme l'homme élémentaire et le modèle même de l'individu-national par son sang métissé, DesRochers, dans l'épilogue, apostrophe le pays, pays sauvage comme lui, le premier créé par Dieu et pourtant le plus neuf, pays démiurgique à l'échelle de l'Amérique.

Tu vas des pics du Pôle au col de Panama[41]!

Ainsi le territoire est-il toujours en excès sur l'idée de nation, comme la vigueur du sang excède la morale confinée des vertus antiques, tandis que le souffle épique redonne au vers français son rythme élémentaire. Mais ce souffle qui symbolise la liberté est un effet de sens de la période oratoire, elle-même soumise aux répétitions obstinées des modalités de l'obligation (qu'il faut... qu'il faut) dans certains vers.

Si le destinataire du poème est repérable dans l'équivalence moi – le poète – l'individu-national élevée au rang d'une figure mythique, en revanche la nature du destinataire est plus difficile à distinguer. Il doit s'agir de l'immigrant. Mais pour défendre l'intégrité de l'âme nationale, le poète exclut d'abord de sa patrie les colons venus de France qui n'ont pas rompu avec la mère patrie:

Ce n'est pas un séjour de trois siècles à peine
Même miraculeux, qui fait qu'une âme humaine
S'identifie à l'air et s'incorpore au sol[42]!

Est-ce ce même «immigrant» que le poète consent à recevoir ensuite dans son pays édénique, lorsque l'homme farouche s'est laissé humaniser par la charité? N'est-ce pas plutôt après la conquête anglaise («... l'homme encor vaincu mais indomptable encor») le malheureux loyaliste («l'homme aux yeux brouillés» et «ses fils proscrits») qu'il accueille dans ses Cantons-de-l'Est? Mais l'immigrant tel que le décrit DesRochers se confond à bien des égards avec les poètes «exotistes» formés par la rhétorique jésuite et influencés par la France:

Ah! vous ne savez pas ce qu'est une patrie.

Pour vous tas d'immigrés, c'est une allégorie,
Un thème à lieux communs facile à mettre en vers;
Votre patrie à vous est au-delà des mers[43].

La volonté d'épuiser la rhétorique à force d'énergie lyrique devient dès lors l'un des motifs obsédants du poème et paradoxalement une source de métaphores:

Ah! la patrie alors devient plus qu'un symbole:
C'est une sœur, c'est une amante, et l'hyperbole
Défaille, exténuée entre les bras de ceux
Qui tentèrent de mordre à ses baisers fougueux[44].

L'auteur de *Ma patrie* fait dans ces vers de multiples allusions à Baudelaire, l'initiateur de la poésie nouvelle. Reprenant le thème de l'amour incestueux, il fait triompher la fureur du sang sur la mollesse des modernes. DesRochers, le métis, rêve, dans cet esprit, d'une langue non policée fidèle au peuple:

Il faut que des aïeux sous le mal quotidien
Aient blasphémé d'horreur vers des cieux impassibles[45]

On pourrait même entrevoir ici une problématique préexistentialiste s'il ne s'agissait d'ordonner la parole sur ses origines élémentaires, là où préexistent les forces d'adaptation de l'homme à son milieu.

Cette notion d'adaptation, nous l'avons relevée déjà dans la correspondance de DesRochers. Elle fait le lien entre le discours nationaliste et le dynamisme économique de l'Amérique qui ne connaît pas de frontières politiques. Adorno a stigmatisé, après la dernière guerre, ce type de discours archaïsant, en parlant de «l'idée de nation où se concentrait jadis l'unité économique des intérêts bourgeois libres et autonomes face aux barrières territoriales». Transposé dans l'imaginaire épique de *Ma patrie*, cela donne «l'idée de nation où se concentre l'unité raciale fondée sur les pulsions de l'homme, libres et autonomes face aux barrières territoriales ou juridiques». Dans le poème de DesRochers, dirons-nous, la figure du barbare ou de l'autochtone sert à interdire un profit «imaginaire» au bourgeois québécois porteur de la culture humaniste classique. Puis, une fois construit le modèle de l'individu-national, le poète rappelle aux immigrants venus des colonies anglaises qu'ils doivent accepter les liens séculaires entre le territoire et la religion, comme la condition nécessaire au partage du surplus symbolique évoqué ici dans le mythe millénariste:

> Le millénaire qui n'aura ni froid ni faim[46]!

Le concept d'individu-national est ambigu. Il dément cette liberté sauvage que l'émule de Hugo prétend exalter en l'homme. Il magnifie le sol contre la cité du philosophe. Par ailleurs, à la date où DesRochers publie «Ma patrie» dans *Les idées*, Saint-Denys Garneau ainsi que ses amis de *La Relève* commencent à être connus. Le concept d'individu-national qui, pour DesRochers, doit faire pièce au nihilisme moderne, s'oppose, en réalité, à l'émancipation de la conscience individuelle sous l'égide du personnalisme chrétien. L'individu-national nationalise la personne privée.

Pour une redéfinition du lien «sociétal»

La rhétorique est une méthode à la fois pour «dire» et pour «interpréter» des discours: «*Recte loquendi scientiam et poetarum enarrationem*», selon Quintilien. Conçue, en même temps, comme fondement des liens sociaux dans la cité, elle implique que tout discours ait pour valeur de sens la valeur en soi, selon la définition que lui donnent les sociologues encore aujourd'hui: «Nous disons de la valeur qu'elle est une manière d'être ou d'agir qu'une personne ou une collectivité reconnaît comme idéale et qui rend désirables ou estimables les êtres ou les conduites auxquels elle est attribuée», dit Guy Rocher[47]. Ce fut le rôle traditionnel de la rhétorique de rendre les valeurs «estimables» et «désirables», comme quoi la rhétorique est peut-être l'impensé d'une certaine sociologie. Mais pour rester dans les bornes de notre analyse, nous dirons qu'une fois la part faite entre l'exotisme et le régionalisme, l'humanisme et le nationalisme, il ne restait plus au Québec de l'entre-deux-guerres que le système des valeurs chrétiennes pour donner au champ culturel «une rationalité distincte et englobante[48]» capable de faire croire encore pour un temps que la morale religieuse l'emportait sur la rationalité économique.

Pour expliquer, dès lors, la longévité de la rhétorique, on peut invoquer des causes à la fois idéologiques ou institutionnelles, comme on l'a fait ces dernières années, en partant du principe que la rhétorique, amalgamée aux humanités classiques, constitue le reflet d'une classe sociale. On peut également utiliser les notions de champ ou de marché symbolique pour écarter un déterminisme causaliste trop puissant; la rhétorique apparaîtrait alors comme une valeur dans un ensemble de pratiques artistiques. La rupture provoquée par l'avènement du vers libre s'expliquerait sans doute par l'autonomie croissante du champ littéraire, qui s'émancipe, selon le discours des sociologues, «de tout contrôle social, et peut-être aussi de toute communication avec le public», comme l'écrit Claude Lafarge[49]. La sociologie, à sa manière, donne raison à un poète comme DesRochers contre la modernité. On saisit la difficulté: plus on cherche à comprendre l'art hors de la rhétorique, plus on est reconduit à l'espace qu'elle prétend circonscrire dans la cité, celui des rapports sociaux construits par les valeurs du langage. Dans la rhétorique, la question des pratiques artistiques bute sur la nature du lien sociétal.

Si toutefois on dit, avec Guy Lafon, que «la production d'un sens matériel-symbolique» et «l'organisation de relations concrètes entre les hommes» se conçoivent à partir de la référence par opposition à la valeur, on privilégiera dans la référence le geste qui, «soit sous les espèces du souvenir, soit sous les espèces de l'anticipation et de l'attente», lie ensemble «des individus présents les uns aux autres, au nom de ce qui est absent[50]», ce qui serait le propre de toute institution. Le changement est profond. En défendant un monde de valeurs définies par la rhétorique et sa manifestation en poésie à travers la mesure métrique et la démesure du souffle, Charbonneau et DesRochers, quoique opposés, cherchaient encore à mettre l'individu en accord avec l'ordre du monde, ordre juridique, pour Charbonneau, ordre économique, pour DesRochers. La notion de référence, au contraire, fait appel non pas à l'individu ni davantage au moi, mais au sujet.

Dans *Critique de la modernité*, Alain Touraine montre ce que la notion de sujet doit encore à des conceptions du monde où l'on reconnaîtra parfaitement les positions respectives de Charbonneau et de DesRochers.

> L'appel moderne au sujet reprend, sous une forme sécularisée, l'idée ancienne, à la source du droit naturel, selon laquelle tous les hommes sont égaux et ont les mêmes droits, car ils

> sont les créatures de Dieu. Et inversement, que l'idée d'accord avec l'ordre du monde prend aussi des formes modernes tout en restant constamment un principe de hiérarchisation sociale; son contenu se transforme seulement selon qu'on place en haut de la hiérarchie les prêtres, les guerriers, les savants ou les businessmen. Il est donc préférable d'opposer de manière permanente une moralité de l'ordre, associée à une vision hiérarchique de la société comme de l'univers, et une moralité des droits de l'homme qui peut faire appel à l'idée de grâce divine comme à celle de sujet humain[51].

Mais le sujet, si nous le situons par rapport à la référence telle que nous venons de la définir, ne s'aliène pas à la représentation d'une «valeur» centrale inspirant les institutions dans leur principe hégémonique ou ne borne plus le langage à la seule «communication publique». À l'idée de communication, Lafon préfère celle d'entretien: «Comment nommer autrement cet ordre d'où nous naissons ensemble, les uns avec les autres, et dans lequel nous ne pouvons pas ne pas nous adresser les uns aux autres, sinon en formant, chaque fois, des figures nouvelles de notre interlocution? [...] Car rien d'autre n'est recherché dans l'entretien que l'entretien lui-même[52].» On peut imaginer à partir de là, comme nous le ferons dans les chapitres suivants, que le rythme se confonde avec ces quasi-effets que produit l'entretien en passant dans le langage: «L'être de nos histoires, leur devenir aussi, ne sont pas sans l'entretien qui les traverse. Mais lui-même, l'entretien, littéralement, il n'est pas et, pas davantage, il ne devient: comme nous venons de l'écrire, il traverse. Il n'a que de quasi-effets[53].»

Il s'agit maintenant de vérifier le moment où s'élabore chez nos écrivains cette réflexion sur la référence (plus tard viendra la réflexion sur la différence) conçue au cœur de l'entretien. Moment crucial, s'il en est, car il transforme radicalement l'économie de la lecture, en estompant au premier chef l'opposition entre la prose et le poème. Ce moment correspond pour nous à la rédaction du *Journal* de Saint-Denys Garneau.

CHAPITRE VIII

Du spirituel dans l'art

Estimant que le matérialisme de la vie américaine est un obstacle à la vie sprituelle, certains élèves des jésuites de Montréal fondent en 1934 la revue *La Relève*. Ils seront influencés par le personnalisme chrétien qui s'exprime en France dans la revue *Esprit*. Les collaborateurs de la revue québécoise sont Robert Élie, Jean Le Moyne, Claude Hurtubise, André Laurendeau et Saint-Denys Garneau. Ils relisent Baudelaire, Rimbaud, Claudel. Saint-Denys Garneau s'intéresse à Katherine Mansfield, Tchekhov, Dostoïevski, Kafka auxquels il faut ajouter Bernanos et Mauriac[1]. L'ouvrage de Jacques Maritain, *Art et scolastique*, aura sur lui comme sur ses amis une grande influence. Maritain estime que le poète moderne se doit de régénérer la langue collective:

> Les mots ne sont pas de purs signes («signes formels»), ce sont des signes imparfaits, qui se chargent de subjectivité, chacun traîne après soi toute l'étoffe psychologique d'une race. En particulier, un usage social prolongé tend de lui-même à leur faire perdre leur spiritualité, à altérer leur nature de signes pour en faire des *choses* valant pour soi, qui déclencheront des réactions mentales sans qu'une signification intervienne et d'autant mieux qu'elle intervient moins. On trouve là-dessus bien des remarques instructives dans *Expérience du proverbe* de Jean Paulhan[2].

Dans cette perspective, Maritain précisait quelle devait être l'attitude du poète à l'égard du langage quotidien ou utilitaire:

> Il appartient au poète, qui use pourtant des mots comme de la matière de son ouvrage, de réagir contre cette tendance du signe à se transformer en chose, et de maintenir et de retrouver ainsi de force, dans la chair sensible du mot, la spiritualité du langage. D'où une invention, une création d'images neuves, qui peut sembler obscure, et qui est imposée par l'exactitude[3].

Le fossé est incommensurable entre l'esthétique de Maritain, pourtant inspirée de la scolastique, et la rhétorique d'un Dantin, d'un Camille Roy qui résiste à toute forme de poétique qui tablerait sur l'opacité du langage. Il est significatif que Mgr Camille Roy, président du deuxième colloque de la langue française au Canada en 1938, ait demandé à l'académicien français Louis Bertrand, auteur de ce qu'on appellerait aujourd'hui des romans coloniaux, de dénoncer ce goût moderne pour l'obscurité, étranger à l'esprit français et que Bertrand traitera d'«infirmité mentale[4]».

L'obliquité du langage selon Saint-Denys Garneau

Hector de Saint-Denys Garneau est le poète de sa génération qui exprime le mieux ce changement radical d'attitude qui fait du langage la seule médiation encore concevable vers un absolu. Mais il y a un danger ici de faire de tout le langage le signe visible et invisible du mystère, idéologie du signe dans laquelle tombe peu à peu l'esthétique sous l'impulsion entre autres de Maritain. Mais Saint-Denys Garneau ne verse pas dans l'idéologie du signe. Garneau porte moins d'attention au signe qu'aux modalités de l'énonciation, car elles tiennent de l'obliquité du dire et de la référence, c'est-à-dire d'un discours ouvert, traversé par la mobilité contingente d'un sens, sans visée définie, alors que le signe procède toujours de la valeur, fût-elle spiritualisée. Garneau écrit, à propos de Tchekhov:

> Et chez ceux mêmes qui ont le sens aigu du relatif, des contingences, de la vie dans son mouvement concret, comme Tchekhov, le regard n'est pas arrêté à cela, complètement occupé à cela comme si rien n'était plus loin; [...] Et dans ce sens même du passager, du relatif, de ces enchaînements particuliers des événements et des destinées, de ces réalisations par hasard et ces possibles, Tchekhov, par là même, s'il ne prend pas contact avec l'absolu, en garde toujours l'attente[5].

Chez Rina Lasnier, comme nous le verrons plus loin dans ce chapitre, l'obliquité se fonde d'abord sur une poétique de l'image: «Saisir la ressemblance dans la dissemblance, comme le dit Jean-Louis Chrétien, c'est être conduit, en se remémorant l'obliquité de toute image, à un cumul des ressemblances, qui s'achèvera en un dépassement des images. Grâce à cette herméneutique, l'image conduit au-delà d'elle-même, s'abolit peu à peu elle-même[6].» S'inscrivant dans cette forme d'herméneutique, Rina Lasnier pratiquera une poésie méditative qui témoigne du passage qui s'opère d'une culture rhétorique à ce que nous avons appelé une «culture du commentaire». La poésie de Garneau, en revanche, n'est pas une poésie de l'image. Elle ne fait pas appel non plus à un montage herméneutique, pas plus qu'à une lecture de ce type. Garneau est d'abord sensible au décentrement de l'être que provoque la question de Dieu, question qui remet en cause chez le sujet la certitude d'être, car cette certitude n'émane plus d'un principe infaillible; nous voyons Dieu selon nos failles, en contemplant l'insigne faiblesse de Dieu dans la souffrance. Pour Garneau, la souffrance agit comme une véritable révolution copernicienne; elle ébranle toute l'assise de sa subjectivité. Il écrit dans *Regards et jeux dans l'espace*, recueil publié en 1937 et qui, sur bien des points, prend la suite du travail amorcé par Loranger:

> Mais on apprend que la terre n'est pas plate
> Mais une sphère et que le centre n'est pas au milieu
> Mais au centre
> Et l'on apprend la longueur du rayon ce chemin
> trop parcouru
>
> Et l'on connaît bientôt la surface
> Du globe tout mesuré inspecté arpenté vieux sentier
> Tout battu
>
> Alors la pauvre tâche
> De pousser le périmètre à sa limite
> Dans l'espoir à la surface du globe d'une fissure,
> Dans l'espoir et d'un éclatement des bornes
> Par quoi retrouver libre l'air et la lumière[7].

Comme Loranger, Garneau cultivera les questions sans réponse, la négation cachant une assertion d'un autre type, les approximations phrastiques ou lexicales qui nécessitent des ajustements qui doivent être ressentis sous l'aspect du vécu comme une déperdition d'être. Garneau privilégie un rythme prosodique qui casse une fois pour toutes la forme de l'alexandrin et rompt avec la musicalité du vers au profit du parlé. C'est là que la critique actuelle situe la révolution de Garneau en poésie, sans toujours parvenir à dissocier le parlé de l'idée de «flux de conscience», et du mouvement d'une parole intérieure possédant ses propres «figures» de style quand elle tente de ressaisir la forme d'une pensée. Pour Pierre Nepveu, le prosaïsme de cette poésie reflète un imaginaire, une pensée intime qui débordent dans le discours parlé: «Imaginaire signifie que la pensée elle-même se fait fiction, trouve des formes discursives qui deviennent autant d'événements[8].» À partir d'une page du *Journal* qu'il découpe pour lui donner l'aspect d'un poème en vers libres, Nepveu explique que le parlé produit dans la poésie comme dans la prose les mêmes «formes discursives». Mais il ne dit rien sur l'opération de segmentation qui fait toute la différence. Nous allons montrer comment la segmentation du poème construit chez Garneau un rythme dans l'espace, pousse, selon son expression, le «périmètre à sa limite» pour faire du poème une structure sémantiquement ouverte.

La prose du poème

La segmentation en vers d'une page du *Journal* de Saint-Denys Garneau ne se fait pas au hasard, quoi qu'on dise. Il faut d'abord avoir repéré dans le *Journal* la page ou le fragment qui se prête à ce genre d'exercice. Les convergences entre certaines pages du *Journal* et le poème n'ont de valeur pédagogique qu'à condition qu'on comprenne que le *Journal* fourmille en genres secondaires qui ne se plient pas tous au découpage en vers: esquisses de récit, commentaires d'œuvres littéraires ou de tableaux d'art, réflexions sur l'esthétique d'un écrivain, d'un musicien, dont on isolera les pages plus autobiographiques. Reconnaître un vers dans un segment syntaxique majeur de la phrase, en découpant une page du *Journal* jugée plus poétique, comme le fait Nepveu, relève d'une opération élémentaire qui ne dit pas autre chose que ceci: «Le vers est l'équivalent d'un segment d'énoncé — segment syntaxique — qui se retrouve tel quel dans la prose.»

Mais segmenter constitue déjà un travail d'interprétation de l'organisation sémantique du poème, qui engage la signifiance du poème, d'une part quant à l'histoire de la poésie et de ses modes de signifier, d'autre part quant à la voix du poème qui suppose un énonciateur et un co-énonciateur, faisant du rythme un rythme de co-interprétation. Les premiers éditeurs de Garneau — Robert Élie et Jean Le Moyne — ne s'y étaient pas trompés. Ils avaient su faire la part entre le rythme (rythme du poème parnassien scandé) et la voix (rythme de co-interprétation): «Saint-Denys Garneau doit renoncer progressivement aux prestiges de la parole, aux caprices du rythme, aux sonorités rares et même aux accords un peu vifs. Il s'en tient à des coupes et à des rythmes simples, conduisant la voix du lecteur, mais sans la commander[9].»

Il faut comprendre que la poésie ne s'oppose pas à la prose pour la bonne raison que la prose n'est pas un genre, pas plus qu'elle n'est du langage parlé. En revanche, la forme-vers, en tant que forme indépendante du sens, forme métrique, forme d'un rythme fixé par la métrique, s'oppose à un rythme de discours, rythme sémantique qui existe dans le poème ou dans la prose. Le rapprochement entre poème et prose (non-vers) ne s'effectue pas comme un affaissement de la forme (forme-vers) au profit de la prose, mais au profit de la voix, (organisation sémantique du poème), ce qui nous contraint à construire dans le poème ce que l'on pourrait appeler un rapport critique entre le vers (la segmentation entre autres) et le poème comme discours associé à la mobilité du sens et du rythme, en tenant compte d'autres paramètres, comme ceux de la typographie et de la mise en page qui font aussi partie, comme le rythme, de l'organisation sémantique du poème.

La démarche que nous entreprenons, quand il s'agit de réfléchir sur la segmentation du vers de Garneau, doit tenir compte d'un phénomène double: le «retour à la ligne» et la marge perçue non seulement dans sa fonction signalétique (le retour à la ligne s'accompagne d'un appui du vers sur une ou des marges), mais aussi dans sa dimension sémantique: elle est de la voix, elle construit un rythme dialogique. Elle possède aussi une valeur ontologique. Qu'est-ce à dire? Elle lie la vérité de l'interprétation à la justesse toujours plus exigeante de la voix, justesse de la voix dont le fondement n'est que dans sa nécessité même par rapport à soi. En anticipant sur les analyses qui vont suivre, on peut dire que la marge reprend à son compte tout ce que Garneau dit de la musique de Mozart et qui est du discours: elle est dialogique et permet l'économie des moyens, elle est le centre d'attachement de l'œuvre, mais aussi l'épicentre d'une dispersion possible:

> Chez Mozart, sens du dialogue. Sens du drame par le dialogue, ce qui lui permet une si discrète économie des masses, de toute la quantité musicale. [...]
>
> Je sens maintenant spécialement l'extraordinaire équilibre entre la mélodie et la construction, entre les éléments statiques et dynamiques. Le centre d'attachement de l'œuvre, le regard possesseur de l'artiste, et toujours d'une parfaite fermeté. Il se tient au centre du rapport de ces deux voix disloquées, comme toujours équidistantes de lui. [...]
>
> Tandis qu'à certains moments de Beethoven il y a presque un basculement, un chavirement: on dirait que le poids porte trop; que tout va tourner à l'envers et sombrer[10].

La mise en page du poème pour Garneau: un rythme dans l'espace

Par sa mise en page, le poème suivant semble répondre à la disposition canonique d'un poème en vers libres:

> Et cependant dressé en nous
> Un homme qu'on ne peut pas abattre
> Debout en nous et tournant le dos à la direction
>   de nos regards
> Debout en nous et les yeux fixés sur le néant
> Dans une effroyable confrontation obstinée et un défi[11].

Chaque vers s'ouvre par une majuscule; celle-ci indique la frontière «ouvrante» du vers et, partant, elle conserve à tout enjambement virtuel d'un vers sur un autre la valeur d'un enjambement métrique. Dans ce texte précis, la marge à gauche projette dans le poème l'effet d'une construction spatiale: «debout en nous», «debout en os» (qu'on entend par un effet d'écho sonore) s'appuient contre la marge de gauche tandis que «dressé en nous», «fixés sur le néant», jouxtent, en l'absence de marge à droite, ce que nous appellerons l'espace de l'enjambement, au niveau prosodique, et l'espace de la dispersion de l'être, sur le plan fictifontologique. Comme nous les avons décrites, les majuscules au début des vers possèdent encore une valeur métrique. Elles sont incorporées, cependant, à tout un réseau d'attaques consonantiques: attaques fortes sur *d* et *n*, plus faibles sur *b* et *p*. Ces attaqaues constituent l'armature infrasémantique du poème.

Dans le texte suivant, on croit d'abord rencontrer des alinéas qui donneraient au vers l'allure de versets, s'il existait parallèlement une marge à droite qui ici fait visiblement défaut. Cependant, comme dans le poème précédent, chaque vers est amorcé par une majuscule, quelle que soit la valeur syntaxique du mot inaugural. Autrement dit, la majuscule n'est pas imposée par une ponctuation forte, mais par un alignement vertical des limites initiales de vers, de manière à conserver l'équivalent d'une marge à gauche.

> Et jusqu'au sommeil perdu dont erre l'ombre
> autour de nous sans nous prendre
> Estompe tout, ne laissant que ce point en moi
> lourd lourd lourd
> Qui attend le réveil au matin pour se mettre
> tout à fait debout
> Au milieu de moi détruit, désarçonné, désemparé,
> agonisant[12].

Comme nous le voyons, les appendices de chacun des vers sont déportés au-delà de la marge de gauche, sur une marge secondaire commandant des minuscules. Cet espacement blanc au début de chaque vers ne peut pourtant pas être considéré comme un alinéa, car il n'existe pas de marge à droite qui ferait du vers étalé sur deux lignes l'équivalent d'un paragraphe. Sémantiquement, Garneau exploite la forme cruciforme que crée le croisement des marges avec la linéarité typographique des vers et de leurs segments pour rappeler ce dont il était question dans le poème que nous avons cité au tout début:

> Mais on apprend que la terre n'est pas plate
> Mais une sphère et que le centre n'est pas au milieu
> Mais au centre

Le poème suivant inverse le procédé. Les vers commencent par des majuscules, en s'appuyant sur la marge de gauche, selon l'exemple canonique, mais les appendices au vers (le poème en comporte deux) sont reportés au-delà de la marge de gauche sur une marge secondaire qui commande des minuscules:

> Il y a certainement quelqu'un qui se meurt
> J'avais décidé de ne pas y prendre garde et de laisser
> tomber le cadavre en chemin
> Mais c'est l'avance maintenant qui manque
> et c'est moi
> Le mourant qui s'ajuste à moi[13].

Dans le deuxième vers, la marge secondaire, comme nous l'appelons, semble dépendre d'un vers trop long rejeté en dessous; en revanche, dans le troisième vers, elle sert à mettre en relief «et c'est moi», en en faisant le centre aussi bien que la bordure — la rime — du poème, la rime qui choit.

Dans notre dernier exemple, on trouve une marge à gauche qui commande la majuscule pour les vers qui viennent y prendre appui; on trouve également une première marge interne qui commande soit la minuscule soit la majuscule (la différence est alors explicable par la sémantique) pour les vers qui s'y adossent; on trouve enfin une troisième marge au-delà de la seconde qui commande une minuscule, mais qui ne constitue pas vraiment un retour à la ligne. Cette troisième marge produit l'effet d'une césure dans le vers qui précède:

> Des navires bercés dans un port
> Doux bercements avec des souvenirs de voyages
>
> Puis on trouve seuls les souvenirs errants
> qui reviennent et ne trouvent pas le port
> souvenirs sans port d'attache
> trouvent le port déserté
> un grand lieu vide sans vaisseaux[14].

On note qu'un blanc isole les deux premiers vers des suivants. Mais s'agit-il d'un blanc strophique plutôt que d'un espacement qui sépare les sujets thématiques de leur commentaire, donc un espacement qui prend une valeur par rapport à l'organisation des modalités de l'énonciation dans le poème? Garneau a créé un véritable rythme typographique (accentuel, accent consonantique) en faisant choix tantôt de la majuscule, tantôt de la minuscule à la marge intérieure. Ce rythme disparaît dans la version du poème qu'avaient transcrite Jean Le Moyne et Robert Élie pour leur édition des *Poésies complètes*, en 1949:

> Des navires bercés dans un port
> Doux bercements avec des souvenirs de voyages
>
> Puis on trouve seuls les souvenirs errants
>   qui reviennent et ne trouvent pas de port
> Souvenirs sans port d'attache
> Trouvent le port déserté
> Un grand lieu vide sans vaisseaux[15].

Poussée à l'extrême, la segmentation du vers chez Garneau, ne dépend plus d'un simple découpage syntaxique qui ferait du vers l'équivalent d'un segment de phrase. La mise en page tend de plus en plus à gagner en autonomie et à aménager l'équivalent d'un rythme dans l'espace. Mais corrigeons aussitôt: il ne s'agit pas de «libérer» le blanc de la page. Il s'agit d'en faire un élément «critique». Il procède à la fois du retour à la ligne — opération de segmentation — et de la césure, lieu de crise entre le vers et sa limite:

> La mélodie a chassé la césure au bout du vers
> Où elle tombe en l'espace du papier blanc
> Comme le vent culbutant le navire au bout du monde
> Du temps que la terre était plate et finissait là[16].

Critique, cette césure l'est dans la mesure où elle est antimélodique et dégagée par l'alinéa des contraintes métriques (syllabiques) de même que de la scansion. Tensionnelle, elle confronte la marge de droite (espace infini) à la marge de gauche (espace fini). Elle procède des ajustements énonciatifs de ce que Garneau appelle «une syntaxe élémentaire et parlée».

Le rythme de «réécriture» dans le *Journal* de Garneau

Nous comprendrons les rapports entre la prose et le poème, en nous référant au *Journal* de Saint-Denys Garneau, qui a été conçu comme un vaste exercice de style: «J'y exercerai ma pensée aussi bien que mon style. Voilà un programme[17]...» Osons ceci: le *Jour-*

nal de Garneau est, sur certains plans, la réplique au périodique vendu dans les kiosques. C'est un mélange de genres: «Ce seront des pages disparates. Réflexions, considérations morales, approfondissement d'une pensée, récits légers, nouvelles, ébauches de petits romans.» L'on sait aujourd'hui ce que la définition de la nouvelle par rapport au roman doit à son mode de publication dans une revue où elle côtoie maints types d'articles[18].

Le *Journal* est la contrefaçon du journal dont il est le négatif: «Ce Journal ne sera pas un rapport détaillé de mes nombreux faits et gestes, tout aussi intéressants les uns que les autres. Non! [...] Je ne parlerai pas de mes influences sur les événements. [...] Ce seront des pages disparates.» Garneau retient l'idée de textes ébauchés, disparates comme dans le journal quotidien, mais non finis, à la différence des articles. Mais l'ébauche se suffit dans le *Journal*, parce qu'elle trouve son achèvement tout relatif dans le «genre» qu'elle aurait pu être, fiction, poème en prose, ou poème en vers. L'ébauche est un texte palimpseste dont la nature dépend en grande partie des stratégies de lecture qu'elle propose.

L'une des pages du *Journal* commence par ces mots «Esquisse de conte». (Cette page, ne pourrait-on pas aussi la découper en segments linéaires de manière à espacer les phrases et fabriquer un semblant de poème?)

> Esquisse de conte.
>
> Il n'y a pas à dire, on est fait par parties. Seulement on ne s'en rend pas compte. On est une maison. Et on n'habite pas toujours à la fois toutes les chambres. On a des étages. Il suffit d'un peu d'attention pour s'en rendre compte. C'est comme une horloge qui marche dans une chambre, on n'y prend pas garde. Tout à coup: tic tac. Le bruit nous est tombé dans l'oreille à cause de cet agacement. Ou bien, on ferme la lumière, on se couche et on ferme les yeux. Notre œil nous démange, on l'ouvre pour se gratter. Notre œil tombe sur la fenêtre: dehors la lumière de la rue sur un mur. On se laisse prendre à cela et bientôt il n'y a plus que ce mur dans la lumière, et nous ne sommes plus qu'un œil. On dirait qu'on est tout entier assis dans son œil regardant la fenêtre[19].

Cette «esquisse» est-elle à lire comme un poème ou comme un conte? Il importe moins de définir des genres que des stratégies de lecture, selon nous. Lu comme un poème, ce texte nous retient par ses enchaînements phrastiques en porte-à-faux, qui comparent des domaines de perception irréductibles l'un à l'autre, mais se soutenant d'une séquence: «On est [une maison]... On a [des étages]... nous ne sommes plus qu'(un œil)»; cette séquence s'articule autour de la découpe métaphorique-métonymique du corps par l'«idée fixe». Garneau appelle cela une «impression»: elle constitue une autre manière de se représenter, dans l'imaginaire cette fois, le rapport entre la marge et sa dispersion dans le rythme. Ou plutôt la dispersion résultant d'une concentration phobique sur une sensation «cadrée» et «clivée» tout à la fois. Le conte construit, lui, un chronotope, une logique du temps et de l'espace où puisse se dérouler une histoire. La formule «il n'y a pas à dire», qui ouvre le texte sur une sorte de situation conversationnelle, d'une part situe la voix du narrateur dans le parlé, d'autre part banalise la force de la négation que faisait ressortir la lecture poétique de cette formule. Le conte déconstruit l'espace réaliste du roman psychologique traditionnel ou plutôt le dédouble dans la phobie du «devenir œil».

Dans le poème en vers qu'il produit sur le même sujet, Garneau abandonne le *présent gnomique* du récit au profit d'un *présent tensoriel* (car il s'agit de représenter des tensions à l'intérieur d'un espace) que renforcent les reprises énonciatives. En voici un extrait:

> Tout à coup: tic tac
> L'horloge vient nous rejoindre par les oreilles
> Vient nous tracasser par les oreilles
> Il vient à petits coups
> Tout casser la chambre en morceaux
>
> On lève les yeux: l'ombre a bougé la cheminée
> L'ombre pousse la cheminée
> Les meubles sont tout changés
>
> Et quand tout s'est mis à vivre tout seul
> Chaque morceau étranger
> S'est mis à contredire l'autre
>
> Où est-ce qu'on reste
> Qu'on demeure
> Tout est en trous et en morceaux[20].

On retrouve dans la fiction narrative et dans le poème la même séquence reprise telle quelle: «Tout à coup: tic tac». Mais la mise en scène de son «objectivité» n'est pas la même dans le poème. Le «tic tac» est le sujet grammatical de la première strophe, concurremment avec l'horloge dans une sorte de chevauchement anaphorique: («Tout à coup: tic tac... L'horloge vient nous rejoindre... Vient nous tracasser... Il vient...»). Par des jeux anagrammatiques (tac/tracasser/casser), (tic tac/Tout ac-coup/Tou-tes-ten-trous) qui amplifient les heurts consonantiques, Garneau construit ce qu'il appelle une «clé de voûte sonore». Celle-ci compose à l'aide d'expressions du langage ordinaire des petits délires quotidiens: légères catastrophes du langage. Équations, Tout/coup, Tout/trous: assertion, «Tout est en t(r)ous». Les mots glissent sous la lettre au fil du parlé. Le son envahissant fracasse l'espace, c'est-à-dire le chronotope narratif, présent dans le récit, tandis que la lettre, fragment d'affect, casse la phrase. Ainsi que nous l'avons montré, l'espace sémantique du poème s'élabore à partir du rapport complexe qui existe entre la limite de vers et la double marge du poème, pour construire une poétique de la césure qui n'appartient qu'à Saint-Denys Garneau. Dans le poème qui nous intéresse ici, le déboîtement sonore des mots sous la pression de la marge en tant qu'espace de la «coupure» nous permet d'affirmer que la césure, en tant qu'expérience de la limite, cette fois, acquiert valeur de rime, non seulement parce qu'elle constitue cet espace de la dispersion où se «recueille» la rime, mais parce qu'elle libère la rime, en fait une «clé de voûte» sonore. Poussée au bout du vers, la césure sort de la métrique pour revenir dans le discours où elle est couplée à la rime dans l'expérience de la dispersion. Le rapprochement de la rime et de la césure conduit le rythme à son espace. Un espace qui n'a rien de fictif: cet espace est produit par le poème. Le rythme est du faire, non de l'être. Garneau fait ce qu'il dit:

> Vivre sur une impression jusqu'à la détruire. Je suis habité de mondes en décomposition. Au bout de tout l'évanouissement. [...]
>
> Tant il est vrai que tout est affaire de centre. [...]
>
> De là l'intérieur tiraillement de l'artiste qui se déserte pour se placer au centre de son œuvre, de tel personnage, de telle impression[21].

Dans les lignes qui suivent, Garneau précise deux manières pour l'artiste de se «déserter», qui ne lui laissent, au bilan, guère le choix:

> Si l'artiste est bien centré, possède une puissante force centripète, il centrera sa vie dans son œuvre, son œuvre alentour de son unicité et dirigera sur elle toute son activité humaine. Elle sera pour lui l'exigence d'une perfection étrangère à sa destinée, et s'il ne la domine finira par l'exigence même de son âme.
>
> Si l'artiste n'est pas puissamment un, s'il est impressionnable, impressionniste, il sera sollicité par mille projections en dehors de lui-même, et il s'épuisera à nourrir mille mondes, séparément de son centre, dans un ressac continuel où on le verra entrer en lui-même, prendre de la richesse puis l'aller dépenser chez sa créature, puis dépourvu revenir, puis retourner encore chez sa nouvelle maîtresse, dans un va-et-vient épuisant qu'une extraordinaire surabondance de vie peut seule permettre[22].

Ainsi, il apparaît que tant dans la fiction narrative que dans le poème «tout est affaire de centre», que tout procède du conflit entre le centre et la périphérie. Mais ce conflit ne se déroule pas au même niveau. Le poème, en provoquant la rencontre de la césure et de la rime, crée l'espace subjectif de la traversée du rythme jusqu'à sa dispersion. Le récit fait de cette impression un scénario à la Maupassant. Le rapport du centre à la périphérie se construit alors comme une dépense conjuguant richesse et puissance sexuelle pour se régénérer par «une extraordinaire surabondance de vie». Système laplacien, en somme. Mais Garneau choisira Tchekhov contre Maupassant.

À ce stade, nous parlerons d'un rythme de «réécriture» dans le *Journal*. Il s'agit d'un rythme d'interprétation construit à partir des stratégies de lecture qui font dialoguer des textes, en les confrontant à des modes de dire et de signifier le «décentrement». Rythme de réénonciation qui soutient parallèlement un rythme transsubjectif qui fait dialoguer des textes entre eux. Cela n'est possible que si on lit le poème à sa place dans le *Journal*. C'est dans l'espace hétérogène du *Journal* que s'élabore le rapport critique entre poème et prose.

Le sujet excentré par le rythme

Nous avons suggéré qu'il existe un rapport de parenté entre le *Journal* intime de Garneau et le journal en tant que publication quotidienne, à cause de l'hétérogénéité des textes que l'on y trouve. Certes, la comparaison doit s'arrêter là. *Le Journal* est régi d'un côté par le pacte autobiographique qui détermine les modalités de l'énonciation, et de l'autre, par le phénomène d'auto-réflexion qui se construit dans le champ de la connaissance de soi. Dans les pages de son *Journal*, Garneau remet sans cesse en cause les conditions d'exercice de cette auto-réflexion. Toutefois, à trop concentrer le point de vue sur le *je* autobiographique ou auto-réflexif, on oublie que le *Journal* est une sorte de mosaïque de genres en ébauche pour Garneau, et que ceux-ci pourraient déboucher un jour sur des publications séparées: critique d'art, essai, nouvelle, etc. Cette mobilité virtuelle nous la considérons comme essentielle. Elle fait du *Journal* un espace communicationnel prenant le relais de l'épopée, dans notre littérature, si cette affirmation est comprise à partir du contexte historique. Dans cet espace communicationnel virtuel, le rythme ainsi que nous l'avons défini en tant que rythme dans l'espace et ainsi que nous le définirons bientôt comme rythme parlé soutient une réflexion critique sur la «justesse du dire» qui ne peut pas, Garneau le voudrait-il, se refermer sur une philosophie identitaire, c'est-à-dire sur une appropriation par le *je* auto-réflexif de la pensée de sa propre genèse formative. Le *Journal* ne le permet pas, ni dans l'ordre théorique ni dans l'ordre pragmatique, à cause de son dialogisme même.

Relisons la dernière strophe du poème, citée précédemment, pour voir comment s'y construit l'espace dialogique de la référence, comme nous le définissions à la fin du précédent chapitre: référence à une même absence. Cette strophe constitue un exemple d'auto-correction en acte que le poète aurait laissé tel quel sur la page. (On sait que les Québécois emploient «rester» pour «demeurer», dans «où restes-tu?»). La strophe prend pour thème le sentiment du vide:

> Où est-ce qu'on reste
> Qu'on demeure
> Tout est en trous et en morceaux[23],

Garneau déplace au cœur du poème la question des rapports entre français parlé et français normatif qui obsède nos écrivains. Le poème montre qu'il n'y a pas de langue unifiée. Il n'existe que des sujets traversés par des états de langue selon des situations de discours qui varient sans cesse et jalonnent l'histoire des sujets parlants.

Ici encore tout est affaire de centre ou plutôt de décentrement. Garneau réfléchit entre autres sur la condition des langues minoritaires à propos des Alsaciens. Problème du bilinguisme. «Non pas devenir plus Alsacien, qui me semble un problème à rebours, mais faire épanouir, à l'aide de l'Alsacien qu'il est, l'homme qu'il est aussi, l'homme qu'il est finalement. Et dans les conditions de cette patrie, le choix doit être tellement urgent. Et ce qui est dégoûtant, c'est l'attitude, peut-être inconsciente du gouvernement français [...] centralisation schématisante qui ne pense toujours qu'au centre, manière d'attitude géométrique[24].» Garneau devait donc s'intéresser tout naturellement à Ramuz, le Vaudois. Ramuz ne trouve pas son langage tant qu'il cherche à écrire dans une langue classique. «Et voilà pourquoi il a "pris parti", dit-il, d'écrire selon la langue des siens, une langue parlée, une syntaxe élémentaire et parlée. Cela non pas pour "se distinguer", mais pour ressembler[25].» Le parlé, ce n'est pas, on s'en doute, écrire comme on parle. C'est un «parti pris» pour le discours contre la langue. Toujours sur Ramuz: «Les critiques l'accusent de "mal écrire" [...] Il s'agit d'avoir les qualités de ses défauts, jusqu'à ce que la qualité mange tout le défaut.» Cela exige une grande rigueur par rapport à la justesse de la voix. Une économie de moyens. Garneau parle des «ça» de Ramuz, «le "ça" qui engage des vies, et plus loin, des âmes». Le poète y voit l'expression d'une loi intérieure et d'une loi extérieure qui régissent les événements «comme une succession qui n'a pas en elle-même de valeur absolue mais qui fait signe sans cesse, qui cache et suppose sans cesse quelque chose, quelqu'un[26]». Le choix du parlé est un choix pour la référence contre la valeur, contre la rhétorique, contre le classicisme qui met la valeur au centre de la langue. Le parlé de Garneau brise le cercle de la métaphysique, du même coup, pour livrer passage, comme chez Ramuz, à une énonciation oblique de l'absolu que le poète découvre aussi chez Tchekhov.

Il faut rappeler ce passage du *Journal* où Garneau conçoit ce que doit être le rythme du poème, contre la langue et dans le discours, en tant que passage du sujet dans son discours:

> Est-ce que toutes les ressources naturelles de la langue sont définies dans les formes classiques et ne reste-t-il rien à inventer? Et quand Claudel parle n'est-ce pas qu'il nous révèle quelque chose qui était là inclus et enraciné, et qui surgit avec lui? N'a-t-il pas un poids aux mots qui est loin de celui de Racine, mais poids français quand même? Le poids des pas paysans et des syllabes paysannes[27]?

À cela toute une jeunesse fascisante réplique par la bouche de H. Paul Péladeau, en 1938:

> Mais le classicisme, n'est-ce pas ce que Nietzsche déclarait: «Une exigence d'équilibre qui n'est pas d'ordre purement spirituel, étant d'abord un état de santé corporelle, un équilibre biologique avant tout. Celui qui est capable de vivre, celui qui n'est pas réduit, par la décadence de son être, à un état de misère physiologique, celui-là banira les expressions compliquées, il réduira son art à des formules simples, et celui-là, par là même, sera un classique parce que son tempérament l'oblige à l'être[28].

Ces lignes extraites d'un «essai sur l'esthétique» publié dans la revue *Les Idées* constituent en quelque sorte une réponse à l'art poétique de Saint-Denys Garneau. Le refus qu'oppose Saint-Denys Garneau à la langue classique, au nom des rythmes parlés, doit donc s'entendre comme le refus d'une imagerie du surhomme et de cet équilibre du «centre» auquel Garneau est allergique.

Péladeau parle d'«équilibre biologique», suggérant ainsi qu'il existe un lien entre le langage et la pulsion sexuelle. En effet, l'idée fait son chemin à cette époque. Pour Garneau de même il existe une pulsion rythmique.

La pulsion rythmique

Ce sont les poèmes que Garneau consacre aux arbres qui expriment le mieux ce qu'il entend par la pulsion rythmique. Le rythme, il cherche à le cerner dans un travail sur la description; ce goût de la description hante toute son époque depuis les parnassiens ou les romanciers réalistes. Le rythme pour Garneau opère la synthèse entre l'arabesque du regard et la courbe du mouvement des branches dans les pages nombreuses qu'il consacre aux arbres. Mouvement de danse. Jeux de miroir impressionnistes gardant la trace du parcours de l'œil dans un paysage:

> La brise chavire les feuilles
> Et la lumière saute autour
> Une féerie
> Avec mille reflets
> Comme des trilles d'oiseaux-mouches
> Comme elle danse sur les ruisseaux
> Mobile
> Avec tous ses diamants et tous ses sourires[29].

Ce poème fait écho aux descriptions d'arbres que l'on trouve également dans la prose:

> Et puis les grands peupliers de Caroline qui furent plantés au long de l'allée, au long de la route, au long du torrent; deux lignes parallèles toujours de troncs ébranchés haut. La légère inflexion de ces hampes accompagne à ravir la courbe imperceptible des pentes qui fait qu'elles disparaissent à nos yeux avant leur fin, comme la mer, ne laissant qu'une tête d'arbre pour signe de leur continuité[30].

Déjà se profile dans la description l'impression «arbre ébranché» qui, plus tard, sera associée à la coupure métonymique du corps à l'endroit du sexe. Ici, elle fait encore partie du paysage. L'histoire de l'arbre est, comme le dit Garneau, l'histoire d'une possession physique de l'arbre, refusée:

> L'histoire de l'arbre, et on ne peut pas l'avoir. (Moi toujours.) Alors, le cri du sexe. Je me rappelle que, souvent, m'étant adonné de toute mon avidité à l'amour des arbres, de la nature, tout à coup c'est la femme que je voulais. C'était un chemin du désir charnel. [...] C'est pour dire que la femme alors devenait pour moi une sorte de compensation désespérée. Mon désir déchaîné, avidité déchaînée ne trouvant pas à posséder adéquatement se réfugiait tout à coup dans le sexe. C'est pour dire que le sexe est la dernière forme de l'amour, et que si le désir n'est pas alimenté et comblé par une forme plus pure, il s'y réfugie tout entier[31].

Garneau imagine une nature qui serait «accueil» pour le regard et pour le désir, en même temps que le désir de possession s'affirmant comme naturel insiste, envahit le paysage comme le «tic tac» de l'horloge envahissait l'oreille, morcelle le corps et le paysage, les réduit à la métonymie du sexe montrée comme une anti-nature à moins qu'elle ne suscite une méditation sur la douleur. Garneau, dans son *Journal*, imagine le scénario d'un roman, où le personnage prendrait soudainement conscience de son mensonge fondamental, en mourant au bordel:

> Prise de conscience forcée par le résultat du mensonge fondamental. Tout lien brisé avec la nature. Pourquoi? Manque de simplicité, d'esprit de pauvreté. [...] Prise de conscience soudaine de cet antinaturel: conscience refusée longtemps et qui finit par s'imposer d'un bloc. Dégoût complet et désespoir. Il fuit dans un bordel vers le seul acte naturel qui puisse lui rester. Mais là, il ne peut encore mettre la main sur la réalité, la posséder, être assumé par elle; cette hyperconscience le paralyse, le rend impuissant. Et il meurt, au milieu de la rage d'un travail inutile, d'une syncope[32].

Quelques lignes plus loin, Garneau réfléchit sur le sens spirituel de la douleur qui devrait ramener la conscience à la pauvreté et à la simplicité qu'elle recherche, mais sans succès. Le mensonge dévoie le sens profond de la douleur. Cette réflexion sera suivie d'un court poème, dont nous ne citerons d'abord que le premier vers:

> Ainsi, il commence à y avoir refus. Refus d'une connaissance simple et suffisante du sens de la douleur et de répondre à son enseignement. Refus de cet appel «de force». On attend d'être appelé plus «de force», d'être contraint davantage, de voir plus clair, quand il nous est donné de voir suffisamment. Cause: manque de générosité, on veut avoir plus joui de la douleur, c'est-à-dire de soi souffrant, avant de s'abandonner. Première déviation.
>
> Nous avons attendu de la douleur[33]...

Le poème va développer la problématique de la douleur, mais en l'associant à un thème, celui de la «peau sur les os», thème qui impose sa vérité — vérité d'évidence —, sous la forme d'une nouvelle impression dans une note du *Journal*:

> Quand se dessine en nous et prend corps une intention, on sent tout se resserrer, non seulement dans l'agencement intérieur, mais dans l'extérieur, et en même temps que nos yeux prennent un foyer juste, on sent s'ajuster justement à nos os la peau de notre visage[34].

Le poème sera donc la mise en rythme de cette impression de justesse, qui ne laisse plus de place à la mobilité du désir, à l'arabesque du mouvement. Le rythme du poème se construit ainsi à partir d'une redéfinition de la «forme» du rythme, forme imaginée qu'il faudra faire advenir au discours: grâce au processus de réécriture, il s'agit d'inventer une grammaire de la tension s'appuyant sur le verbe — verbe tendre — et s'appuyant sur l'ajustement des fins de vers sur le son *o*, l'os:

> Nous avons attendu de la douleur
> Qu'elle modèle notre figure à la dureté magnifique de nos os
> Au silence irréductible et certain de nos os
> À ce dernier retranchement inexpugnable de notre être
> Qu'elle tende à nos os clairement la peau de nos figures
> La chair lâche et troublée de nos figures
> qui crèvent à tout moment et se décomposent
> Cette peau qui flotte au vent de notre figure, triste oripeau[35].

Le temps de la douleur, nous dit la prose, est celui de l'appel et de la résistance à cet appel qui écartèle le sujet; c'est le temps du subjonctif, dans le poème. Le subjonctif marque l'ouverture de la phrase à la tension du temps, de «ce vers quoi nous tendons et par quoi nous sommes tendus» (*illud quod tendimus et quo extendimur*, dit saint Augustin). Le rythme du poème fait ainsi transiter le texte entre son hypotexte (scénarios, notes du *Journal*) et son intertexte (le texte augustinien comme référence dans la direction de conscience des pères jésuites). C'est dans la grammaire du verbe que l'attente et la tension vont devenir don:

> Nous avons attendu de la douleur
> [...]
> Qu'elle tende à nos os clairement la peau de nos figures

Ces vers se comprennent à travers le geste de Véronique approchant son voile de la figure du Christ. Ainsi la douleur rejointelle dans l'extrême pauvreté de l'être la figure de la femme. La préposition *à* («Qu'elle tende *à* nos os») et non *sur* signifie ici que la tension se fait don, dans l'extrême solitude.

En résumé, dans un premier temps, la poésie de Garneau franchit un pas essentiel en substituant au rythme métrique un rythme parlé dans *Regards et jeux dans l'espace*. Mais Garneau demeure encore préoccupé par une synthèse impressionniste associée aux effets descriptifs du symbolisme. Il lui aura fallu, dans un deuxième temps, atteindre à la justesse de la voix, par des chemins difficiles qui auront complètement bouleversé l'équilibre de son écriture. On ne craindra pas d'affirmer que c'est par le rythme que Garneau déplace le centre névralgique de la spiritualité dogmatique de ses contemporains.

Retour critique sur les rapports entre poème et prose

Le poète n'est pas libre par rapport au rythme. Il ne peut tout au plus qu'advenir à son propre rythme qui, par rapport à l'infini des rythmes possibles en discours, le constitue dans sa subjectivité. Garneau l'avait très bien compris, même s'il considérait cela en fonction des idées de son temps, en fonction surtout de l'attente qu'il croyait pouvoir combler, comme un échec. Il écrit à son cousin Maurice Hébert, le 4 mai 1938:

> L'art peut être défini un «besoin de forme» (mais toute vie est besoin de forme; précisons donc: besoin de forme naturellement splendide). [...] Or la douleur ne vaut comme matière artistique que dans la mesure où elle suppose, si lointainement que ce soit, la nécessité de cette forme belle naturellement[36].

> Exégèse de mes poèmes.
>
> Ces poèmes ainsi que ceux de mon livre n'ont pas une exceptionnelle valeur formelle [...]
>
> Leur charme procède d'une certaine mélancolie poétique fluante[37].

Cette mélancolie, c'est plus qu'un climat et plus qu'un état d'âme. Par la vertu de la césure/rime comme l'emploie Garneau, elle est du sens produit par le poème. C'est de la subjectivité faite rythme, fluante, comme lui, d'un discours à l'autre, récit ou poème. Évidemment, la critique n'entendra cet aveu d'impuissance que d'une oreille en confondant le sujet avec l'affirmation de la volonté comme destin personnel. Soit la critique d'aujourd'hui: «*Regards et jeux dans l'espace*, comme tout ce qu'a écrit Garneau, est une demi-réussite. [...] Il aura manqué au poète les ressources vitales indispensables pour dominer tout à fait, par la conscience et par l'écriture, un destin personnel accablant[38]...»

Soit la critique en cette période d'avant-guerre contemporaine de Garneau: «Il [le puritanisme] aura protégé ses adeptes contre la névrose, en leur imposant une discipline, un but, une philosophie, en faisant graviter leur existence autour d'un axe bien fixe[39]», écrit Pierre Mac Kay-Dansereau qui se déclare dans la revue *Les Idées*, en 1937, pour un «ordre nouveau», en faisant l'apologie des chefs volontaristes, qu'ils s'appellent Staline ou Mussolini.

La subjectivité ne doit pas être envisagée comme ce «vouloir-être» qui se ferait représenter en art dans une «forme accomplie», ou, dans la vie, par une personnalité forte, comme si l'art était la vérité unifiante d'une vie.

Il nous faut redéfinir le sujet à partir de l'écriture et de cette expérience de réécriture ou de réénonciation dont Garneau fait lui-même l'essai dans son *Journal*, dans les marges de ses poèmes, dans la césure/rime qui décentre le poème, inscrit le dialogisme dans le parlé du poème. Henri Meschonnic dit:

> Si une écriture produit une reprise peut-être indéfinie de la lecture, sa subjectivité est une intersubjectivité, une transsubjectivité. Non une intra-subjectivité qu'on feint de confondre avec le subjectivisme, l'individualisme. Cette écriture est une énonciation qui n'aboutit pas seulement à un énoncé, mais à une chaîne de ré-énonciations [...]. Un langage qui en sait plus long sur nous que nous-mêmes [...]. Il est ce discours qui peut reconnaître le passé des autres. Le poème, particulièrement, est un savoir qu'on ne connaît pas, qu'on ne peut consulter [...] Mais alors que chacun n'a que son passé, le poème passe de je en je. [...] S'il est autre que du souvenir, c'est que le rythme est une actualisation du sujet, de sa temporalité[40].

De même, le poème selon Garneau vient à son rythme dans la transsubjectivité d'un son qui actualise le sujet:

> [...] Ce que cache tout objet qui sollicite et retient longtemps notre attention, c'est l'appel qu'à travers lui nous lançons à notre réalité seconde, et qui, répercuté par lui, nous fait retour avec une ampleur nouvelle, une sonorité insistante auxquelles nous ne pouvons plus répondre — dont nous ne pouvons plus nous délivrer — que par l'acte même de la création[41].

Garneau constate qu'il ne peut plus répondre de sa subjectivité, cette réalité seconde, qui lui échappe dans le moment où elle lui revient amplifiée dans le devenir-son du poème: sa subjectivité se confond désormais avec ce présent projectif qui s'actualise dans le rythme transsubjectif du poème. Parallèlement, le poème se constitue dans le présent de l'entretien — appel et réponse — qui le traverse. Insistons sur ce point: ce n'est pas le «flux de la conscience» qui construit le poème de la prose ou la prose du poème, mais l'entretien qui les rythme l'un pour l'autre. Toujours Garneau place le langage dans sa dimension co-énonciative. Ainsi s'explique que le poème, comme Garneau l'imagine, n'est réductible ni à la naturalité du sensible, c'est-à-dire à la matière sonore, ni à la transcendance de la subjectivité, c'est-à-dire la connaissance de soi en tant qu'horizon de discours et dépassement de la finitude de l'être, comme ce sera le cas pour Rina Lasnier et Alain Grandbois que nous allons bientôt étudier.

Vers une nouvelle éthique amoureuse: la poésie féminine

L'approche personnaliste de la morale et du péché, parce qu'elle s'inscrit dans une phénoménologie de la relation humaine où il s'agit de connaître l'autre par affinité, de le «co-naître», de le «co-vivre», selon les mots de Claudel repris à satiété par les jeunes poètes, va peu à peu changer l'image de l'amour chez nos philosophes. Nos poétesses avaient cependant sur l'amour un discours moins contraint. Elles commencent à parler de leurs émois, de leurs désirs sans nécessairement éprouver la morbidité ambiante. Elles rompent délibérément avec cette poésie de célibataires qui caractérise les œuvres de nos poètes, de Nelligan à Saint-Denys Garneau, et qui fera dire à Anne Hébert parlant de l'absence de l'homme:

Dans nos mains peintes de sel
(Les lignes de destin sont combles de givre)
Nous tenons d'étranges lourdes têtes d'amants
Qui ne sont plus à nous
Pèsent et meurent entre nos doigts innocents[42].

Medjé Vézina publie un recueil intitulé *Chaque heure a son visage*, en 1934. La facture est encore parnassienne et la nature chante dans les images. Le romantisme marque la déclamation. Medjé Vézina n'invente pas encore une «autre écriture», mais elle fait naître un rapport autre à la scène érotique:

Non, tu n'as pas encor tout pris de mon regard.
Écoute mon bonheur te parler à voix basse,
Avec des mots pressés, si follement épars
Que tu croiras peut-être à des ailes qui passent[43].

Simone Routier publie, elle aussi en 1934, un recueil intitulé *Les tentations* où elle mêle des sonnets à des poèmes écrits en versets claudéliens. On trouve également des poèmes écrits en vers libres comme celui-ci:

Aimer... Je voudrais aimer!
Qu'un matin, simple et immobile, un bel étranger vienne
heurter
le marteau de ma porte
Qu'il demande: «Qui es-tu?» et que ce soit moi qui sorte,
Que je le suive sur les pavés, l'herbe et la montagne.
Que derrière ses pas je m'abreuve à son ombre.
Que sa pupille soit mon souci, mon mobile tourment,
que son corps soit ma ville
et que sa main soit mon destin[44].

Cette poésie féminine, qui se développe au moment de la fondation de la revue *La Relève*, a connu son essor quelques années auparavant. Dantin avait montré dans *Poètes de l'Amérique française* comment le recueil de Marie Lefranc, *Les voix du cœur et de l'âme*, dès 1920, introduisait dans notre poésie tous les raffinements psychologiques de la passion amoureuse: «Ce cœur se découvre et livre son secret de froideur assumée; il avoue tout haut son besoin d'être aimé, sa soif de confidences et de caresses[45].» Dantin apprécie le combat de l'âme et du cœur, la force et l'énergie de la volonté qui lutte contre la douleur intime. Poésie du secret soudainement révélé.

La poésie féminine reformule dans la poésie québécoise la question de la codification de l'intimité, pour reprendre l'expression du sociologue allemand Niklas Luhman[46], selon qui les acteurs sociaux ne sont pas les hommes ou les femmes avec leurs besoins et leurs valeurs, mais des rôles, un environnement social dont la complexité peut être analysée à travers des «médias de communication symbolique». L'amour est un de ces médias qui permet d'assurer le succès de communications en soi invraisemblables. Quand on lit Marie Lefranc ou Jovette Bernier, avec ou sans le secours de la critique de Dantin, il apparaît, en effet, que l'amour est passé de l'amour idéal à l'amour problématique, le problème étant de pouvoir trouver un partenaire et de s'y attacher pour une relation intime. L'amour passion réclame la liberté dans le choix amoureux, même si cette liberté se paie par la souffrance. Cette souffrance vaut pour une morale individuelle qui trouve désormais sa justification en elle-même et non plus dans le sentiment religieux de la vertu:

> Quand il a tout souffert, tout aimé, tout pleuré,
> Le cœur cache, honteux, ses blessures qui saignent:
> Solitaire, broyant ses désirs abhorrés,
> Il bâillonne désirs et regrets qui se plaignent,
> Mais quand, après avoir tout méprisé, tout fui,
> Haï jusqu'au délire, il s'arrête et s'apaise,
> L'Amour qui l'a suivi, mains jointes et sans bruit,
> Sourit au pénitent et longuement le baise[47].

Ces quelques vers de Jovette Bernier renferment tous les éléments du code de l'amour-passion: auto-aliénation du sujet, incommunicabilité, destruction du sens dans le délire et les sentiments contradictoires, combat et soumission volontaire, etc. Il y a là un signe de la crise qui survient dans la rhétorique que défend Dantin comme l'expression claire de l'émotion à laquelle la versification classique sert encore de garde-fou. Mais sans doute la valeur du code est-elle ailleurs, dans ce statut que la société québécoise accorde désormais aux femmes écrivains, femmes «à part», vivant désormais l'amour libre. Dantin ne les qualifie pas de féministes pour rien.

Chez Jovette Bernier qui, nous le savons pertinemment, n'est pas mariée, le mariage, justement, n'apparaît plus comme une preuve d'amour. Mais la liberté amoureuse demeure paradoxale: il n'est pas possible de se conformer aux sollicitations de la volupté ni davantage de s'en détacher. Paradoxe qu'entretient la parole amoureuse. La morale de l'époque ne dispose d'aucun code, hormis peut-être le code poétique, pour standardiser socialement la nouvelle éthique amoureuse proposée par les femmes. La critique de Dantin, avec sa métaphore filée de l'étreinte entre la forme et le fond chez Marie Lefranc, sert à garder le code amoureux dans le giron de la rhétorique: «Le fond emporte ici la forme et l'embrasse si étroitement qu'on a peine à les séparer.» Toutefois, le rhétoricien trouve dans la poésie féminine le moyen d'affranchir la rhétorique de la morale établie: le beau, pour le rhétoricien, est la morale de l'art. Il reste aux écrivaines à s'affranchir de la rhétorique, en pratiquant le vers libre.

Il y aurait donc, en ce sens, une convergence à établir entre, d'une part, Saint-Denys Garneau qui se libère du vers classique et de son «axialité» normative éthiquement et psychologiquement, et, d'autre part, Anne Hébert qui, recueillant l'héritage de l'éthique amoureuse féminine, se délivre à son tour du vers classique en publiant, en 1942, *Les songes en équilibre*. Cette convergence entre les deux poètes est d'autant plus facile à établir qu'ils étaient cousins! C'est ainsi que le personnalisme chrétien et le féminisme (d'abord discret) d'Anne Hébert se rejoignent. Anne Hébert prolonge la «révolution» qui s'est amorcée dans la poésie depuis Garneau. Les premières poésies d'Anne Hébert s'attirent, en 1943, des éloges réservés de la part des partisans du vers classique.

> Qui dit vers [...] dit mesure. Seulement il y a plusieurs modèles de prosodies, la versification classique étant la plus complète parce qu'elle les contient toutes. Il est réservé aux plus grands d'employer toutes les ressources de la prosodie stricte pour atteindre à la liberté la plus grande, à l'expression totale. Aux autres peu de moyens suffisent. Même, davantage les empêcherait[48].

Anne Hébert rejoint Garneau et le récit autobiographique par d'autres voies. Elle introduit dans sa poésie ce qu'on pourrait appeler le «récit de l'enfance», avec des poèmes au titre significatif tel que *Oh mes joies enfantines*. Ce type de récit, Nelligan en avait le premier donné des témoignages. Certes, ce récit ne constitue pas encore un genre distinct, comme ce sera le cas plus tard. Mais il est intéressant de noter comment, chez Anne Hébert, érotisme et souvenirs d'enfance se rejoignent pour la première fois dans notre poésie. Ce récit de l'enfance, on le retrouvera dans les poèmes de Thérèse Renaud, dans les romans de Jacqueline Dupuy. C'est un signe de modernité.

L'art vivant

À la veille de la guerre, ni la littérature intimiste de Garneau ni la poésie féminine ne satisfaisaient les attentes. On croit à un bouleversement profond de l'ordre du monde occidental. On veut des écrivains engagés du côté de Dieu. On réfléchit, dans la foulée de Maritain, sur les rapports de l'art et de la foi. Il est clair que l'art régionaliste ne suffit plus à témoigner du renouveau chrétien. On cherche des modèles du côté de Péguy, de Claudel. Les écrivains «convertis» sont lus et cités en exemple.

Maritain servira d'abord à mettre en question le principe d'imitation de la nature, fondement de l'ancienne rhétorique: «Ce que les anciens disaient du beau doit être pris dans le sens le plus formel, en évitant de matérialiser leur pensée en aucune spécification trop étroite. Il n'y a pas une manière mais mille et dix mille manières dont la notion d'*intégrité*, ou de perfection, ou d'achèvement, peut se réaliser[49].»

Maritain précise ainsi ce qu'il entend par la beauté:

> La beauté n'est donc pas la conformité à un certain type idéal et immuable, au sens où l'entendent ceux qui confondant le vrai et le beau, la connaissance et la délectation, veulent que, pour percevoir la beauté, l'homme découvre «par la vision des idées», «à travers l'enveloppe matérielle», «l'invisible essence des choses» et leur «type nécessaire». [...]
>
> S'il en est ainsi, c'est que le beau appartient à l'ordre des transcendantaux, c'est-à-dire des objets de pensée qui dépassent toute limite de genre ou de catégorie, et qui ne se laissent enfermer dans aucune classe, parce qu'ils imbibent tout et se retrouvent partout[50].

Citons un dernier passage où Maritain redéfinit l'importance des règles en art, en relation avec ce qu'il appelle un *habitus*:

> Les Anciens pensaient que la vérité est difficile, que la beauté est difficile, et que la voie est étroite; et que pour vaincre la difficulté et la hauteur de l'objet, il est absolument nécessaire qu'une force et une élévation intrinsèques, — c'est-à-dire un *habitus*, — soient développées dans le sujet. [...] D'après leur principe, les règles sont de l'essence de l'art, mais à condition que soit formé l'*habitus* règle vivante. Sans lui elles ne sont rien. [...] Le problème est posé pour l'artiste moderne d'une manière insensée, entre la sénilité des règles académiques et la primitivité du don naturel; ici l'art n'est pas encore, sinon en puissance, là il n'est plus du tout; l'art est seulement dans l'intellectualité vivante de l'*habitus*[51].

À partir de Maritain, on parlera volontiers dans les cercles catholiques d'art vivant plutôt que d'art moderne. L'art vivant réclame un renouvellement des formes qui donne accès à une connaissance à la fois mystique et intelligible d'un ordre de beauté supérieur. Parallèlement, Maritain idéalise la simplicité de l'artisan médiéval qui savait mettre sa technique au service d'un *habitus*.

Roge Brien, le père Gustave Lamarche, Rina Lasnier vont bientot apparaître comme les fers de lance d'un art vivant que cimente leur culte marial. Ce sont des écrivains engagés pour leur foi contre le «modernisme», c'est-à-dire contre les philosophies proclamant la mort de Dieu, contre les civilisations décadentes qui ont dissocié race, culture et religion. On peut parler à leur propos d'une avant-garde de «droite».

Roger Brien fait de l'amour le grand moteur universel. Au rythme froid «des formes d'emprunt d'où la vie est absente», l'amour, parce qu'il est le facteur même de la complétion, donne des «chairs réelles[52]». La mort est la non-valeur en soi — le mal contesté par l'amour. Brien cherche de façon dramatique à établir un lien entre l'expérience purement subjective de la passion et l'amour qui conjure la finitude de la vie. Dans un poème intitulé *Prière de Péguy*, tout un ensemble de redites permet à l'orant de formuler son élan vers Dieu, en suspendant son jugement défaillant dans la prière, et au poète de trouver dans ce jeu de reprises un effet de simplicité qui doit régénérer le poème à forme fixe:

> Je répète toujours des verbes non moulés
> Quand on aime, Seigneur, craint-on de le redire
> Avec les mêmes mots simples et non moulés[53].

Mais cette simplicité débouche rapidement sur une théâtralisation de la foi. Il existe des fautes collectives, celles qui entraînent des peuples dans l'erreur de l'athéisme et auxquelles doivent répondre des actes de foi collectifs. La mort du «héros» dans *L'ode à Pirandello* de Brien permet au poète d'exalter un orgueil chrétien qui veut plier l'ordre humain à un absolu irréductible à toute causalité objective. L'heure est au drame.

Comme Claudel qui compose *Jeanne au bûcher* en collaboration avec Arthur Honegger, le père Gustave Lamarche imagine de grands jeux scéniques où se mêlent tous les genres: l'action dramatique est commandée par des récitants dialoguant avec des chœurs à la mode antique. Cette action repose sur une trame historique qui sert à interroger le présent. La musique accompagne les voix des récitants ou des actants. Ce sont des «actes sacramentaux» qui réclament un grand concours de foule. Art de masse qui répond à la démagogie politique par une autre forme de démagogie, religieuse celle-là. Le père Paul-Émile Legault monte également de grands jeux scéniques comme celui qui accompagne, en juillet 1939, le mariage de cent six couples jocistes au Stadium de Montréal. Le spectacle s'intitule *Le monde du travail*. La même année, Rina Lasnier publie un poème dramatique intitulé *Féerie indienne* inspiré par Henri Ghéon et Claudel. Rina Lasnier a pris pour sujet l'héroïsme dans la foi de Kateri Tekakwita.

Roger Brien, le père Gustave Lamarche et Rina Lasnier seront, plus tard, en 1944, parmi les membres fondateurs de l'Académie canadienne-française créée par Victor Barbeau.

La poésie et le commentaire dans les premières œuvres de Rina Lasnier

On comprendra mieux dans ce contexe le «mélange des genres» qui préside à la composition de l'un des premiers recueils de poèmes de Rina Lasnier, *Images et proses*, qui paraît en 1941. Nous allons tenter de montrer comment le recueil, en proposant au lecteur une suite de tableaux spirituels suivis de méditations, cherche à faire le lien entre l'art et la scolastique. Le mot «prose» aura ici une signification autre que celle qu'il possède chez Saint-Denys Garneau.

La poésie s'affirme être le genre par excellence, comme l'entendaient les romantiques allemands, dans la mesure où elle devient un genre «spéculatif» qui vise une vérité située au-delà du langage et au cœur du langage: «Car il faut que la parole grandisse dans la conscience, la dilate jusqu'à ce que la beauté éclate dans la vérité du poème. Certes, vérité parcellaire ou obscure, beauté dérivante joutant de vie à mort entre l'Apparence et la Réalité[54].»

Rina Lasnier donne un autre tour aux idées des symbolistes sur la valeur transfigurante du symbole, sur la synthèse qu'opère le symbole entre le fragment (le Réel) et la Beauté (le temps de la mort et de la rédemption). La poésie de Rina Lasnier est, comme elle le dit, une poésie de l'image, plus exactement une poésie de l'oxymore confrontant l'apparence à la vérité, le clair à l'obscur, le rayonnement au songe. L'oxymore, au contraire de l'antithèse, supprime l'antilogie des termes opposés, mais elle signifie aussi que l'ambition de dépasser ces oppositions dans la matière n'est jamais achevée et ne saurait l'être. Le transport érotique qui agite le poète suscite cette différenciation de la matière, cette tension dans la substance vitale. Le poète ne s'arrache jamais vraiment à son transport pour contempler l'Idée pure. D'où la différence entre poésie et religion: «L'attention du poète reste attachée à son acte créateur, tandis que dans la vraie prière l'orant disparaît dans son attention à Dieu», dit la poétesse.

Les mots «proses» et «images» sont juxtaposés dans le titre. Par prose, Rina Lasnier veut signifier sans doute le mélange qu'elle fait de toutes les formes possibles du vers libre: soit le vers libre dans sa forme traditionnelle (le vers occupant une ligne seule, c'est-à-dire le vers comme «retour à la ligne»), le verset (le verset ressemble à un paragraphe avec son alinéa, des marges à gauche et à droite, mais il ne se referme pas nécessairement sur une fin de phrase), la strophe composée de plusieurs vers et entourés de blancs typographiques, le distique composé de deux vers, en souvenir du distique classique. Les mélanges sont possibles dans un seul poème. On trouvera des vers suivis de versets, des strophes précédées parfois d'un alinéa comme le verset, des strophes opposées à un seul vers. La «prose» est ici largement tributaire de la mise en page de cette poésie. Mais qu'on ne s'y trompe pas: cette «prose» vise à dépasser les avatars du discours quotidien. C'est d'hermétisme qu'il s'agit, explique Rina Lasnier, en soulignant comment l'ellipse et le raccourci donnent au texte un mouvement qui déroute le lecteur néophyte. Rina Lasnier parle de l'impatience du poète et c'est ce titre, «Impatience», qu'elle donne à l'un des poèmes d'*Images et proses*, dont nous citerons les derniers versets:

> je tisse de sinueuses dentelles d'écume n'ayant pas le temps d'attendre la grâce lente du nénuphar;
> je connais ma soif, le vent ne peut violenter mon cœur fugace et me détourner de ma voie exaspérée;
> je cours apprendre si la profondeur de la mer désire comme je la désire[55].

On peut donc vérifier dans *Images et proses* les propos que tenait Maritain sur la règle en art. Rina Lasnier outrepasse les règles de la poésie classique pour retrouver cet *habitus* dont parle Maritain.

Par ailleurs, ce qui relève ici d'un «mélange des genres» prolonge, comme nous allons le voir à l'instant, le lien entre la poésie et la scolastique, mais témoigne en revanche de ce passage d'une culture rhétorique, comme nous l'avons appelée dans les précédents chapitres, à une culture du commentaire qui apparaît, depuis Marcel Dugas, comme la voie obligée de la modernité. *Images et proses* se présente entre autres comme une suite de tableaux spirituels reprenant les stations du chemin de la croix. Nous sommes au cœur de l'épopée christique et de son théâtre sacré. Concrètement, on trouvera en tête de tel ou tel poème le titre nous renvoyant directement à l'une des stations du chemin de croix: *Jésus est condamné à mort*, puis *Jésus est chargé de sa croix*, ainsi de suite. Un commentaire poétique tenant de la méditation compose le corps du poème. Il est rédigé en vers libres ou en versets avec des variations scriptographiques. Nous entrons, avons-nous dit, dans la culture du commentaire, ici un commentaire subjectif qui relève d'une allégorie sacrée, chaque fois que le poète transpose dans un second registre, figuratif celui-là, des images contenues dans la scène christique:

Huitième station

JÉSUS CONSOLE LES FILLES D'ISRAËL

Les larmes

> Celui qui mit un arc-en-ciel dans une goutte d'eau,
> un germe dans une autre,

une étoile parfaite dans un flocon de neige,
vient de livrer sa toute-puissance à vos larmes, ô femmes[56]!

Le poème-commentaire inaugure une nouvelle scolastique. Il faut pour le comprendre revenir aux commentaires tels que la scolastique elle-même les avait classés. Il s'agit plus précisément de saisir dans ce classement une «rhétorique de la lecture», selon l'expression de Michel Charles:

> Forme zéro: la *meditatio*, qui est une lecture pour soi, ne laissant pas de traces (ne produisant pas de textes). Par contre la *lectio* est une lecture active, productrice, organisée pédagogiquement: c'est «l'acquisition de la science par l'étude des textes» (M.-D. Chenu). On distingue entre lire *ordinarie* et lire *cursiore*: la lecture «ordinaire» se constitue en commentaire suivi, la lecture «cursive» n'est qu'une appréhension rapide de la lettre du texte. Donc trois types de lecture dont un seul produit du texte[57].

Tandis que l'ancienne rhétorique privilégiait la *lectio* (on sait par ailleurs ce que les formes modernes de l'analyse de texte doivent à la *prelectio* des jésuites), la nouvelle rhétorique s'intéresse à la *meditatio* pour la rendre à l'écriture sous forme de commentaire. Mais la *meditatio* est déjà un exercice qui, quoique intime, a ses propres règles dans les *Exercices spirituels* de saint Ignace, que François Courel résume ainsi: «La méditation ou contemplation porte sur un fait objectif (le plus souvent par l'intermédiaire d'un texte scripturaire) lié à l'histoire de notre salut dans le Christ. Elle n'est donc pas d'abord introspection ni effort d'abstraction sur une idée ou sur un thème, mais attention à Dieu qui se révèle[58].» C'est bien ainsi que l'entend Rina Lasnier. Chez elle, la méditation est un texte qui s'inspire d'un autre texte qui lui sert de support. Comme le commentaire, la méditation est un texte second. Ni l'un ni l'autre ne sont autonomes. Mais quand le texte premier n'est plus cité, le poème demeure toujours une méditation. En effet, il prendra pour appui le livre de la nature qui, selon la tradition augustinienne, est écrit pour être lu à l'envers, puisqu'il faut que le sujet remonte des effets à la source, du visible à l'invisible, en sachant que ce qui a été créé hors du temps ne peut être saisi que dans le temps subjectif de la créature.

Méditative, c'est-à-dire fruit d'un discours second, comme nous l'avons dit, cette poésie ne supporte à son tour que le commentaire qui en ferait son discours premier. Ainsi Rina Lasnier opposera-t-elle plus tard «la faune de la critique contemporaine, glacée et dissolvante», où elle situe Roland Barthes et Henri Guillemin, aux «enchanteurs mystérieux» et «aux proférateurs écoutés», qui, quant à eux, jettent sur les œuvres «l'éclairage profond de l'admiration et de l'amour». Le retour au texte, la sacralisation du texte commenté (méditation ou commentaire lui-même) par le commentaire (critique), c'est bien cette chaîne de lecture qui, perpétuant l'*habitus*, constitue l'avènement d'un nouveau rapport de l'art à la scolastique.

Certes, une telle poésie n'entraîne pas d'emblée l'assentiment des vieux défenseurs de la tradition rhétorique. Cette poésie leur paraît déjà trop hardie pour une femme. Mais elle semble pouvoir faire un habile contrepoids face à l'influence du surréalisme, cette influence qu'on croit reconnaître chez un Alain Grandbois, alors que l'auteur des *Îles de la nuit* pratique ce que nous conviendrons d'appeler un lyrisme «international».

CHAPITRE IX

Le lyrisme moderne et les théories spéculatives de l'art

La poésie d'Alain Grandbois s'inspire d'un lyrisme international, disions-nous à la fin du chapitre précédent. Non pas qu'il faille poursuivre ce mauvais procès fait à l'écrivain de parler davantage des pays étrangers qu'il a visités, la France et la Chine notamment, plutôt que du Québec. Le comté de Portneuf où il est né est bien présent dans son œuvre. Mais la poésie de Grandbois procède d'un lyrisme qui appartient moins aux modes du moment qu'à ces poétiques essentialistes du chant ou de la métaphore dont on peut faire remonter l'origine aux théories spéculatives de l'art nées en Allemagne.

Il existe, néanmoins, plusieurs définitions du lyrisme que nous voudrions confronter avant d'aborder la poésie de Grandbois. Nous tenterons de formuler d'abord une définition générique à partir des chapitres que consacre à la poésie québécoise et française l'un des premiers manuels d'histoire littéraire publiés au Québec, c'est-à-dire *Histoire des littératures française et canadienne* des sœurs de Sainte-Anne, édité en 1944. Cette définition générique, nous l'opposerons ensuite à la définition théorique et spéculative de la poésie qui va prendre de plus en plus d'importance au Québec à la suite des travaux d'Edmond Labelle sur l'esthétique existentialiste chrétienne. Les théories spéculatives de l'art auront au Québec comme en France et aux États-Unis une longue postérité. Aussi nous a-t-il semblé nécessaire d'en dégager d'abord les fondements chez Lukács avant d'en étudier les prolongements chez Heidegger ou Paul de Man, compte tenu qu'à partir de Saint-Denys Garneau, d'Alain Grandbois et de Paul-Marie Lapointe, poète que nous étudierons plus loin, les esthétiques de la modernité ouvrent des perspectives à l'analyse dont les effets se font toujours sentir.

Pour une redéfinition du lyrisme

Le débat sur l'expérience subjective de l'art donne naissance à des définitions contradictoires de la poésie lyrique dans les livres d'histoire de la littérature au Québec.

Les auteurs de l'*Histoire des littératures française et canadienne* des sœurs de Sainte-Anne tentent de faire la part entre trois types de poésie qui, à la fois, tiennent compte de critères génériques, historiques et nationaux, les premiers l'emportant sur les deux autres. Ils établissent ainsi une distinction entre une «poésie objective» où sont groupés «les poètes qui s'inspirent de notre histoire, de nos coutumes, de nos paysages ou de quelque autre objet concret», la poésie subjective, «celle des poètes qui se plaisent à décrire leurs sensations, à donner un corps à leurs rêves» et, enfin, en troisième lieu, la poésie impersonnelle qui comprend «les artistes qui ont surtout le culte de la forme et qui tendent à faire de leur vers des joyaux bien ciselés». De tels artistes «aiment le mot rare et goûtent un plaisir raffiné à rendre, par des lignes souples et des couleurs harmonieuses, les visions de leur fantaisie ou celles de leurs yeux[1]». La distinction entre poésie objective et poésie subjective recouvre, dans un premier temps, l'opposition entre la poésie représentative (représentative d'une action inspirée par des hauts faits d'histoire, représentative également en tant que description de paysages ou de mœurs) et une poésie non représentative. Celle-ci ne cherche pas à illustrer une action, à décrire un sujet, imposés par des facteurs extérieurs; on peut cependant l'assimiler à une poésie représentative en montrant que le poète prend ses sensations ou ses rêves pour sujet de sa représentation. Dès lors, le principe fondamental de l'ancienne rhétorique reste sauf: il n'y a de poésie que représentative. La poésie lyrique permet une extension du principe d'imitation à toute forme de poésie.

Dans une étude sur la nomenclature des genres dans la rhétorique ancienne, Gérard Genette remarquait que la poésie lyrique n'avait pour ainsi dire aucune place dans une définition «représentative» de la poésie, aussi longtemps que la poésie se définit comme la représentation d'une action d'un sujet. Elle gagne en dignité le jour où l'on s'avise de l'intégrer à une mimésis élargie. Une étape nouvelle sera franchie lorsqu'on proclamera «l'égale dignité poétique d'une expression non représentative[2]», étape que l'*Histoire* des sœurs de Sainte-Anne n'ose pas franchir tant qu'il s'agit de la poésie québécoise. On note également un troisième type de poésie qu'on appelle dans cet ouvrage la poésie «impersonnelle». Les poètes classés dans cette catégorie peuvent donc imiter des tableaux d'après nature ou peindre leurs visions intérieures, puisque, nous l'avons vu, la question de la «représentativité» a été résolue pour maintenir en place le principe d'imitation. Mais la poésie «impersonnelle» relève également des modes de l'énonciation: il y aurait un mode d'énonciation personnel et un mode d'énonciation impersonnel et celui-ci favoriserait davantage un travail sur la forme du vers, sur le style, quoiqu'il semble acquis que tous les poètes retenus dans l'ouvrage pratiquent le vers classique. Il n'y a pas de place pour le vers libre. Cette triple distinction entre poésie objective, subjective et impersonnelle tente de réconcilier des courants littéraires et des poètes qui se sont affrontés dans l'histoire de la littérature québécoise: poètes épiques, poètes symbolistes soumis à leur fantaisie, poètes parnassiens impersonnels sur le plan de l'énonciation, tantôt exotistes, tantôt régionalistes et réprouvant le vers libre. À sa manière, le manuel démontre, si nous n'en étions pas encore convaincus, que les débats entre exotistes et régionalistes étaient de pure rhétorique, car il s'agit de toute manière de maintenir le principe de la mimésis et la forme-vers héritée de la poésie classique.

Mais par un phénomène étonnant, le manuel rompt avec le dogme d'une poésie représentative quand il est question, dans la seconde partie du livre, du lyrisme français. À propos de Rimbaud, les auteurs de l'*Histoire des littératures française et canadienne* citent E. Maynial qui fait remarquer chez le poète du *Bateau ivre* «une force neuve de vision éblouissante, une impétuosité de passions primitives et cette religion de l'inconscient dont se réclame aujourd'hui toute la jeune génération[3]». L'allusion aux surréalistes est claire. On montre alors comment Rimbaud rompt plus ou moins avec la forme du vers classique en choisissant un mode de représentation qui défie l'interprétation courante. Ainsi Rimbaud,

> [...] au lieu de présenter, en une forme logique, métrique et imaginée, le monde des idées, des sentiments et des choses [...] s'établit dans le monde intérieur, il ne parle que de lui pour lui, le dehors n'est plus évoqué que par de rares allusions. De là ces mystérieuses et profondes visions, ces éclairs de clarté, cette musique venue de très loin que l'on trouve, par exemple, dans son *Bateau ivre*[4].

Les auteurs arrivent à faire accepter l'obscurité rimbaldienne comme une qualité de ce lyrisme «non représentatif». Il semble ne plus y avoir de distinction possible entre la vision comme forme et la vision comme contenu. Tout se passe comme si la forme du sentir, en étant reportée du dehors vers le dedans, abolissait également les vieilles notions rhétoriques de la forme comme trope. Le paragraphe sur Mallarmé n'est pas moins étonnant, car les auteurs montrent avec beaucoup de claivoyance comment le poète s'est affranchi de la grammaire et de la logique normatives, tout en traitant les mots comme des allégories: «Les termes sont pour lui des allégories qui prennent une valeur particulière selon le sujet traité. La ponctuation ne sert pas à marquer les arrêts fixés par la grammaire et la logique, mais les pauses que réclament la pensée et les sentiments[5].»

Valéry, quant à lui, est le poète de la «poésie pure». On loue chez lui la rigueur en notant qu'elle ne veut pas toujours dire «clarté». On relève sa définition de l'incohérence: «l'incohérence d'un discours dépend de celui qui l'écoute». Ainsi le lecteur est-il responsable de la cohérence qu'il induit dans le texte. Enfin on insiste sur l'aspect constructiviste de la poésie de Valéry, en suggérant que l'art consiste à fabriquer des formes accomplies qui soient «promesses de bonheur»: «Il faut, dit-on, pour toute œuvre d'art, que le constructeur trouve des combinaisons impérieuses et indéfinissables, qui amènent le spectateur à une sorte de bonheur[6]». Bref, nous retrouvons quand il est question de la poésie française du XXe siècle non plus la nomenclature de la rhétorique traditionnelle qu'on applique encore aux poètes québécois, mais les catégories d'une théorie spéculative de l'art où l'œuvre apparaît comme une chose «belle en soi formellement», pour reprendre l'expression de Jacques de Tonnancour à propos de la peinture de Pellan.

Il paraît évident, à la lecture du manuel, qu'aucun poète québécois ne peut encore répondre à la définition du lyrisme qui s'applique à la modernité française dont on exclut cependant les vers-libristes et les surréalistes. Mais la place est prête pour accueillir en quelque sorte la poésie d'Alain Grandbois qui franchira la frontière qui sépare le lyrisme de la représentativité de ce lyrisme visionnaire, allégorique, ou encore «constructiviste» qui définit la poésie pure.

Mais pour comprendre la portée qu'eut au Québec la publication des *Îles de la nuit* d'Alain Grandbois, en 1944, il nous semble utile de voir comment la théorie spéculative a pénétré au Québec pendant la guerre et comment elle se pensait en Allemagne au début du siècle avant que nous en héritions.

L'esthétique néokantienne

La guerre ramène au Québec un grand nombre d'artistes parmi lesquels le peintre surréaliste Alfred Pellan qui va provoquer un débat salutaire sur les rapports de l'art avec la modernité, dont les revues *Amérique française* et *Gants du ciel* se feront l'écho. Pellan, disons-le tout de suite, illustrera en 1944 *Les îles de la nuit* de Grandbois, ce qui indique de quel lyrisme il nourrissait lui-même son art du surréel. Les revues d'avant-garde québécoises s'ouvrent également aux étrangers que la guerre a fait fuir en Amérique du Nord. Maritain, Kojève, Wahl publient ainsi au Québec quelques articles. Sans doute est-ce Jean-Marcel Raymond qui aura incité Jean Wahl à publier dans *Gants du ciel*. Jean-Marcel Raymond raconte comment il s'est lié d'amitié avec le philosophe:

> Au mois d'août 1943, je suis invité à prendre part, au Collège féminin de Mount Holyoke, aux entretiens que Gustave Cohen, le médiéviste, a organisé comme compléments culturels à l'École libre des Hautes Études qu'avec un groupe d'illustres exilés il a fondée à New York. C'est là, sous les astres du campus, que je connus Jean Wahl, poète-philosophe[7].

Or Jean Wahl exprime bien l'essentiel de la théorie spéculative de la poésie moderne quand il écrit ces lignes, en 1944, dans la revue *Gants du ciel*: «La poésie vient de l'au-delà et va vers l'au-delà. Elle est essentiellement sentiment de transcendance [...]. Cet au-delà ne doit pas nécessairement être conçu comme étant en dehors de notre âme ou de notre monde, car nous ne savons pas les limites de l'âme ni les limites du monde[8].» Ainsi devons-nous penser que l'œuvre donne forme à l'expérience vécue d'un sujet, appelons-le le poète. Mais cette forme traduit également la manière dont le sujet se sent affecté par la connaissance de l'œuvre d'art, par une expérience à travers l'art de la finalité esthétique de l'œuvre. La forme est donc à la fois synthèse et tension. L'œuvre accomplit la synthèse de l'individualité du vécu et de l'universalité du «pur vécu», ce que Jean Wahl désigne comme une tension vers l'au-delà dans les limites imperceptibles de notre monde. Aussi faut-il accepter que l'universalité du jugement de goût ne puisse plus être fondée sur des valeurs objectives, mais qu'elle procède du caractère subjectif de la forme. C'est pourquoi l'on peut dire que les œuvres d'art sont autosuffisantes. L'œuvre d'art traduit l'irréductible individualité de chaque subjectivité, mais en élevant la conscience contemplative hors de l'intentionnalité de l'œuvre pour qu'elle coïncide avec un vécu d'un ordre supérieur. Dans un article sur Pellan, daté de 1941, Jacques de Tonnancour essaie de définir l'œuvre d'art comme une chose «belle en soi formellement», c'est-à-dire «un tout distinct qui a pour sujet sa forme et qui a, comme le dit le père Couturier, le pouvoir d'enchantement de la musique[9]». La musique sert donc de «comparant» dans la mesure où «comme une fugue ne représente rien, une peinture peut ne rien représenter et se suffire par son ordre et sa vie intrinsèque», dit Tonnancour[10]. La peinture, «forme de poésie plastique (Clive Bell dirait très expressivement *significant form*), doit s'inspirer et respirer dans l'ordre de cette constitution plastique: ce qu'elle peut exprimer doit seul l'inspirer», dira Tonnancour l'année suivante dans un article sur Goodridge Roberts. Mais la forme sert aussi à distinguer les arts entre eux, en faisant la synthèse entre un vécu particulier et les relations qu'il peut produire dans une matière donnée: «Chaque art a ses désirs et ses appétits formellement distincts de ceux des autres arts. Et des limites comme des aptitudes de sa matière, il tire les lois infiniment souples qui l'appuieront et dirigeront, dans son développement, qui détermineront la forme d'esprit qui lui sera propre, et qui deviendra sa tradition[11].» L'élévation de la subjectivité individuelle au niveau de l'universalité de la «tradition», comme l'entend Tonnancour, présuppose le renforcement de la singularité de la forme comme synthèse du vécu et de la matière construite selon des lois qui lui sont propres. La vérité de l'œuvre est dans son ordre intime et cet ordre repose sur une «intuition lyrique».

La quête de l'existence d'Edmond Labelle

En 1944, l'année qui verra paraître l'*Histoire des littératures française et canadienne* et *Les îles de la nuit* de Grandbois, Edmond Labelle publie *La quête de l'existence* qui constitue sans doute l'essai québécois où la théorie spéculative de l'art est redéfinie avec la plus grande intelligence dans la perspective de l'existentialisme chrétien.

Edmond Labelle se propose, dans son court essai, de jeter les fondements d'une philosophie existentielle «où l'art et la poésie trouveraient enfin leur connaturelle situation». Le livre s'adresse d'abord aux philosophes et artistes québécois encore imbus des principes de la scolastique de saint Thomas. Labelle veut leur montrer que l'art a comme vertu essentielle de se situer hors de portée de l'abstraction cartésienne, d'une part, du principe de causalité, d'autre part, qui, tous les deux, mutilent le réel. «Comment s'évader dans les causes, sans ouïr l'anxieuse interrogation des êtres posés hors de leurs causes?», demande-t-il[12]. L'auteur va donc préférer l'intuition sensible du monde où la conscience pose un être concret hors du néant pour le saisir comme un «singulier existant» plutôt que le jugement d'existence qui réactive le vieux principe de causalité quand il «appose son seing sur une intuition sensible, pour en confirmer la légitimité et la valeur[13]». Le jugement d'existence limite dès lors la connaissance à la connaissance sensible «avec sa gangue d'accidents exclusifs», alors qu'il s'agit de mettre l'homme «en communication avec les êtres qui le limitent, qui sont autres, mystères». Edmond Labelle retrouve ainsi les conditions de ce que Umberto Eco appelle une «semiosis hermétique[14]». Le mystère au cœur de l'œuvre n'existe qu'à condition d'en différer sans cesse la révélation dans un glissement continu du sens. Dire comme le font les auteurs de l'*Histoire des littératures française et canadienne* que Mallarmé se sert d'allégories pour bâtir son poème, ce n'est plus reconnaître chez lui un trope, mais instituer à partir de Mallarmé un mode de lecture hermétique, une révélation différée du sens qui donnera forme à l'allégorie.

En cherchant à définir un mode de connaissance où l'autre est saisi comme un «singulier existant» — ce qui est bien aussi la définition que Lukács donne de l'œuvre —, Labelle peut difficilement éviter la question de l'homme monadique, c'est-à-dire un homme dont la limite est fixée par le mystère des autres, qui le perçoivent à leur tour comme un mystère qui les limite. Cette approche de l'être permet cependant de définir le sujet à l'intérieur de ses limites comme un et indivisible: «Ni des actes ne morcellent les facultés intensément et intégralement actuées, toute potentialité dehors, ni les facultés ne partagent l'âme unifiée, apparemment passive, en fait vibrante de réceptivité et de compréhension[15].»

L'âme est donc une «potentialité» non morcelable, c'est-à-dire une activité de synthèse et une substance. C'est en faisant la distinction entre le moi et l'âme (ou sujet) qu'Edmond Labelle essaie de rompre avec le principe d'individuation qui régit la monade. Le moi est une monade sans fenêtre, ce qui signifie qu'il est individué comme un instable potentiel d'énergie. En revanche, l'âme «habite les sens». Par «ces fenêtres ouvertes», elle découvre son objet et «s'unit à lui». D'où le «besoin» qu'éprouve l'âme ou le sujet de s'ouvrir à l'autre. Le sujet possède ainsi une substance propre, une durée propre, il est un et solitaire autant qu'en étroite sympathie avec tout le créé. Le sujet est alors capable d'un mode de connaissance supérieure: «Avec l'âme de l'objet (son existence, son acte), mon âme (mon existence, mon acte) consciente retrouve son affinité et se combine supérieurement[16].» Cette connaissance existentielle qui amène l'âme à exister l'autre dans une «saisie immédiate» apparaît comme une forme de «mimétisme intentionnel» qui débouche sur «une analogique participation à l'Être[17]». Labelle voit dans cette forme de participation à l'Être l'originelle solidarité des créatures. Ce «vivre-ensemble» interdit la non-communication qui caractériserait une monade sans fenêtre. Edmond Labelle rejoint Levinas quand celui-ci soutient que «la subjectivité signifie par son incapacité de s'enfermer du dedans[18]».

Fort de cette redéfinition des modes de la connaissance à partir du mimétisme intentionnel, Edmond Labelle va tenter de déplacer l'enjeu des questions posées par l'ancienne rhétorique. C'est ici que l'on voit à l'œuvre sa théorie spéculative de l'art. Le philosophe va opposer le style essentiel au style existentiel. Le premier est rationnel et utilitaire: «Le mot n'y tient qu'un rôle de signe.» C'est le style de la clarté et de la concision. À l'opposé, le style existentiel «procrée des existences». Il cherche moins «à casser en fragments qu'à édifier». En même temps qu'il invente son objet, il le connaît et il le chante: «Il chante sa connaissance, sa joie existentielle. Le mot en plus de sa valeur conventionnelle cumule toutes sortes de sens, allusions, images, émotions, musique, rêve et magie jusqu'à se substituer à l'objet[19].» C'est enfin accéder au lyrisme pur comme à la pure subjectivité. Mieux encore: «À travers le plus audacieux subjectivisme, conquête de la plus inédite objectivité.» Des paroles comme celles-ci font dire à Alain Renaut que «la prétendue "métaphysique de la subjectivité" a été dominée, moins peut-être par l'oubli de l'Être, que par l'oubli du sujet[20]». (D'où l'intérêt de relire Saint-Denys Garneau qui, lui, au contraire, n'oublie pas le sujet comme sujet d'une voix, d'un rythme.)

Labelle occulte le «faire-sens» au profit du mystère qui permet au sujet d'«exister son objet», selon l'expression du philosophe. Labelle parle du «porche somptueux de l'analogie» qui, à travers d'apparents contresens («rapports inattendus, associations alogiques, désinvolture et anarchie», dit-il), interprète cette «intercommunicabilité des existences au-dessus des genres et des différences spécifiques». Ainsi, au lieu de saisir les associations alogiques comme les modes d'être du sujet dans son activité d'énonciation, préfère-t-il «oublier» le sujet au profit de l'analogie; elle seule maintient le sens dans l'expansion du Verbe qui donne accès, pour lui, à un mode de connaissance supérieur, trouvant son terme en Dieu.

De Lukács à Heidegger: la question de la «différence»

Lukács avait bien vu le piège que tend ici la métaphysique existentialiste à la théorie esthétique:

> Le vécu métaphysique est un vécu hétéronome, son ambition étant le dépassement de la forme inadéquate d'existence de la «réalité vécue» pour un chimérique contact avec une existence absolue, alors que le vécu esthétique est par définition «autonome», le dépassement de la «réalité vécue» ayant lieu en allant vers l'intensification de la subjectivité comme subjectivité[21].

Malgré l'aporie présente au cœur de cette définition de l'œuvre d'art, car le sujet s'objective dans l'œuvre qu'il produit à partir de sa propre subjectivité, la conscience esthétique semble échapper à la métaphysique, dans la mesure où elle est le résultat d'une «réduction homogène»; celle-ci permet au sujet de se maintenir dans sa nature de sujet, en se concentrant sur cette entité fictive qu'est l'œuvre. Le sujet s'oublie dans sa propre tension esthétique. Se référant à Lukács et à Biswanger, Paul de Man écrit: «L'œuvre est hyperbole, dans le sens mallarméen du terme, et le sujet doit s'oublier en tant que sujet dans ce projet dont le terme demeure à jamais inaccessible[22].» L'œuvre poétique est une hyperbole en cela qu'elle nomme le monde en «intensifiant» le monde et les relation des êtres au monde, sans poser le monde dans sa transcendance, c'est-à-dire dans le dépassement de la réalité vécue. L'œuvre hyperbolique gagne son autonomie en s'affranchissant d'un déploiement du sens dans un monde qui la transcenderait. Lukács avait ainsi situé l'œuvre poétique hors du monde des essences qui est celui de la métaphysique. Heidegger dira que la poésie ouvre sur la «Dif-férence» dans la mesure où le poème, en intensifiant le monde, permet au sujet d'oublier sa subjectivité au profit de l'intimité de la Dif-férence. Heidegger rompt avec le principe d'individuation qui spécifie la monade en écrivant:

> Il ne règne d'intimité que là où ce qui est à l'unisson, monde et chose, devient distinction pure et demeure distinct. Au milieu des deux, dans l'entre-deux où monde et chose diffèrent, dans leur *inter*, règne le *Dis-* de leur jonction. [...] La Dif-férence n'est pas plus distinction qu'elle n'est relation. La Dif-férence est tout au plus Dimension pour monde et chose[23].

Heidegger parachève Lukács, en cherchant à sortir du triple piège de la métaphysique, de la subjectivité et de la causalité, car la Dif-férence ne préexiste pas au poème. Le poème est la Dif-férence.

La génération de Jacques Derrida et de Gérard Genette tentera d'articuler la Dif-férence heideggérienne sur la définition saussurienne du signe, afin de produire une théorie nouvelle du texte littéraire. C'est ainsi qu'en 1968, pour sortir de l'herméneutique liée à l'esthétique philosophique de l'art, Gérard Genette propose une définition du texte où la lecture sera confrontée à l'écriture comme le registre du signifié au registre du signifiant: «Le texte, c'est cet anneau de Mœbius où la face interne et la face externe, face signifiante et face signifiée, face d'écriture et face de lecture, tournent et s'échangent sans trêve, où l'écriture ne cesse de se lire, où la lecture ne cesse de s'écrire et de s'inscrire[24].»

Cette définition du texte inspirée par Derrida, Paul de Man s'en servira pour déconstruire ce qui l'avait occupé autrefois et qu'il appelle désormais le «fantasme philosophique» d'une «réconciliation de la connaissance avec l'expérience phénoménale esthétique[25]». Quand elle a lieu, cette réconciliation, dira-t-il, se présente sous les aspects d'une naturalisation du sens dans la figure ou trope. Cette naturalisation, Paul de Man l'appelle aussi «anthropomorphisation». «L'anthropomorphisation gèle, dit-il, la chaîne infinie des transformations et des propositions tropologiques en une seule assertion ou essence qui, comme telle, exclut toutes les autres[26].» Or la poésie lyrique tient toute dans cet acte de lecture qui bute sur la naturalisation du sens en privilégiant une interprétation herméneutique:

> La poésie lyrique n'est pas un genre, mais un nom parmi plusieurs pour désigner le mouvement défensif de la compréhension, la possibilité d'une herméneutique future. De ce point de vue, il n'y a pas de différence significative entre un terme générique et un autre: tous ont la même fonction apparemment intentionnelle et temporelle. [...] Des termes génériques tels que «poésie lyrique» (ou ses diverses sous-catégories, «ode», «idylle» ou «élégie») tout comme des termes de périodes pseudo-historiques tels que «romantisme» ou «classicisme» sont toujours des termes de résistance ou de nostalgie aussi loin que possible de la matérialité de l'histoire réelle[27].

Voilà qui nous ramène après un long détour à l'*Histoire des littératures française et canadienne* des sœurs de Saint-Anne et à sa division si remarquable entre le lyrisme classique et le lyrisme moderne.

Le lyrisme des *Îles de la nuit* de Grandbois et la phénoménologie esthétique

N'en déplaise à Paul de Man, le lyrisme de Grandbois apparaît, en 1944, comme une expérience phénoménale esthétique. Les Québécois trouvent, en effet, dans la phénoménologie les catégories qui leur manquaient pour construire le commentaire critique sur des bases philosophiques. Nous avons souligné l'importance d'Edmond Labelle, il faut maintenant rappeler celle qu'a pu avoir Charles Du Bos à cette époque, quand on publie son livre *Qu'est-ce que la littérature?*

Élève de Dilthey, ami de Gabriel Marcel, lecteur de Bergson, Du Bos se défendait d'être philosophe. Il pratiquait une critique d'identification magique, disait un de ses amis. Se fondant sur une esthétique spéculative qui avait aussi attiré le jeune Lukács, sa lecture accomplissait dans l'œuvre le passage du vécu empirique au vécu ontologique, source de toute beauté. Du Bos écrit: «La vie est du continu temporel; la littérature "élève" ou "abaisse" le temps, le fait accéder à l'intemporel, l'intemporel, c'est-à-dire le ciel des fixes[28].»

Citant Keats, Du Bos dit à son tour: «Ce que l'imagination appréhende comme Beauté doit être Vérité — que ce quelque chose existe auparavant ou non[29].» On reconnaît l'herméneutique existentialiste dans cette définition de la littérature que donne Charles Du Bos pour répondre à la question qu'il se pose: «La littérature est avant tout, quoiqu'elle puisse devenir par ailleurs, la vie prenant conscience d'elle-même lorsque dans l'âme d'un homme de génie elle rejoint sa plénitude d'expression[30].»

Est-ce un hasard si la publication et la diffusion du livre de Du Bos au Québec en 1945 accompagne la parution des recueils de Grandbois, *Les îles de la nuit*, en 1944, *Rivages de l'homme*, en 1948?

Dans la critique des *Îles de la nuit* qu'il fait pour *Le Devoir*, en 1944, René Chopin, poète d'une autre génération, renvoie la poésie de Grandbois à la critique bergsonnienne. C'est une sorte de compliment. L'auteur des *Îles de la nuit* est le nouveau poète québécois qui pourra répondre à la définition du lyrisme moderne. La critique la plus obtuse n'y verra que du futurisme, du surréalisme, ces termes qu'elle manipule comme des injures sans se donner la peine d'y aller voir de plus près. La critique la plus pénétrante adoptera, pour juger l'œuvre, le point de vue de l'existentialisme chrétien. Citons Guy Sylvestre: «Ignorant la Joie, le poète des *Îles de la nuit* découvrira sans doute, un jour, le matin qui ne sera suivi d'aucune nuit et où toutes les questions s'évanouiront dans les âmes enfin illuminées par le soleil de la vérité[31].»

Selon Edmond Labelle: «La joie poétique s'avère [...] connaissance, connaissance d'un singulier en tant que singulier, connaissance supérieure et joie transcendantale et, insuffisance de la créature! aspirations vers l'Être[32].»

Grandbois, poète post-symboliste

On sait par ailleurs que sept des vingt-huit poèmes que compte *Les îles de la nuit* ont été publiés une première fois en 1934, à Hankéou, en Chine. La rupture n'est pas aussi nette qu'on pourrait le croire entre Grandbois et les poètes symbolistes ou post-symbolistes. À bien des égards, Grandbois reprend le travail sur la musicalité du vers là où l'ont laissé Nelligan, Paul Morin ou encore Jean-Aubert Loranger.

Grandbois a lu les surréalistes, mais n'est pas franchement de leur école. C'est un poète de la voyance et de la poésie-chant, comme le conçoit Edmond Labelle. Cherchant à définir la modernité de Grandbois, Jacques Blais sans bien s'en rendre compte reprend des termes qui conviennent parfaitement au lyrisme post-symboliste:

> Grandbois ne pratique pas systématiquement l'écriture automatique ou onirique. Il révise les dictées de l'inconscient. L'élimination de l'arbitraire confère au poème une unité de climat, de sentiment et d'émotion, une sorcellerie évocatoire ou incantatoire fondée sur une science du nombre et des sonorités, aussi bien que sur les procédés de répétition qui déterminent l'ossature du poème; l'envoûtement tient parfois à des effets litaniques, parfois à un dosage des pauses nombreuses, mais toujours à la souveraine profondeur et transparence d'une sensibilité poétique partout reconnaissable[33].

Jacques Blais place l'arbitraire dans le contresens et, comme d'autres critiques, il oppose les images de Grandbois aux contresens qui relèvent de l'automatisme surréaliste. Dans cette optique, Jacques Blais a raison: Grandbois n'est pas surréaliste. Fin connaisseur des œuvres de Grandbois, Michel van Schendel note: «Constamment le poème s'efforce de mettre en place ce qu'il est convenu d'appeler des instants imagés, — passages où l'imitation du temps réel s'efface au profit d'une achronie descriptive[34]». Ces instants motivent, en quelque sorte, les contresens qui, sur le plan de la structure formelle et sémantique de l'énoncé, abondent dans cette poésie du surréel. Si l'on confond l'arbitraire et le non-motivé, on peut dire que l'image grandboisienne, en étant promesse de sens, échappe à l'arbitraire. C'est ainsi qu'Edmond Labelle parlait du porche somptueux de l'analogie qui, en dépit des rapports inattendus, des associations alogiques, servait à accéder à un mode de connaissance supérieure.

Plutôt que d'arbitraire, certains logiciens préfèrent parler de convention quand il s'agit de penser les règles de la prosodie française. Ces règles servent, par exemple, à construire la «fiction» linguistique qui permet de faire dériver le système de la co-syllabation interne au vers à partir de la phonologie du français parlé. Mais le vers comme «retour à la ligne» manifeste une autre forme d'arbitraire, quand la frontière métrique ne coïncide pas avec une frontière syntaxique. C'est cet arbitraire que la musicalité du vers chez Grandbois essaie de faire oublier. Nous allons le vérifier dans les paragraphes qui suivent.

Il s'agit donc d'examiner comment la poésie-chant telle qu'elle apparaît chez Grandbois prétend éliminer l'arbitraire lié à la notion de vers, en mettant le rythme hors du vers. Nous avons vu Maurras recommander aux poètes vers-libristes d'accentuer les procédés phonétiques (accents, allitérations, etc.) qui peuvent rappeler que le vers même libre procède encore d'une science du nombre et des sonorités. Le poème de Grandbois intitulé *Est-ce déjà l'heure* nous montre bien comment la musicalité cherche à *motiver* ce qui dans le vers subsiste encore de la fiction linguistique du mètre classique. Ainsi, dès les premières strophes de ce poème, rimes et assonances miment l'alternance des rimes féminines et masculines en les réduisant cependant aux mêmes valeurs de son:

Est-ce déjà l'heure
Ma tendre peur
Est-ce l'heure l'heure
De demain

La terre et la mer
Glissent dans le temps
Les bielles du ciel
Roulent doucement
Baignées d'oubli

Où cette blancheur de tempe
Où la maison perdue
Où sur un sol
Ne se dérobant pas
Les pas d'aujourd'hui[35]

Dans ces quelques vers, Grandbois passe des rimes externes aux rimes internes pour réactiver l'impulsion sonore à l'intérieur du vers et musiquer la rime.

Dans le système de la versification classique, la rime ne constituait pas qu'un élément rythmique ou sonore. Elle devenait un élément analytique de la syllabe, la syllabe étant formée, comme l'on sait, d'une consonne d'attaque et d'une rime comprenant à son tour un noyau et une coda[36]. En exigeant, par exemple, l'identité des consonnes situées après le noyau vocalique («pas» rimant avec «bas» mais non avec «bât»), l'ancienne métrique ne cherchait pas à faire voir une symétrie pour l'œil; elle entendait plutôt faire valoir que les deux rimes devaient être terminées par le même élément de liaison qui se serait fait entendre si le mot avait été placé au cœur du vers, mais qui ne s'entend plus à la frontière du mètre, les vers ne pouvant s'enchaîner par un effet de liaison. Le paradoxe n'est qu'apparent. La rime rappelle que le vers est une unité de co-syllabation. Quant aux rimes féminines, elles ne sont pas là seulement pour leur musicalité; elles introduisent dans le vers une syllabe métrique non comptée. Ainsi la rime signifiait-elle à sa manière la «fiction» linguistique constitutive du vers, ce que nous avons appelé l'«arbitraire» du mètre. La rime classique mesurait également des écarts de sens entre les mots homophones; chez Grandbois, au contraire, l'homophonie crée des équivalences analogiques, en fonction de la thématique du temps. Les rimes ou plutôt les assonances internes, à la frontière du vers, «élèvent» ou «abaissent» le temps, le font accéder à l'intemporel, comme à un horizon de sens.

Par ailleurs, Grandbois supprime la ponctuation. Mais ne nous y trompons pas. Elle demeure présente, quoiqu'elle ne soit pas marquée par la typographie. On mesurera la différence en relisant Loranger. La ponctuation typographique de Jean-Aubert Loranger ajuste le rythme du vers au sens du poème et non pas à des pauses. La ponctuation chez Loranger complique la syntaxe, la moule sur la voix intérieure. La ponctuation non marquée de Grandbois est censée renvoyer le vers ou les vers qui forment une unité de sens, qui répondent aux mêmes contours énonciatifs, à la possibilité d'une herméneutique future. Ici c'est le vers et la strophe qui se chargent de la ponctuation en hiérarchisant les éléments de la phrase, ce qui ne laisse plus guère de place à l'aléatoire. Car en soi la ponctuation ne hiérarchise pas: elle indique chaque fois le passage du discontinu sémiotique dans le continu sémantique.

Le vers, la métaphore et le «grand style» de Grandbois

Chez Grandbois, l'absence de ponctuation renforce, disions-nous, le rôle prééminent du vers (le mètre) et de la strophe (unité supra-métrique). Comme dans la poésie classique, le vers de Grandbois correspond à un segment syntaxique entier et fortement délimité; de même, la strophe constitue un ensemble de vers fortement unifié la plupart du temps par des effets de parallélisme ou des variations sur un élément substantivé (vocatif, apposition, etc.). Cela se traduit dans *Les îles de la nuit* ou dans *Rivages de l'homme*, publié quatre ans plus tard, par l'absence de tout enjambement d'un vers à l'autre ou d'une strophe à l'autre, sauf dans des cas rares, quand une strophe qui se termine par une apposition ou un vocatif est suivie elle-même d'une strophe commençant par une apposition ou un vocatif ayant le même référent. Dans certains poèmes, les vers relativement longs sont parfois construits sur des enjambements internes dus à des contraintes typographiques. L'importance d'une hiérarchie des segments à l'intérieur d'un vers (disons en ce cas une laisse) est ailleurs signifiée par l'importance donnée à la majuscule en début de vers par rapport aux minuscules figurant au début des segments subalternes:

> Ce qui me vient de toi
> malgré l'orgueil enflammé de mon mal
> malgré le silence et la voix
> malgré ton sourire comme un départ
> de barques blanches
> malgré ces neiges découragées
> malgré ce bonheur poursuivant nos
> visages détournés
> La nuit me l'enlèvera
> comme le vent chasse les sables des
> déserts[37]

Dans l'extrait du poème suivant, seules les strophes comprenant plusieurs vers possèdent une majuscule à l'incipit. Mais cette disposition est faite pour renforcer les effets de parallélisme entre la structure interne de la strophe et tel vers isolé, vibrant comme en sympathie avec la strophe:

> Ces murs protecteurs
> et ce plafond fraternel
> et ces trous d'ombre et cette grande ombre
> et ce plancher de fer
>
> et moi sous mes seuls cheveux[38]

On sait la différence que la critique structuraliste établissait entre parallélisme et répétition. Les parallélismes reposent sur des rapports d'équivalences:

> Pour qu'une séquence de phrases constitue un texte poétique, elle doit être, par ailleurs, soumise à un principe d'organisation différent, qui consiste en l'établissement de rapports d'équivalences (ou paradigmatiques) entre différents points de la séquence, rapports qui sont définis à certains niveaux de représentation superficiels de la séquence (ou par «superficiels», il faut entendre phonétique, phonologique, morphologique, et/ou syntaxique de surface)[39].

Nous avons dejà montré la limite de cette lecture paradigmatique du texte dans le premier chapitre, en soulignant comment elle néglige la dimension discursive du poème et les modalités de l'énonciation. Néanmoins, cette lecture, parce qu'elle s'intéresse aux faits de langue, se refuse à fonder les rapports d'équivalence sur la musicalité du poème. Et c'est son grand mérite. Il en va autrement de la répétition qui prétend réactiver le rythme musical du poème. En outre, la répétition constitue l'assise d'un rapport d'analogie entre deux segments, en posant aussitôt l'essence du poétique dans le rapport à l'identique. Ce type de rapport nous reconduit à la métaphore, qui apparaît comme la figure par excellence de la poésie.

En 1966, le poète français Michel Deguy écrivait: « [...] la condition de l'homme parlant serait essentiellement métaphorique: déporté de toute saisie apocalyptique de son être, c'est-à-dire de l'immédiateté de son *identité*, il est hors de soi, séparé de soi d'une distance que mesure le *comme*[40].»

En 1978, plus proche des réflexions de l'époque sur les rapports entre la figure et son comportement linguistique, Deguy écrit:

> «Le moment figural crée un présent neuf qui révèle l'ouverture de tout présent par rapport au passé refermé; l'essence de la figure serait de créer un présent linguistique qui est irruption de la parole sur le fond «mort» de la langue» (Éric Gans). Le mot «véhicule» (propre) est ressenti comme ramenant la chose expérientielle vers une essence «primordiale» qui n'est qu'implicite dans l'«expérience». C'est une «révélation esthétique» (Éric Gans) qui nous fait dire: «Ah! c'était donc ça!» ce qui était en étant «comme ça», que nous découvrons *maintenant*. Le postérieur (teneur) révèle alors la vérité «culturelle» jusqu'ici latente de cette réalité (toujours) insuffisamment signifiée. C'est l'usage figural du mot qui fait ressortir la primordialité de la culture[41].

Une fois la figure définie comme «présent linguistique» où la parole s'érige contre le fond mort de la langue, Deguy peut affirmer que parmi toutes les figures la métaphore est «l'unité minima du discours»; «puisque, dit-il, à l'encontre des autres figures, la métaphore maintient son effet lorsqu'elle est détachée de son contexte, chaque métaphore est un discours à elle seule[42]». Revenons à Grandbois. Chez lui, le fait que tout vers soit constitué d'un segment syntaxique aux frontières bien marquées permet ainsi à la syntaxe de la figure (syntaxe au sens grammatical) de se déployer dans le vers (unité métrique) où elle prend forme de «figure» ou de «moment figural». Quant aux mots, dit Michel Deguy, et cela vaut pour la poésie de Grandbois,

> [...] ils disent une expérience terrestre, ils ont une signification géologique, topologique. En eux parle l'expérience d'une différence originaire du haut et du bas, du proche et du lointain, du plein et de l'abîme, du passage et de la chute, de l'extérieur et de l'intérieur..., expérience de la valeur symbolique première de ces différences que désignent les mots à l'instant énumérés[43].

Tout poème de Grandbois nous confronte en quelque sorte avec la valeur symbolique première des mots. C'est le cas de ces vers qui rappelent l'*Hérodiade* de Mallarmé:

> Rien n'est plus parfait que ton songe
> Tu t'abîmes en toi et tu crées
> Le paysage ultime de ta beauté
>
> Tout le reste est mensonge[44].

Chez un poète comme René Chopin, l'arbitraire métrique déterminait encore tous les rapports (toute la distance) sémantiques entre les mots, tandis que, chez Grandbois, cet arbitraire disparaît au profit de l'organisation monadique, dirons-nous, du mot-symbole.

Alain Grandbois inscrit sa poésie dans ce que Claudio Magris définit, en se penchant sur les poétiques issues de la théorie spéculative de l'art, comme une poésie du «grand style», ce que nous considérons, nous, comme le style du lyrisme «international». Magris, après avoir montré que la figure ou le signifié dans le «grand style» renvoient à «une pensée représentative qui soumet le monde à sa logique systématique[45]», rappelle que:

> Ce qui compte n'est pas tant le registre stylistique que l'unité de ton — à n'importe quel niveau — qui infuse un sens à la multiplicité de l'existence; chaque détail, même le plus anodin, assume un sens unique, non parce qu'il est rendu absolu dans son altérité irréductible, mais en tant qu'il est pénétré par une universalité qui transparaît en lui et l'enchaîne en un Tout significatif. [...] Le grand style ne connaît aucune hétérogénéité inaccessible et incommunicable[46].

Cette absence d'hétérogénéité comporte un danger d'anthropomorphisation de la figure, dont Paul de Man, comme nous l'avons vu, a souligné les risques, danger de «l'expatriation transcendantale parmi les structures». Même si le grand style ignore la fracture et la discontinuité, il faut néanmoins le confronter avec l'arbitraire de sa construction.

Pour mieux s'affranchir de l'emprise des théories spéculatives sur la langue, Saussure opposait à la métaphore l'ellipse. Celle-ci indique la place de l'arbitraire dans le système énonciatif. Pour Saussure, selon Claudine Haroche, «l'ellipse serait le tribut nécessaire du signe à la pensée»:

> D'une certaine manière, constate-t-elle, c'est donc pour lutter contre l'ouverture sur la «pensée pure» pour maintenir la possibilité même de l'analyse linguistique, que Saussure fait de l'ellipse «un surplus de valeur» [...]. L'ellipse, convention signifiante, apparaît comme le lieu d'un rapport entre Pensée, formalisme et représentation[47].

L'analyse linguistique se garde de toute ouverture sur la pensée pure, mais également de l'ouverture sur la situation de discours, dans la mesure où l'ellipse, comme l'interprète Claudine Haroche, est faite pour dissocier la valeur de tout ce qui ne relèverait pas de rapports formels entre les signes dans le système de la langue. Ces rapports signifiants «excèdent» la pensée. Notons que cette approche de Saussure est encore fortement structuraliste. Au contraire de Claudine Haroche et conformément à la pensée de Saussure, on peut concevoir l'ellipse comme ce qui de l'énoncé n'est jamais achevé et suppose des ajustements énonciatifs, quand on conçoit le discours dans le contexte d'une interprétation intersubjective des valeurs de sens. L'ellipse ne nous permet plus d'évaluer les valeurs de sens à partir des segments de langue isolés de la situation d'énonciation et maintenant leurs effets détachés de leur contexte. L'ellipse est liée à la mobilité du sens dans le discours.

À ce stade, il conviendrait d'adopter le concept de tendanciel défini par Paul Laurendeau, «comme représentation dynamique de l'émergence d'une *contradiction dominante* toujours niée et renversée au fil du déroulement du discours[48]», si le terme de contradiction n'était trop connoté par la dialectique et sa philosophie. Il n'y a pas de véritable contradiction, si l'on comprend que ce qui se donne comme homogène apparaît sous d'autres rapports comme de l'hétérogène dans un contexte toujours mobile. Ce concept de tendanciel peut être utile, cependant, si on le comprend comme «la mise en évidence d'une implication réciproque entre les éléments traditionnellement tenus pour séparés, autonomes» et comme «la mise en évidence du caractère radicalement historique des valeurs», pour reprendre les termes d'Henri Meschonnic[49].

Hybridités des modalités de l'énonciation dans *Les îles de la nuit*

Différentes stratégies de lecture sont possibles pour qu'on puisse retrouver dans *Les îles de la nuit* cette hétérogénéité à laquelle le «grand style» semble réfractaire. Rappelons d'abord que le recueil lui-même est hybride si on s'en reporte au montage dont il fut l'objet. Sept des vingt-huit poèmes du recueil ont d'abord été publiés séparément et dans un ordre particulier, en 1934, à Hankéou. Cette poésie a donc précédé celle de Saint-Denys Garneau et se rapproche ainsi des signes de la poésie classique et de l'esthétique parnassienne du vers libre. Elle s'inspire davantage qu'il ne semble de la grammaire des parnassiens. Nous avons vu, à propos d'Arthur de Bussières, comment les parnassiens exploitaient l'apostrophe (qu'ils appellent également le compellatif), l'interjection et les conjonctions comme des éléments situés en dehors de la phrase et libres par rapport aux énoncés régis par un noyau verbal. En supprimant la ponctuation, Grandbois s'efforce à son tour de libérer les compellatifs, les appositions, les interjections, voire les adverbes, de leurs liens avec le noyau verbal. Comme Bussières, il mettra le compellatif hors de la phrase, en recourant, entre autres, à la division strophique ou aux parallélismes.

La poésie de Grandbois n'est pas non plus étrangère à l'univers du temps romanesque. Cependant, bien des effets de sens dans certains poèmes sont obtenus en brouillant la distinction entre temps du récit (passé simple) et temps de la narration (imparfait) propres à la narration romanesque, compte tenu de l'usage exclusif de l'imparfait que fait Grandbois là où le passé simple serait exigé:

> Les tunnels planétaires jouaient le jeu
> quotidien
> Le sang se mêlait à des couleurs jamais
> perçues
> Une fois seulement ce grondement
> extraordinaire prenait des intimités
> de seuils de maison
> Et c'était le son d'un amour provincial
> sur les plages de l'aube[50]

L'imparfait neutralise tout effet de distanciation narrative. Parallèlement, Grandbois prend plaisir à juxtaposer des plans appartenant à des contextes narratifs et diégétiques (fiction organisée autour des mêmes personnages) différents. C'est le cas ici de cette évocation des hommes attendant devant le bordel, quelque part dans Portneuf, évocation que Grandbois enchâsse dans son discours:

> Ils étaient courbés sous la pluie dans la nuit
> Ils avaient la nuque de la peur et du fardeau
> Ils comptaient déjà leurs doigts pour
> d'invraisemblables caresses souhaitant

déjà l'oubli de la honte qu'ils
préparaient
Ils avaient le front de tranquilles assassins
fumant leur cigare sur le pas de la porte
devant la rivière à la campagne avec un
sourire débonnaire
Silencieusement avec dans l'imagination les traits
de la prochaine victime[51]

La structure fictionnelle importe peut-être moins que la structure des modalités de la référenciation dans le poème. Nous dirons ainsi de cette strophe qu'elle constitue une sorte d'énoncé hypotaxique, c'est-à-dire un énoncé qui diffère du contexte tout en le complétant. Quant au contexte, il comprend de nombreuses répétitions paraphrastiques (la paraphrase est un déplacement de contenu à partir de variations sur un même schéma phrastique) qui donnent une autre dimension aux répétitions:

Je marchais je marchais je tentais
d'atteindre le fond de ma nuit
Je tentais d'atteindre ce formidable secret
du bout de la nuit
Et cette aube légendaire des autres
Et ce cri préparé pour chacun des hommes

Le poème se termine par deux vers isolés qui relèvent davantage de la parataxe, c'est-à-dire d'énoncés qui rompent carrément la linéarité du fil discursif et qui semblent se placer en marge du discours:

Ah je sais

Mais son âme était glacée

On peut dire, en reprenant la terminologie de Paul Laurendeau, que la syntaxe du poème, par rapport à la mobilité du sens en discours, est une «anataxe zébrée des tendanciels paraphrastiques, hypotaxiques et parataxiques[52]».

Nous ne discuterons pas de la pertinence de cette terminologie extrêmement sophistiquée. Nous nous contenterons de souligner que la construction du poème, qui nous est apparue d'abord comme une totalité organisée par le figural et les règles du «grand style», n'est pas aussi imperméable qu'on l'aurait cru à l'oralité du discours. Mais on semble avoir troqué une rhétorique pour une autre. Ce n'est plus le style et ses tendanciels discursifs, mais la voix qu'il nous faut écouter, cette fois, pour comprendre à son niveau l'hybridité présente au cœur de la poésie-chant de Grandbois. Nous procéderons par étapes, en examinant d'abord la voix, chant ou plutôt récitatif, puis la voix liée à l'énonciation lyrique, enfin la voix comme passage du sujet dans le rythme de son discours.

L'intimité de la «dif-férence» et le récitatif lyrique

Il fut un temps où la critique bâtissait son commentaire à partir des «dysfonctionnements» du texte. Or quelle que soit la définition du lyrisme qu'on lui applique, il semble que le texte de Grandbois s'y conforme adéquatement, ou plutôt devrions-nous dire que le texte de Grandbois suscite des commentaires qui s'inscrivent toujours dans la perspective du lyrisme orphique. Ce n'est donc pas un dysfonctionnement de l'écriture, mais bien plutôt l'aporie qui est au cœur d'un certain lyrisme existentialiste que ravivent la plupart des commentaires, aporie qui tient entre autres à ce que la subjectivité de celui qu'on appelle le poète orphique prend forme en se projetant dans un chant qui émane d'elle-même et dans lequel elle prétend s'objectiver. D'où cette double activité interpellative et nominative que l'on rencontre dans les vers de Grandbois. C'est cette aporie que donne à lire la première illustration qu'a faite Pellan pour *Les îles de la nuit* et qui constitue une sorte d'introduction au livre. On y voit la tête blanche d'Orphée, le regard fixe. Une forme féminine sort de la lyre du poète, forme à la fois fluide et liquide (souffle, larme et sang) s'élevant vers des étoiles possédant également l'aspect d'édifices urbains ou de roches aux angles vifs. Cette forme monte-t-elle vers ce que Du Bos appelle «le ciel des fixes»? Sous son dessin, Pellan a inscrit ces trois vers:

> Ta forme monte comme la blessure du sang
> Tes bras étendus font le silence
> Ton blanc visage fixe le temps...

Tels quels, ces vers semblent s'adresser à Orphée dont le blanc visage regarde vers le ciel. On voit également des bras, comme des ombres, qui touchent la lyre du poète. Il se peut également que ces paroles soient celles du poète, puisque c'est de sa bouche qu'elles sortiront à l'intérieur du livre. En somme, ni le *je* ni le *tu*, ou encore, ni le sujet, ni son chant, ni le poète, ni la femme n'ont de lieu fixe ou séparé. On ne peut pas ne pas citer à nouveau Heidegger dont les études sur le lyrisme ont marqué toute une génération de critiques: «Il ne règne d'intimité que là où ce qui est à l'unisson, monde et chose, devient distinction pure et demeure distinct. Au milieu des deux, dans l'entre-deux où monde et chose diffèrent, dans leur *inter*, règne le *Dis* de leur jonction[53].» Heidegger écrit que «l'intimité, monde et chose, se déploie dans le *Dis*- de l'entre-deux, dans la Dif-férence». À sa manière, la gravure de Pellan montre comment le poème lyrique se tient dans la Dif-férence qu'on peut aussi appeler la figure qui rassemble et comment le dire fait venir monde et choses en leur lieu.

Toute une réflexion sur l'écart ouvert par la figure dans le Même — écart singulier de la Dif-férence — aura surdéterminé une certaine définition de la voix. C'est ainsi que Michel Deguy conçoit le *récitatif* qui redouble l'écriture comme l'écriture qui se rassemble en l'unité d'un ton: «Tout écrit en ce sens serait à considérer comme récit[54]», écrit Michel Deguy que nous citerons encore une fois:

> Entendre le récit, c'est ausculter ce récitatif, qu'il est en filigrane de mots, d'appels et ouvertures des mots les uns dans les autres, d'un chant qui n'est pas chant, mais frise de la sonorité du sens *récitatif* qui est «la déclamation proche du langage parlé». [...] Appelons *style* la trame du récitatif intérieur au récit, l'anagramme, en ce cas, de son chiffre ou secret de ce qu'il cherche à raconter sans jamais finir la partie. [...] Le récitatif à «relever» du récit dans le récit consiste en le jeu des éléments grammaticaux, comme si les protagonistes du récit étaient les éléments du discours même [...][55].

Pour parler en termes heideggériens, nous dirons que le chant ainsi défini ouvre le «grand style» à ce qui fait signe, à ce qui est appel et geste d'appel.

On trouve dans bien des poèmes de Grandbois ces éléments grammaticaux, conjonctions ou adverbes, qui font trace et qui, «sous l'aiguille de la lecture», redonnent à entendre ce qui est arrivé à la langue. Cette espèce de tact intime que constitue le récitatif dans son rapport à la langue a de quoi séduire tout lecteur de

Grandbois. Dans *Rivages de l'homme*, le poème intitulé «La danse invisible» est intéressant à cet égard: le récitatif s'y fait entendre dès le premier vers grâce à l'adverbe: «Elle ne cherchait vraiment rien[56]», ce qui suppose qu'elle aurait pu chercher quelque chose et présuppose qu'elle semblait chercher quelque chose. Ce qui suggère «croyez-moi, elle ne cherchait pas ceci ou cela».

> Plus tard peut-être
> Au jour gonflé des feuilles
> Trouvait-elle les secrets

«Peut-être» met en place l'espace d'un événement qui peut ou pourrait avoir lieu. L'imparfait à la place du conditionnel agit comme si les secrets étaient en train d'être découverts, alors même que nous sommes dans la virtualisation de l'acte et dans l'hypothétique. Le récitatif balise le secret; il y fait retour de manière on ne peut plus *visible* dans la strophe où le secret au cœur du récit thématise le secret primordial que Deguy prête à la langue qui, pourrait-on dire, est invisible dans son être comme tout étant, si elle n'était justement le milieu même où se manifeste l'étant dans sa différence.

Mais nous tenons ferme pour le principe que la voix n'est pas *visible* dans le texte comme une trace, mais qu'elle est *lisible* dans le texte et peut, par ce biais, ne pas dépendre seulement de repères écrits. Car elle est d'abord le fait du lecteur comme co-interprétant du texte et pour cette raison le fruit de sa propre stratégie d'interprétation. Elle suppose non pas un retour à la langue et à son «secret», non pas un retour à la figure et à la «révélation esthétique» dont il a été précédemment question, mais un retour au discours.

Le ton polémique du lyrisme de Grandbois

Il faut voir comment la poésie de Grandbois brise le cercle de la subjectivité immanente à la poésie lyrique. Elle y parvient en instaurant entre le *je* et l'autre un rapport polémique. Ce rapport polémique exige qu'on lui donne un rang. Il s'agit plus que d'une thématique illustrant la mésentente dans un couple. Déjà, sur le terrain de l'esthétique existentialiste, le polémos peut être conçu comme ce qui ébranle l'ordre de l'intimité entre monde et chose que Du Bos ou Heidegger placent à l'origine de la parole poétique. Mais c'est le lieu même de la question qui s'en trouve déplacé. Le discours polémique est une forme d'énonciation qu'il faut analyser comme telle et qui remet en cause, cette fois, la nature de l'énonciation lyrique qui se définit par une performance illocutoire particulière au *je*, car celui-ci en s'énonçant s'affirme comme *je* lyrique. En effet, dans le poème lyrique, «le Je énonçant se pose comme Je lyrique. Nous n'avons affaire à rien d'autre qu'à la réalité que nous fait connaître le Je lyrique comme étant la sienne, réalité subjective, existentielle, qui ne saurait être comparée à aucune réalité objective susceptible d'être le noyau de son énoncé[57].»

Ainsi l'énonciation lyrique possède-t-elle, pour Käte Hamburger, le caractère d'une performance discursive authentique. En déplaçant la question de la performance sur le terrain linguistique, Käte Hamburger entend faire coup double. D'abord, elle rompt avec la théorie spéculative du lyrisme au profit de la linguistique. Puis, à partir d'un type d'énonciation bien définie, celle d'un sujet réel se posant comme sujet lyrique, elle peut caractériser le lyrisme comme genre. En tant qu'énoncés lyriques, les poèmes de Grandbois appartiennent indéniablement à ce mode d'énonciation, ce qui n'empêche pas l'auteur d'interpréter à sa guise la composante lyrique de son énonciation en confrontant celle-ci avec d'autres types d'énonciations. C'est ici que le polémos, dans la mesure où il détermine une situation dialogique bien précise, avec ses règles propres sur le double plan de la performance verbale et de la stratégie comportementale, peut changer la valeur de l'énonciation lyrique. Déjà le *je* ne se pose plus dans son énonciation de la même manière: la situation dialogique qui préside à la dispute suppose que le *tu* mis en accusation par le *je* puisse à son tour devenir un *je* qui accuse. Les positions illocutoires sont donc en théorie interchangeables, même si dans les poèmes de Grandbois, le *tu* garde le silence. Nous allons relire dans cette optique le poème intitulé *Le feu gris*, qui ouvrait la suite des sept poèmes que Grandbois publie à Hankéou et qui forment le noyau des *Îles de la nuit*.

Quand on lit *Le feu gris*, on est immédiatement frappé par le mélange d'imprécations, d'argumentations, d'auto-justifications qui change la nature de la voix du poème:

Le feu gris [...]
Pourquoi l'avais-tu allumé quand tu savais

que ton souffle même en serait
effrayé
Je ne demandais pourtant qu'un peu
de jour et de quiétude
[...]
N'étions-nous pas partis lestés d'étoiles
étincelantes
[...]
Pourtant tu savais que le feu porterait
l'immense incendie des volcans
[...]
Et ma souffrance vivait des serpents de ton
prochain oubli
[...]
Ah que soient noyées les clefs des
portes d'or
[...]
Je ne veux plus qu'enfoncer ma nuque
et mes doigts dans ce délire[58]

L'énonciateur argumente donc à partir du présent ici et maintenant, en assumant tour à tour le rôle de l'autre, qui s'obstine dans le silence, et son rôle à lui. Il soulève des questions, formule des hypothèses, simule la démarche de l'adversaire pour le surprendre dans sa mauvaise foi; en même temps, il se représente les défauts de sa propre stratégie. Au risque d'insister ici lourdement, disons que le poème appartient au sous-genre de la dispute qui possède ses règles codifiées. D'abord existait entre les protagonistes une relation amoureuse fondée sur une exigence d'égalité supposant une échelle de valeurs minimales pour chacun:

Je ne demandais qu'une part raisonnable
de désespoir

La valeur même du mot «désespoir» se trouve changée, compte tenu du contexte polémique. Les protagonistes avaient ensuite implicitement acquiescé à un univers de choses fondé sur des échanges optimaux dont ils bénéficiaient tous les deux

N'étions-nous pas partis lestés d'étoiles
étincelantes

Survient alors chez l'un des protagonistes le doute sur la bonne foi de l'autre:

> Pourtant tu savais que le feu porterait
> l'immense incendie des volcans

L'univers des choses est alors emporté par les forces antagonistes:

> Ce feu pareil à la pointe d'une rouge épée
> Pourquoi l'avais-tu allumé quand tu savais
> que ton souffle même en serait
> effrayé

Dès lors, la stratégie du locuteur consiste à se poser en victime de cette dispute en accusant l'autre d'avoir connu sa faiblesse et d'en avoir profité:

> Tu savais l'homme nu parmi son désert

Il ne reste plus au locuteur qu'à changer sa défaite en victoire. Il se fait le héros d'un mythe personnel où le feu gris et froid devient par sa négativité le signe d'une sorte d'unité retrouvée dans le désespoir le plus total:

> Je ne veux plus qu'enfoncer ma nuque
> et mes doigts dans ce délire
> Où veille le froid brûlant de la dernière
> solitude

Bref, dans la situation d'invective et d'accusation, les énoncés s'interprètent aussi comme des comportements. C'est une attitude fondamentale d'énonciation qui contraste avec le mode d'énonciation lyrique dont l'intentionnalité est différente.

Dans le poème lyrique, l'énonciation lyrique est constituée par la volonté en quelque sorte «notifiée» du sujet d'énonciation de se poser en «Je lyrique[59]». Les énonciations lyriques, selon Käte Hamburger, «se sont pour ainsi dire retirées du pôle-objet, se sont restructurées l'une par rapport à l'autre et ont ainsi pris pour thèmes des contenus qui ne se rapportent pas, en tout cas pas directement, au complexe-objet[60]». Pour Käte Hamburger, la référence au complexe-objet définit une situation de type communicationnel dont procèderait l'énonciation lyrique, mais en s'y soustrayant. Les énonciations lyriques «ne forment pas un "complexe-objet", c'est-à-dire un complexe de type communicationnel, mais quelque chose d'autre que nous définissons comme un "complexe de sens"[61]».

À l'inverse, la dispute, ou le polémos, constitue un type d'énonciation essentiellement communicationnelle; même si dans les poèmes un seul des protagonistes parle, le silence de l'autre est déjà un comportement verbal. C'est cette forme monologuée de dialogue qui permet à un seul *je* d'assumer dans un poème de Grandbois deux modes d'énonciation concurrents et d'être à la fois «*je* lyrique» et «*je* polémique». Mais alors, le fameux enthousiasme qui constitue l'un des thèmes de la poésie lyrique et que les philosophes envisagent comme le passage du sujet empirique au sujet ontologique, cet enthousiasme est un leurre; dans la fiction du texte, c'est la solution de compromis que trouve l'un des protagonistes pour convertir une stratégie défaillante sur le terrain polémique en stratégie efficace sur le terrain lyrique. L'éthique du lyrisme s'en trouve indirectement affectée.

Le scénario de la dispute que nous avons longuement étudié dans *Le feu gris* pourrait n'être le fait que de ce seul poème. Mais tel n'est pas le cas. Ce poème, le premier des sept poèmes publiés à Hankéou, a été suivi par le poème intitulé *Les mains coupées* où l'esprit du polémos est encore nettement présent:

> Quel deuil sur mes rêves venu
> Pourquoi ce répit favorable
> Pourquoi ce tourment vulnérable
> Si ce fer doit me laisser nu[62]

Que la nuit soit parfaite, le troisième poème du recueil d'Hankéou, se termine par ce constat d'échec:

> Nous avons détruit tout bonheur et toute
> tendresse
> Et nos cris désormais
> N'auront plus que le tremblant écho
> Des poussières perdues
> Au gouffre des néants[63]

Si tant est que le chant lyrique construit la chambre secrète de l'âme, il apparaît que les cris de la dispute ébranlent les piliers de la maison cosmique:

Où les quatre tours du Silence
Où ce dur couteau dans tes mains
Tes doigts pour ce soir ou demain
En crieront-ils la pénitence[64]

C'est la trivialité du cri se superposant au chant sublime qui fait la «modernité» de Grandbois, dans la mesure où s'opposent deux modes d'énonciation irréconciliables, à moins d'un commentaire critique qui, à nouveau, enferme le dire dans la subjectivité du dit.

Le rythme et l'organisation du sens

Le rythme concilie en quelque sorte l'inconciliable, en inscrivant la voix dans l'organisation sémantique du poème. Relisons *Le feu gris*. C'est le *tu* qui devient le noyau rythmique principal, ordonnant dans sa récursivité les réseaux lexicaux, syntaxiques du poème, mais également la résurgence de certains accents consonantiques (*t*) et vocaliques (*u*). Relevons parmi plusieurs possiblités le réseau: tu (t/u)-quiétude-nuque-solitude. Au gré des transformations phono-sémantiques «tu» devient «nu», le «nu» syllabique de «nuque», mais aussi le «nu» de «venu» qui rime avec «nu» dans le poème suivant, *Les mains coupées*, le second du recueil d'Hankéou. Dans *Que la nuit soit parfaite*, la rime «nu» se répercute dans «nuit» et «nulle» rimant consonantiquement avec «nous» et «néant». Le quatrième poème d'Hankéou, *C'est à vous tous*, est le poème du *vous* avec ce déploiement des rimes internes (vous—voix—voiles) et (vous — tous — sourde—engloutis); c'est bien le poème de la voix sourde qui vient redoubler le «cri dur» des poèmes précédents:

Je sais que vous entendrez ma voix
        de pierre sourde
Je sais que ma voix ébranlera les voiles
        de plomb

Je sais que vous surgirez de l'ombre
aux destins engloutis[65]

Dans ce poème ressurgit la figure du remords qui évoque, comme chez Nelligan, le tribut à payer pour participer à l'ethos bourgeois:

Je fais appel à vous tous du fond de mon
exil
Je ne vous avais trahis que pour une nouvelle
blessure

Dans le cinquième poème d'Hankéou, *Ces murs protecteurs*, «murs» est repris d'un vers du poème précédent («Et nous avons construit mur à mur//La noire enceinte de nos solitudes»). Le poème relève la rime en «-ur» pour la transposer cette fois dans le registre du *moi* et pour construire de nouvelles rimes et de nouvelles équivalences sémantiques: mur/moi et moi/mes morts. Le sixième poème d'Hankéou, *Parmi les heures*, est une longue répétition de la préposition «parmi» qui ouvre la plupart des vers; elle divise («Parmi les heures mortes et les heures présentes») ou, au contraire, elle rassemble («Parmi tous et toutes ou seul avec soi-même// Nous lèverons nos bras dans des appels durs comme les astres»). Nous avons eu l'évocation du *tu* et du *toi*, puis celle du *moi* et du *nous* comprenant le *tu*, cette fois ce sixième poème construit un *nous* où le *tu* semble exclu si on ne l'entend à la rime («durs»). Quant au 7e poème du recueil d'Hankéou, il avouait l'inutilité de toute prière. C'est le poème du désenchantement:

Je sais je sais ne le répétez pas
Vous avez perdu ce dur front de clarté
Vous avez oublié ces frais cheveux du matin[66]

Le *vous* désigne aussi bien les «tourments» qui sont interpellés dans le premier vers («Ô tourments plus forts de n'être qu'une seule apparence»), que le locuteur lui-même qui se prend comme interlocuteur pour se confondre avec l'humanité. *Je* prend sur lui toutes les formes de trahison. La rime initiale et fondamentale «t/u» revient dans le mot «aventure» couplée avec les mots «dureté», «solitude» et «minutes du temps». Il s'agit de la poésie du voyage qui redouble la thématique de la voile et de la mort (quatrième poème) par celle de la voile et de la trahison, l'exil:

> Les minutes du temps ne marquent plus
>   que vos trahisons
> Ô navires de hauts-bords avec ce sillage
>   de craie
> Vos voiles déployées votre haine se gonfle

Le dernier vers cité dit bien la dualité de la voix: voix/voiles/haine.

On aura compris, après avoir relu le recueil d'Hankéou, qu'il ne s'agit plus d'insister sur la répercussion expressive de l'agressivité contenue dans le *tu* tel que le *je* l'apostrophe dans *Le feu gris*. Le *tu*, marqué par le polémos, est associé à l'organisation rythmique-sémantique du poème, mais également du recueil, donnant ainsi une valeur aux relations complexes qui existent entre les niveaux du discours: accentuels, lexicaux, syntaxiques, rimiques, etc. Valeur, du fait de sa récurrence à différents moments des différents réseaux. Valeur, de par sa valeur propre dans la construction de la «voix» du recueil. Qu'est-ce à dire? «Le rythme, écrit Henri Meschonnic, est l'organisation même du sens dans le discours. Et le sens étant l'activité du sujet de l'énonciation, le rythme est l'organisation du sujet comme discours, dans et par son discours[67].» Le sujet, non plus la métaphysique de la subjectivité, oublieuse du sujet.

Or que se passe-t-il dans le recueil de 1944? Le dernier poème du recueil d'Hankéou, qui constitue le poème du départ et du voyage, sera, en 1944, le premier, inaugurant ainsi *Les îles de la nuit*. Il représente le poème du retour d'exil. Celui qui le suit et qui ne figurait pas dans l'édition de 1934 deviendra le poème du souvenir ou du resouvenir:

> Et ces hautes colonnes de joie
> Souvenirs Ô SOUVENIR[68]

Le troisième poème de l'édition de 1944, qui commence par «Au-delà ces grandes étoiles», contient les vers que Pellan inscrira sous la figure d'Orphée:

Ta forme monte comme la blessure du sang
Tes bras étendus font le silence
Ton blanc visage fixe le temps[69]...

Ainsi le chant orphique vient-il par avance transformer le cri de désespoir que lance le *nous* dans *Parmi les heures*, poème où l'on avoue l'inutilité de la prière:

Nous lèverons nos bras dans des appels durs
comme les astres[70]

Le chant orphique amortit la voix sourde et dure de la haine et brise, ce faisant, tout le réseau rimique élaboré en 1934 autour de *tu*. Non plus la rime, mais l'image. C'est elle qui construit la poétique de l'édition de 1944 («Tes paumes ouvertes recréaient les destins abolis», «Au-delà ces grandes étoiles ouvertes»). Les «achronies descriptives» seront amplifiées pour devenir des sortes de «cartes postales» cosmiques, comme c'est le cas dans cette évocation d'un coucher de soleil sur la mer:

Les tunnels planétaires jouaient le jeu
quotidien
Le sang se mêlait à des couleurs jamais
perçues[71]

Nous tombons toujours davantage sous l'emprise du «figural» et de la transcendantalité orphique (paumes ouvertes/ étoiles ouvertes).

Il nous est apparu que Grandbois, en 1944, donne le recueil qu'on attend de lui dans le contexte critique de l'époque et dans le contexte des avant-gardes où il s'associe à Pellan. La disposition des poèmes dans l'édition de 1944 répond aux stratégies prévalant dans le champ littéraire des années de guerre.

Résumons par une courte remarque l'enjeu du débat ouvert par le lyrisme de Grandbois. Il n'y a pas d'arbitraire dans sa poésie, tant que l'on s'intéresse à la musicalité du chant, tant que l'on regarde le fonctionnement des tropes qui débouche sur ce que Paul de Man appelle «l'anthropomorphisation» du sens, dans la fictionnalisation de la quête du poète orphique. En revanche, il y a de la dissonance dans la voix du poème aussitôt qu'on examine les modes d'énonciation à la source de l'exclamation lyrique. Sous l'apparente musique du vers, qui est de l'ordre du signe, la voix, qui est du discours, recouvre deux instances énonciatives antagonistes, celle du *je* lyrique et celle du *je* polémique. Aussi faut-il libérer la voix de l'emprise du signe, ne plus voir en elle l'émanation d'un pouvoir poétique supra-sensible, capable de penser le contradictoire et d'en opérer la synthèse sur le plan ontologique. La voix n'émerge plus de l'indicible pour opposer le langage de l'idéal au langage de la réalité quotidienne. Mais le mal est fait, si l'on peut dire. Le langage apparaît pour toute une génération de poètes comme une matière inerte qu'il faut vivifier du souffle de la poésie. Nos poètes surréalistes seront souvent les premiers à donner à la poésie cette vertu première. Ainsi reviennent-ils aux sources du romantisme.

C'est en s'interrogeant sur la peinture — couleur et abstraction — que les poètes chercheront à se libérer d'une part du subjectivisme et de sa fascination pour la mort, d'autre part de la musicalité post-symboliste, afin d'ouvrir leur poésie à un monde sans moi, sans intimité. Comme l'écrit Jacques Le Rider, en parlant de Rilke et de Cézanne: «Les couleurs de Cézanne visent une réalité pure, dégagée de toute narrativité, de toute mimétique accidentelle. Voilà ce qui fait d'elles l'allié essentiel d'un poète qui guette les épiphanies de réalité à travers le miroir des mots[72].»

Gardons ce propos en mémoire, afin de mieux comprendre la poésie «constructiviste» de Paul-Marie Lapointe qui fait du poème une «forme signifiante» comme nous allons le voir dans le dernier chapitre.

Cette «forme signifiante» qui constitue le poème chez Lapointe, ces épiphanies de réalité qui expliquent les images automatistes dans *Le vierge incendié* (1948), déterminent cependant une approche qui nous enchaîne encore au destin du «grand style», à la fin des années quarante, alors que Lapointe se dresse contre le lyrisme de Grandbois. Aussi demanderons-nous à Lapointe de nous révéler non plus ce qui fait l'essence de la poésie, mais ce qui compose l'organisation du poème moderne.

CHAPITRE X

Paul-Marie Lapointe et la poésie «constructiviste»

En ramenant chez nous des artistes et des intellectuels franchement acquis à l'art moderne, la Seconde Guerre mondiale entraîne de profondes mutations dans le monde des arts. C'est la peinture qui va redéfinir les valeurs de l'expression artistique, et les débats au sein des avant-gardes préciseront quelles sont les valeurs recevables dans le champ littéraire. En illustrant *Les îles de la nuit* de Grandbois, Pellan cherchait à rallier ainsi peintres et poètes dans le camp de la modernité, sous la bannière de l'intuition lyrique et de la voyance. Mais pour bien comprendre les rapports entre peinture et poésie modernes, il nous faut faire quelques rappels historiques indispensables.

C'est par l'inconscient freudien qu'on essaie de justifier désormais la part d'irrationalité de l'art moderne où le clergé québécois ne voit qu'une célébration des bas instincts qui dégradent la dignité humaine. Il est facile de parler de l'inconscient en le confondant avec la vieille théorie des instincts liés à l'animalité que l'homme doit dominer. Il est beaucoup moins facile d'en parler en accordant au processus du refoulement toute l'importance constitutive qu'il mérite, sans propos réducteurs. C'est la tâche que s'est donnée Maurice Gagnon, bibliothécaire de l'École des beaux-arts, en publiant, en 1940, son livre sur la *Peinture moderne*. L'inconscient y est défini, en effet, comme «le réel psychique» (on retrouvera cette expression dans le manifeste des peintres automatistes en 1948), c'est-à-dire comme pure émanation du système perceptionconscience, ce qui lui confère une existence matérielle en tant que réservoir de souvenirs refoulés ou revécus sur le mode de la régression. Quand vient le moment de définir l'inconscient dans l'art, Maurice Gagnon dira qu'il parle deux langages: «le rêve et l'écriture automatique[1]». Le geste du peintre et du poète surréalistes, en s'inspirant du rêve ou de l'automatisme psychique, a une double portée: d'une part, l'artiste choisit d'aller plus loin dans l'exploration de sa vérité intime, et Gagnon montre qu'il n'y a pas là de rupture véritable avec le «connais-toi toi-même» des Grecs; d'autre part, l'artiste érige sa vérité intime contre les valeurs fausses que défend une société oppressive. «L'homme vit de principes, de notions arbitraires, d'une grande portée sociale et pratique, en désaccord avec sa vérité intime et la refoulant», écrit Gagnon en citant un extrait de *Malaise dans la civilisation* de Freud. Ces idées seront reprises et amplifiées par Borduas, en 1948, dans son manifeste *Refus global.*

Dans son célèbre manifeste, Borduas remet en cause trois cents ans de colonialisme clérical au Québec, qui auront fini par épuiser ce que Borduas appelle «la réserve poétique de chaque homme[2]». De même, il dénonce les conséquences néfastes de l'abstraction cartésienne qui provoque ce clivage entre le corps et l'esprit, qui inhibe l'énergie psychique individuelle, seule capable de régénérer l'art moderne. Le rationalisme cartésien aura libéré cette volonté de puissance qui assujettit la science, en la mettant au service des politiques impérialistes quelles soient fascistes, capitalistes, communistes. Par ailleurs, non seulement Borduas dit qu'il existe un fossé entre l'individu et l'arbitraire de la norme sociale, arbitraire que Gagnon avait déjà reconnu, mais en outre il montre comment l'énergie psychique individuelle et l'énergie naturelle ont été canalisées et exploitées aussi bien par la science que par la religion. Borduas refuse autant les institutions que les partis prétendument révolutionnaires qui ont cherché à profiter de la soif de bonheur des classes dominées. Il rompt ainsi avec l'Église et le Parti communiste. L'art, pour Borduas, doit assurer à lui seul la cohésion sociale, en dégageant l'incorruptible réserve sensible de demain des nécessités actuelles, en renouant directement et sans intermédiaire avec les forces cosmiques: «Au terme imaginable, nous entrevoyons l'homme libéré de ses chaînes inutiles, réaliser dans l'ordre imprévu, nécessaire de la spontanéité, dans l'anarchie resplendissante, la plénitude de ses dons individuels[3]». L'art apparaît de la sorte comme le véritable moteur d'une histoire qui n'est plus soumise au principe de détermination.

Certes, on peut questionner les fondements épistémologiques du manifeste. Borduas parachève sans doute les théories spéculatives de l'art sans renoncer complètement à l'individualité monadique quand il tente de réunir en un tout les forces rationnelles et psychiques. Mais il est inutile d'envisager les thèses de Borduas dans l'abstrait.

Il est plus intéressant de comprendre à quelle stratégie elles obéissent. Borduas s'est heurté à l'hostilité du clergé, qui oppose à l'irrationnel dans l'art les théories de l'art académique. Mais Borduas provoque également les communistes, en refusant d'inféoder l'art au jdanovisme. Comme le clergé, le Parti tient aux formes rhétoriques de l'art. Pour Pierre Gélinas de *Combat*, l'histoire de l'art serait ni plus ni moins achevée maintenant que commence l'histoire du combat prolétarien:

> Les critères picturaux plastiques à proprement parler sont à peu près immuables. Si des découvertes scientifiques ont augmenté la gamme des couleurs et apporté de nouveaux procédés de traitement, le rapport des tonalités, le rapport des masses, les rapports entre les formes et la couleur n'en sont pas moins demeurés les mêmes depuis qu'on peint[4].

Toute révolution formelle en art sera donc taxée de «formalisme»; l'artiste d'avant-garde ne sera tout au plus qu'un «révolté», mot-cliché qu'emploie Gélinas contre Riopelle, l'un des peintres signataires du *Refus global*. C'est le poète Gilles Hénault, lui-même membre du Parti communiste à l'époque, qui prendra la défense des automatistes, en rappelant dans les colonnes de *Combat*, que l'art ne devient révolutionnaire qu'en faisant sa propre révolution. L'art ne peut être le simple reflet de la société en marche. Il faut penser dialectiquement les rapports de l'art à la société, dit en substance Gilles Hénault[5]. Il n'y a pas, pour lui, de correspondance nécessaire entre l'idéologie de l'artiste et son œuvre. Hénault prend Balzac pour exemple. Hénault lui-même fait sa révolution. Après avoir écrit en 1941 des alexandrins de haut vol «Le rêve est créateur, et seul, il n'est pas vain[6]», il écrit en 1948 des poèmes en vers libres qu'il compose comme des cris: «Tout l'inexprimable poing levé[7]». Mais Hénault se délivre mal de la poésie-chant et de cette idéologie de la voyance qui fait de la poésie une «prophétie tournée en arrière». C'est contre cette poésie-là que Paul-Marie Lapointe écrira sa poésie automatiste ou plutôt «constructiviste».

Par ailleurs, Borduas et les automatistes doivent affronter Pellan et ses amis hostiles au supposé sectarisme doctrinaire de l'avant-garde automatiste; ces derniers vont publier leur propre manifeste, et y dissocier l'imaginaire de l'artiste de la réflexion théorique. Ce manifeste appelé *Prisme d'yeux* sera rédigé par Jacques de Tonnancour et paraîtra en 1948, quelques mois avant *Refus global*: «Nous cherchons une peinture libérée de toute contingence de temps et de lieu, d'idéologie restrictive et conçue en dehors de toute ingérence littéraire, politique, philosophique ou autre qui pourrait adultérer l'expression et compromettre sa pureté[8]!» Bon nombre de nos poètes de cette époque proviennent du milieu des beaux-arts; ils n'ont donc pas trop de mal à se rallier à une faction ou à une autre. Cela est vrai de Roland Giguère, peintre-graveur, mais également poète, qui fondera les éditions Erta. Cela est également vrai de Paul-Marie Lapointe, qui était étudiant en architecture quand il publie en 1948, son recueil *Le vierge incendié* aux éditions Mythra-Mythe sous l'égide de Borduas et des automatistes. Il est parrainé, en effet, par Claude et Pierre Gauvreau, signataires du *Refus global.* Pierre Gauvreau illustrera la page couverture du recueil à l'aide de gravures dont l'une s'appelle *Le pénis*. Il n'y a pas d'avant-garde sans provocation.

Le recueil, à bien des égards, est l'aboutissement d'une réflexion amorcée par les peintres sur la cohérence interne d'une œuvre, toile ou éventuellement poème. Dans certains articles que nous avons cités dans le chapitre précédent, Jacques de Tonnancour avait défini l'œuvre comme une «forme signifiante» qui, par sa construction organique, obéit à ses propres lois internes. Or Paul-Marie Lapointe est de même un poète «constructiviste», moins préoccupé de la figure comme promesse de sens que du contresens comme remise en cause de la cohésion formelle de l'énoncé et moteur de «connexions» inédites entre la syntaxe et le contenu. Mais l'autonomie que réclament les artistes se manifeste par un autre trait que nous allons examiner ici. Allié au peintre-graveur, le poète maîtrise désormais tout le processus de production du livre. Cette maîtrise dépasse la simple question des illustrations, de la typographie ou de la mise en page. Chez Lapointe, les codes signalétiques (ponctuation, espacements, majuscules, alinéas, etc.) définissent le genre poétique et particulièrement les stratégies de lecture. Les codes signalétiques, comme nous allons le voir, assurent la construction organique du texte, en même temps que la déconstruction stratégique du lyrisme.

Les codes signalétiques dans la poésie de Lapointe

Le vierge incendié se compose, comme on sait, de poèmes en vers libres d'une part et de poèmes en prose d'autre part. Lapointe reconnaît l'influence de Rimbaud sur son œuvre, mais ses poèmes en prose, en ce qui concerne la présentation graphique, n'ont rien de commun avec ceux de Rimbaud dans *Les illuminations*, et c'est ce qui fait la différence. Les poèmes en prose de Lapointe se divisent en deux groupes. Le premier contient des poèmes comprenant des signes de ponctuation courants. Le second groupe renferme des poèmes non ponctués, dont les mots ou groupes de mots sont espacés par des blancs. Dans ce cas, le poème ne comporte aucune majuscule. Ces deux formes de poèmes en prose sont délimitées par une marge à gauche et une marge à droite, mais le premier mot du poème reste collé à la marge de gauche. Il n'y a donc pas d'alinéa. Le texte en prose n'a pas la forne d'un paragraphe. Ce sont des objets plus ou moins cubiques et plastiquement cadrés dans la page. Quant aux poèmes en vers libres, que nous examinerons en tout premier lieu, ils ont aussi leurs particularités typographiques. Comme dans les poèmes en vers libres «standard», ils sont signifiés par le retour à la ligne. Ainsi trouve-t-on une marge à gauche, contre laquelle s'aligne la première lettre du vers, mais pas de marge à droite, ce qui nous rappelle que les vers sont non comptés. Seulement deux poèmes se plient à la règle du vers libre «standard» qui veut que chaque vers commence par une majuscule, quelle que soit, par ailleurs, la nature syntaxique du premier mot. C'est là qu'un premier classement s'avère nécessaire, comme nous le verrons dans un instant. Plusieurs poèmes comportent des blancs qui vont déterminer des regroupements de vers en strophes. Un seul poème est franchement ponctué. Certains poèmes comprennent des espacements entre les mots ou entre les groupes de mots, comme il en existe dans certains poèmes en prose.

L'usage de la majuscule ou de la minuscule en début de vers n'est pas aussi libre, chez Lapointe, qu'il n'y paraît. Cet usage questionne la définition même du vers comme «retour à la ligne».

Il crée une sorte de rythme pour l'œil, rythme purement graphique qui n'est pas sans intérêt, puisque le poète lui-même s'en est visiblement soucié. Pour le comprendre, il faut d'abord voir comment on passe d'une définition métricienne du vers à une définition typographique du vers.

Halle et Keyser, dans leur analyse des bases théoriques de la poésie métrique, formulent l'hypothèse «que toute poésie métrique consiste en un codage d'un schéma abstrait simple dans des énoncés[9]», à partir d'un schéma élémentaire qui pourrait être celui-ci:

X X X X X X
X X X X X X
X X X X X X
X X X X X X

Il reste à définir, dans ce schéma, les unités métriques en fonction de règles de correspondance. «Les règles de correspondance du vers métrique français standard imposent que chaque unité métrique corresponde à une voyelle pleine ou à un *e* muet (techniquement un schwa) suivi d'une consonne. Pour cette raison, les finales en e muet des vers ne sont jamais comptées[10].» À partir de cette règle de correspondance, Benoît de Cornulier a pu définir le vers français comme une unité de co-syllabation[11]. Partant de considérations analogues, Jean-Claude Milner s'est penché, pour sa part, sur ce qui définit les bornes d'un vers. Il en arrive à la conclusion que le vers est une «grande unité phonologique équivalente à un mot phonologique[12]». Milner emprunte la notation de Chomsky et Halle pour distinguer d'abord différents types de limites dans un énoncé du français courant. Il établit ainsi une distinction entre les limites d'une unité lexicale, les limites d'une unité syntaxique et les limites d'un mot phonologique:

1) la limite d'unité lexicale est notée +; chaque unité du lexique est encadrée automatiquement de +;
2) la limite # obéit à la règle suivante: étant donné un groupe d'unités analysées par la syntaxe en termes de catégories, on associe # à toute catégorie majeure: soit des catégories lexicales telles que nom, verbe, adjectif, soit des catégories les dominant: groupe nominal, groupe verbal, groupe adjectival;
3) les limites de mots peuvent prendre dans la phrase les trois formes suivantes:

a) #] [# indiquant des limites de mots,
b) #] #s] indiquant une fermeture de phrase,
c) [#s [# indiquant une ouverture de phrase.

Pour Milner, un vers est une séquence comprise, d'une part, entre deux limites de mots (phonologiques) ou, d'autre part, entre soit une limite ouvrante ou une limite fermante de phrase. Ainsi, en résumé, le début et la fin d'un vers coïncident normalement avec le début et la fin d'un mot phonologique, mais, sachant qu'une phrase peut s'étaler sur deux vers, un vers ne contiendra éventuellement qu'une limite ouvrante ou qu'une limite fermante de phrase. Mais le vers ne se satisfait pas de ces quelques règles quand il s'agit de définir ses limites. Milner constate que, dans le vers, le *e* muet ne peut tomber que par élision, alors qu'il tombe à la fin du vers, en 13e position métrique, comme à la fin d'un mot phonologique courant. Ainsi, quelle que soit, par ailleurs, la nature syntaxique du mot féminin placé à la fin d'un vers, la fin de vers est traitée comme une fin de mot phonologique et l'intérieur du vers est traité comme l'intérieur d'un mot unique grâce à une règle de réajustement. On trouve donc en plus des règles de la phonologie courante, qui régissent le comportement des mots de la phrase à l'intérieur du vers, des règles propres au vers qui transposent à leur manière les règles de la phonologie courante pour faire du vers l'équivalent métrique d'un mot phonologique. Ainsi la fin de vers est-elle traitée comme une fin de mot phonologique, tandis que les frontières de mots à l'intérieur du vers sont ramenées à des frontières lexicales, du fait de la «fiction» métrique.

Qu'en est-il du vers libre? Le vers libre n'est plus directement soumis aux règles de l'élision du *e* muet ou de la liaison des mots à l'intérieur du vers qui font du mètre classique une unité de cosyllabation. Autrement dit, le *e* muet tombe dans le vers libre selon les règles phonologiques du langage parlé courant. Cela restreint considérablement les règles d'application de la définition du vers comme formant l'équivalent d'un mot phonologique unique, puisque la question n'est plus de savoir quelles sont les syllabes comptées ou non en vertu de l'élision du *e* muet. En revanche, le vers libre peut répondre à une définition comme celle-ci: «le vers est un retour à la ligne», qui le détermine encore comme un segment linéaire sur le plan typographique. Cependant, le retour à la ligne peut provoquer un enjambement, comme on en rencontre dans la versification classique. On dira avec Milner qu'«il y a vers, dans une langue, dès qu'il est possible d'insérer des limites phonologiques sans avoir égard à la structure syntaxique[13]». C'est une autre manière de redéfinir l'enjambement. Milner peut donc affirmer: «Si une telle définition est revue, il en suit une conséquence: la notion d'enjambement, qui n'est rien d'autre que la possibilité d'une contradiction entre limite syntaxique et limite poétique se trouve analytiquement contenue dans celle de vers[14]». Milner précise encore davantage la notion d'enjambement en ce qui concerne la fiction métrique traditionnelle: «L'enjambement repose donc sur une contradiction entre la nature de la limite du vers, introduite comme limite de mot par le réajustement, et la notion de la limite introduite par la syntaxe[15].» Milner suppose ici que l'enjambement confronte la limite du vers comme limite phonologique de mot, selon la «fiction» que nous avons vue, à la limite syntaxique de mot ou de phrase. Pour que ces deux limites soient à la fois opposées du fait de l'enjambement et de nature homogène, elles seront exprimées dans le même formalisme que la limite syntaxique.

Il paraît plausible, dans ces circonstances, de penser qu'il appartenait à la rime, dans le mètre classique, de signifier que le vers est une unité de co-syllabation régie par les règles de l'élision et de la liaison, d'une part parce que le *e* muet en fin de vers ne se comporte pas comme au milieu du vers, d'autre part parce que les rimes devaient se terminer éventuellement par la même consonne de liaison (*s* ou *t* ou *r*, etc.), même si celle-ci n'était pas audible, puisque les vers ne sont pas liés entre eux. Ce sont les paradoxes de la rime. En revanche, il revenait à la majuscule, en début de vers, de marquer que le vers constitue une séquence entre deux limites de mots et, par conséquent, que la limite de vers peut ne pas coïncider nécessairement avec une limite syntaxique de mot ou de phrase, comme c'est le cas dans l'enjambement. La majuscule au début du vers classique comme au début du vers libre «standard» relève donc d'une règle de réécriture ou de réajustement que Milner a clairement définie. La majuscule réinsère le vers-ligne dans une définition analytique des limites de vers. On peut donc choisir de récrire le schéma de Halle et Kayser en marquant dès lors une position typographique justifiée par une règle de correspondance ou de réécriture:

schéma 0: AXXXXX
AXXXXX
AXXXXX
AXXXXX

Schéma que le vers libre réinterprète ainsi:

schéma 1: AXXX
AXXXXXX
AXX
AXXXXX

L'introduction d'un blanc strophique dédouble le schéma:

schéma 2: AXXX
AXXXXXX
AXX

AXXXXX

Le schéma suivant n'infirme pas les règles de correspondance que nous nous sommes données, il les raffine en opposant, d'une part, la marge de gauche, c'est-à-dire le vers comme retour à la ligne et, d'autre part, la majuscule indiquant la limite de vers; celle-ci marquera désormais l'unité métrique supérieure au vers: la strophe:

schéma 3: AXXX
XXXXXXX
XXX

AXXXXX

L'étape supérieure modifie encore le schéma, en mettant, cette fois, le blanc strophique en tension avec la position typographique à l'initiale du poème.

schéma 4: AXXX
XXXXXXX
XXX

XXXXXX

Le schéma suivant suppose une consigne supplémentaire. Il faudra faire la distinction entre marque proéminente et marque non proéminente de limite de vers à l'intérieur de la strophe:

schéma 5: AXXX
AXXXXXX
XXX

AXXXXX

Ce schéma préserve la position proéminente en début de strophe mais rajoute des positions proéminentes au sein de la strophe, comme s'il s'agissait d'une ouverture «métrique» équivalente; il faudra vérifier si la syntaxe le justifie. Sinon, nous aurons affaire à une sorte de rythme typographique introduit à la marge. Les deux hypothèses ne sont pas incompatibles.
On peut également trouver une combinaison de schémas:

schéma 6: AXXX
XXXXXXX
XXX

XXXXXX
XXX

AXXXX
XXX
XXX

Soit que l'absence de majuscule au début de la deuxième strophe suggère une forme d'enjambement strophique, soit que le blanc strophique suffise à marquer une transition syntaxique; en ce cas, la majuscule relève du seul rythme typographique.

Il s'agit maintenant de voir comment se distribuent les différents schémas dans les poèmes en vers libres du *Vierge incendié* de Lapointe.

Schéma 1:

Deux poèmes répondent à ce schéma, le plus standard de tous:

1) *Chambre close*... (AAAAAAAAAAAA)

2) *Poulpe de front*... (AAAAAAAA)

Les vers s'ouvrent par des majuscules. (Dans notre notation, «A» indiquera un vers s'ouvrant par une majuscule, «a», un vers ouvrant par une minuscule et «//», un blanc strophique. Nous transcrivons horizontalement le schéma du poème qui doit se lire verticalement.) *Chambre close...* comprend de nombreux signes de ponctuation. Les ponctuations fortes sont placées à la fin des vers. Mais celles-ci ne commandent pas, évidemment, l'usage de la majuscule à la marge qui demeure un phénomène métrique. On ne retrouvera pas de poèmes en vers libres aussi systématiquement ponctués. En revanche, de nombreux poèmes en prose seront fortement ponctués. Ainsi, à l'intérieur du recueil, la ponctuation peut apparaître comme un trait d'union entre la forme vers et la forme prose. *Poulpe de front...* n'est, en revanche, pas ponctué. Cependant les vers renferment des espacements entre les mots qu'on retrouvera justement dans les poèmes en prose non ponctués. Il n'existe jamais de majuscules dans le voisinage d'un espacement; il ne faudra donc pas confondre celui-ci avec le code de la ponctuation.

Ainsi, chacun à sa manière, ces deux poèmes en vers libres standard départagent les codes signalétiques, ponctuation ou espacement, qui serviront à distinguer deux types de prose, alors que ces codes ici n'affectent pas la définition du vers libre. Celui-ci est reconnaissable, répétons-le, par la marge de gauche et l'usage de la majuscule qui servent à signifier que le vers est une séquence comprise entre deux limites de mots.

On ne trouvera pas de poèmes correspondant au schéma 2, mais le schéma 3 en compte plusieurs. Tout se passe comme si, en regroupant des vers par strophes, grâce au blanc séparant un certain nombre de vers, Lapointe avait voulu réserver la majuscule pour marquer ainsi la position typographique ouvrant l'unité métrique supérieure au vers:

Schéma 3:

1) *En coup de foudre...* (Aaaaa//Aaaaaaaa//Aaaaaaa)

2) *Dans les vergers...* (Aaaa//Aaaa//Aaaa//Aaa)

3) *Coussins dans les tempes...* (Aaaaa//Aaa//Aaaaaaa//Aaaaa)

4) *J'ai déjà connu tes rages...* (Aaaaaaa//Aaaa//Aaaaaa//Aaaaaaa)

Ces quatre poèmes ne comportent ni ponctuation ni espacement entre les mots. Celui qui suit comporte une ponctuation forte à la fin du dernier vers:

5) *Je suis une main...* (Aaa//Aa//Aaaaa//Aaa//Aaaaaa//Aaa//Aa//Aa)

Les poèmes qui suivent ne comportent aucune ponctuation, mais certains mots sont séparés par des espacements (blancs):

6) *En dépit du gypse...* (Aaaaa//Aaaaaaa//Aaaaaa//Aaaa)

7) *Boîtes vides...* (Aaaa//Aaaaaaaaaa)

8) *Ils sont des mots...* (Aaaaaaa//Aaaa//Aaaaaaaaaaaaa)

9) *Un monde se repentirait...* (Aaaa//Aaaaaaaaaaa//Aa//Aaaaaaa)

Le schéma 4 ne semble marquer que l'ouverture du poème.

Schéma 4:

1) *Tous les rivages...* (Aaaa//aaaa//aaaaaaa//aaaa)

Le schéma 5 introduit dans le schéma du poème une majuscule dans le corps d'une strophe qui sera la marque d'une ouverture syntaxique majeure.

Schéma 5:

Dans les poèmes qui suivent, la majuscule, dans le corps de la strophe, introduit une phrase complète dans le vers:

1) *Les colonnes...* (AaAaaa//Aaaa//Aaa//Aaa)

2) *Corps de chambre...* (Aaaa//AaAaaaa//Aaaaaa)

3) *Lilas des novembres...* (Aaa//Aaaaa//AaaaAaAAa/ /Aaaaa)

Dans le poème suivant, la majuscule introduit une phrase par son complément prépositionnel, au cœur de la deuxième strophe:

4) *Cordiale surdité...* (Aa//AaaaaAaa//Aaaaaa//Aaaaa)

La majuscule marque le début d'une expansion nominale dans les deux poèmes qui suivent, quand elle est présente au cœur de la strophe:

5) *Un tigre...* (AaaaAaaa//AAaaa//AaAaa//AaaaaA)

6) *J'ai des frères...* (Aaa//Aa//Aaaa//Aaaa//AaaAa)

Dans ces deux poèmes, la majuscule peut également introduire une phrase complète, dans la strophe. Par ailleurs, bien qu'il corresponde au schéma 5, on serait tenté de mettre à part le poème intitulé *Maisons hautes...* (AaAaaaaA). Le fait qu'il n'y ait qu'une strophe et de nombreux espacements de mots à l'intérieur des vers rapproche ce poème d'un poème en prose. Néamoins, la présence d'une marge à gauche, alors qu'il n'y a pas de marge à droite, la présence également de quelques majuscules à la marge suffisent à rappeler la nature métrique des séquences linéaires du poème.

Deux poèmes obéissent au schéma 6:

Schéma 6:

1) *Le mirage...* (Aaaa//aaa//Aaaaa//Aaaa)

2) *Mes visages...* (aaaa//Aaaa//Aaaa//Aaaa//Aaaa//Aaaa//A)

Malgré les apparences, la suppression de la majuscule, au début de la deuxième strophe de *Le mirage...* ne déclenche pas un effet d'enjambement phrastique. Dans les deux poèmes, chaque strophe commence par une ouverture syntaxique forte. Mais les deux poèmes affichent une syntaxe paratactique qui contraste avec les poèmes inclus dans le schéma précédent. Par ailleurs, on note l'absence de majuscule dans le corps de la strophe, comme si les strophes étaient traitées comme des unités-vers, tantôt précédées de majuscules, tantôt précédées de minuscules, comme dans les poèmes du schéma précédent.

On peut faire maintenant une remarque qui concerne l'ensemble des poèmes en vers libres. La majuscule introduit dans tous les cas, qu'elle soit accolée ou non au blanc strophique, une limite syntaxique forte, ce qui n'est pas nécessairement le cas de la minuscule. En revanche, lorsqu'il y a enjambement, cela ne se produit que dans les vers introduits par des minuscules. En voici un exemple. Il s'agit des deux derniers vers de *Ils sont des mots*:

> les puits de cerveaux en fleur   les germes
> des citrons mauves dans les tempes mortes des oracles

L'absence de majuscule à la marge perturbe la lecture. Avons-nous un enjambement syntaxique, compte tenu de la syntaxe paratactique du poème? Et s'il y a enjambement après un blanc qui définit, par ailleurs, en tant que trait distinctif, certains poèmes en prose, aurions-nous une sorte de dérapage vers la prose? Ces questions nous rappellent, encore une fois, le rôle spécifique des codes signalétiques pour repérer la nature générique des textes dans ce recueil.

Quand on passe des poèmes en vers libres aux textes en prose, l'économie des codes signalétiques change. C'est ainsi que la majuscule cessera d'être l'indice de la qualité métrique du vers en tant que «retour à la ligne». Elle sera régie par le code de la ponctuation dans les poèmes ponctués (on la trouvera en tête du premier mot du texte ou en tête de phrase après une ponctuation forte), mais elle disparaîtra totalement, y compris en tête du texte, dans les proses où les mots sont espacés par des blancs. Quelques rares anomalies confirment l'importance de la convention graphique qui organise les proses de Lapointe. Le texte *rôdeur de lignes...* s'ouvre par une minuscule, alors qu'il est ponctué et que dans le corps du texte une ponctuation forte est suivie d'une majuscule. Inversement, le texte *Crâne bouché...* s'ouvre par une majuscule alors qu'on n'en trouve aucune autre dans le reste de ce texte où les mots sont espacés par des blancs. Ces quelques anomalies nous rappellent que dans ces textes sans alinéa, qui comportent une marge à gauche et à droite, la première lettre du premier mot est la seule qui soit nécessairement accolée à la marge de gauche, sans qu'il y ait effet de hasard. Or c'est là que Lapointe permute majuscules et minuscules de même qu'il le fait dans le vers libre où la première lettre du vers est nécessairement accolée à la marge de gauche. «Dieu est dans les détails», dit un vieux proverbe, la poésie aussi. À ce stade de notre analyse, il paraît à peine exagéré de dire qu'un texte de Lapointe est soit poème, soit prose — il vaudrait peut-être mieux dire «proème» —, dans la mesure où il est possible de substituer une minuscule à une majuscule à partir de certaines règles et de certaines consignes.

Lapointe et la déconstruction du lyrisme

L'étude des codes signalétiques nous a fourni jusqu'ici des critères formels pour reconnaître des textes. Ces codes dépendent ou de la métricité du vers (la majuscule est régie par les règles de correspondance définissant les limites de vers), ou des espacements de mots dans un texte sans alinéa (la minuscule se substitue à la majuscule selon une convention *ad hoc*), ou de la ponctuation de phrase (la majuscule n'apparaît qu'après une ponctuation forte). Ces codes ne sont pas symétriques l'un de l'autre. Le vers indique l'arbitraire du retour à la ligne; l'espacement, d'une syntaxe paratactique qui introduit un élément plastique dans le poème «constructiviste» cadré sur la page; la ponctuation, du continu-discontinu du sens dans la syntaxe et le rythme, de l'énoncé. Ces codes n'ont une valeur de sens que dans la signifiance d'un poème ou d'un «proème». Depuis le début de cet ouvrage, nous avons cherché à cerner les différentes définitions que la modernité québécoise a pu donner de la poésie lyrique. Nous allons montrer comment la forme constructiviste du poème récuse le lyrisme traditionnel, par sa syntaxe, par ses montages formels.

Nous avons présenté le poème intitulé *Chambre close...* comme le plus régulier des poèmes en vers libres du *Vierge incendié*. Ce texte est essentiellement fait de syntagmes nominaux en expansion qui développent la thématique lyrique de la «chambre secrète» de l'âme:

Chambre close de l'âme chaude sur le corps
Chambre du songe dans les paumes[16]

Le champ sémantique associé au verbe «pénétrer» dans le vers suivant permet de substituer au mot «songe», qui est le thème secondaire du poème, le mot «chambre», le thème principal:

Petite fille qui pénètre dans mon songe sur la pointe
des pieds

La femme rêvée y est décrite par des images comme celle-ci: «Bouche dans mon cou», qu'on peut traduire rhétoriquement par «baiser dans mon cou», ou visualiser de manière picturale comme «une bouche se dessine dans mon cou, en occupe un espace». Cet effet de picturalisation est encore plus sensible dans *Poulpe de front...*, le seul autre poème à faire un usage systématique des majuscules en début de vers, tout en espaçant les mots par des blancs qui créent au passage des effets de parallélisme qui déconstruisent la syntaxe:

Poulpe de front sans yeux   regards de fonds de mers[17]

On rapprochera ce vers du suivant, tiré de *Chambre close...*:

Mais les paupières aux fronts d'oiseaux

Ce vers contient encore la promesse de bonheur des «instants imagés» et des «achronies descriptives» de Grandbois. Ces instants imagés deviennent des «images instantanées» dans *Poulpe de front...* Dans d'autres poèmes, la spatialisation des images dans la syntaxe, par le jeu de la permutation des mots, transpose en poésie le geste du peintre automatiste:

Je suis une main qui pense à des murs de fleurs
à des fleurs de murs
à des fleurs mûres[18]

Ce redoublement du motif pictural dans la redistribution des déterminants signifie au passage que le sens ne peut plus guère se déployer dans ce que Heidegger appelait la Dif-férence, comme nous l'avons vu au chapitre précédent. La picturalisation du poème transmute l'image en images de mots, susceptibles de multiplier des connexions parfois imprévisibles et parfois trop prévisibles qui saturent le texte:

> pistes de femelles
> femelles à pistes de cuir[19]

L'inertie

> Rongeurs de paupières (...)
> fauves des gestes arrêtés (...)
> à l'acier des seins de glace[20]

ou l'agitation-inertie

> on courait l'un devant l'autre
> file indienne on est libre[21]

s'opposent à l'apaisement du silence dont parle Heidegger, à propos du lyrisme.

Avec Grandbois, avec Giguère, à la fin des années quarante, le sentiment lyrique prend peu à peu la place du sentiment religieux, comme source des valeurs transcendantales, comme promesse de l'avenir. «L'histoire est une prophétie tournée en arrière», a-t-on dit. Cette idée bute sur le paradoxe de l'histoire vue par l'avant-garde automatiste, une histoire façonnée imprévisiblement par nos passions. De même, Lapointe écrit:

> C'est pour regarder la vie que je lis interminablement
> le cristal du futur de cristal[22]

Le retour à la ligne casse la syntaxe, réduit l'utopie futuriste à la réalité d'une boule de cristal. *Le vierge incendié* prend le contrepied de l'histoire hagiographique que, depuis Marmette, exaltent nos manuels d'histoire:

> la table plate de la mer
> la muraille défoncée par les yeux

les yeux des iroquois vêtus de lin
les yeux des catins à museau d'anges[23]

Les pans de réalité se percutent. Le paysage symboliste descend dans la rue et perd son aura mystique:

tout ceci va pousser
dans les sapins de cristal
qui marchent dans le parc
les mains derrière le dos
malgré les razzias des klaxons[24]

Les choses changent, chez Lapointe, parce qu'elles reviennent à leur place. Les lieux comme les figures sont des déplacements «naturels» de sens:

Le réservoir du cendrier
pourquoi des villes de café y surgir?
des plantations de pauvres gens
soleils de fagots fertiles
violoncelles senteur de mauves[25]

Pour remettre les choses à leur place, il faut d'abord briser les réseaux anaphoriques, ceux de la co-référence interne dont les pronoms sont indicateurs, ceux de la référence externe dont les déictiques, puis les articles sont les indices dans le discours:

Mais une gueule de forêt
mais une griffe de sapins
mais l'égarement dans les fûts
larmes des aiguilles
Les pieds nus sont dans le crâne
des fauves de la sieste
Le gros ours n'a plus faim de framboises
La chair molle fume
dans l'aube du désir de salive[26]

«Mais» a retrouvé dans ces vers son sens cumulatif ou symétrique aux dépens de son sens argumentatif ou réfutatif courant. On découvre, certes, un champ sémantique commun à «forêts», «sapins», «fûts», «aiguilles», qui donne une certaine cohésion à la strophe. Mais toute cohérence fictionnelle, tout cadrage de l'espace relevant d'un point de vue ont disparu. Les vers s'ouvrant par des majuscules incrustent des phrases à noyau verbal telles des microfictions dans un contexte fait d'expressions nominales ou de compléments prépositionnels excentrés par rapport au noyau verbal. Le poème récrit les sensations rimbaldiennes et leurs aubes de chair. Mais l'on pense surtout à Céline, à un style «à vif», sans musique.

C'est par la percussion des mots et des contextes, grâce aux blancs ou espacements entre les mots que le poème retrouve une voix. Le blanc ne sera plus le lieu de recollection de la mémoire émanant des marges du poème, mais le lieu des métissages interdits par les consciences asexuées, cléricales et nationales. C'est en ce sens que le poème devient une mémoire en acte, c'est-à-dire un espace et non une durée:

> Rongeurs de paupières   rats des lampadaires
> fauves des gestes arrêtés   ma langue adhère
> à l'acier des seins de glace
> j'ai l'orgueil dans la face
> la mer déferle des corps asexués
> je porte les banderoles de huées[27]

Le blanc propose des consignes de lectures. Il nous faudra traduire les expressions juxtaposées: «rongeurs de paupières», c'est-à-dire «rongeux de balustres», «rats des lampadaires», c'est-à-dire aussi «rats de bibliothèque». Le premier vers nous découvre une grammaire de l'insulte qu'active une lecture qui nous amène à décomposer et recomposer le mot: «la mer de/dé ferle des corps asexués» en suivant le modèle paraphrastique proposé à la «rime» du poème:

> [...] paupières rats des lampadaires
> [...] arrêtés ma langue adhère

S'il y a l'esquisse d'un souvenir ici (la langue des enfants collant au métal par grand froid), elle se dessine dans le désir de l'homme (les seins de glace) et sa révolte (les seins et non plus les saints). Ce n'est pas la parenté avec Céline mais avec Jarry que voulait suggérer Pierre Gauvreau en évoquant «l'Autel du Surmâle» sur la page couverture de l'édition originale du *Vierge incendié*. C'est un cliché réducteur, mais qui dit ce qu'il veut dire: la révolution au Québec sera sexuelle ou ne sera pas. Ici, il faudrait faire un parallèle avec toutes les avant-gardes qui ont surgi avant et après la dernière guerre dans les pays conservateurs de tradition catholique pour mieux comprendre le sens même de cette poésie «constructiviste» et un certain goût de l'obscène qui n'exclut pas l'humour.

On a parlé d'images automatiques, à propos de Lapointe. Il vaudrait mieux parler d'une poétique du contresens qui replace le débat au niveau de la phrase, dans les rapports entre les structures syntaxiques et les connexions entre les contenus. Prenons, par exemple, ce poème en prose ponctuée qui, comme beaucoup de poèmes de ce type, suppose que les éléments de ponctuation hiérarchisent les rapports grammaticaux en fonction d'une intention de sens:

> Je suis un homme qui dévorait un mur jaune. Panneaux, barricades, armoires de débauches, cadavres érigés, puanteurs de fer. Je suis un homme. Un mur ne garde plus mes portes. Je fais le repas d'un mur. Cœur de pierre, poumons de pierre, sang de pierre. Tout l'espace derrière le mur avalé; mon paysage derrière nos maisons d'hommes[28].

La phrase initiale constitue un premier contresens dans le poème, contresens localisé dans la relative. Le verbe «dévorer», s'il était suivi d'un complément comme «des yeux», ne susciterait plus de contresens, même si «dévorer des yeux» constitue en soi un contresens, disons une hyperbole reçue par l'usage. Sans être écrite, l'expression «des yeux» se balade partout dans le texte. Le texte évoque à la toute fin un paysage, tandis que d'autres expressions, l'armoire et la maison, le mur et les portes, les barricades et les pierres tracent le tableau d'une ville qui vaut pour une définition de l'homme. Le texte rappelle également le «petit pan de mur jaune» de Vermeer qui obsédait Proust. Nous n'en sommes encore qu'à une lecture intuitive. Mais grâce à la contradiction entre le verbe «dévorer» et son complément, le texte ouvre un espace qui se situe au-delà de la définition des termes, mais non de leur valeur. L'aire conceptuelle de «dévorer» et d'«avaler» est ainsi étendue à d'autres substances. Relevons un second contresens formé par les mots «cadavres érigés». La contradiction entre «cadavres» et «érigés» est renforcée par l'entourage immédiat de l'expression. Le mot «cadavres», évoquant ce qui tombe en putréfaction, fait écho à «débauches» ou «puanteurs de fer» signifiant l'idée d'abjection. À l'opposé, «érigés», associé à «panneaux», «barricades», «armoires», «fer», prolonge le sentiment de matière dure qui fait écho à «mur». Mais on dit aussi *homo erectus.* «Je suis un homme», un *homo erectus.* On peut donc substituer «hommes» à «cadavres» et lire «hommes érigés» ou «hommes en érection». (La gravure de Gauvreau montrant un pénis sur la page couverture confirme cette transposition tout à fait plausible.) L'homme-mur en érection dévore les cadavres érigés en mur. Mais érection dit construction. C'est un homme-paysage que le poète, tel un peintre ou tel un architecte, construit pierre par pierre. Il fallait que d'entrée de jeu soit supprimé le complément «des yeux», dans l'expression «dévorer (des yeux)», pour qu'on puisse comprendre que le regard se fait anthropophage.

On a beaucoup parlé de l'écriture automatique du *Vierge incendié.* Mais toujours on aura passé sous silence cette expérience du regard qui, de Jean-Aubert Loranger à Paul-Marie Lapointe, conduit le poème de la description à la picturalisation. «L'aube encadre un paysage», ainsi commence un poème de Loranger que nous avons cité. Mais dans ce poème, la lumière dissolidifie aussi bien l'espace du dehors que l'espace du dedans. Lapointe, lui, grâce aux marges ou à l'absence d'alinéa, cadre ses proses dans la page, en les trouant de blancs au besoin. Il prolonge ainsi une relation entre poésie et peinture qui suffirait à elle seule à définir la modernité.

Cependant, en insistant trop sur les images automatiques de Lapointe, on aura pu croire, comme ce fut le cas de Claude Gauvreau, le seul poète signataire de *Refus global*, que l'avenir de la poésie était dans une abstraction encore plus poussée des images automatiques, ce qui signifie pour Gauvreau leur concrétisation dans la matière-langage-pulsion. André-G. Bourassa écrit à ce propos:

> Même si Gauvreau a prétendu que «la poésie de Lapointe [...] n'a jamais transcendé [...] l'image transfigurante» — c'est-à-dire le collage verbal pratiqué parfois dans *Le vierge incendié* — on ne peut concevoir autrement que dans une perspective automatiste ces poèmes où des formes sonores se succèdent, appelées l'une par l'autre, pour soudain laisser place à une réflexion consciente, comme dans tant de poèmes de Gauvreau[29].

C'est trahir Lapointe, nous semble-t-il, que de le maintenir dans la perspective automatiste. D'une part, parce qu'on associe le contresens aux poétiques de l'image, en réclamant l'explosion du sens dans la prétendue matière des mots. D'autre part, parce que l'automatisme apparaît, dans la «transfiguration», comme l'aboutissement de ce que nous avons appelé dans le chapitre précédent l'esthétique du «grand style». Nous croyons avoir montré que la perspective change radicalement, si l'on aborde Lapointe comme un poète «constructiviste», car ce constructivisme part du rythme. Ses poèmes retrouvent alors un sens dans leur historicité. Ils possèdent une oralité qui tient apparemment à peu de chose: une majuscule, un point, un espacement entre les mots sur lesquels reposent les effets de sens, effets de rythme.

Le sort fait à la modernité

En 1948, le personnalisme s'impose dans les pages du journal *Le Devoir* comme la nouvelle idéologie des intellectuels catholiques progressistes, ceux-là mêmes qui dénonceront le «négativisme» de *Refus global*, où jamais le nom de Dieu n'est mentionné[30], et qui publieront et commenteront l'œuvre de Garneau, en insistant sur le drame spirituel du poète, nouveau Werther, nouvel Hamlet. Mais c'est en 1948, toujours, que Gérard Bessette, rappelons-le, publie son étude sur le *Jardin d'antan* de Nelligan. Bessette espérait ainsi que son projet de «critique formelle» pourrait contrer ce qu'il appelait une «propagande individualiste» qui, à ses yeux, prenait la suite de la «propagande collective» de naguère, en négligeant le souci de la forme et l'art.

Certes, les désarrois de Saint-Denys Garneau influenceront profondément toute une génération de jeunes lecteurs. (Une soirée consacrée au poète aura lieu au Gesù, en 1953.) Le vers classique, quant à lui, vivra encore quelques belles heures avec la publication de *Suite marine* (1953) de Robert Choquette. La description parnassienne s'y trouve transformée par le rêve et la mythologie. On croit reconnaître chez Choquette la rigueur formelle de la «poésie pure», même si Choquette n'est pas Valéry. Cette rigueur formelle, pour les peintres plasticiens, exprime cette dureté qui permet de dépasser le rythme fragmentaire et obsessionnel traduisant le drame de l'«homme révolté». On valorise l'«architecture» de même que les «couleurs brûlantes», l'ordre dans le chaos.

Grâce à des poètes comme Roland Giguère, Gilles Hénault, Robert Élie, déjà très actifs dans le milieu artistique durant la guerre, la «modernité» devient le «milieu» tout naturel de la poésie. Et c'est contre l'influence irrésistible du surréalisme que devront s'affirmer les meilleurs poètes de l'époque: Gauvreau, l'exploréen, Jean-Paul Martino, proche de la *beat generation*, Guy Gervais, influencé par Abellio.

Paul-Marie Lapointe, lui, se tait. Il parlera plus tard de cette période comme celle de la «grande noirceur». On ne dirait plus cela aujourd'hui. C'est une époque de combat où, sans doute plus qu'avant, la «crise de la modernité» se fait sentir, en provoquant des mutations profondes. Car le poète, pour peu qu'il possède son rythme, et ce fut le cas de Nelligan, de Loranger, de Garneau et de Lapointe, finit par ébranler les idées reçues et les dogmatismes de tout bord qui ont cours dans le champ littéraire, lui-même tributaire d'un mode historique de la politique.

Conclusion

Pour parler du rythme en poésie, il faut, comme le note Marc Dominicy, avoir le souci des apparences[1]. Il s'agit tout autant d'une règle de lecture que d'une forme d'éthique de la «non-profondeur» qui infléchit le sens de toute poétique.

L'on a trouvé autant de poésie dans la ponctuation d'Arthur de Bussières et dans les marges de Garneau que dans les espacements ou les majuscules de Paul-Marie Lapointe. L'on a supposé chez Nelligan, par recoupement avec l'art poétique de Verlaine et des symbolistes, un rythme sous-jacent secondaire dans certains poèmes. De même, l'on a remarqué des diphtonguaisons possibles à la rime chez DesRochers. Mais ni chez Nelligan ni chez DesRochers les traces écrites du rythme supposé ne sont visibles. Ces rythmes ne sont pas imaginaires pour autant. Ils sont plausibles dans la reconstitution d'une situation de discours qui fait la part du rythme prosodique, comme chacun le reçoit et le pense dans son rapport critique au rythme métrique. Nelligan dans la musique des symbolistes, DesRochers dans l'intonation et les contours du parler québécois. Pour faire écho à ces rythmes «hypothétiques», le rythme de «réécriture» de Saint-Denys Garneau nous est apparu dans la mobilité du sens que suscite la traduction d'un texte dans un autre, traduction liée au processus de lecture et d'interprétation de la prose dans le poème ou du poème dans la prose. Ici encore, le rythme est indissociable de la voix du poète qui réinterprète chaque fois les conventions génériques ou métriques.

Certes, bien des études de métrique cherchent à expliquer les «contraintes» qui pèsent sur le vers classique ou sur le vers libre pour dégager la fiction linguistique dont procède la prosodie française. Cette fiction est le résultat de l'attention prodiguée aux apparences. Mais face à la fiction linguistique, l'oralité du langage est sans cesse à réinventer dans la réalité d'une situation de discours singulière. Le rythme nous oblige à mesurer la fiction linguistique à la singularité d'une voix. Allons plus loin. La voix est au contraire ce qui suspend la fiction, mais en tant que récit, cette fois, pour ouvrir le poème à l'espace du rythme. Si le rythme instaure une tension critique dans le poème, la voix ouvre le poème à l'échange dialogique. Ici les rôles entre l'énonciateur et l'interprète sont interchangeables. Il importe d'insister sur cet aspect de l'acte de lecture pour que le rythme ne se réduise ni à une convention ni à un effet de diction.

La voix du poème écarte enfin de la poétique ce qui procède d'une vérité ontologique antérieure (une philosophie de la forme liée à la représentation de l'idée de beauté) ou d'une rhétorique (une grammaire de l'énonciation). La voix nous garantit qu'il n'y a de rythme possible qu'à partir des effets de sens créés par une situation de discours, lorsque celui-ci se concevant entre autres comme un entretien cesse d'en référer à l'origine divine ou tout simplement académique du rythme poétique.

L'on aura remarqué combien peu des œuvres que nous avons étudiées du point de vue du rythme ont été d'abord éditées sous la forme qui nous aura servi à les lire. L'œuvre de Nelligan a été remaniée par Dantin, celle de Bussières n'a été rassemblée qu'en 1931. Delahaye a gardé par-devers soi certains de ses poèmes les plus audacieux. L'œuvre de Garneau, son *Journal*, sa correspondance, ne seront progressivement connus que dans les années cinquante, bien après la mort du poète. Nous ne possédons pas encore l'édition complète de l'œuvre de Loranger. Telles qu'elles nous parviennent, ces éditions successives relèvent d'un travail de réinterprétation des textes. Ainsi participons-nous d'une certaine manière à leur co-énonciation. De ce point de vue, toute œuvre est à concevoir comme *work in progress*, tout écrivain est encore un peu notre contemporain. L'entretien donne ainsi forme à l'acte de lecture ou de re-lecture.

On mesurera, une dernière fois, l'enjeu du rythme qui repose sur les nuances parfois infimes d'une graphie, d'une ponctuation. Celles-ci sont donc comprises dans la re-production d'un texte lui-même jamais donné dans sa version définitive. Il ne faut pas s'en désoler. Au contraire, le texte et l'entretien ne font qu'un, pris qu'ils sont dans la mobilité du sens qui remet en cause toute idée d'achèvement.

Notes

AVANT-PROPOS

1. Marc Fumaroli, *La peinture française du XVIIe siècle dans les collections américaines*, Paris, Éditions de la Réunion des musées nationaux, 1982, p. 9.

INTRODUCTION

1. Nous reprenons ici, en les résumant, les question directrices qu'Yvan Lamonde et Esther Trépanier ont posé aux participants du colloque qu'ils ont organisé en avril 1985, sur «L'avènement de la modernité au Québec dans les savoirs et dans les pratiques culturelles».
2. Marc Angenot, «Que peut la littérature? Sociocritique littéraire et critique du discours social», dans *La politique du texte. Enjeux sociocritiques*, Lille, Presses universitaires de Lille, 1992, p. 23-24.
3. *Ibid.*, p. 19.
4. Jacques Peletier du Mans, «Art poétique», dans *Traités de poétique et de rhétorique de la Renaissance*, édition de Francis Goyet, Paris, Librairie générale française, 1990, p. 280.
5. Camille Roy, «Étude sur l'histoire de la littérature canadienne», cité dans Marie-Andrée Beaudet, *Langue et littérature au Québec, 1895-1914*, Montréal, l'Hexagone, 1992, p. 98.
6. Luigi Pareyson, *Conversations sur l'esthétique*, Paris, Gallimard, 1992, p. 99.
7. Jacques de Tonnancour, «Goodridge Roberts», *Amérique française*, Montréal, 1re année, n° 5, avril 1942, p. 32.
8. T. Todorov, article «Poétique», dans Ducrot et Todorov, *Dictionnaire encyclopédique des sciences du langage*, Paris, Seuil, 1972, p. 106.
9. J.-M. Schaeffer, «Romantisme et langage poétique», dans *Poétique*, Paris, Seuil, n° 42, avril 1980, p. 192.
10. *Ibid.*

11. M. Eigeldinger, «Poésie et langage alchimique chez André Breton», dans *Mélusine*, nº 2, 1980, cité dans H. Béhar et M. Caressou, *Le surréalisme, textes et débats*, Paris, Librairie générale française, 1984, p. 302.
12. Paul Bénichou, *Les mages romantiques*, Paris, Gallimard, 1988, p. 14-15.

CHAPITRE I

LA VOIX DU POÈME

1. Joseph Marmette, préface à Eudore Évanturel, *Premières poésies*, Montréal, Paris, Éditions Leméac, Éditions d'aujourd'hui, 1979 (édition conforme à l'édition de 1878), p. xx.
2. É. Montpetit, *Au service de la tradition française*, Montréal, Bibliothèque de l'Action française, 1920, p. 127.
3. Jean Moréas, Entretien accordé au *Figaro littéraire* (18 septembre 1886), cité dans Henry Nicolas, *Mallarmé et le symbolisme*, Paris, Larousse, 1972, p. 128.
4. Henri Portine, «Un récit dans l'argumentation», dans *Langue française*, Paris, Larousse, nº 50, mai 1981, p. 84.
5. É. Nelligan, contribution à l'album-souvenir de mariage offert à Louis-Joseph Béliveau, édité par Paul Wyczynski, *Louis-Joseph Béliveau et la vie littéraire de son temps*, Montréal, Fides, 1984, p. 138-139.
6. Voir *Grammaire de la langue française*, Tours, Maison A. Mame, Paris, J. de Gigord, vers 1900.
7. Dominique Maingueneau, «Le langage en suspens», *DRLAV, revue de linguistique*, Paris, Centre de recherche de l'Université de Paris VIII, nºs 34-35, 1986, p. 80.
8. I. Tynianov, «Blok», dans *Art et poésie russes, 1900-1930. Textes choisis*, Paris, Centre Georges Pompidou, 1979, p. 168.
9. H. Meschonnic, *Critique du rythme*, Lagrasse, Verdier, 1982, p. 225.
10. Jean Moréas, ouvr. cité.
11. J.-C. Milner, «Le vers français», dans *Ordres et raisons de langue*, Paris, Seuil, 1982, p. 287.
12. *Ibid.*, p. 293.
13. Benoît de Cornulier, *Théorie du vers: Rimbaud, Verlaine, Mallarmé*, Paris, Seuil, 1982, p. 77 et suiv. La question soulevée par l'enjambement accentuel à la césure est délicate. Pour Cornulier, la césure crée une équivalence entre deux segments de vers (6 + 6 ou 4 + 6); l'équivalence (Cornulier dit aussi l'égalité) dont il est question relève du nombre syllabique et non du rythme accentuel. Cornulier peut ainsi fonder la métrique sur le compte syllabique: «L'égalité en nombre syllabique est une égalité métrique» (p. 91). Il s'ensuit que cette égalité est arbitraire et abstraite. Au contraire, «la conception accentuelle du vers français est la négation de cet arbitraire essentiel à la versification». On peut donc se demander si l'accent à la césure est un phénomène rythmique (relevant des accents d'intensité qui dépendent du discours) ou un phénomène métrique (relevant de ce fait des contraintes imposées par la métrique à la versification). Si l'accent est un phénomène rythmique lié au discours, il n'est plus obligatoire qu'un accent indique une frontière

métrique. Si l'accent est soumis à une contrainte métrique, il deviendra obligatoire pour marquer une frontière métrique. Mais l'enjambement accentuel à la césure révèle en quelque sorte l'arbitraire de la césure comme indice de l'équivalence syllabique entre deux segments de vers; il montre également le primat du compte syllabique comme facteur d'équivalence au détriment de l'accentuation. Néanmoins, cet enjambement n'est sensible comme tel pour le métricien qu'en regard de la césure métrico-syllabique dont il se démarque. Peut-on encore parler de l'accent enjambant comme d'un accent métrique, puisqu'il s'est affranchi de la contrainte métrique? Cet accent enjambant rappelle, s'il est besoin, que le mètre ne peut pas faire complètement abstraction des rythmes du discours.

14. R. Thom, *Paraboles et catastrophes*, Paris, Flammarion, 1983, p. 91.

15. H. Meschonnic, *Pour la poétique III*, Paris, Gallimard, 1973, p. 196.

16. J.-C. Milner et F. Regnault, *Dire le vers*, Paris, Seuil, 1987, p. 81.

17. J. Petitot-Cocorda, «Saint-Georges, remarques sur l'espace pictural», dans *Sémiotique de l'espace*, Paris, Denoël/Gonthier, 1979, p. 106.

18. Antoine Fabre d'Olivet, «Dissertation sur le rhythme et la prosodie des Anciens et des Modernes», dans *Miscelinea A. Fabre d'Olivet VI*, Nice, Belisane, 1982, p. 9.

19. *Ibid.*, p. 11.

20. *Ibid.*, p. 9.

21. E. Pound, *A.B.C. de la lecture*, Paris, l'Herne, 1966, p. 45.

22. Auguste Dorchain, *L'art des vers*, Paris, Garnier, 1909, p. 243.

23. Paul Morin, «Palerme», dans *Œuvres poétiques*, Montréal, Fides, 1961, p. 271.

24. Voir Benoît de Cornulier, ouvr. cité. Pour Cornulier, la perception du nombre syllabique dans son rôle métrique est purement *comparative*: ainsi, une suite de six syllabes dans un alexandrin n'est pas individuellement reconnue comme telle, elle est d'abord reconnue comme égale à d'autres suites de même nombre syllabique dans son entourage. Mais ce principe de comparaison s'applique également pour les vers entre eux; ainsi un vers de douze syllabes est-il perçu dans un entourage qui peut comprendre d'autres alexandrins de douze syllabes ou d'un nombre syllabique différent. Le perception du nombre syllabique par *comparaison* définit la pression métrique. Elle participe d'une perception psychométrique du nombre syllabique. Ce type de perception peut non seulement avoir une incidence sur le repérage de la césure dans un alexandrin, mais elle peut aussi avoir une incidence dans la saisie des unités supérieures au mètre comme la strophe. La pression métrique découle du fait que «les équivalences métriques sont des équivalences phonologiquement déterminées, arbitraires, comme les équivalences rimiques, par rapport au contenu syntaxique-sémantique qu'elles structurent. La conception accentuelle du vers français est la négation de cet arbitraire essentielle à la versification. Contrairement à la distribution des prétendus accents syntagmatiques, le nombre syllabique est indépendant, dans son principe, de la structure syntaxique-sémantique en français; et par là il se prête à un rôle métriquement constitutif» (p. 67).

25. *Ibid.*, p. 134 et suiv. Cornulier définit le *e* muet grammaticalement féminin en stipulant que le *e* muet est féminin s'il est la dernière voyelle de son unité de cosyllabation. Celle-ci désigne «la plus petite unité (morphème, mot ou syntagme) le comprenant qui comprenne une "vraie" voyelle (autre que le *e* muet)» (p. 135).

26. Paul Veyne, *L'élégie érotique romaine, l'amour, la poésie et l'Occident*, Paris, Seuil, 1983, p. 199-200. Le goût, la mollesse, la délicatesse, ce sont les traits de la poésie de Morin que l'abbé Camille Roy n'apprécie pas: «Des lecteurs habitués aux rythmes traditionnels n'aimeront pas ses vers de neuf ou de onze syllabes; des lecteurs virils souriront de certains raffinements d'émotion et de vocabulaire, et des grâces trop fluides de quelques strophes.» (Camille Roy, *Nouveaux essais sur la littérature canadienne*, Québec, Imprimerie de l'Action sociale limitée, 1914, p. 302).
27. Paul Veyne, ouvr. cité, p. 198.
28. Voir Henri Meschonnic, *Critique du rythme*, Lagrasse, Verdier, 1982, p. 246 et suiv. Meschonnic écrit: «Toute scansion n'est que l'application d'un modèle. Il n'y a pas de scansion modèle. Il y a la scansion minimale: celle pour le français, de la métrique qui, bien qu'elle s'en tienne seulement aux accents d'intensité principaux, mêle déjà le métrique et le rythmique, et ne peut s'obtenir qu'en simplifiant le rythme à l'accentuel, en sollicitant l'énoncé vers la simplification nécessaire à son modèle. Il y a les cas ambigus syntaxiquement. Il y a, non sur le plan des réalisations phoniques individuelles, mais sur celui de l'organisation syntagmatique, paradigmatique du discours, la somme des scansions possibles, pertinentes, significatives. Il y a l'interaction de la prosodie avec le rythme accentuel. La lecture du poème n'est que la réalisation empirique de son organisation, qui déborde toute lecture. L'analyse du rythme est donc la prise en compte du nonlinéaire dans le linéaire, de la prosodie constante, — la *surscansion* qui annule la scansion minimale par excès: la rythmique du discours, non plus la métrique» (p. 246).
29. Benoit de Cornulier, ouvr. cité, p. 193.
30. É. Nelligan «Je veux m'éluder», dans *Poésies complètes*, Montréal, Fides, 1952, p. 253.
31. Benoît de Cornulier rappelle qu'une règle morphologique «élimine toute séquence de deux ou plusieurs *e* féminins successifs en français» (ouvr. cité, p. 136-137). Ainsi se justifie phonologiquement la suppression du *e* féminin métriquement surnuméraire dans «fût-c(e)», alors que ce *e* devrait normalement être compté.
32. Benoît de Cornulier, ouvr. cité, p. 104-105.
33. Henri Meschonnic, *Écrire Hugo*, Paris, Gallimard, 1977, p. 172.
34. Voir plus loin au chapitre V.
35. H. de Saint-Denys Garneau, *Œuvres*, Montréal, Presses de l'Université de Montréal, 1971, p. 134.
36. Albert Lozeau, «Effets de neige et de givre», dans *L'âme solitaire* (1907), Montréal, Librairie Beauchemin limitée, 1925, p. 152-153.
37. Marcel Raymond, *De Baudelaire au surréalisme*, Paris, Librairie José Corti, 1963, p. 79.
38. Jean Mazaleyrat, *Éléments de métrique française*, Paris, Armand Colin, 1981, p. 11.
39. Jacques Roubaud, *La vieillesse d'Alexandre*, Paris, François Maspero, 1978, p. 48.
40. *Ibid.*, p. 49.
41. *Ibid.*, p. 59.

42. Hegel, cité dans Philippe Lacoue-Labarthe, «Le règne», dans *La mort du genre 2*, Montréal, La Nouvelle Barre du Jour, 1989, p. 87.
43. P. Lacoue-Labarthe, ouvr. cité, p. 88.
44. J-M. Schaeffer, «Romantisme et langage poétique», dans *Poétique*, Paris, Seuil, 1980, n° 42, p. 179.
45. A. Fabre d'Olivet, ouvr. cité, p. 8.
46. *Ibid.*
47. Saint-Denys Garneau, ouvr. cité, p. 735.

CHAPITRE II

ARTHUR DE BUSSIÈRES ET LA GRAMMAIRE DES PARNASSIENS

1. *Grammaire de la langue française*, Tours, Maison A. Mame et fils Paris, J. de Gigord, vers 1900. Cette grammaire veut «répondre aux besoins de l'enseignement primaire supérieur et de l'enseignement secondaire spécial» (Préface, p. I). Les auteurs anonymes citent parmi les grammairiens qu'ils ont le plus souvent consultés: Lemaire, Chassang, Brachet, Jullien, Laveaux, Poitevin, Guérard, le P. Sengler.
2. Voir Simone Delesalle et J.-C. Chevalier, *La linguistique, la grammaire et l'école 1750-1914*, Paris, Armand Colin, 1986. «La théorie saussurienne d'avant 1914 apparaît, disent les deux auteurs, beaucoup plus comme une nébuleuse débordante de problématiques ouvertes, que comme un ensemble théorique clair [...]» (p. 14).
3. Albert Dauzat, *Le génie de la langue française*, Paris, Payot, 1954, p. 280.
4. Ferdinand Brunot, cité dans Claudine Haroche, *Faire dire, vouloir dire*, Lille, Presses universitaires de Lille, 1984, p. 77.
5. A. Racot, cité dans Luc Decaunes, *La poésie parnassienne*, Paris, Seghers, 1977, p. 22.
6. Claudine Haroche, ouvr. cité, p. 72-73.
7. Condillac, cité dans S. Delesalle et J.-C. Chevalier, ouvr. cité, p. 103.
8. Du Marsais, cité dans C. Haroche, ouvr. cité p. 116.
9. J.-F. Massol, «Transformation des pratiques scolaires de poésie en France à la fin du XIXe siècle», dans *Littérature*, Paris, Larousse, n° 72, 1988, p. 76.
10. A. de Bussières, «Agar et Ismaël», dans Wilfrid Paquin, *Arthur de Bussières, poète, et l'École littéraire de Montréal, suivi des poèmes d'Arthur de Bussières publiés dans «Les Bengalis» et de quinze autres poèmes retrouvés par l'auteur*, Montréal, Fides, 1986, p. 86.
11. Réponse de C. Mendès aux questions de Jules Huret, *Enquête sur l'évolution littéraire* (1891), Vanves, Éditions Thot, 1982, p. 249.
12. Voir P. Géninasca, «Découpage conventionnel et signification», dans *Essais de sémiotique poétique*, Paris, Larousse, 1972. Géninasca part du principe que «les formes fixes (rondeau, ballade, sonnet, etc.) ne sont qu'un cas particulier, institutionnalisé, du découpage du discours poétique en unités (métriques ou non) qui ne coïncident pas nécessairement avec les unités linguistiques» (p. 46); c'est le cas du vers ou de la strophe qui ne constituent pas des unités linguistiques mais métri-

ques. Ces unités sont, en effet, définies par les règles qui fixent, en particulier, la nature et le nombre des vers et des strophes, elles n'acquièrent toutefois la qualité d'objet sémiotique que si on les examine dans leurs relations avec les autres instances de ce *signe* multidimensionnel qu'est un poème (en forme de rondeau, de ballade ou de sonnet) et tout spécialement avec le plan du contenu» (p. 46). Partant, «le découpage des quatrains et des tercets en unités isométriques sert, entre autres, à manifester la présence redondante de certains contenus sémiques (repérables d'un segment à l'autre) à l'intérieur d'une strophe dont il facilite ainsi la lecture isotope; de plus, il favorise surtout la mise en corrélation des unités de niveau supérieur, non pas au seul point de vue du contenu (la comparabilité sémantique des strophes étant posée par hypothèse dans notre description), mais à celui de l'expression aussi. Le découpage en vers joue un rôle décisif dans l'établissement des couplages entre des segments appartenant à des strophes différentes» (p. 49). Tout serait à discuter ici. D'abord le fait que Géninasca substitue la notion de segment à celle de vers ainsi qu'à celle de phrase pour ensuite établir des corrélations entre plan du contenu et plan de l'expression, niant par là le rapport dynamique entre le vers, l'énoncé et le plan du discours relevant des modalités de l'énonciation. Ensuite, le fait que la comparabilité sémantique ne se justifie que par des opérations de couplages qui nient le continu-discontinu du sens dans le poème. Enfin, Géninasca donne à penser que son modèle *taxique* correspond aux conventions du sonnet comme genre, ce qui n'est évidemment pas le cas, mais peut sembler tel quand on prend un sonnet du XIXe siècle où le découpage métrique se règle sur les poncifs d'une grammaire de phrases. La grammaire se sublime dans le poème-signe. La lecture de Géninasca reste une lecture romantique du poème.

13. Du Marsais, cité dans S. Delesalle et J.-C. Chevalier, ouvr. cité, p. 90.
14. *Grammaire de la langue française*, ouvr. cité, p. 233.
15. A. de Bussières, ouvr. cité, p. 77.
16. *Ibid.*, p. 79.
17. *Ibid.*, p. 86.
18. *Ibid.*, p. 93.
19. *Ibid.*, p. 91.
20. *Ibid.*, p. 106.
21. *Ibid.*, p. 102.
22. *Ibid.*, p. 107. L'hyperbate est une figure essentielle pour comprendre dans quel esprit les nouveaux grammairiens abordent la grammaire du discours. Elle n'est plus considérée comme un écart relevant de la rhétorique. Elle exprime la logique même du fonctionnement discursif. «Elle devient positivement le rassemblement de tous les moyens dont disposent les locuteurs pour faire se plier à la marche de leur pensée les différentes contraintes syntaxiques de leurs langues. D'où un dépassement du cadre de la phrase [...]» (S. Delesalle et J.-C. Chevalier, ouvr. cité, p. 188).
23. A. de Bussières, ouvr. cité, p. 71.
24. Frères des Écoles chrétiennes, *Langue française, code grammatical et préceptes littéraires*, Montréal, 1929, p. 105.
25. A. de Bussières, ouvr. cité, p. 90.
26. Leibniz cité dans Kristeva, *Le langage, cet inconnu*, Paris, le Seuil, 1981, p. 174.

27. A. de Bussières, ouvr. cité, p. 84.
28. *Grammaire de la langue française*, ouvr. cité, p. 164.
29. A. de Bussières, ouvr. cité, p. 87.
30. *Ibid.*, p. 74.
31. *Ibid.*, p. 97.
32. *Ibid.*, p. 80.
33. A. Chervel, *...et il fallut apprendre à écrire à tous les petits Français. Histoire de la grammaire scolaire*, Paris, Payot, 1977, p. 230.
34. Silvestre de Sacy, cité dans A. Chervel, ouvr. cité, p. 192.
35. Du Marsais, cité dans Catherine Kerbrat-Orecchioni, *L'implicite*, Paris, Armand Colin, 1986, p. 143.
36. A. de Bussières, ouvr. cité, p. 71.
37. Il s'agit d'imaginer la Lune comme une étoile refroidie. On sait, pour l'anecdote, qu'Arthur de Bussières propose un sujet de conférence sur l'astronomie à l'École littéraire de Montréal, en 1898. Voir, à ce propos, Jean Charbonneau, *L'École littéraire de Montréal*, Montréal, Éditions Albert Lévesque, 1935, p. 47.
38. Lancelot et Arnaud, cités dans Kristeva, ouvr. cité, p. 163.
39. *Grammaire de la langue française*, ouvr. cité, p. 192.
40. *Ibid.*, p. 190.
41. A. de Bussières, ouvr. cité, p. 67.
42. *Ibid.*, p. 104.
43. *Ibid.*, p. 91.
44. *Ibid.*, p. 79.
45. A. Chervel, ouvr. cité, p. 198.
46. Bettinger, cité dans A. Chervel, ouvr. cité, p. 198.
47. A. de Bussières, ouvr. cité, p. 69.
48. *Ibid.*, p. 68.
49. *Ibid.*, p. 105.
50. Paul Morin, «La villa d'Este», *Le Nationaliste*, Montréal, 8 décembre 1907.
51. A. Lozeau, «L'ennui», *Le Nationaliste*, Montréal, 1er décembre 1907.
52. La critique du poème de Lozeau paraît dans *Le Nationaliste*, le 8 décembre 1907, dans un article intitulé «À propos de critique littéraire».
53. Marcel Cressot, *Le style et ses techniques*, Paris, PUF, 1947, p. 8.
54. Voir A. de Bussières, ouvr. cité, p. 90. Le poème parut en août 1908, dans *La Revue populaire*.
55. Leconte de Lisle, cité dans Jules Huret, ouvr. cité, p. 238.
56. Bréal, cité dans S. Delesalle et J.-C. Chevalier, ouvr. cité, p. 291.
57. A. Chervel, ouvr. cité, p. 262.

CHAPITRE III

NELLIGAN ET LA MUSICALITÉ SYMBOLISTE

1. René Doumic, cité dans Paul Wyczynski, *Nelligan, 1879-1941, biographie*, Montréal, Fides, 1990, p. 217.

2. Lucien Rainier (abbé Joseph-Marie Melançon), lettre à Germain Beaulieu, 22 avril 1938.
3. G. Bessette, «Analyse d'un poème de Nelligan», reproduit dans G. Bessette, *Une littérature en ébullition*, Montréal, Éditions du Jour, 1968, p. 27-41.
4. G. Bessette, *Ibid.*, p. 32.
5. V. Volkoff, «D'Irtamène à Dieu: la métrique de l'alexandrin hugolien», dans *Victor Hugo 2*, numéro de *La Revue des lettres modernes*, Paris, Minard, 1988, p. 27-41. Les hypothèses de Volkoff concernent l'alexandrin classique.
6. Nelligan, «Le jardin d'antan «, dans *Poésies complètes, 1896-1899*, Montréal, Fides, 1952, p. 55.
7. É. Nelligan, ouvr. cité, p. 68.
8. *Ibid.*, p. 41.
9. *Ibid.*, p. 136.
10. *Ibid.*, p. 57.
11. *Ibid.*, p. 43.
12. *Ibid.*, p. 58.
13. *Ibid.*, p. 68.
14. *Ibid.*, p. 42.
15. *Ibid.*, p. 55.
16. *Ibid.*, p. 50.
17. H. Meschonnic, *Critique du rythme*, Lagrasse, Verdier, 1982, p. 229.
18. A. Dorchain, *L'art des vers*, Paris, Garnier, vers 1909, p. 44.
19. C. Mendès, réponse aux questions de Jules Huret, dans Jules Huret, *Enquête sur l'évolution littéraire* (1891), Vanves, Éditions Thot, 1982, p. 249.
20. J-F. Massol, «Transformation des pratiques scolaires de poésie en France à la fin du XIXe siècle», dans *Littérature*, Paris, Larousse, n° 72, 1988, p. 76.
21. S. Paul Verluyten, «L'analyse de l'alexandrin. Mètre ou rythme?», dans *Le souci des apparences*, Bruxelles, Editions de l'Université de Bruxelles, 1989, p. 32.
22. *Ibid.*, p. 37.
23. J.-C. Milner et F. Regnault, *Dire le vers*, Paris, Seuil, 1987, p. 79 *passim*.
24. Voir S. Paul Verluyten, ouvr. cité, p. 54 *passim*.
25. É. Nelligan, ouvr. cité, p. 120.
26. J.-C. Milner et F. Regnault, ouvr. cité, p. 148-149.
27. J. Charbonneau, *L'École littéraire de Montréal*, Montréal, Éditions Albert Lévesque, 1935, p. 119.
28. Voir Jean Molino «La théorie du vers à l'époque romantique. La "Prosodie de l'Ecole moderne" de Wilhem Tenint», dans *Victor Hugo 2*, numéro de *La Revue des lettres modernes*, Paris, Minard, 1988, p. 16-17. Molino démontre que les romantiques apportent des changements non pas dans la structure du vers (alexandrin), mais dans son interprétation: «Dès que le vers n'est plus chanté, il est nécessairement parlé et doit donc nécessairement se soumettre aux contraintes du sens et de la syntaxe. C'est la mélopée, imposée *a priori* au langage, qui fondait la grande versification classique [...]» (p. 17). Or ce passage du vers chanté au vers parlé amène les métriciens de l'époque romantique à dire que «l'alexandrin régulier est composé d'éléments instables séparés par des césures mobiles [...]» (p. 17).
29. G. Bessette, art. cité, p. 40.
30. Émile Nelligan, ouvr. cité, p. 134.

31. Paul Ricœur, *La métaphore vive*, Paris, Seuil, 1975, p. 308 et 309.
32. Émile Nelligan, ouvr. cité, p. 44.
33. J. Charbonneau, ouvr. cité, p. 121.
34. *Ibid.*, p. 122.
35. Michele Prandi, *Sémantique du contresens*, Paris, Minuit, 1987, p. 11.
36. *Ibid.*, p. 11, note 9.
37. Mgr A. Farges et le chanoine D. Barbedette, *Cours de philosophie scolastique*, 5e édition adaptée à la 25e édition latine, Paris, Berche et Tralin, libraires, 1920, tome I, p. 47.
38. Schlick, cité dans Michele Prandi, ouvr. cité, p. 17.
39. Mgr Louis-Adolphe Paquet, *Droit public de l'Église. L'Église et l'éducation à la lumière de l'histoire et des principes chrétiens*, Québec, imprimé par la compagnie de l'Événement, 1909, p. 295.
40. H. Meschonnic, *La rime et la vie*, Lagrasse, Verdier, 1989, p. 203.
41. Louis Dantin, *Émile Nelligan et son œuvre*, Montréal, Librairie Beauchemin, 1904. Le texte de la préface reprend l'article paru dans *Les Débats* en 1902.
42. Voir Jacques Michon, *Émile Nelligan, les racines du rêve*, Montréal et Sherbrooke, Presses de l'Université de Montréal et Éditions de l'Université de Sherbrooke, 1983. *Les Débats* publient en mai 1906 un article sans doute de Louvigny de Montigny mais qu'on attribue aussi à Olivar Asselin. On trouve dans cet article consacré à Nelligan le pour et le contre. On lit d'abord ce jugement négatif: «M. Nelligan est avant tout un dilettante du mysticisme, chez qui la piété peut parfois passer pour impie. Dans certaines œuvres d'adolescence, on dirait qu'il goûte le charme douloureux du péché et qu'il ne trouve pas le sacrilège dépourvu de majesté. Mais ses vers, —ceux publiés dans le volume de l'*École littéraire* ainsi que les autres— seront oubliés parce que lui, l'auteur, possède trop le culte du mot et de l'épithète, parce qu'il recherche l'éclat de la phrase, qu'il se laisse bercer à sa musique et qu'il croit au prestige des sonorités.» Ailleurs les auteurs écrivent en guise d'hommage. «Il a pu commettre certains excès de lyrisme, certaines audaces; mais, on les lui pardonne en faveur de sa jeunesse et de sa belle âme. Il aime tant l'art! Il aime tant sa mère dont ses vers sont remplis! il porte en lui-même tant d'illusions!» (*Les Débats*, 6 mai 1900). Les auteurs s'appliquent visiblement à montrer qu'il y a deux lectures possibles de l'œuvre qui sont totalement incompatibles, quand on y prend garde, à moins de faire la part de l'ironie.
43. Jean Larose, *Le mythe de Nelligan*, Montréal, les Quinze, 1981, p. 127-128.
44. *Ibid.*, p. 212.
45. *Ibid.*, p. 125.
46. *Ibid.*, p. 168.
47. *Ibid.*, p. 257.
48. G. Bessette «Le complexe parental chez Nelligan», dans *Une littérature en ébullition*, ouvr. cité, p. 68-69.
49. É. Nelligan, p. 163.
50. *Ibid.*, p. 171.
51. *Ibid.*, p. 277.
52. Antoine Compagnon, *La troisième république des lettres de Flaubert à Proust*, Paris, Seuil, 1983. p. 210 et suiv. Le livre d'Antoine Compagnon est indispensable pour comprendre le passage de la rhétorique à l'histoire littéraire.

53. Louis Dantin, ouvr. cité.
54. Voir Placide Gaboury, *Louis Dantin et la critique d'identification*, Montréal, Hurtubise HMH, 1973, p. 273.
55. Jacques Michon, ouvr. cité, p. 102-103.
56. Jean-Paul Sartre, *Mallarmé. La lucidité et sa face d'ombre*, Paris, Gallimard, 1986, p. 23-24.
57. *Ibid.*, p. 44.
58. *Ibid.*, p. 27.
59. *Ibid.*, p. 122.
60. J. Charbonneau, ouvr. cité, p. 173-174.

CHAPITRE IV

DELAHAYE ET LES PARADOXES DU «BEAU DOUBLE»

1. Michel Foucault, *Les mots et les choses*, Paris, Gallimard, 1966, p. 63.
2. Charles Morice, extrait de *La littérature de tout à l'heure* (1889), cité dans Henry Nicolas, *Mallarmé et le symbolisme*, Paris, Librairie Larousse, 1972, p. 81.
3. Rénald Bérubé, «Guy Delahaye: transtextualité, blague, silence (petit inventaire)», dans *Protée*, Chicoutimi, Département des arts et lettres de l'Université du Québec à Chicoutimi, vol. XV, n° 1, hiver 1987, p. 48.
4. Guy Delahaye, *Les phases*, Montréal, Déom, 1910, p. 21-22.
5. Julia Kristeva, *Pouvoirs de l'horreur*, Paris, Seuil, 1980, p. 145.
6. Julia Kristeva, *Sémiotikè, recherches pour une sémanalyse*, Paris, Seuil, 1969, p. 96 et 244.
7. Marinetti, «Manifeste du futurisme», reproduit dans Giovanni Lista, *Marinetti*, Paris, Seghers, 1976, p. 177.
8. G. Delahaye, ouvr. cité, p. 85-86.
9. J. Kristeva, *Pouvoirs de l'horreur*, ouvr. cité, p. 19.
10. G. Delahaye, ouvr. cité, p. 19-20.
11. Beaudelaire, *Les paradis artificiels*, 4, Paris, Seuil, coll. «L'Intégrale», 1968, p. 578.
12. Guy Delahaye, *Œuvres parues et inédites*, Montréal, Hurtubise HMH, 1988, p. 51 et suiv.
13. Marinetti, «Nous renions nos maîtres les symbolistes, derniers amants de la lune», reproduit dans Giovanni Lista, ouvr. cité, p. 183.
14. G. Delahaye, *Les phases*, ouvr. cité, p. 131.
15. *Ibid.*, p. 67-68.
16. *Ibid.*, p. 30. Delahaye semble faire allusion encore une fois au destin de Nelligan. «Aigûment» rappelle également la voix de soprano de «Tout l'homme psychique».
17. *Ibid.*, p. 30-31.
18. Aristote, cité dans A. Kojève, *Essai d'une histoire raisonnée de la philosophie païenne*, Paris, Gallimard, 1972, p. 338.
19. P. Emmanuel, *Baudelaire, la femme et Dieu*, Paris, Seuil, 1982, p. 60.
20. G. Delahaye, *Les phases*, ouvr. cité, p. 57-58.

21. E. Poe «Le démon de la perversité», cité dans Baudelaire, *Œuvres complètes*, Paris, Gallimard, coll. «Bibliothèque de la Pléiade», p. 271.
22. A. Lozeau, «*Les phases* ou le Danger des mauvaises fréquentations», dans *Le Devoir*, 19 avril 1910, p. 1.
23. A. Laberge, «*Les phases*», dans *La Presse*, 23 avril 1910, p. 18.
24. Guy Delahaye, *«Mignonne allons voir si la Rose ...» est sans épine*, Montréal, Déom, 1912, p. XXIV.
25. *Ibid.*, p. XXIII.
26. Maurice Lemire, «Introduction» dans *Dictionnaire des œuvres litteraires du Québec*, tome II: 1900 a 1939, Montréal, Fides, 1980, p. XXXIX.
27. François Charron et Roger Des Roches, «Notes sur une pratique», dans *La Barre du jour*, Montréal, n° 29, été 1971, p. 2-7.
28. J.-M. Lemelin, «Le Champ littéraire au Québec», dans R. Giroux et J.-M. Lemelin, *Le spectacle de la littérature*, Montréal, Triptyque, 1984, p. 189.
29. Pierre Bourdieu, *Les règles de l'art, genèse et structure du champ littéraire*, Paris, Seuil, 1992, p. 337.
30. Daniel Grojnowski, «Le rire "moderne" à la fin du XIXe siècle», dans *Poétique*, Paris, Seuil, n° 84, novembre 1990, p. 466.
31. *Ibid.*, p. 455.
32. Le lien entre l'esprit du calembour et l'hermétisme remonte au moins jusqu'au XVIIIe siècle. Le calembour, au-delà de l'équivoque du sens qu'il instaure, devait pour certains auteurs témoigner de l'existence d'une langue primitive efficace; celle-ci donne au son une place primordiale par rapport à l'idéogramme, et, partant, au discours parlé, par rapport à l'écriture, comme origine de toute langue. C'est ainsi que Joseph de Maistre pense que la langue latine s'est formée par agglutination de sons «originaux» ou de fragments syllabiques. Par exemple, CADAVER serait formé à partir de «CAro DAta VERmibus». À l'époque de Delahaye, J.-P. Brisset, rempli d'un feu mystique, écrivait à propos du calembour: «L'épée de feu qui gardait le chemin de l'arbre de vie, s'appelle calembour, jeu de mots. L'idée qu'il pût y avoir quelque chose de caché sous le calembour, ne pouvait venir à aucun homme, car c'était interdit à l'esprit humain. Il lui était seulement imposé d'éclater de rire stupidement, mais cela reste désormais le partage des sots et des esprits bornés.» (*Les origines humaines*, deuxième édition de *La science de Dieu*, Angers, 1913.) Les thèses de Maistre et de Brisset sont exposées dans Jean Roudaut, *Poètes et grammairiens au XVIIIe siècle*, Paris, Gallimard, 1971, p. 179 et suiv.
33. D. Grojnowski, «Une avant-garde sans avancée: les "Arts incohérents", 1882-1889», dans *Actes de la recherche en sciences sociales*, Paris, n° 40, novembre 1981, p. 80.
34. Voir Louisa E. Jones, *Sad Clowns and Pale Pierrots. Literature and the Popular comic Arts in 19th-Century France*, Kentucky (U.S.A.) Lexington, French Forum, Publishers, 1984, p. 296.
35. G. Delahaye, *Œuvres parues et inédites*, ouvr. cité.
36. *Ibid.*, p. 316.
37. Voir plus loin au chapitre V.
38. Gérard Genette, *Fiction et diction*, Paris, Seuil, 1991, p. 29.
39. *Ibid.*, p. 33-34.

40. Dan Sperber et Deirdre Wilson, «Les ironies comme mentions», dans *Poétique*, Paris, Seuil, n° 36, novembre 1978, p. 409.
41. Delahaye, *Œuvres parues et inédites*, ouvr. cité, p. 320-321.

CHAPITRE V

MODERNISTES ET RÉGIONALISTES

1. C. Maurras, «Du nouveau en poésie?», dans *Gazette de France*, 7 septembre 1902, reproduit dans C. Maurras, *Barbarie et poésie*, Versailles, Bibliothèque des œuvres politiques, 1928, p. 282-283.
2. *Ibid.*, p. 283.
3. *Ibid.*, p. 282.
4. *Ibid.*, p. 285.
5. Josée Angers, «Un anti-sentimental: Jules Laforgue», *Le Nigog*, vol. I, n° 9, septembre 1918, p. 297.
6. Robert de Roquebrune, «La jeune Littérature française avant 1914», *Le Nigog*, vol. I, n° 8, août 1918, p. 270.
7. *Ibid.*, p. 271.
8. Rodolphe Mathieu, «Perceptions», *Le Nigog*, vol. I, n° 2, février 1918, p. 50.
9. D. Chennevière Rudhyar, «Atlas», *Le Nigog*, vol. I, n° 3, mars 1918, p. 78. Notons que les rapports entre Rudhyar et l'équipe du *Nigog* se sont envenimés par la suite. Dans le numéro de novembre 1918, la rédaction critique les propos qu'a tenus Rudhyar dans *Le Canada*. Rudhyar avait eu, paraît-il, des révélations sur l'avenir des Canadiens français, qui devaient régénérer le monde. *Le Nigog* résume ces propos sur un ton ironique: «Les révélations de M. Rudhyar se divisent en trois points: 1) décadence latine, déjà prouvée par Péladan il y a vingt-cinq ans; 2) supériorité phallique des Canadiens sur les autres races du monde; 3) existence d'une puissante sexualité féminine au Canada. Nous laissons de côté des points de détail tels que: les femmes françaises sont toutes des danseuses de corde [...]. Personne en Europe n'a su penser la guerre. Il n'y a pas de chef en Europe.» («Rudhyar et les Canadiens», *Le Nigog*, vol. I, n° 11, novembre 1918, p. 379).
10. Paul Morin, «Scriabine», *Le Nigog*, vol. I, n° 4, avril 1918.
11. Voir le chapitre premier.
12. A. Beauregard, «Poèmes par M. Loranger», *Le Canada*, 3 mai 1922, p. 4.
13. Jean-Aubert Loranger, *Les atmosphères. Poèmes et autres textes*, édition présentée par Pierre Ouellet, Paris, La Différence, coll. «Orphée», 1992, p. 64.
14. J.- P. Bobillot, «L'élasticité métrico-prosodique», dans *Poétique*, Paris, Seuil, n° 84, novembre 1990, p. 417.
15. J.-A. Loranger, cité dans R. Hamel, *Procès-verbaux, correspondance et autres documents inédits sur l'École littéraire de Montréal*, Montréal, La Librairie de l'Université de Montréal, 1974-1975, vol. II, p. 315.
16. J.-A. Loranger, ouvr. cité, p. 69.
17. *Ibid.*, p. 72.
18. *Ibid.*, p. 76.
19. Bernadette Guilmette, «Historique du haïku en français: La France et le Québec», dans Dorothy Howard et André Duhaime (dir.), *Haïku, Anthologie cana-*

dienne/Canadian anthology, Hull, Éditions Asticou, 1985, p. 34. Bernadette Guilmette note que pour Jules Romains, qui écrit en 1920 dans *L'Humanité*, «ce type de poème court et très concentré, doit permettre aux amateurs dans le peuple de faire une poésie ingénieuse qui puisse rivaliser avec la production des écrivains de métier»(p. 44). On sait que Loranger appréciait la poésie «unanimiste» de Romains.
20. Maublanc, cité dans B. Guilmette, art. cité, p. 41.
21. B. Guilmette, «La pénombre et l'équivoque: Jean-Aubert Loranger et l'École littéraire de Montréal», *Protée*, Chicoutimi, Département des arts et lettres de l'Université du Québec à Chicoutimi, vol. XV, n°1, hiver 1987, p. 84.
22. J.-A. Loranger, ouvr. cité, p. 92.
23. *Ibid.*, p. 98.
24. *Ibid.*, p. 60.
25. *Ibid.*, p. 98.
26. *Ibid.*, p. 84.
27. *Ibid.*, p. 84.
28. Cité dans B. Guilmette, «La pénombre et l'équivoque...», art. cité, p. 84.
29. Luigi Pareyson, *Conversations sur l'esthétique*, Paris, Gallimard, 1992, p. 127.
30. J.-A. Loranger, ouvr. cité, p. 85.
31. Michel Serres, *Hermes IV. La distribution*, Paris, Minuit, 1977, p. 121.
32. *Ibid.*
33. J.-A. Loranger, ouvr. cité, p. 74.
34. *Ibid.*, p. 75.
35. M. Serres, ouvr. cité, p. 130.
36. J.-A. Loranger, ouvr. cité, p. 44.
37. M. Serres, ouvr. cité, p. 223.
38. J.-A. Loranger, ouvr. cité, p. 36.
39. *Ibid.*, p. 45.
40. M. Serres, ouvr. cité, p. 138.
41. J.-A. Loranger, ouvr. cité, p. 73.
42. *Ibid.*, p. 57.
43. Henri Meschonnic, *La rime et la vie*, Lagrasse, Verdier, 1989, p. 49.
44. Victor Barbeau, *Les Cahiers de Turc*, Montréal, n° 5, 1er février 1922, p. 46-47.
45. *Ibid.*, n° 7, 1er avril 1927, p. 183.
46. L'article d'Arthur Letondal, «L'âme canadienne», est reproduit *in extenso* dans Marcel Dugas, *Littérature canadienne. Aperçus*, Paris, Firmin-Didot, 1929, p. 119.
47. Louvigny de Montigny, cité dans Aurélien Boivin, «*Maria Chapdelaine*, bilan et perspectives», dans *Les littératures de langues européennes au tournant du siècle: lectures d'aujourd'hui*, Ottawa, Travaux du Groupe de recherches international, «1900», série C, cahier I, 1985, p. 96.
48. A. Letondal, art. cité, p. 117.
49. Camille Roy, «Préface», dans Pamphile Le May, *Les gouttelettes*, Québec, L'Action catholique, 1937, p. VII.
50. Voir Lucille Guilbert, avec la collaboration de Jean Du Berger, Sylvie Dion et Alain Lacasse, *Pauvre ou vagabond, le quêteux et la société québécoise*, Québec, Rapports et Mémoires de recherche du Célat, n° 9, novembre 1987.

51. Claude-Henri Grignon, *Ombres et clameurs*, Montréal, Éditions Albert Lévesque, 1933, p. 115.
52. Louis Dantin, *Gloses critiques*, Montréal, Éditions Albert Lévesque, 1931, p. 23.
53. *Ibid.*, p. 31-32.
54. *Ibid.*
55. Camille Roy, *La critique littéraire au dix-neuvième siècle de Mme de Staël à Émile Faguet*, Québec, Imprimerie de l'Action sociale limitée, 1918, p. 134.
56. Voir Claude Filteau, «Un romancier fasciste des années 30: Ubald Paquin», *Voix et images*, Montréal, Presses de l'Université du Québec, vol. III, n° 1, 1977.
57. Alfred DesRochers, *Œuvres poétiques*, Montréal, Fides, t. I, 1977 p. 77.
58. Alphonse Désilets, «Préface», d'*À l'ombre de l'Orford*, dans ouvr. cité, p. 211.
59. Alfred DesRochers, cité dans Sœur Marie-Henriette-de Jésus, *Lucien Rainier, l'homme et l'œuvre*, Montréal, Éditions du Lévrier, 1966, p. 234. Notons que Lucien Rainier est le pseudonyme de l'abbé Joseph-Marie Melançon.
60. Philippe Hamon, «Note sur un dispositif naturaliste», *Le naturalisme*, colloque de Cerisy, Paris, Union générale d'éditions, 1978, p. 101.
61. A. DesRochers, ouvr. cité, p. 79.
62. *Ibid.*, p. 86.
63. *Ibid.*, p. 85.
64. *Ibid.*, p. 85.
65. *Ibid.*, p. 84.
66. *Ibid.*, p. 80.
67. *Ibid.*, p. 87.
68. *Ibid.*, p. 89.
69. *Ibid.*, p. 93.
70. *Ibid.*, p. 92.
71. *Ibid.*, p. 84.
72. *Ibid.*, p. 79.
73. *Ibid.*, p. 81.
74. Voir Marcel Boudreault, *Rythme et mélodie de la phrase parlée en France et au Québec*, Québec, Paris, Presses de l'Université Laval, Klincksieck, 1968, p. 87 et suiv.
75. A. DesRochers, ouvr. cité, p. 96.
76. R. Barthes «Le style et son image», *Essais critiques IV: Le bruissement de la langue*, Paris, Seuil, 1984, p. 149-150.
77. A. DesRochers, *Œuvres poétiques*, Montréal, Fides, t. II, 1977, p. 41.
78. Thomas Sébillet, «Art poétique français», reproduit dans *Traités de poétique et de rhétorique de la Renaissance*, Paris, Librairie générale française, «Le livre de poche», 1990, p. 91.
79. Camille Roy, *Nouveaux essais sur la littérature canadienne*, Québec, Imprimerie de l'Action sociale limitée, 1914, p. 307.
80. A. DesRochers, cité par Jacques Michon, «La réception de Nelligan de 1904 à 1941», *Protée*, Chicoutimi, Département des Arts et Lettres de l'Université du Québec à Chicoutimi, vol. XV, n° 1, hiver 1987, p. 25.
81. Adjutor Rivard et Louis Philippe Geoffrion, «Préface» du *Glossaire du parler français au Canada*, Québec, L'Action sociale limitée, 1930, p. VII.

CHAPITRE VI

DE LA RHÉTORIQUE AU COMMENTAIRE MONDAIN

1. Victor Barbeau, *Les Cahiers de Turc*, Montréal, n° 8, 1er mai 1927, p. 215.
2. Louis Dantin, *Poètes de l'Amérique française*, Montréal, Les éditions du Mercure, 1928, p. 171-172.
3. *Ibid.*, p. 158.
4. *Ibid.*, p. 172.
5. *Ibid.*, p. 177.
6. *Ibid.*, p. 140.
7. *Ibid.*, p. 141-142.
8. *Ibid.*, p. 142.
9. *Ibid.*, p. 146.
10. *Ibid.*, p. 102.
11. *Ibid.*, p. 168.
12. B. Lamy, cité dans Geoffrey P. Bennington, «Réappropriations», dans *Poétique*, Paris, Seuil, n° 48, novembre 1981, p. 507.
13. *Ibid.*, p. 507.
14. L. Dantin, ouvr. cité, p. 181.
15. *Ibid.*
16. *Ibid.*, p. 182.
17. *Ibid.*, p. 181.
18. *Ibid.*, p. 78.
19. *Ibid.*, p. 76.
20. *Ibid.*, p. 137.
21. Pierre Fontanier, *Les figures du discours*, édition de Gérard Genette, Paris, Flammarion, 1968, p. 64.
22. Louis Dantin, ouvr. cité, p. 112-113.
23. *Ibid.*, p. 105.
24. J. Reynolds, «Treizième discours», 11 décembre 1786, dans M.-M. Martinet, *Art et nature en Grande-Bretagne au XVIIIe siècle*, Paris, Aubier, 1980, p. 213.
25. Louis Dantin, art. cité, p. 136.
26. *Ibid.*, p. 135.
27. *Ibid.*, p. 62-63.
28. L. Dantin, *Gloses critiques*, Montréal, Éditions Albert Lévesque, 1931, p. 170.
29. *Ibid.*, p. 174.
30. Michel Charles, *L'arbre et la source*, Paris, Seuil, 1985, p. 211.
31. L. Dantin, *Gloses critiques*, ouvr. cité, p. 154.
32. *Ibid.*, p. 164.
33. Michel Charles, ouvr. cité, p. 66.
34. Cette problématique est développée par Philippe Lacoue-Labarthe, dans *La fiction du politique*, Paris, Christian Bourgois, 1987, p. 114-115.
35. Maurice Lemire, *Dictionnaire des œuvres littéraires du Québec*, Montréal, Fides, 1980, T. II, p. 1141.
36. M. Dugas, *Feux de Bengale à Verlaine glorieux*, Montréal, Marchand frères, 1915, p. 19.

37. *Ibid.*, p. 12.
38. Michel Deguy, *La poésie n'est pas seule*, Paris, Seuil, 1987, p. 28.
39. H.-G. Gadamer, *Qui suis-je et qui es-tu?*, Arles, Actes Sud, 1987, p. 117.
40. M. Dugas, *Psyché au cinéma*, Montréal, Paradis-Vincent éditeurs, 1916, p. 98.
41. M. Dugas, *Versions*, Montréal, Maison Francq, 1917, p. 67.
42. *Ibid.*, p. 86.
43. V. Barbeau, *Cahiers de Turc*, Montréal, 2e série, no 10, 1er juillet 1927, p. 271.
44. Mgr Chartier, *Au Canada français, la vie de l'esprit, 1760-1925*, Montréal, Bernard Valiquette, 1941, p. 350.
45. Père Jouvency, cité dans A. Collinot et F. Mazière, *L'exercice de la parole. Fragments d'une rhétorique jésuite*, Paris, Éditions des Cendres, 1987, p. 95.
46. Joseph Melançon, «Littérature et enseignement: la prescription didactique», dans *L'institution littéraire*, Montréal et Québec, Institut québécois de recherche sur la culture, Centre de recherche en littérature québécoise, 1986, p. 87-88.
47. Aristide Filiatreault, *Ruines cléricales* (1893), Montréal et Paris, Éditions Leméac et Éditions d'Aujourd'hui, «Les introuvables québécois», 1978, p. 42.
48. Camille Roy, *Nouveaux essais sur la littérature canadienne*, Québec, Imprimerie d'action sociale limitée, 1914, p. 306.
49. Jacques Cazeaux, *Les échos de la sophistique autour de Libanios ou Le style «simple» dans un traité de Basile de Césarée*, Paris, Société d'édition «Les belles lettres», 1980, p. 31.
50. Marguerite Taschereau, *Études*, Montréal, Bibliothèque de l'Action française, 1921, p. 55-56.
51. C. Geffré, «L'objectivité propre au Dieu révélé», dans *L'analyse du langage théologique. Le nom de Dieu*, Paris, Aubier-Montaigne, 1969, p. 409.
52. Camille Roy, *La critique littéraire au dix-neuvième siècle*, Québec, Imprimerie de l'Action sociale limitée, 1918, p. 87.
53. Hannah Arendt, *La vie de l'esprit*, vol. I: «La Pensée», Paris, PUF, 1981, p. 25.
54. Camille Roy, *La critique littéraire au dix-neuvième siècle*, ouvr. cité, p. 100-101.
55. Darmesteter, cité dans Stanislas Lortie, *Elementa philosophiæ christianæ ad mentem S. Thomæ Aquinatis exposita*, Québec, Imprimerie de l'Action sociale limitée, 1929, 1re éd. 1909, t. I, p. 54, note 1.
56. M. Taschereau, ouvr. cité, p. 34.
57. Louis Dantin, «*Études*, par Marguerite Taschereau», dans *Gloses critiques*, ouvr. cité, p. 41.
58. A. Farges et D. Barbedette, «Cours de philosophie scolastique», Paris, Berche et Tralin libraires, t. I, 1920, p. 298-299.
59. S. Lortie, ouvr. cité, p. 340. Traduction: «Le beau procède donc, d'une part, de l'imagination ou de la représentation dont c'est le rôle de conserver et de reproduire les formes intentionnelles des choses sensibles et, d'autre part, de l'entendement à qui il appartient de juger non seulement du beau sensible, mais d'abord et surtout du beau spirituel.»
60. Daniel Mercier, cité dans S. Lortie, ouvr. cité, p. 342, note 1.
61. J. Michon, «La réception de Nelligan de 1904 à 1941» *Protée*, Chicoutimi, Département des arts et lettres de l'Université du Québec à Chicoutimi, vol. XV, no 1, hiver 1987, p. 26-27.

62. Manon Brunet, «La critique historique d'Albert Dandurand», *Voix et images*, Montréal, Université du Québec à Montréal, n° 50, hiver 1992, p. 208-209.
63. M. Charles, ouvr. cité, p. 186.

CHAPITRE VII

L'ÉPOPÉE ET LES UTOPIES POLITIQUES

1. Mgr Chartier, «Introduction», dans Mgr Paquet, *Bréviaire du patriote canadien-français, sermon du 23 juin 1902*, Montréal, bibliothèque de l'Action française, 1925, p. 14.
2. Joseph de Maistre, «Du pape», dans *Pages choisies des grands écrivains: Joseph de Maistre*, Paris, Librairie Armand Colin, 1901, p. 24.
3. On lira à ce propos J.-B. Desrosiers, *Choisissons la doctrine sociale de l'Église ou la ruine,* Montréal, Éditions de l'École sociale populaire, 1936.
4. Jean Charbonneau, contribution à l'album-souvenir de mariage offert à Louis-Joseph Béliveau, édité par Paul Wyczynski, *Louis-Joseph Béliveau et la vie littéraire de son temps*, Montréal, Fides, 1984, p. 131 et 133.
5. J.-F. Lyotard, «Histoire universelle et différences culturelles», dans *Critique*, Paris, Minuit, t. XLC, n° 456, mai 1985, p. 560.
6. Leo Strauss, *La cité et l'homme*, Paris, Agora, 1987, p. 43.
7. Népomucène Lemercier, *L'Atlantide*, chant quatrième, cité dans Jean Roudaut, *Poètes et grammairiens au XVIIIe siècle* (anthologie), Paris, Gallimard, 1971, p. 144 et suiv.
8. W.-A. Baker, «Considérations générales sur l'esprit allemand», discours de réception de W.-A. Baker à l'École de Montréal, le 26 mai 1910, dans Réginald Hamel, *Procès-verbaux, correspondance et autres documents inédits sur l'École littéraire de Montréal*, Montréal, La librairie de l'Université de Montréal, 1974-1975, vol. II, p. 784.
9. *Ibid.*, p. 785-786.
10. Jean Charbonneau, *Des influences françaises au Canada*, Montréal, Beauchemin, t. III, 1920, p. 263.
11. *Ibid.*
12. Damien Jasmin, *La propriété privée et les systèmes opposés de Platon à Lénine*, Montréal, Bibliothèque de l'Action française, 1925.
13. J.-C. Chevalier, «Préface», dans André Collinot et Françine Mazière, *L'exercice de la parole, fragments d'une rhétorique jésuite*, Paris, Éditions des Cendres, 1987, p. 9.
14. Paul Ricœur, *Temps et récit*, Paris, Seuil, t. I, 1983, p 34-35.
15. Notons que cette thématique de la *translatio studii* et de la *translatio imperii* nourrit également le pangermanisme allemand contre lequel s'élève Jean Charbonneau dans son poème.
16. J. Charbonneau, *L'âge de sang*, Paris, Lemerre, 1921, p. 20.
17. *Ibid.*, p. 123.
18. A. Kojève, *Essai d'une histoire raisonnée de la philosophie païenne*, Paris, Gallimard, 1972, p. 202.

19. Louis Dantin, «Jean Charbonneau: *L'âge de sang*», dans *Poètes de l'Amérique française*, Montréal, New York et Londres, Louis Carrier et cie et Les Éditions du Mercure, 1928, p. 93.
20. J. Charbonneau, *L'âge de sang*, ouvr. cité, p. 25.
21. *Ibid.*, p. 78.
22. *Ibid.*, p. 135.
23. Louis Dantin, art. cité, p. 96-97.
24. Jean Charbonneau, cité par Louis Dantin, art. cité, p. 94-95. Dantin voit dans ces vers la thèse teutonne et demande pourquoi ils n'ont pas été offerts à Ludendorff. Dantin est de mauvaise foi: il déteste tout ce qui émane de l'esprit dialectique de la philosophie allemande. Il y a pourtant des vers de Charbonneau qui condamnent sans appel le militarisme allemand.
25. J. Charbonneau, *L'âge de sang*, ouvr. cité, p. 124.
26. J. Charbonneau, *Des influences françaises au Canada*, ouvr. cité, p. 271.
27. R. Misrahi, article «Schopenhauer», dans *Encyclopædia Universalis*, Paris, Encyclopaedia universalis France, 1975, p. 741.
28. Jean Charbonneau, *Des influences françaises au Canada*, ouvr. cité, p. 272.
29. *Ibid.*, t. I, 1916, p. 181.
30. Théodore W. Adorno, «Les fameuses années vingt», dans *Modèles critiques*, Paris, Payot, 1984, p. 51.
31. Antonio Perrault, «Le sens national», dans *Notre avenir politique*, Enquête de l'Action française, 1922, Montréal, Bibliothèque de l'Action française, 1923, p. 214. Notons que chez Perrault l'idée schopenhauerienne du «vouloir-vivre collectif» sert à définir le sens national, qui ne renvoie plus à la culture humaniste comme matrice de l'État, mais aux valeurs ethniques et historiques dont l'État est l'émanation à la fois territoriale et juridique. «Ils [les Canadiens français] voient dans leur nationalité un bien de haute valeur; ils savent qu'elle possède comme armature un fatalisme de race, auquel il convient d'ajouter la volonté libre qui seule peut maintenir chez elle un équilibre durable d'habitudes physiques et de qualités morales. Leur sens national les porte donc à souhaiter que les Canadiens français constituent au nord de l'Amérique «une société humaine naturelle fondée sur l'unité de territoire, d'origine, de mœurs et de langue, s'épanouissant dans une communion parfaite de vie et de conscience sociales» (p. 200).
32. E. R. Curtius, *La littérature européenne et le Moyen Âge latin*, Paris, PUF, coll. «Agora», p. 83.
33. A. DesRochers, lettre du 22 septembre 1931, reproduite dans *Écrits du Canada français*, Montréal, n° 59, 1987, p. 172.
34. *Ibid.*, p. 166-167.
35. *Ibid.*, p. 166.
36. Hermas Bastien, «Le droit naturel et positif» dans *L'éducation nationale*, Montréal, Éditions Albert Lévesque, 1935, p. 32.
37. A. DesRochers, «Ma patrie», dans *Œuvres poétiques I*, Montréal, Fides, coll. «Nénuphar», 1977, p. 123.
38. *Ibid.*, p. 124-125.
39. *Ibid.*, p. 126.
40. *Ibid.*, p. 128.
41. *Ibid.*, p. 129.

42. *Ibid.*, p. 124.
43. *Ibid.*, p. 123.
44. *Ibid.*, p. 125.
45. *Ibid.*, p. 124.
46. *Ibid.*, p. 127.
47. Guy Rocher, cité dans Léon Dion, «Des finalités politiques, de leurs expressions culturelles et de leur institutionnalisation», dans *Urgence de la philosophie*, Québec, Presses de l'Université Laval, 1986, p. 140-141.
48. Léon Dion, ouvr. cité, p. 150.
49. Claude Lafarge, *La valeur littéraire*, Paris, Fayard, 1983, p. 337.
50. Guy Lafon, *Le dieu commun*, Paris, Seuil, 1982, p. 73.
51. A. Touraine, *Critique de la modernité*, Paris, Fayard, 1992, p. 247.
52. G. Lafon, ouvr. cité, p. 56.
53. *Ibid.*, p. 59.

CHAPITRE VIII

DU SPIRITUEL DANS L'ART

1. Cette liste ne fait qu'indiquer des orientations de lecture. On se reportera donc à l'ouvrage fondamental de Roland Bourneuf, *Saint-Denys Garneau et ses lectures européennes*, Québec, Presses de l'Université Laval, 1969.
2. Jacques Maritain, *Art et scolastique* (3e éd.), Paris, Louis Rouart et fils, éditeurs, 1935, p. 251-252.
3. *Ibid.*, p. 252.
4. Louis Bertrand, «L'esprit français», dans *Actes du deuxième colloque de la langue française au Canada*, Québec, Imprimerie de l'Action catholique, 1938, p. 200.
5. Hector de Saint-Denys Garneau, *Œuvres*, Montréal, Presses de l'Université de Montréal, 1971, p. 937.
6. J. L. Chrétien, *Lueur du secret*, Paris, l'Herne, 1985, p. 180.
7. H. de Saint-Denys Garneau, ouvr. cité, p. 26.
8. Pierre Nepveu, «La prose du poème», dans *Études françaises*, Montréal, Presses de l'Université de Montréal, vol. XX, nº 3, 1985, p. 23.
9. Robert Élie, «Introduction», dans Saint-Denys Garneau, *Poésies complètes*, Montréal, Fides, 1949, p. 26.
10. *Ibid.*, p. 85.
11. *Ibid.*, p. 170.
12. *Ibid.*, p. 170.
13. *Ibid.*, p. 172.
14. *Ibid.*, p. 173.
15. Saint-Denys Garneau, *Poésies complètes*, ouvr. cité, p. 173.
16. H. de Saint-Denys Garneau, *Œuvres*, ouvr. cité, p. 134.
17. *Ibid.*, p. 321.
18. Voir Bruno Monfort, «La nouvelle et son mode de publication», dans *Poétique*, Paris, Seuil, nº 90, avril 1992.
19. H. de Saint-Denys Garneau, *Œuvres*, ouvr. cité, p. 483.

20. *Ibid.*, p. 166.
21. *Ibid.*, p. 384-385.
22. *Ibid.*, p. 385.
23. *Ibid.*, p. 166.
24. *Ibid.*, p. 943.
25. *Ibid.*, p. 945.
26. *Ibid.*, p. 476.
27. *Ibid.*, p. 734.
28. H. Paul Péladeau, «Essai sur l'esthétique», *Les Idées*, Montréal, vol. VII, n°s 1-2, janvier-février, 1938, p. 110.
29. H. de Saint-Denys Garneau, *Œuvres*, ouvr. cité, p. 18.
30. *Ibid.*, p. 677.
31. *Ibid.*, p. 585.
32. *Ibid.*, p. 491.
33. *Ibid.*, p. 492.
34. *Ibid.*, p. 484.
35. *Ibid.*, p. 174.
36. *Ibid.*, p. 989.
37. *Ibid.*, p. 988.
38. Robert Vigneault, «*Regards et jeux dans l'espace*», dans *Dictionnaire des œuvres littéraires du Québec*, Montréal, Fides, 1980, p. 954.
39. Pierre Mac Kay-Dansereau, «L'Hypersensibilité contemporaine», *Les Idées*, Montréal, vol. V, n° 1, janvier 1937, p. 47.
40. H. Meschonnic, *Critique du rythme*, Lagrasse, Verdier, 1982, p. 86 et 87.
41. Hector de Saint-Denys Garneau, *Œuvres*, ouvr. cité, p. 716.
42. Anne Hébert, *Poèmes*, Paris, Seuil, 1960, p. 53.
43. Medjé Vézina, «Ne quitte pas mon désir», cité dans L. Mailhot et P. Nepveu, *La poésie québécoise des origines à nos jours, anthologie*, Montréal, Presses de l'Université du Québec, l'Hexagone, 1980, p. 210.
44. Simone Routier, «Le cœur est seul», dans L. Mailhot et P. Nepveu, ouvr. cité, p. 232.
45. Louis Dantin, *Poètes de l'Amérique française*, ouvr. cité, p. 109.
46. Niklas Luhman, *Amour comme passion. De la codification de l'intimité*, Paris, Aubier, 1990.
47. Jovette-Alice Bernier, «Le pardon», dans Louis Dantin, ouvr. cité, p. 190-191.
48. Pierre Baillargeon, «Notes», *Amérique française*, Montréal, n° 16, 1er septembre 1943, p. 56.
49. J. Maritain, ouvr. cité, p. 42.
50. *Ibid.*, p. 47-48.
51. *Ibid.*, p. 67-68.
52. Roger Brien, «L'éternel silence (Poèmes)» dans *Les œuvres d'aujourd'hui*, Éditions de l'Action canadienne-française, 1937, n° 1, p. 22.
53. *Ibid.*, p. 29.
54. Rina Lasnier, «Avant-dire de l'auteur», dans *Poèmes*, Montréal, Fides, t. I, 1972, p. 9.
55. Rina Lasnier, ouvr, cité, p. 27.
56. *Ibid.*, p. 37.

57. Michel Charles, *L'arbre et la source*, Paris, Seuil, 1985, p. 138.
58. François Courel, notes aux *Exercices spirituels* de saint Ignace, Paris, Desclée De Brouwer, 1960, p. 14.

CHAPITRE IX

LE LYRISME MODERNE ET LES THÉORIES SPÉCULATIVES DE L'ART

1. Sœurs de Sainte-Anne, *Histoire des littératures française et canadienne*, Lachine, Mont-Sainte-Anne, 1944, p. 473.
2. Gérard Genette, «Introduction à l'architexte», dans *Théorie des genres*, Paris, Seuil, coll. «Points», 1986, p. 111.
3. Sœurs de Sainte-Anne, ouvr. cité, p. 244.
4. *Ibid.*
5. *Ibid.*, p. 245.
6. *Ibid.*, p. 281-282.
7. Jean-Marcel Raymond, «Mes amis les poètes», *Amérique française*, Montréal, n° 3, mars 1947, p. 21.
8. Jean Wahl, «Sur la poésie», *Gants du ciel*, Montréal, septembre 1944, p. 58.
9. Jacques G. de Tonnancour, «Alfred Pellan: propos sur un sorcier», *Amérique française*, 1re année, n° 2, 24 décembre 1941, p. 19-20.
10. *Ibid.*
11. Jacques G. de Tonnancour, «Goodridge Roberts», *Amérique française*, 1re année, n° 5, avril 1942, p. 32.
12. Edmond Labelle, *La quête de l'existence*, Montréal, Fides, 1944, p. 13.
13. *Ibid.*, p. 18-19.
14. Umberto Eco, *Les limites de l'interprétation*, Paris, Grasset, 1992, p. 63 et suiv.
15. Edmond Labelle, ouvr. cité, p. 20.
16. *Ibid.*
17. *Ibid.*, p. 21.
18. Levinas, *Humanisme de l'autre homme*, cité dans Alain Renaut, *L'ère de l'individu*, Paris, Gallimard, 1989, p. 230.
19. Edmond Labelle, ouvr. cité, p. 54.
20. Alain Renaut, ouvr. cité, p. 231.
21. Nicolas Tertulian, *Georges Lukács*, Paris, Le Sycomore, 1980, p. 126.
22. Paul de Man, «Ludwig Binswanger et le problème du moi poétique», dans *Les chemins actuels de la critique*, Paris, Union générale d'éditions, coll. «Le monde en 10/18», 1968, p. 51.
23. Heidegger, *Acheminement vers la parole*, Paris, Gallimard, coll. «Tel», 1976, p. 27 et 29. Michel Deguy précise ainsi la pensée de Heidegger sur la *différence*: «Le langage poétique dit l'étant par le "titre" de son abolition, par son insertion en cette chaîne de manques réciproques qui relie librement les choses et amorce le circuit de leurs *correspondances*, le jeu de la libre circulation métaphorique. Pour nommer hors de l'alternative réalité-illusion propre au sens commun et articuler l'étant dans sa connexion concrète où il est irremplaçable d'être à cette place dans la langue qu'il peut

échanger de proche en proche, de loin en loin, à *certaines conditions* dont précisément la poésie est la recherche, il faut arracher les mots "négatifs" et "péjoratifs" ("feinte", "illusion"...) à leur unilatéralité tenace: ce qu'est un étant ne peut être différentiellement dit que par son être autre que tout ce qu'il n'est pas. La différence entre l'*être* et l'*étant*, grâce à l'invisibilité de laquelle l'étant joue dans son être, c'est-à-dire appartient *imprévisiblement* (i.e. concrètement) à tout ce qui n'est pas lui, aux autres en leur manquant de cette manière qui est "bien à lui", cette *différence* où s'abrite la possibilité pour les étants de communiquer entre eux, de s'échanger par leur manque à être l'être, c'est ce que le poète assigne comme truchement, commune mesure, incommensurable, fond indéterminé, qui garantit leur commune nature d'*étant*: d'être des «étants au même titre.» (*Figurations*, Paris, Gallimard, 1969, p. 123.)

24. Gérard Genette, «Raisons de la critique pure», *Les chemins actuels de la critique*, Paris, Union générale d'éditions, coll. «Le monde en 10/18», 1968, p. 136.

25. Paul de Man, «Anthropomorphisme et trope dans la poésie lyrique», dans *Poétique*, Paris, Seuil, n° 62, avril 1985, p. 142-143.

26. *Ibid.*, p. 132.

27. *Ibid.*, p. 145.

28. Charles Du Bos, *Qu'est-ce que la littérature?*, Paris, Plon, Montréal, Éditions de l'Arbre (distributeurs), 1945, p. 11-12.

29. *Ibid.*, p. 69.

30. *Ibid.*, p. 13.

31. Guy Sylvestre, «*Les îles de la nuit*», *Le Droit*, Ottawa, 2 septembre 1944, p. 2.

32. Edmond Labelle, ouvr. cité, p. 25.

33. Jacques Blais, *Présence d'Alain Grandbois*, Québec, Presses de l'Université Laval, 1974, p. 123.

34. Michel van Schendel, *Modes idéologiques du discours poétique*, colloque «Littérature et idéologies», Québec, Cahiers de l'ISSH, n° 5, août 1976.

35. Alain Grandbois, *Poèmes* (comprenant «Les îles de la Nuit», «Rivages de l'homme», «L'étoile pourpre»), Montréal, l'Hexagone, 1966, p. 42.

36. Voir Pierre Encrevé, «La liaison sans enchaînement», dans *Actes de la recherche*, Paris, Minuit, n° 46, mars 1983. «L'*attaque* (A) peut comporter une ou plusieurs consonnes selon les langues; la *rime* (R) comprend toujours un noyau comportant au moins une voyelle, et peut comprendre une coda comportant une ou plusieurs consonnes» (p. 43).

37. A. Grandbois, ouvr. cité, p. 50.

38. *Ibid.*, p. 57.

39. Nicolas Ruwet, «Malherbe: Hermogène ou Cratyle?» dans *Poétique*, Paris, Seuil, n° 42, avril 1980, p. 196.

40. Michel Deguy, *Actes*, Paris, Gallimard, 1966, p. 269.

41. Michel Deguy, «Du "Signe ascendant" au "Sphinx vertical"», dans *Poétique*, Paris, Seuil, n° 34, avril 1978, p. 232.

42. *Ibid.*, p. 233.

43. Michel Deguy, opus cit., p. 269.

44. A. Grandbois, ouvr. cité, p. 41. Citons Michel Deguy: «Si l'*originalité* d'un étant consiste en sa métaphoricité, en sa propriété d'abolir le bibelot de sa particularité à la vanité sonore des allusions aux autres auxquels se lie son manque, il fait ainsi "figure". À la fécondité de l'absence correspond la monnaie inépuisable des

figures, la richesse des variations de l'étant sur le thème du ne pas être.» (*Figurations*, Paris, Gallimard, 1969, p. 124.)
45. Claudio Magris, «Grand style et totalité», *Quai Voltaire, revue littéraire*, Paris, n° 4, hiver 1992, p. 114.
46. *Ibid.*, p. 116.
47. Claudine Haroche, *Faire dire, vouloir dire*, Lille, Presses universitaires de Lille, 1984, p. 97-98.
48. Paul Laurendeau, «Vers une typologie des tendanciels discursifs», *Protée*, Chicoutimi, Département des arts et lettres de l'Université du Québec à Chicoutimi, vol. XVIII, n° 2, printemps 1990, p. 127.
49. H. Meschonnic, «D'une poétique du rythme à une politique du rythme», dans *La politique du texte. Enjeux sociocritiques*, Lille, Presses universitaires de Lille, 1992, p. 203.
50. A. Grandbois, ouvr. cité, p. 15.
51. *Ibid.*, p. 79.
52. Paul Laurendeau, art. cité, p. 130.
53. Heidegger, ouvr. cité, p. 27.
54. Michel Deguy, *Figurations*, ouvr. cité, 1969, p. 134.
55. *Ibid.*
56. A. Grandbois, ouvr. cité, p. 129.
57. Käte Hamburger, *Logique des genres littéraires*, Paris, Seuil, 1986, p. 249.
58. A. Grandbois, ouvr. cité, p. 26-29.
59. Käte Hamburger, ouvr. cité, p.214.
60. *Ibid.*, p. 220.
61. *Ibid.*
62. A. Grandbois, ouvr. cité. p.34.
63. *Ibid.*, p. 66.
64. *Ibid.*, p. 33.
65. *Ibid.*, p. 30.
66. *Ibid.*, p. 12.
67. H. Meschonnic, *Critique du rythme*, Lagrasse, Verdier, 1982, p. 217.
68. A. Grandbois, ouvr. cité. p. 16.
69. *Ibid.*, p. 17.
70. *Ibid.*, p. 25.
71. *Ibid.*, p. 15.
72. Jacques Le Rider, «Rilke et Cézanne. La poésie à l'école de la couleur», *Le Courrier du Centre international d'études poétiques*, Bruxelles, n°s 193-194, janvier-juin 1992, p. 27.

CHAPITRE X

PAUL-MARIE LAPOINTE ET LA POÉSIE «CONSTRUCTIVISTE»

1. Maurice Gagnon, *Peinture moderne*, Montréal, Éditions Bernard Valiquette, 1940, p. 169.
2. Borduas, *Refus global*, Montréal, Parti pris, 1974, p. 19.

3. *Ibid.*, p. 20.
4. Pierre Gélinas, *Combat*, Montréal, 29 novembre 1947.
5. Gilles Hénault, *Combat*, Montréal, 13 décembre 1947.
6. Gilles Hénault, «Méditation première», dans *L'invention de la roue* (1941), reproduit dans *Signaux pour les voyants, poèmes, 1941-1962*, Montréal, l'Hexagone, 1972, p. 14.
7. Gilles Hénault, «Bordeaux-sur-bagne» (1948), dans *Dix poèmes de dissidence*, ouvr. cité, p. 45.
8. *Prisme d'yeux*, le 4 février 1948.
9. Morris Halle et Samuel J. Keyser, «Sur les bases théoriques de la poésie métrique», dans *Change de forme, biologies et prosodies*, Union générale d'éditions, coll. «Le monde en 10/18», 1975, p. 95.
10. *Ibid.*, p. 98.
11. Benoît de Cornulier, *Théorie du vers*, Paris, Seuil, 1982, p. 58 et suiv.
12. J.-C. Milner, «Réflexions sur le fonctionnement du vers français», dans *Ordre et raisons de langue*, Paris, Seuil, 1982, p. 293.
13. *Ibid.*, p. 300.
14. *Ibid.*
15. *Ibid.*
16. Paul-Marie Lapointe, *Le vierge incendié*, dans *Le réel absolu. Poèmes, 1948-1965*, Montréal, l'Hexagone, 1974, p. 40.
17. *Ibid.*, p. 50.
18. *Ibid.*, p. 15.
19. *Ibid.*, p. 85.
20. *Ibid.*, p. 90.
21. *Ibid.*, p. 82.
22. *Ibid.*, p. 15.
23. *Ibid.*, p. 124.
24. *Ibid.*, p. 124.
25. *Ibid.*, p. 15.
26. *Ibid.*, p. 18.
27. *Ibid.*, p. 90.
28. *Ibid.*, p. 79.
29. André-G. Bourassa, *Surréalisme et littérature québécoise*, Montréal, Éditions de l'Étincelle, 1977, p. 161.
30. Gérard Pelletier, «Notre réponse aux surréalistes», *Le Devoir*, 30 octobre 1948.

CONCLUSION

1. Marc Dominicy, «Introduction», dans *Le souci des apparences*, Bruxelles, Éditions de l'Université de Bruxelles, 1989, p. 7.

Bibliographie

I TEXTES DU CORPUS ÉTUDIÉ

1 Œuvres poétiques

BEAUCHEMIN, Nérée. *Nérée Beauchemin, son œuvre*, Montréal, Presses de l'Université du Québec, 1973-1974, 3 vol., 661 p., 803 p. et 245 p.

BERNIER, Jovette. *Roulades*, Rimouski, Imprimerie générale Vachon, 1924, 102 p.

Comme l'oiseau, Québec (s. é.) 1926, 110 p.

Tout n'est pas dit, Édition Édouard Garand, 1928, 110 p.

Les masques déchirés, Édition Albert Lévesque, LACF, 1932, 142 p.

Mon deuil en rouge, Édition Serge Brousseau, 1945, 90 p.

BRIEN, Roger. *Faust aux enfers. Poèmes*, Montréal, Les Éditions du Totem, 1936, 167 p.

«L'éternel silence. (Poèmes)», *Les Œuvres d'aujourd'hui*, Montréal, Éditions de l'Action canadienne-française, 1937, 245 p.

Chant d'amour. Poème, Montréal, Fides, 1942, 135 p.

Ode à Marie, Reine de Montréal, Montréal, Éditions du Messager canadien, 1942, 12 p.

Prière de Marie des Neiges à Notre-Dame de Montréal, Montréal, Imprimerie Thérien frères, 1942, 28 p.

Sourire d'enfants. Poèmes, Montréal, Fides, 1942, 167 p.

Ville-Marie. Poème, Montréal, Fides, 1942, 78 p.

Les yeux sur nos temps. Poèmes, Montréal, Fides, 1942, 150 p.

Salut ô Reine. Paraphrase du Salve Regina (Poème), Montréal, Éditions du Messager canadien, 1943, 139 p.

Cythère. Poèmes, Hull, Les Éditions l'Éclair, 1946, 253 p.

Chemin de croix à trois (le Christ, la Vierge, l'homme). Poèmes, Nicolet, Centre marial canadien, 1947, 115 p.

BUSSIÈRES, Arthur de. *Arthur de Bussières, poète, et l'École littéraire de Montréal, suivi des poèmes d'Arthur de Bussièrès publiés dans «Les Bengalis» et de quinze autres poèmes retrouvés par l'auteur* (édition de Wilfrid Paquin), Montréal, Fides, 1986, 118 p.

CHARBONNEAU, Jean. *Les blessures*, Paris, Lemerre, 1912, 228 p.
L'âge de sang, Paris Lemerre, 1921, 246 p.
Les prédestinés, Montréal, Librairie Beauchemin, 1923, 223 p.
L'ombre dans le miroir, Montréal, Librairie Beauchemin, 1924, 240 p.
Tel qu'en sa solitude, Montréal, Bernard Valiquette, 1940, 199 p.
CHOQUETTE, Robert. *Œuvres poétiques*, Montréal, Fides, 1956, 2 vol.
DELAHAYE, Guy. *Les phases. Tryptiques*, Montréal, Librairie Déom, 1910, 144 p.
Mignonne, allons voir si la rose..., Montréal, Librairie Déom, 1912, 63 p.
Œuvres parues et inédites, Montréal, Hurtubise HMH, 1988.
DESROCHERS, Alfred. *Œuvres poétiques*, Montréal, Fides, 1956, 2 vol. 249 p. et 207 p.
GALLEZE, Englebert (pseudonyme de Lionel LÉVEILLÉ). *Les chemins de l'âme. Poésies*, Montréal, Daoust et Tremblay, 1910, 109 p.
La claire fontaine. Poésies, Montréal, Librairie Beauchemin, 1913, 114 p.
Vers la lumière. Poèmes, Montréal, Librairie d'Action canadienne-française, 1931, 125 p.
GARNEAU, Hector de Saint-Denys. *Poésies complètes*, Montréal, Fides, 1949, 225 p.
Œuvres, Montréal, Presses de l'Université de Montréal, 1971, 1320 p.
GRANDBOIS, Alain. *Poèmes*, Montréal, l'Hexagone, 1966, 246 p.
HÉBERT, Anne. *Les songes en équilibre*, Montréal, Les Éditions de l'Arbre, 1942, 156 p.
HÉNAULT, Gilles. *Signaux pour les voyants, poèmes*, Montréal, l'Hexagone, 1972, 211 p.
LAMONTAGNE-BEAUREGARD, Blanche. *Visions gaspésiennes*, Montréal, Imprimerie du «Devoir», 1913, 82 p.
Par nos champs et nos rives, Montréal, Imprimerie du Devoir, 1917, 189 p.
La vieille maison, Montréal, Bibliothèque de l'Action française, 1920, 219 p.
Les trois lyres, Montréal, Bibliothèque de l'Action française, 1923, 129 p.
La moisson nouvelle, Montréal, Bibliothèque de l'Action française, 1926, 192 p.
Ma Gaspésie, Montréal, Imprimerie du Devoir, 1928, 160 p.
Dans la brousse. Poèmes, Montréal, Editions du Devoir, 1935, 215 p.
LAPOINTE, Paul-Marie. *Le réel absolu. Poèmes de 1948 à 1965*, Montréal, l'Hexagone, 1971, 270 p.
LASNIER, Rina. *Poèmes*, Montréal, Fides, 1972, 2 vol., 332 p. et 332 p.
LE FRANC, Marie. *Les voix du cœur et de l'âme*, Montréal, La Compagnie d'imprimerie Perrault, 1920, 139 p.
Les voix de misère et d'allégresse, Paris, Les Éditions G. Crès et compagnie, 1923, 208 p.
LE MAY, Pamphile. *Les gouttelettes. Sonnets*, Montréal, Librairie Beauchemin, 1904, 237 p.
LORANGER, Jean-Aubert. *Les atmosphères. Poèmes et autres textes*, Paris, Éditions La Différence, 1992, 127 p.
LOZEAU, Albert. *Poésies complètes*, Montréal, Imprimerie du Devoir, 1925-1926, 3 vol. 252 p., 263 p. et 289 p.
MORIN, Paul. *Œuvres poétiques: Le Paon d'émail. Poèmes de cendre et d'or*, Montréal, Fides, 1961, 305 p.

NELLIGAN, Émile. *Poésies complètes, 1896-1899*, Montréal, Fides, 1952, 331 p.
ROUTIER, Simone. *L'immortel adolescent*, Québec, Imprimerie du Soleil, 1928, 201 p.
Ceux qui seront aimés, Paris, Éditions Pierre Roger, 1931, 31 p.
Paris, Amour, Deauville, Paris, Éditions Pierre Roger, 1932, 161 p.
Les tentations, Paris, Éditions de La Caravelle, 1934, 195 p.
Le long voyage, Saint-Quentin, Éditions de la Lyre et de la Croix, 1947, 156 p.
Les psaumes du jardin clos, Paris, Éditions de la Lyre et de la Croix et Montréal, Éditions du Lévrier, 1947, 43 p.
VÉZINA, Medjé. *Chaque heure a son visage. Poèmes*, Montréal, Les Éditions du totem, 1934, 159 p.

2. Œuvres critiques

ASSELIN, Olivar. *Pensée française*, Montréal, Éditions ACF, 1937, 215 p.
ANGERS, Josée. «Un anti-sentimental: Jules Laforgue», *Le Nigog*, Montréal, vol. I, n° 9, septembre 1918.
BAKER, W.-A. «Considération générale sur l'esprit allemand», dans Réginald Hamel, *Procès-verbaux et correspondance et autres documents inédits sur l'École littéraire de Montréal*, Montréal, Librairie de l'Université de Montréal, 1974-1975, vol. 2, p. 784.
BARBEAU, Victor. *Les Cahiers de Turc*, Montréal, d'octobre 1921 à mars 1922. Publication suspendue de mars 1922 à octobre 1926. Réapparaît d'octobre 1926 à juillet 1927.
BASTIEN, Hermas. «Le droit naturel et positif», *L'Éducation nationale*, Montréal, Les Éditions Albert Lévesque, 1935, p. 23-40.
BEAUREGARD, Alfred. «Poèmes par M. Loranger», Montréal, *Le Canada*, 3 mai 1922, p. 4.
BERTRAND, Louis. «L'esprit français», *Actes du deuxième colloque de la langue française au Canada*, Québec, Imprimerie de l'Action catholique, 1938.
BESSETTE, Gérard. «Analyse d'un poème de Nelligan», dans G. Bessette, *Une littérature en ébullition*, Montréal, Éditions du Jour, 1968, p. 27-41.
CHARBONNEAU, Jean. *Des influences françaises au Canada*, Montréal, Beauchemin, t. I, 1916, 226 p.; t. II, 1918, 375 p.; t. III, 1920, 320 p.
L'École littéraire de Montréal. Ses origines, ses animateurs, ses influences, Montréal, Les Éditions Albert Lévesque, 1935, 319 p.
CHARTIER, Mgr Émile. *Au Canada français la vie de l'esprit, 1760-1925*, Montréal, Les Éditions Bernard Valiquette, 1941, 355 p.
DANDURAND, abbé Albert. *La poésie canadienne-française*, Montréal, Beauchemin, Les Éditions Albert Lévesque, 1933, 244 p.
DANTIN, Louis (pseudonyme d'Eugène Seers). *Émile Nelligan et son œuvre*, Montréal, Librairie Beauchemin, 1904, 164 p.
Poètes de l'Amérique française, Montréal, New York et Londres, et cie, Les éditions du Mercure, 1928, 250 p.
Gloses critiques, Montréal, Les Éditions Albert Lévesque, 1931, 223 p.
DUGAS, Marcel. *Feux de Bengale à Verlaine glorieux*, Montréal, Marchand frères, 1915, 43 p.
Versions, Montréal, Maison Francq, 1917, 88 p.

Littérature canadienne. Aperçus, Paris, Firmin-Didot et cie, 1929, 202 p.

ÉLIE, Robert. «Voies nouvelles de la poésie», *La Nouvelle Relève*, Montréal, vol. II, n° 9, septembre 1943, p. 513-522.

«Au-delà du refus», *La Revue dominicaine*, vol. LV, t. II, juillet-août 1949, p. 5-18 et septembre 1949, p. 67-78.

Œuvres, Montréal, Hurtublise HMH, 1979.

GAGNON, Maurice. *Peinture moderne*, Montréal, Les Éditions Bernard Valiquette, 1940, 214 p.

GÉLINAS, Pierre. «Contribution à une discussion sur l'art», *Combat*, Montréal, 29 novembre 1947.

GRIGNON, Claude-Henri. *Ombres et clameurs. Regards sur la littérature canadienne*, Montréal, Les Éditions Albert Lévesque, 1933, 204 p.

HÉNAULT, Gilles. «Au sujet d'une exposition de Pierre Gauvreau», *Combat*, Montréal, 22 novembre 1947.

«Discussions sur l'art», *Combat*, Montréal, 13 décembre 1947.

JASMIN, Damien. *La propriété privée et les systèmes opposés de Platon à Lénine*, Montréal, Bibliothèque de l'Action française, 1925, 334 p.

LABELLE, Edmond. *La quête de l'existence*, Montréal, Fides, 1943, 145 p.

LETONDAL, Arthur. «L'âme canadienne», *Le Nigog*, 1918, reproduit *in extenso* dans Marcel Dugas, *Littérature canadienne. Aperçus*, Paris, Firmin-Didot, 1929.

MAC KAY-DANSEREAU, Pierre. «L'hypersensibilité contemporaine», *Les Idées*, vol. V, n° 1, janvier 1937.

MATHIEU, Rodolphe. «Perceptions», *Le Nigog*, Montréal, vol. I, n° 2, février 1918.

MONTPETIT, Édouard. *Au service de la tradition française*, Montréal, Bibliothèque de l'Action française, 1920, 249 p.

MONTIGNY, Louvigny de. Préface de *Maria Chapdelaine*, Montréal, J.-A. LeFebvre, éditeur, 1916.

PAQUET, Mgr Louis-Adolphe. «Sermon du 23 juin 1902», reproduit dans *Bréviaire du patriote canadien-français*, Montréal, Bibliothèque de l'Action française, 1925.

Droit public de l'Église. L'Église et l'éducation à la lumière de l'histoire et des principes chrétiens, Québec, imprimé par la compagnie de «l'Événement», 1909, 346 p.

PÉLADEAU, Henri-Paul. «Essai sur l'esthétique», *Les Idées*, Montréal, vol. VII, nos 1-2, janvier-février 1938.

PERRAULT, Antonio. «Le sens national», *Notre avenir politique*, Enquête de l'Action française, 1922, Montréal, Bibliothèque de l'Action française, 1923.

ROQUEBRUNE, Robert de. «De l'opportunité d'un culte de la supériorité littéraire», *Le Nigog*, Montréal, vol. I, n° 3, mars 1918, p. 82 et suiv.

«La jeune littérature française avant 1914», *Le Nigog*, Montréal, vol. I, n° 8, août 1918.

ROY, Camille. *Essais sur la littérature canadienne*, Québec, Librairie Garneau, 1907, 376 p.

Nos origines littéraires, Québec, Imprimerie de l'Action sociale, 1909, 355 p.

Nouveaux essais sur la littérature canadienne, Québec, Imprimerie de l'Action sociale, 1914, 390 p.

La critique littéraire au dix-neuvième siècle, Québec, Imprimerie de l'Action sociale, 1918, 236 p.

Regards sur les lettres, Québec, Imprimerie de l'Action sociale, 1931, 240 p.

TASCHEREAU, Marguerite. *Études*, Montréal, Bibliothèque de l'Action française, 1921, 97 p.

TONNANCOUR, Jacques de. «Alfred Pellan: propos sur un sorcier», *Amérique française*, 1re année, no 2, 24 décembre 1941.

«Goodridge Roberts», *Amérique française*, 1re année, no 5, avril 1942.

WAHL, Jean. «Sur la poésie», *Gants du ciel*, Montréal, septembre 1944.

3. Grammaires et manuels d'histoire littéraire

FRÈRES DES ÉCOLES CHRÉTIENNES. *Langue française, code grammatical et préceptes littéraires*, Montréal, 1929, 105 p.

Grammaire de la langue française, Tours et Paris, Mame et J. de Gigord, vers 1900.

SŒURS DE SAINTE-ANNE. *Histoire des littératures française et canadienne*, Lachine, Mont-Sainte-Anne, 1944.

II ÉTUDES

1. Sur la littérature québécoise

BEAUDET, Marie-Andrée. *Langue et littérature au Québec, 1895-1914*, Montréal, l'Hexagone, 1991, 223 p.

BÉRUBÉ, Renald. «Guy Delahaye: transtextualité, blague, silence (petit inventaire), *Protée*, Chicoutimi, Département des arts et lettres de l'Université du Québec à Chicoutimi, vol. XV, no 1, hiver 1987, p. 44-55.

BESSETTE, Gérard. «Le complexe parental chez Nelligan», *Une littérature en ébullition*, Montréal, Les Éditions du Jour, 1968, p. 63-85.

BLAIS, Jacques. *Présence d'Alain Grandbois*, Québec, Presses de l'Université Laval, 1974, 260 p.

De l'ordre et de l'aventure. La poésie au Québec de 1934 à 1944, Québec, Presses de l'Université Laval, 1975, 410 p.

BOIVIN, Aurélien. «Maria Chapdelaine: bilan et perspectives», *Les littératures de langues européennes au tournant du siècle: lectures d'aujourd'hui*, Ottawa, Carleton University, Cahier I, 1985, p. 93-109.

BOURASSA, A.-G.. *Surréalisme et littérature québécoise. Histoire d'une révolution culturelle*, Montréal, l'Hexagone, 1986, 611 p.

BOURNEUF, Roland. *Saint-Denys Garneau et ses lectures européennes*, Québec, Presses de l'Université Laval, 1969, 333 p.

BRUNET, Manon. «La critique historique d'Albert Dandurand», *Voix et images*, Montréal, Université du Québec à Montréal, no 50, hiver 1992, p. 203-218.

FILTEAU, Claude. «Du symbolisme au post-symbolisme: rhétorique et modernité», *Protée*, Chicoutimi, Département des arts et lettres de l'Université du Québec à Chicoutimi, vol. XV, no 1, hiver 1987, p. 7-21.

«La mystique du corps social dans *Menaud, maître-draveur*», *Revue d'histoire littéraire du Québec et du Canada français*, Ottawa, Presses de l'Université d'Ottawa, hiver-printemps 1987, p. 39-57.

«Rhétorique et philosophie politique. De la cité antique à l'idée de patrie, chez Jean Charbonneau et Alfred DesRochers», *Voix et images*, Montréal, Presses de l'Université du Québec, n° 41, hiver 1989, p 250-268.

GABOURY, Placide. *Louis Dantin et la critique d'identification*, Montréal, Hurtubise HMH, 1973, 273 p.

GAGNON, François-Marc. *Paul-Émile Borduas. Biographie critique et analyse de l'œuvre*, Montréal, Fides, 1978, 560 p.

GUILMETTE, Bernadette. «L'École littéraire de Montréal», *Les littératures de langues européennes au tournant du siècle: lectures d'aujourd'hui*, Ottawa, Carleton University, Cahier I, 1985, p. 19-58.

HAMEL, Réginald. *Procès-verbaux et correspondance et autres documents inédits sur l'École littéraire de Montréal*, Montréal, Librairie de l'Université de Montréal, 1974-1975, 2 vol., 933 p.

HAYWARD, Annette M. *Le conflit entre les régionalistes et les exotiques au Québec (1900-1920)*, thèse de Ph.D., Montréal, Université McGill, 1980, 1046 p.

LAHAISE, Robert. *Guy Delahaye et la modernité littéraire*, Montréal, Hurtubise HMH, 1987, 549 p.

LAMONDE, Yvan. *Territoires de la culture québécoise*, Québec, Presses de l'Université Laval, 1991, 293 p.

LAROSE, Jean. *Le mythe de Nelligan*, Montréal, Quinze/prose exacte, 1981, 141 p.

MARIE-HENRIETTE-DE-JÉSUS, sœur. *Lucien Rainier, l'homme et l'œuvre*, Montréal, Les Éditions du Lévrier, 1966, 345 p.

MELANÇON, Joseph. «Littérature et enseignement: la prescription didactique», *L'institution littéraire*, Montréal et Québec, Institut québécois de recherche sur la culture, Centre de recherche en littérature québécoise, 1986, p. 83-91.

MICHON, Jacques. *Émile Nelligan, les racines du rêve*, Montréal et Sherbrooke, Presses de l'Université de Montréal et Éditions de l'Université de Sherbrooke, 1983, 178 p.

«La réception de Nelligan de 1904 à 1941», *Protée*, Chicoutimi, Département des arts et lettres de l'Université du Québec à Chicoutimi, vol. XV, n° 1, hiver 1987, p. 23-30.

NEPVEU, Pierre. «La prose du poème», *Études françaises*, Montréal, Presses de l'Université de Montréal, vol. XX, n° 3, hiver 1984-1985, p. 15-28.

ROBERT, Lucie. *Le manuel d'histoire de la littérature canadienne de Mgr Camille Roy*, Québec, Institut québécois de recherche sur la culture, 1982, 196 p.

«Camille Roy et la littérature», *L'essai et la prose d'idées au Québec. Archives des lettres canadiennes*, t. VI, Montréal, Fides, 1986, p. 411-423.

ROUSSEAU, Guildo. *L'image des États-Unis dans la littérature québécoise (1775-1930)*, Sherbrooke, Éditions Naaman, 1981, 356 p.

VAN SCHENDEL, Michel. «Modes idéologiques du discours poétiques», colloque «Littérature et idéologie», Québec, *Cahiers de l'ISSH*, n° 5, août 1976.

VINCENTHIER, Georges. «L'histoire des idées au Québec. De Lionel Groulx à Paul-Émile Borduas», *Voix et images*, Montréal, Presses de l'Université du Québec, vol. III, n° 1, septembre 1976, p. 46-58.

WYCZYNSKI, Paul. *Émile Nelligan: sources et originalité de son œuvre*, Ottawa, Éditions de l'Université d'Ottawa, 1960, 343 p.

«L'École littéraire de Montréal: origine, évolution, rayonnement», *Archives des lettres canadiennes*, Montréal et Paris, Éditions Fides, 1961, p. 11-36.

«La poésie de 1895 à 1935», *Le Québécois et sa littérature*, Sherbrooke, Éditions Naaman, 1984, p. 154-175.

Nelligan 1879-1941 biographie, Montréal, Fides, 1990, 635 p.

2. *Sur la poétique, la rhétorique, la métrique, la prosodie*

BADIOU, Alain. *Conditions*, Paris, Seuil, 1992, 368 p.

BENNINGTON, Geoffrey P. «Réappropriations», *Poétique*, Paris, Seuil, n° 48, novembre 1981, p. 495-512.

BOBILLOT, J.-P. «L'élasticité métrico-prosodique», *Poétique*, Paris, Seuil, n° 84, novembre 1990, p. 411-433.

BONENFANT, Joseph. *Passions du poétique*, Montréal, l'Hexagone, 1992, 224 p.

BOUDREAULT, Marcel. *Rythme et mélodie de la phrase parlée en France et au Québec*, Québec, Paris, Presses de l'Université Laval, Klincksieck, 1968, 273 p.

BOURASSA, Lucie. *Rythme et sens: des processus rythmiques en poésie contemporaine*, thèse de Ph.D., Montréal, Université de Montréal, 1991, 646 p.

CHARLES, Michel. *L'arbre et la source*, Paris, Seuil, 1985, 334 p.

CLAUDEL, Paul. *Pages de prose*, Paris, Gallimard, 1944, 427 p.

CLEMENS, Éric. *La fiction et l'apparaître*, Paris, Albin Michel, 1993, 284 p.

COLLINOT, André et Francine MAZIÈRE. *L'exercice de la parole. Fragments d'une rhétorique jésuite*, préface de J.-C. Chevalier, Paris, Éditions des Cendres, 1987, 188 p.

CORNULIER, Benoît de. «Éléments de versification française», *Théorie de la littérature*, sous la direction de A. Kibbédi Varga, Paris, Picard, 1981, p. 94-133.

Théorie du vers. Rimbaud, Verlaine, Mallarmé, Paris, Seuil, 1982, 320 p.

DEGUY, Michel. *Actes*, Paris, Gallimard, 1966, 296 p.

Figurations, Paris, Gallimard, 1969, 272 p.

«Du "signe ascendant" au "Sphinx vertébral"», *Poétique*, Paris, Seuil, n° 34, avril 1978, p. 226-240.

La poésie n'est pas seule. Court traité de poétique, Paris, Seuil, 1987, 186 p.

DORCHAIN, Auguste. *L'art des vers*, Paris, Garnier, 1909, 411 p.

DUBOIS, Jacques, Francis EDELINE, Jean-Marie KLINKENBERG et Philippe MONGUET. *Rhétorique de la poésie. Lecture linéaire. Lecture tabulaire*, Paris, Seuil, 1990, 376 p.

DRAGONETTI, Roger. *Un fantôme dans le kiosque. Mallarmé et l'esthétique du quotidien*, Paris, Seuil, 1992, 384 p.

ENCREVÉ, Pierre. «La liaison sans enchaînement», *Actes de la recherche*, Paris, Minuit, n° 46, mars 1983, p. 39-66.

FABRE D'OLIVET, Antoine. «Dissertation sur le rythme et la prosodie des Anciens et des Modernes», *Miscelinea A. Fabre d'Olivet VI*, Nice, Éditions Belisane, 1982, p. 1-44.

FILTEAU, Claude. «Rythmes de tensions et rythmes d'intention», *Protée*, Chicoutimi, Département des arts et lettres de l'Université du Québec à Chicoutimi, vol. 18, n° 1, hiver 1990, p. 11-19.

GADAMER, Hans-Georg. *Qui suis-je et qui es-tu? (Commentaire de «Cristaux de Souffle» de Paul Celan)*, Arles, Actes Sud, 1987, 167 p.

GENETTE, Gérard. «Raisons de la critique pure», *Les chemins actuels de la critique*, Paris, Union générale d'éditions, 1968, p. 125-141.

«Introduction à l'architexte», *Théorie des genres*, Paris, Seuil 1986, p. 89-159.

Fiction et diction, Paris, Seuil, 1991, 153 p.

GÉNINASCA, Jacques. «Découpage conventionnel et signification», *Essais de sémiotique poétique*, Paris, Larousse, 1972, p. 45-62.

HALLE, Morris et Samuel J. KEYSER. «Sur les bases théoriques de la poésie métrique», *Change de forme, biologies et prosodies*, Paris, Union générale d'éditions, 1975, p. 4- 35.

HAMBURGER, Käte. *Logique des genres littéraires*, Paris, Seuil, 1977, 312 p.

HEIDEGGER, Martin. *Acheminement vers la parole*, Paris, Gallimard, 1976, 261 p.

KRISTEVA, Julia. *Sémeiotikè. Recherches pour une sémanalyse*, Paris, du Seuil, 1969, 381 p.

Pouvoirs de l'horreur, Paris, Seuil, 1980, 251 p.

LACOUE-LABARTHE, Philippe. «Le règne», *La mort du genre 2*, Montréal, La Nouvelle Barre du jour, n°s 216-217, 1989, p. 81-107.

LAPACHERIE, Jean Gérard. «De la grammatextualité», *Poétique*, Paris, Seuil, n° 59, septembre 1984, p. 283-294.

LEMELIN, Jean-Marc. *La puissance du sens. Essai de pragmatique*, Montréal, Éditions Ponctuation, 1985, 201 p.

Signature, Montréal, Editions Triptyque, 1989, 128 p.

MAGRIS, Claudio. «Grand style et totalité», *Quai Voltaire, revue littéraire*, Paris, n° 4, hiver 1992, p. 95-116.

MALLARMÉ, Stéphane. «Crise de vers», *Œuvres*, Paris, Garnier, 1985, p. 269-279.

MAN, Paul de. «Ludwig Binswanger et le problème du moi poétique», *Les chemins actuels de la critique*, Paris, Union générale d'éditions, 1968, p. 43-58.

«Anthropomorphisme et trope dans la poésie lyrique», *Poétique*, Paris, Seuil, n° 62, avril 1985, p. 131-145.

MARITAIN, Jacques. *Art et scolastique*, Paris, Louis Rouart et fils, 1935, 312 p.

MASSOL, J.-F. «Transformation des pratiques scolaires de poésie en France à la fin du XIXe siècle», *Littérature*, Paris, Larousse, n° 72, 1988, p. 62-80.

MAURRAS, Charles. «Du nouveau en poésie?», *Gazette de France*, n° 7, septembre 1902, reproduit dans C. Maurras, *Barbarie et poésie*, Versailles, Bibliothèque des œuvres politiques, 1928, p. 276-286.

MAZALEYRAT, Jean. *Éléments de métrique française*, Paris, Armand Colin, 1974, 232 p.

MESCHONNIC, Henri. *Pour la poétique III*, Paris, Denoël-Gonthier, 1979, 338 p.

Critique du rythme, Lagrasse, Verdier, 1982, 730 p.

La rime et la vie, Lagrasse, Verdier, 1989, 365 p.

«D'une poétique du rythme à une politique du rythme», *La politique du texte. Enjeux sociocritiques*, Lille, Presses universitaires de Lille, 1992, p. 203-228.

MILNER, Jean-Claude, *Ordre et raisons de langue*, Paris, Seuil, 1982, 376 p. (Chapitre IV: «Réflexions sur le fonctionnement du vers français».)

MILNER, Jean-Claude et François REGNAULT. *Dire le vers*, Paris, Seuil, 1987, 176 p.

MOLINO, Jean. «La théorie du vers à l'époque romantique: la *Prosodie de l'École moderne* de Wilhem Ténint», *Victor Hugo 2: linguistique de la strophe et du vers*, Minard, Lettres modernes, 1988, p. 13-28.

NEPVEU, Pierre. *Les mots à l'écoute*, Québec, Presses de l'Université Laval, 1979, 293 p.

PAREYSON, Luigi. *Conversations sur l'esthétique*, Paris, Gallimard, 1992, 222 p.

RICŒUR, Paul. *La métaphore vive*, Paris, Seuil, 1975, 414 p.

ROUBAUD, Jacques. *La vieillesse d'Alexandre*, Paris, Maspero, 1978, 214 p.

SCHAEFFER, Jean-Marie. *Qu'est-ce qu'un genre littéraire?*, Paris, Seuil, 1989, 187 p.

SÉBILLET, Thomas. «Art poétique français», reproduit dans *Traités de poétique et de rhétorique de la Renaissance*, Paris, Librairie générale française, coll. «Le livre de poche», 1990, p.37-183.

STEVENSON, Charles L.. «Qu'est-ce qu'un poème?», *Poétique*, Paris, Seuil, n° 83, septembre 1990, p. 361-389.

TYNIANOV, Iouri. *Le vers lui-même. Problème de la langue du vers*, Paris, Union générale d'éditions, 1977, 191 p.

VERLUYTEN, S. Paul. «L'analyse de l'alexandrin. Mètre ou rythme?», *Le souci des apparences*, Bruxelles, Éditions de l'Université de Bruxelles, 1989, p. 31-74.

VOLKOFF, Vladimir. «D'*Irtamène* à *Dieu*: la métrique de l'alexandrin hugolien», *Victor Hugo 2. Linguistique de la strophe et du vers*, Minard, Lettres modernes, 1988, p 35-62.

ZUMTHOR, Paul. *Introduction à la poésie orale*. Paris, Seuil, 1983, 263 p.

3. Sur la grammaire, la linguistique et la sémantique du discours

CHERVEL, André. *...et il fallut apprendre à écrire à tous les petits français. Histoire de la grammaire scolaire*, Paris, Payot, 1977, 306 p.

DELESALLE, Simone et Jean-Claude, CHEVALIER. *La linguistique, la grammaire et l'école, 1750-1914*, Paris, Armand Colin, 1986, 368 p.

HAROCHE, Claudine. *Faire dire, vouloir dire*, Lille, Presses universitaires de Lille, 1984, 222 p.

JOLY, André. *Essais de systématique énonciative*, Lille, Presses universitaires de Lille, 1987, 333 p.

KERBRAT-ORECCHIONI, Catherine, *L'implicite*, Paris, Armand Colin, 1986, 404 p.

LAKOFF, George et Mark JOHNSON. *Les métaphores dans la vie quotidienne*, Paris, Minuit, 1985, 254 p.

LAURENDEAU, Paul. «Vers une typologie des tendanciels discursifs», *Protée*, Chicoutimi, Département des arts et lettres de l'Université du Québec à Chicoutimi, vol. XVIII, n° 2, printemps 1990, p. 125-133.

MESCHONNIC, Henri. *Le signe et le poème*, Paris, Gallimard, 1975, 547 p.

PRANDI, Michele. *Sémantique du contresens*, Paris, Minuit, 1987, 217 p.

SEARLE, John R.. *Sens et expression. Études de théorie des actes du langage*, Paris, Minuit, 1982, 245 p.

SPERBER, Dan et Deidre WILSON, «Les ironies comme mentions», *Poétique*, Paris, Seuil, n° 36, novembre 1978, p. 399-412.

VIGNAUX, Georges. *Le discours acteur du monde. Énonciation, argumentation et cognition*, Paris, Ophrys, 1988, 243 p.

4. *Sur la sociologie de la littérature, l'institution littéraire, l'épistémologie*

ANGENOT, Marc. «Que peut la littérature? Sociocritique littéraire et critique du discours social», dans *La politique du texte. Enjeux sociocritiques*, Lille, Presses universitaires de Lille, 1992, p. 9- 27.

BOURDIEU, Pierre. *Les règles de l'art. Genèse et structure du champ littéraire*, Paris, Seuil, 1992, 486 p.

COMPAGNON, Antoine. *La troisième république des lettres. De Flaubert à Proust Paris*, Seuil, 1983, 384 p.

JACQUES, Francis. *Différence et subjectivité*, Paris, Aubier, 1982, 423 p.

LAFARGE, Claude. *La valeur littéraire. Figuration littéraire et usages sociaux des fictions*, Paris, Fayard, 1983, 354 p.

LAFON, Guy. *Le Dieu commun*, Paris, Seuil, 1982, 158 p.

LUHMANN, Niklas. *Amour comme passion. De la codification de l'intimité*, Paris Aubier, 1990, 301 p.

RENAUT, Alain. *L'ère de l'individu*, Paris, Gallimard, 1989, 303 p.

SERRES, Michel. *Hermes IV. La distribution*, Paris, Minuit, 1977, 291 p.

TOURAINE, Alain. *Critique de la modernité*, Paris, Fayard, 1992, 462 p.

VAN SCHENDEL, Michel. *Rebonds critiques I. Questions de littérature*, Montréal, l'Hexagone, 1992, 356 p.

Table

Cet ouvrage composé en Times corps 11
a été achevé d'imprimer
le quinze septembre mil neuf cent quatre-vingt-quatorze
sur les presses de l'Imprimerie Gagné
à Louiseville
pour le compte des
Éditions de l'Hexagone.

Imprimé au Québec (Canada)